INFANCIA: PERSPECTIVAS PSICOSOCIALES

Psicología
Psiquiatría
Psicoterapia

Últimos títulos publicados:

128. J. Safran y Z. Segal - *El proceso interpersonal en la terapia cognitiva*
129. G. Caplan - *Aspectos preventivos en salud mental*
130. A. J. Campo - *Teoría clínica y terapia psicoanalítica (1957-1991)*
131. E. Bianchi y otros - *El servicio social como proceso de ayuda*
132. G. Feixas y M. T. Miró - *Aproximaciones a la psicoterapia*
133. V. F. Guidano - *El sí-mismo en proceso*
134. V. Bruce y P. Green - *Percepción visual*
135. L. Cancrini y C. La Rosa - *La caja de Pandora*
136. N. Fejerman, H. Arroyo, M. Massaro y V. Ruggieri - *Autismo infantil y otros trastornos del desarrollo*
137. M. Pérez Pereira y J. Castro - *El desarrollo psicológico de los niños ciegos en la primera infancia*
138. J. Sobral, R. Arce y A. Prieto - *Manual de psicología jurídica*
139. J. Moizeszovicz - *Psicofarmacología psicodinámica III*
140. J. Corsi - *Violencia familiar*
141. A. M. Washton - *La adicción a la cocaína*
142. A. Bados López. *Agorafobia I. Naturaleza, etiología y evaluación*
143. A. Bados López - *Agorafobia II. Tratamientos psicológicos y farmacológicos*
144. M. Payne - *Teorías contemporáneas del trabajo social*
145. R. Corominas y M. J. Sanz - *El minusválido físico y su entorno*
147. R. J. Sternberg - *Investigar en psicología*
148. S. Vinogradov e I. D Yalom - *Guía breve de psicoterapia de grupo*
149. L. S. Greenberg y otros - *Facilitando el cambio emocional*
150. J. E. Azcoaga y otros - *Alteraciones del aprendizaje escolar*
152. J. E. Azcoaga - *Los retardos del lenguaje en el niño*
153. J. Corominas y otros - *Psicoterapia de grupos con niños*
154. S. McNamee y K. J. Gergen - *La terapia como construcción social*
155. B. Inhelder y J. Piaget - *De la lógica del niño a la lógica del adolescente*
156. E. Torras de Beà - *Grupos de hijos y de padres en psiquiatría infantil psicoanalítica*
158. G. Caplan y R. B. Caplan - *Consulta y colaboración en salud mental*
159. K. E. Asen y P. Tomson - *Intervención familiar*
160. D. Stern - *La constelación maternal*
161. R. Dallos - *Sistemas de creencias familiares*
164. J. Poch y A. Ávila - *Investigación en psicoterapia*
165. E. Giacomantone y A. Mejía - *Estrés preoperatorio y riesgo quirúrgico*
166. J. Rojas-Bermúdez - *Teoría y técnica psicodramáticas*
167. R. Sivak y A. Wiater - *Alexitimia, la dificultad de verbalizar los afectos*
168. H. Bleichmar - *Avances en psicoterapia psicoanalítica*
170. D. Dutton y S. Golant - *El golpeador*
171. D. Glaser y S. Frosh - *Abuso sexual infantil*
172. A. Gessell y otros - *El niño de 1 a 5 años*
173. A. Gessell y otros - *El niño de 5 a 10 años*
174. A. Gessell y otros - *El adolescente de 10 a 16 años*
175. M. A. Caudill - *Controle el dolor antes de que el dolor le controle a usted*
176. F. Casas - *Infancia: perspectivas psicosociales*
177. E. Forman - *Dilemas éticos en pediatría*
178. D. Greenberger y Ch. A. Padesky - *El control de su estado de ánimo*

Ferran Casas

INFANCIA: PERSPECTIVAS PSICOSOCIALES

PAIDÓS
Barcelona
Buenos Aires
México

Esta obra ha sido publicada con la ayuda de la Dirección General del Libro,
Archivos y Bibliotecas del Ministerio de Educación y Cultura

Cubierta de Víctor Viano

1ª edición, 1998

Quedan rigurosamente prohibidas, sin la autorización escrita de los titulares del «Copyright», bajo las sanciones establecidas en las leyes, la reproducción total o parcial de esta obra por cualquier medio o procedimiento, comprendidos la reprografía y el tratamiento informático, y la distribución de ejemplares de ella mediante alquiler o préstamo públicos.

© de todas las ediciones en castellano,
   Ediciones Paidós Ibérica, S.A.,
   Mariano Cubí, 92 – 08021 Barcelona
   y Editorial Paidós, SAICF,
   Defensa, 599 – Buenos Aires

ISBN: 84-493-0521-7
Depósito legal: B-11.451/1998

Impreso en Novagràfik, S.L.,
Puigcerdà, 127 – 08019 Barcelona

Impreso en España – Printed in Spain

A mis padres

A Isaac y Gerard

A los profesionales de la infancia. Muy en especial a todos aquellos con los que hemos compartido anhelos e inquietudes.

SUMARIO

Introducción. La infancia y su conocimiento psicosocial 15
Presentación 19

I. Representaciones sobre la infancia 23
   1.1. La infancia como concepto y como realidad 23
   1.2. Atribuciones y categorizaciones en las relaciones
        interpersonales e intergrupales: menores *versus* adultos .. 28
   1.3. Representaciones sociales sobre la infancia 32
   1.4. Representaciones sobre los problemas de la infancia 34
   1.5. Representaciones sobre las formas de solucionar los
        problemas de la infancia 37
   1.6. La actual crisis de las representaciones sociales adultas
        sobre la infancia 38
   1.7. Conclusiones 40

II. El macrocontexto social y demográfico de la infancia 43
   2.1. Estadísticas sobre la población infantil 43
   2.2. Estado del conocimiento sobre la infancia 46
   2.3. Tendencias sociodemográficas generales en los países
        industrializados 48
   2.4. Cambios sociodemográficos en la familia: su incidencia
        en las relaciones interpersonales y en la socialización de
        niños y niñas 51
   2.5. La situación social de la infancia 53
   2.6. Organismos internacionales en favor del bienestar infantil 56
   2.7. Conclusiones 58

III. Infancia, procesos de socialización y expectativas socializadoras 61
   3.1. El proceso de socialización: aspectos teóricos 61

3.2. Algunos conceptos relacionados con las dificultades o conflictos en el proceso de socialización 68
3.3. El ocio de niños y adolescentes en poblaciones marginales 72
3.4. Los hijos, según los padres 78
3.5. Actitudes generales de la población adulta hacia la infancia 80
3.6. La consideración de la infancia por parte de los medios de comunicación social 84
3.7. Legitimación de necesidades y problemas sociales que afectan a la infancia 87
3.8. Conclusiones 91

IV. **Los problemas sociales de la infancia y sus formas de atención: Paradigmas históricos** 93
4.1. El paradigma de la especialización 93
4.2. El paradigma de la normalización 94
4.3. Los procesos de cambio en las redes de servicios sociales 97
4.4. Los nuevos elementos paradigmáticos que aporta la Convención de las N.U. sobre los Derechos del Niño 101
4.5. Situación actual de la atención residencial a la infancia en los países de la U.E. 105
4.6. Universos de experiencias y situaciones de dificultad, conflicto y riesgo social 106
4.7. La práctica de la normalización y la práctica de la responsabilización 108
4.8. Conclusiones 111

V. **Las situaciones familiares de crisis y la atención infantil: el acogimiento familiar alternativo y sus percepciones** 115
5.1. Las familias en crisis 115
5.2. Intervenciones en situaciones de crisis 117
5.3. Acogimiento temporal de niños y niñas de familias en situaciones de crisis 119
5.4. Pasos prácticos en la relación de ayuda 121
5.5. Las dificultades de implantación del acogimiento familiar como nuevo servicio: el caso español 122
5.6. Conclusiones: familias que ayudan a otras familias 134

VI. La violencia con las niñas y niños: de los malos tratos físicos a los psicológicos 137
6.1. La violencia y la infancia: algunas consideraciones teóricas 137
6.2. El maltrato infantil: un descubrimiento reciente, una historia muy antigua 141
6.3. Tipos de maltrato 144
6.4. Antecedentes al maltrato: factores de riesgo 146
6.5. Consecuencias del maltrato y factores de resiliencia 151
6.6. El maltrato infantil como problema social: creencias y representaciones 154
6.7. Conclusiones 156

VII. Las situaciones sociales de riesgo: la prevención de los problemas sociales de la infancia 159
7.1. El concepto de riesgo social en la infancia 159
7.2. El principio de prevención aplicado a los problemas sociales 164
7.3. Identificación de situaciones de riesgo social 173
7.4. La intervención sobre los factores de riesgo social: perfiles individuales *versus* poblaciones en riesgo 175
7.5. El proceso de obtención de datos sobre factores de riesgo social en la infancia 178
7.6. La metadecisión sobre los niveles de riesgo social que requieren intervención 182
7.7. Conclusiones 183

VIII. Estigmatización y exclusión social: percepciones sobre los servicios sociales a la infancia 187
8.1. Una aproximación conceptual 187
8.2. La diferencia social y su tipificación 189
8.3. La percepción de atributos diferenciadores 190
8.4. Los juicios de valor desacreditadores de las personas 192
8.5. Las imágenes sociales de indeseabilidad 194
8.6. Los procesos de diferenciación categorial 196
8.7. La práctica de la exclusión social 197
8.8. Los componentes de las interacciones estigmatizadoras 201
8.9. El producto de las dinámicas estigmatizantes 202
8.10. Aspectos histórico-culturales de la indeseabilidad social 203
8.11. A modo de conclusiones: estigmatización de distintos servicios sociales para la infancia en tres regiones europeas 205

IX. **Aspiraciones compartidas acerca de la infancia: los derechos de los niños y las niñas** 209
    9.1. El nuevo contexto psicosocial de la infancia 209
    9.2. El reconocimiento del niño y la niña como actores sociales 214
    9.3. La Convención y la nueva infancia: el niño y la niña como sujeto de derechos 217
    9.4. Cambios en los sistemas de protección a la infancia y en las políticas de infancia en los países europeos 222
    9.5. La monitorización de los derechos de la infancia 223
    9.6. Conclusiones 225

X. **Desarrollo moral, responsabilidad y sistema legal** 227
    10.1. El desarrollo moral 227
    10.2. Derechos y responsabilidades 230
    10.3. La noción jurídica de *menor* y la inimputabilidad 232
    10.4. Objetivos de los procesos legales en justicia de menores . 235
    10.5. Niños y niñas en contextos judiciales: ¿qué sabemos? ... 239
    10.6. Competencias de niños y niñas, y objeciones a los testimonios infantiles 240
    10.7. Facilitación de los testimonios infantiles 242
    10.8. Conclusiones 245

XI. **Calidad de vida y participación social de la infancia: entre las nuevas culturas y los medios de comunicación social** 249
    11.1. Del *bien vivir* individual a la calidad de vida colectiva .. 249
    11.2. Retos para el estudio de la calidad de vida infantil 255
    11.3. Culturas acerca de la infancia, culturas infantiles y medios de comunicación social 257
    11.4. Informaciones, imágenes y construcción del mundo 261
    11.5. La comunicación adultos-niños y niñas: participación y responsabilización 265
    11.6. La participación social de la infancia 267
    11.7. Conclusiones 271

XII. **Intervención psicosocial, profesionales de la psicología y protección a la infancia** 275
    12.1. Secuencia funcional en los procesos de intervención social 275

12.2. La búsqueda de mayor articulación entre investigación y acción 283
12.3. Los agentes sociales en los procesos de intervención social 288
12.4. Los profesionales de la intervención psicosocial en los sistemas de protección 292
12.5. Conclusiones 303

XIII. De los sistemas de protección a las políticas integrales de infancia 305
13.1. Evoluciones recientes 305
13.2. Políticas de infancia a nivel municipal 308
13.3. Los ciudadanos y la opinión pública 309
13.4. Construyendo el futuro con la infancia 311

Bibliografía 319
Lista de esquemas, figuras y cuadros 349

INTRODUCCIÓN

LA INFANCIA Y SU CONOCIMIENTO PSICOSOCIAL

Esta obra se propone presentar al lector de forma globalizada y articulada una serie de reflexiones teóricas y sobre ámbitos actuales de investigación relativos a la infancia vistos desde la óptica psicosocial. Lo más habitual es hallarlos dispersos en la literatura científica por el hecho de formar parte de campos de interés aparentemente distintos, o incluso de haber nacido en el seno de disciplinas científicas o de prácticas profesionales diferentes.

Esta perspectiva nos llevará al singular contraste que ofrece el hecho de tratar algunos temas que tienen un *corpus* de conocimientos científicos acumulados extensísimo (y que sólo plantearemos de forma muy introductoria), como pueden ser los procesos de socialización o los malos tratos a la infancia, al lado de temáticas con escasa investigación y abiertas al debate muy recientemente, como es el caso de los testimonios infantiles en procesos judiciales o la participación social de la infancia. Desde nuestro planteamiento, se consideran relacionados entre sí y pertenecientes a un mismo conjunto de conocimientos.

La singularidad de nuestro enfoque queda sintetizada en un concepto: *psicosocial*. El enfoque psicosocial, como perspectiva para el estudio del comportamiento humano, siguiendo los planteamientos de Munné (1986; 1995), lo definimos como aquel que se interesa por las manifestaciones interpersonales de dicho comportamiento, conllevando una interacción y una interinfluencia. En nuestra exposición de temas, introduciendo una psicosociología de la infancia, el lector encontrará el denominador común de nuestro objetivo de presentar las interrelaciones que mantienen los adultos y la infancia, en el seno de los contextos sociodemográficos, socioculturales y sociopolíticos más habituales en las sociedades contemporáneas.

Tendemos a pensar las interrelaciones entre adultos y niños en términos muy *micro*-sociales: los padres con los hijos, los maestros con los alumnos, el pediatra con el paciente infantil, etc. En contraste, y partiendo de nuestra opinión de que a esta temática se le ha prestado mucha menos atención de la que cabría esperar, vamos a subrayar que dichas interrelaciones se dan a todos los niveles sistémicos de la vida en sociedad.

¿Cómo se explica la idea de que la población adulta y la infancia se interrelacionen a niveles *macro*-sociales? El concepto *infancia* dista mucho de ser objetivo o universal. Por una parte porque cada sociedad, cada cultura, define explícita o implícitamente qué es *infancia*, cuáles son sus características, y, en consecuencia, qué períodos de la vida incluye. Por otra parte, diversos historiadores y otros estudiosos nos han mostrado cómo en diferentes momentos de la historia de una misma cultura el significado del concepto también ha ido cambiando.

Finalmente, sin que ello signifique que es menos importante, la infancia no es sólo un período de la vida, sino que se refiere también a un conjunto de población de un territorio, que reúne la característica de estar en tal período. A tal conjunto de población, en todas las culturas, se le representa como un subconjunto de miembros de la colectividad *distinto*, es decir, que configura un gran grupo social diferenciado, o, expresándolo en otras palabras, que forma parte de una **categoría social**, denominada *la infancia,* de aquel territorio o país. El concepto *infancia* se refiere más a un consenso social sobre una realidad, que a una realidad social objetiva y universal.

Es así como el conjunto de los adultos de una sociedad se relaciona con el conjunto de población infantil: representándoselo con unas características determinadas, con necesidades y problemas determinados, y actuando sobre dicho conjunto más o menos coherentemente según lo percibido y lo aspirado en relación con el mismo.

El interés por un nuevo campo interdisciplinario de estudio científico, denominado *calidad de vida*, no ha cesado de crecer y expansionarse desde su eclosión a finales de los años sesenta. Las contribuciones de la psicología social a dicho ámbito son ya muy numerosas y destacables (Blanco, 1985; Casas, 1989; 1996). Una característica básica de la calidad de vida es que viene siendo definida como *función del entorno material y del entorno psicosocial* en que viven las personas. Fieles a esta tradición, y a nuestra personal trayectoria dentro de la misma, si bien a lo largo de esta obra nos iremos refiriendo a aspectos más materiales o directamente observables de la infancia, vamos a destacar de forma singular los aspectos más psicosociales (es decir, interrelaciones, interacciones e interinfluencias), casi siempre menos directa o fácilmente observables, que contextualizan las vidas de niños y niñas; prestando especial atención, como se viene haciendo en los estudios sobre calidad de vida desde sus inicios, a las percepciones, aspiraciones y evaluaciones de las personas acerca de las realidades vividas.

Nuestras reflexiones y los datos de investigaciones que aquí expondremos están extraídos, en su mayoría, del contexto europeo, e incluso a veces se hallan restringidos al estado español. Ello responde a un doble propósito:

a) por una parte, dar a conocer la realidad y los debates europeos en relación con este ámbito, a menudo mucho menos accesibles que los norteamericanos, pero de contenidos claramente distintos, en ciertos aspectos, al menos a lo largo de la última década;
b) por otra, poner a disposición de los lectores de habla latina un abanico de informaciones en parte quizá más próximas a sus realidades culturales que las que se derivan de culturas anglosajonas, posibilitando de este modo nuevos contrastes.

Sin embargo, a pesar de los beneficios implícitos en este doble propósito, no se puede ocultar al lector que por ello nuestra visión puede estar culturalmente sesgada. De ser así, deseamos, no obstante, que nuestros sesgos puedan servir de contraste y reflexión en relación con otros posibles sesgos que, sin duda, también existen en otros conjuntos de literatura científica disponible en este ámbito.

Asimismo, nuestra exposición tiene también el propósito de desarrollar un ámbito de estudio aplicado y aplicable. Hemos escrito pensando en el interés de los temas expuestos tanto para el estudioso, como para el profesional, y también para el estudiante, y para el público en general, prescindiendo en lo posible de terminología muy especializada. De nuestro interés por las aplicaciones deriva una particular preocupación por la relación entre investigación científica, práctica profesional y políticas de infancia. Consideramos que, en el ámbito de la infancia, el debate sobre la relevancia social de los conocimientos científicos en las ciencias humanas y sociales adquiere dimensiones totalmente nuevas con la aprobación, por parte de las Naciones Unidas, de la Convención que más países han ratificado en la historia de la humanidad: la Convención sobre los Derechos del Niño. Entendemos que en ella se contienen las bases de grandes aspiraciones para nuestro futuro social, internacionalmente consensuadas. Es por todo ello que, a lo largo de este libro, iremos haciendo referencia repetidamente a dicho texto internacional, y a los nuevos problemas prácticos que su aplicación conlleva.

En definitiva, en esta obra pretendemos transmitir una visión amplia de las distintas percepciones, actitudes y representaciones que, de forma individual, grupal, institucional y política, mueven a los adultos de una sociedad a actuar en relación con sus niñas y niños, y que, en definitiva, condicionan la vida infantil, y configuran buena parte del macrocontexto psicosocial en el que viven.

PRESENTACIÓN

Esta obra se ha nutrido en buena parte de los diferentes trabajos que el autor ha realizado a lo largo de los últimos ocho años. Algunos de ellos se han publicado en revistas o en actas de congresos, y después se han reescrito y adaptado al presente libro. Aquel lector que quiera explorar estos antecedentes, los encontrará referenciados en la bibliografía, al final de la obra, todos ellos con el nombre inicial del mismo autor, con la salvedad del apartado 8.11, cuyos antecedentes se encuentran en el libro de Colton, Casas y otros (1996).

Los tres primeros capítulos se dedican a exponer distintos aspectos contextuales de la vida de los niños y niñas de nuestra sociedad. En el primero exponemos algunos aspectos representacionales de debate reciente en las ciencias sociales: un debate que persigue identificar elementos básicos de nuestro imaginario colectivo en relación con la categoría social *infancia*, equivalente jurídicamente a los *menores* y figurativamente a *los aún-no*. En el segundo planteamos el amplio marco demográfico, relacionándolo con un sustrato comportamental: cambios en el comportamiento reproductivo, cambios en los valores y expectativas implícitos o explícitos que guían la educación de los hijos. En el tercero examinamos algunos aspectos psicosociales de las dinámicas socializadoras, tanto en la familia, como en la vida social más amplia y en los medios de comunicación, dedicando especial atención a las percepciones y expectativas depositadas en los niños y niñas.

Los capítulos 4 al 8 contemplan distintas realidades en que viven niñas y niños, particularmente los procesos de conceptualización de las mismas como *problema* de carácter social, es decir, que apelan a algún tipo de responsabilidad colectiva, y, por tanto, llaman a actuaciones sociales para solucionarlos. En el cuarto capítulo desarrollamos un análisis histórico de los grandes paradigmas que existen acerca de las formas consideradas más adecuadas para solucionar los problemas sociales de la infancia. En el quinto planteamos una reflexión acerca de las diferentes situaciones de dificultad o crisis por las que, en ocasiones, atraviesan algunas familias con hijos menores de edad, incidiendo, en particular, en el importante papel de ayuda que, en tales situaciones, pueden desempeñar otras familias. En el sexto se tratan, de una forma específica, las distintas formas en que los adultos ejercen la violencia para con los niños y niñas, tanto la física como la psicológica. En el séptimo estudiamos las diversas situaciones que pueden afectar los procesos de desarrollo y socialización de niños y niñas y su identificación mediante indicadores de riesgo, para poder plantear intervenciones preventivas. Y en el octavo introducimos esa sensación de ser *diferente* que las propias familias afectadas experimentan por el hecho de tener que convertirse en usuarios de determinados servicios sociales para la infancia ante situaciones de necesidad.

El capítulo noveno analiza cómo las sociedades humanas e incluso las disciplinas científicas, a lo largo del tiempo, van cambiando lenta pero profundamente su relación con la infancia. Se pasa de focalizar las preocupaciones en los fenómenos sociales connotados negativamente, a plantear la necesidad de movilizar procesos contrarios, es decir, fenómenos considerados positivos. Los derechos de niñas y niños, tal como quedan reflejados en la Convención de Naciones Unidas, son un buen ejemplo del interés que existe por superar situaciones negativas, pero también por generar dinámicas sociales positivas en ciertas circunstancias en que, aparentemente, no existe ningún *problema* que justifique un cambio social. El cambio se fundamenta sólo en las *aspiraciones* compartidas, por algún tipo de consenso social.

El capítulo 10 examina los diversos aspectos de la relación de la infancia con los procedimientos judiciales. Tanto en lo que se refiere a la justicia de menores, como al estudio de las niñas y niños como testimonios, han habido cuestionamientos recientes, a menudo ambivalentes, sobre la imagen tradicional de la niña o niño como *incapaz* o *incompetente*. Desde la perspectiva del desarrollo moral, primero se analiza la relación de menor infractor ante la justicia, y ante la tradicional dicotomía jurídica de *imputable* o *inimputable*, psicológicamente equivalente al interrogante de si es *responsable* de sus actos o no. Después nos referimos a las largas polémicas, tanto en la esfera legal, como en el campo de la investigación científica, sobre la fiabilidad de los niños y niñas como testimonios judiciales, dilema que, en ocasiones, cuestiona fuertemente la competencia de los adultos para tratar con ellos de forma adecuada en contextos judiciales.

En el capítulo 11 se plantea más intensamente un contraste entre el presente y el futuro. Primero se expone el concepto de calidad de vida y se analiza su aplicabilidad para con la infancia. A continuación, se considera la posición de niñas y niños ante las nuevas tecnologías, particularmente las pantallas y los medios de comunicación social. En tercer lugar se analizan los nuevos retos sobre la participación social de la infancia y la educación para la responsabilidad ante un futuro cambiante, que, aunque ya se habían planteado con anterioridad, han sido muy reforzados por la Convención de las Naciones Unidas; así como las dudas y resistencias que ello genera en las representaciones adultas tradicionales sobre la infancia.

Los dos últimos capítulos están más escorados hacia dimensiones macrosociales y políticas. En el duodécimo, repasamos la actividad profesional en su concreción social y política, es decir, contextualizada dentro de los sistemas de protección social a la infancia, destacando particularmente las aportaciones que puede realizar el profesional formado en psicología social. En el capítulo 13 revisamos algunos de los cambios de planteamiento en cuanto a las políticas de infancia acaecidos en las últimas décadas y los aún necesarios en coherencia con las nuevas dinámicas sociales y con la propia Convención.

El autor quiere dejar constancia de que esta obra está llena de ideas que han madurado a partir de reflexiones compartidas con colegas con los que he tenido la ocasión de mantener constructivos debates en el seno de diversas actividades europeas. Quiero agradecer de forma particular el enriquecimiento obtenido de los compañeros del Programa ERASMUS europeo sobre los derechos de la infancia, los de Childwatch International, los del Centro Europeo de Viena, los del Centro de Estudios del Menor de Madrid, y los del Proyecto de Políticas de Infancia del Consejo de Europa. A todos ellos les quiero expresar mi profunda gratitud. También debo expresarla hacia los compañeros y amigos que me han alentado a poner por escrito estas ideas. Un agradecimiento especial para Montse Cusó, que ha tenido la paciencia de leer, corregir y comentar los manuscritos originales.

El autor aceptará con agrado cualquier comentario sobre esta obra, que debe considerarse introductoria, y también provisional, por el hecho de referirse a un área de conocimiento de reciente desarrollo y en creciente ebullición, por lo que (o al menos así lo deseamos) verá importantes avances en un futuro próximo.

FERRAN CASAS
Barcelona, noviembre de 1996

CAPÍTULO I

REPRESENTACIONES SOBRE LA INFANCIA

1.1. LA INFANCIA COMO CONCEPTO Y COMO REALIDAD

La palabra *infancia*, tan cotidiana en nuestro lenguaje, encierra una rica y singular historia conceptual. De hecho, al menos en castellano, hace referencia a más de un concepto, es decir, es referente de realidades distintas, incluso representadas con diferentes niveles de abstracción. Ciertamente, todas estas realidades tienen algo en común: *los niños y las niñas*; pero corresponden a diferentes perspectivas de observación y análisis de unas personas, de sus contextos de vida y de las relaciones interpersonales para con ellas y ellos.

Así, la *infancia* puede entenderse como un período determinado de la vida de un niño o una niña, medible por un intervalo de edad. Dicho intervalo es totalmente convencional, de manera que no todo el mundo está de acuerdo acerca de los años que abarca. A menudo se acepta como infancia el período de vida que va del nacimiento a los 14 años, pero hay quienes reservan tal denominación al período que finaliza a los 7 años, o a los 10, a los 12, y otros que lo alargan hasta los 16. La Convención sobre los Derechos del Niño de las Naciones Unidas considera que abarca hasta los 18 años, salvo que la legislación del país prevea la mayoría de edad antes. Como contraste cabe decir que, en algunos textos legales españoles, se considera el intervalo 0-18 como la *infancia y adolescencia*, en consonancia con la acepción más habitual en el lenguaje cotidiano, sin especificar una solución de continuidad entre ambos conceptos. Se puede resumir, por lo tanto, que, más que otra cosa, los intérvalos de edad que comprende la infancia *indican* las pautas, normas o hábitos socioculturales con los que se relacionan un concepto y dicho intervalo.

La *infancia* también puede entenderse, desde una perspectiva demográfica, como el conjunto de población de un territorio dado, que tiene la edad comprendida en el intervalo convencional aludido en el párrafo anterior.

Otras perspectivas entienden como *infancia* el conjunto de características psicosociobiológicas de unos sujetos en estado de desarrollo, hasta que no alcanzan las características consideradas como propias de otra etapa posterior de desarrollo. En este caso, la *edad cronológica* es considerada un referente, pero no un indicador preciso del desarrollo por etapas. Esta perspectiva ha potenciado importantes investigaciones psicológicas, médicas y psicosociales, a la búsqueda de mediciones indicativas del desarrollo infantil.

Finalmente, y con ello no agotamos todas las perspectivas, a un nivel mayor de abstracción que los anteriormente expuestos, la *infancia* también resulta ser *aquello que la gente dice o considera que es la infancia*, una imagen colectivamente compartida, que va evolucionando históricamente. Es decir, ante la palabra-estímulo *infancia*, los ciudadanos de un territorio dado, o los miembros de determinados grupos sociales o culturales, desarrollan *automáticamente* una serie de asociaciones de ideas que configuran un conjunto de conocimientos *lógicos*, compartidos por la mayoría de miembros de esa comunidad; los psicólogos sociales denominamos a tal hecho *representación social* (véase Moscovici, 1976; 1982). Las representaciones sociales que acerca de la infancia tiene una comunidad dada constituyen una conjunto de *implícitos* o de *saberes cotidianos* resistentes al cambio (sean verdaderos o falsos desde cualquier disciplina científica), y tienen cuerpo de *realidad psicosocial*, ya que no sólo existen en las mentes, sino que generan procesos (interrelaciones, interacciones e interinfluencias sociales) que se imponen a la infancia y condicionan a niños y niñas, limitando la posibilidad de experiencias o perspectivas de análisis fuera de esta *lógica*. Como ya advirtieron Thomas y Thomas en 1928: «*Las situaciones definidas como reales, son reales en sus consecuencias*».

El concepto de *infancia* puede aludir, pues, a realidades distintas. Pero además, como seguiremos comentando con más detalle, no son realidades *estables* a lo largo de los años.

A lo largo de la historia de la humanidad, han ido apareciendo ideas nuevas, perspectivas nuevas en relación con los niños y las niñas, y para referirse a ellas ha hecho falta crear conceptos nuevos. Para poner en relación una realidad observada con los conceptos utilizables al referirnos a ella, los seres humanos necesitamos organizar informaciones contrastables, datos. En otras palabras, *precisamos indicadores* de esa realidad (ver Critto, 1982; Casas, 1989b). Si con una misma palabra nos referimos a realidades distintas, a la hora de evaluarlas, nos van a exigir ser medidas con indicadores distintos.

La propia existencia de una realidad denominada *infancia* depende de la percepción social de que *existe* una realidad suficientemente relevante, que precisa de un concepto para que nos refiramos a ella. El historiador Ariès (1960) puso de manifiesto que la noción de infancia que hoy en día tenemos y que nos parece de una *evidencia* impresionante, no ha existido ni mucho menos a lo largo de toda la historia de la humanidad, y que más bien es una creación reciente, que emerge definitivamente sólo después de la revolución industrial. La idea, por ejemplo, de que el niño o la niña es un *sujeto de derechos, al igual que todos los seres humanos*, no se plasma en la cancha internacional hasta 1990, con la entrada en vigor de la Convención de las Naciones Unidas sobre sus derechos.

Etimológicamente, «in-fancia» viene del latín *in-fale*, el que no habla, es decir, el bebé. Pero con el tiempo fue adquiriendo el significado de *el que no tiene palabra*, es decir, el que no tiene nada interesante que decir, no vale la pena escucharlo. Luego se planteó la pregunta ¿hasta cuándo?, ¿hasta qué edad los niños no adquieren la capacidad de expresarse *razonablemente*? De tales cuestiones fueron surgiendo a lo largo de la historia conceptos tales como: *uso de razón, discernimiento, competencia, madurez,* y otros que veremos en capítulos posteriores.

Las representaciones sociales que sobre la infancia tiene cada sociedad en distintos momentos de su devenir histórico conforman buena parte de los elementos más sutiles, pero también más básicos del *contexto psicosocial*, es decir, relacional e interactivo, en que los niños viven y crecen cotidianamente, sumergido a su vez en un contexto sociocultural más amplio. Visto desde otra perspectiva, cabe matizar que el contexto sociocultural en que se desenvuelven los niños está configurado no sólo por elementos materiales, sino también por grandes conjuntos de elementos psicosociales (actitudes, representaciones, atribuciones, categorizaciones, estereotipos, percepciones sociales, ideologías, valores, etc.) que los adultos de nuestra sociedad mantenemos hacia la población infantil.

Dada la dificultad para comprobar muchos de estos elementos psicosociales se han desestimado durante décadas como objetos de interés para el estudio científico. Hay que reconocer, no obstante, que su estudio suele ser complejo y a menudo sigue siendo difícil, a pesar de los grandes avances de las ciencias humanas y sociales. La comunidad científica tiene aún una experiencia relativamente corta en lo que respecta a la recogida sistemática y rigurosa de datos sobre aspectos psicosociales de las dinámicas de la sociedad que afectan específicamente a la población infantil, con la excepción, quizá, de algunos fenómenos considerados especialmente problemáticos, como son la delincuencia o el consumo de drogas.

No por falta de datos o de hábito en su recogida, dejan de ser reales e incluso mayoritarias determinadas *percepciones* y *atribuciones sociales* que los adultos tenemos de la situación infantil y adolescente y que resultan ser infundadas o erróneas, determinados *prejuicios* que condicionan nuestras interacciones con las niñas y niños, la existencia o inexistencia de *apoyo social* ante determinadas necesidades o conflictos que afectan a conjuntos amplios de la población infantil, determinadas *reacciones sociales* ante programas que pretenden mejorar los derechos de niños y niñas. Además, las ideas sobre las capacidades de las niñas y niños y sobre su propio desarrollo, a menudo, no se ajustan a la realidad y tienen más forma de *estereotipos sociales* compartidos que de conocimiento objetivo (D'Alessio, 1990).

Podemos afirmar que, en general, nos falta mucho por conocer sobre los elementos que configuran las *creencias y representaciones sociales* que de la población infantil de cada sector territorial, de sus problemas y de su calidad de vida, tienen los adultos. Tal conocimiento no sólo resulta de interés teórico, sino también directamente aplicable a la solución de problemas, ya que las ideas e imágenes implícitas predisponen, al igual que las más evidentes, tanto los *comportamientos* del conjunto de la población adulta hacia los niños y niñas de cada grupo de edad, como las *aspiraciones colectivas* en relación con los mismos, es decir, lo que de ellos se espera en el presente y en el futuro.

Los adultos de cualquier sociedad, en cualquier momento histórico, han sentido que sus creencias y representaciones sobre niñas y niños eran *lógicas y evidentes* en tanto que eran compartidas por la colectividad. Paradójicamente, de las cosas evidentes se habla poco, no parece necesario cuestionárselas, y se van haciendo socialmente *invisibles*. El mero hecho de ser compartidas hace que las imágenes subyacentes sean difíciles y lentas de cambiar a pesar de que contradigan la obviedad, o, más contemporáneamente, la evidencia científica.

En cualquier caso, sólo muy recientemente las ciencias humanas y sociales han empezado a *desconstruir* la infancia, a presentarnos pruebas de que las cosas pueden no ser como parece *lógico*. Pero aún estamos en los inicios de un camino de *reconstrucción* (James y Prout, 1990). Debemos tomar la distancia necesaria y la actitud abierta y crítica suficiente para hacernos nuevas e incómodas preguntas que nos permitan comprender a niños y niñas de formas nuevas; y, en consecuencia, podamos imaginar nuevas maneras de relacionarnos con ellos y ellas y de dar apoyo a sus procesos de desarrollo y socialización.

La *infancia,* como objeto de conocimiento científico, ha ido ampliando progresivamente sus perspectivas, llevándonos por una parte hasta los mismos fundamentos filosóficos de la adquisición de conocimientos sobre la infancia (tradicionalmente *adultocéntricos*), es decir, hasta la necesidad de elaborar una *epistemología de la infancia*; y por otra, situándonos ante la necesidad de aproximaciones interdisciplinares a nuestro singular objeto-sujeto de conocimiento (Ennew, 1996; James y Prout, 1990; Morrow, 1995; Burman, 1996; Morrow y Richards, 1996; Dickenson y Jones, 1996; Freeman, 1996).

La psicología social, que, como todas las ciencias sociales, ha tardado en responder al reto de *reconstruir* una nueva infancia, ya ha empezado a desarrollar contribuciones destacables, si bien en frentes muy distintos, y no siempre claramente articulados. Como disciplina que se ocupa de la interacción social (Munné, 1986; 1995), sus contribuciones teóricas y aplicadas pueden plantearse a distintos niveles: en las relaciones interpersonales, en los grupos, en las organizaciones y en las dinámicas sociales más amplias. En las páginas siguientes intentaremos presentar un amplio abanico de dichas contribuciones. Empezaremos con algunos aspectos psicosociales que pueden ayudar a construir una visión globalizada: algunas grandes dinámicas sociales que ilustran la generación de interacciones alrededor de la construcción y cambio del propio fenómeno que denominamos *infancia*.

En las sociedades contemporáneas existen como mínimo tres grandes espacios privilegiados para la construcción de imágenes sobre la infancia. Se corresponden con tres amplios campos de investigación, que no sólo son de interés fundamental, sino que, además, deben ampliarse para poder adquirir más conocimiento relevante sobre las representaciones que los adultos nos hacemos sobre la población infantil:

- las relaciones y dinámicas intrafamiliares (comunicación padres-hijos en distintas configuraciones familiares, estilos de crianza, expectativas y aspiraciones, sistemas de valores educativos –incluidas formas de estimular, motivar y premiar o de coaccionar, amenazar y castigar–, etc.);
- las interrelaciones generales de la población hacia la infancia (percepciones, actitudes y representaciones sociales de los adultos hacia la población infantil en general, hacia la etapa de la vida considerada niñez, hacia los problemas de los niños y niñas, y hacia las formas de afrontar socialmente dichos problemas);
- las imágenes que se privilegian y las pautas de relación que se modelan por parte de los medios de comunicación social (imágenes que privilegian del niño o la niña, imágenes que privilegian para el público infantil, actitudes que mantienen hacia el niño como consumidor, valores que transmiten al niño y a la niña, etc.).

En algunos de los apartados siguientes trataremos, si bien de manera somera, todas estas cuestiones. Sin embargo, analizaremos primero qué ocurre cuando dos grupos sociales se relacionan entre sí, considerándose pertenecientes a categorías distintas.

1.2. Atribuciones y categorizaciones en las relaciones interpersonales e intergrupales: menores *versus* adultos

Las imágenes mentales compartidas por un colectivo determinado están generalmente relacionadas con una amplia diversidad de creencias, actitudes, estereotipos, etc., sobre el *objeto social* referido, que permiten un conocimiento *cotidiano* compartido y facilitan la comunicación entre miembros de un mismo entorno sociocultural acerca de dicho objeto. Es decir, forman parte de las formas *lógicas* y habituales de pensar por parte de los ciudadanos *no-expertos* en relación con dichos objetos, buena parte de los cuales se refieren a realidades de características complejas, aludidas mediante conceptos relativamente abstractos. Si no existieran ideas *abreviadas* y compartidas para referirnos a dichas complejidades, la comunicación sobre lo social necesitaría continuamente infinidad de matices y clarificaciones, y resultaría muy dificultosa.

Se han estudiado con cierto detenimiento las representaciones de *objetos sociales* tan diversos como el psicoanálisis, la locura, la inteligencia, el tiempo, el paro, el nacionalismo o la pubertad, por mencionar sólo una brevísima lista de ejemplos (Ibáñez, comp., 1988; Purkhardt, 1993). Algunos de estos objetos sociales tienen una larga historia, pero otros obedecen a conceptualizaciones recientes o incluso a nuevos descubrimientos científicos o tecnológicos. La psicóloga social francesa Chombart de Lauwe (1971; 1984; 1989) fue de los primeros autores que estudió las representaciones sociales acerca de la infancia y las relacionó con las que los niños y niñas construyen de su entorno social.

Las representaciones sociales son dinámicas, aunque no todos sus aspectos cambian con la misma facilidad. Las informaciones que circulan en la vida cotidiana, las contribuciones científicas que se difunden, las discusiones que, espontáneamente, se dan entre los ciudadanos en los distintos espacios de encuentro cotidiano, las imágenes y datos que proporcionan los medios de comunicación social, y otras fuentes, van introduciendo, con más o menos lentitud, una serie de cambios en las representaciones mayoritariamente compartidas acerca de cada objeto social.

Cuando las representaciones se refieren a personas o grupos de personas (por ejemplo, los gitanos, los disminuidos, los inmigrantes magrebíes) condicionan desde un primer momento la forma de relacionarnos con ellas. También es cierto que la relación directa con las personas *objeto de representación social* constituye otra fuente valiosa de información que puede cambiar la propia representación acerca de las mismas.

Una pregunta interesante es siempre: ¿Cómo nos imaginamos las (inter-)relaciones con estas personas? Con los gitanos, por ejemplo, es frecuente imaginar antes que nada unas relaciones intergrupales (payos-gitanos), entre grupos sociales de características percibidas como *claramente* distintas; las diferencias a menudo están muy estereotipadas. Cuando hablamos de relaciones adultos-niños, en cambio, es mucho más frecuente que imaginemos unas relaciones de tú a tú; cuesta imaginar a los niños como *un grupo social*, pero no tanto como una *categoría distinta* de personas.

¿Existen interrelaciones *globales y genéricas* entre adultos y niños, como grandes conjuntos de población diferenciados? Ciertamente; pero parece que muchos adultos ofrecemos ciertas reticencias a aceptarlo sin reservas. ¿En qué ideas se fundamentan las representaciones subyacentes? Varias disciplinas científicas han hecho importantes contribuciones acerca de estos aspectos. Algunas ideas tomadas de microteorías psicosociales, pueden incitar a la reflexión y al debate sobre distintas dimensiones de la realidad infantil que inciden de forma silenciosa pero decisiva en el reconocimiento de los derechos de la infancia en las sociedades denominadas occidentales, y, en consecuencia, tienen una importante influencia en el desarrollo de las *políticas sociales de infancia*. Las propias políticas de infancia configuran en sí mismas, en última instancia, formas de interrelación entre la infancia y los adultos como grupos o categorías sociales.

Cuando hablamos de políticas sociales generalmente lo hacemos para referirnos a la posibilidad de desarrollar cambios sociales intencionales: queremos conocer la realidad para transformarla, con el objeto de mejorarla, lo cual, obviamente, implicará ir más allá de la ciencia, para asumir criterios de valor. *Mejorar* la situación de la infancia, *cambiar las cosas a mejor* para niños y niñas, dista mucho de significar lo mismo para distintas personas (Casas, 1989b). Epistemológicamente hablando, lo planteamos dando por sentado que el conocimiento denominado *básico* no puede entenderse como independiente o desconectado de lo que algunos han denominado el conocimiento *útil para alguien* (Bunge, 1980), un conocimiento científico-aplicado y tecnológico, que en nuestro caso intenta situarse en la perspectiva del niño o niña y de su superior interés, sin ignorar los contextos ideológicos y de valores en que el conocimiento científico se produce.

El interés por el estudio de muchas realidades sociales susceptibles de intervención *para cambiar a mejor*, en la historia de la humanidad, parece haber seguido unas tendencias mayoritarias (aunque con excepciones) que se podrían esquematizar de la siguiente manera:

a) en una primera fase el interés se centra en discernir cómo funciona y cómo se puede afrontar *el problema*, los aspectos considerados negativos de la realidad;

b) en una segunda fase interesa conocer cómo nace el problema y cómo se puede evitar. Preocupan las causas y la explicación de *cómo funciona* el fenómeno. Aparecen las ideas de planificación de la intervención y de prevención social;

c) en una tercera fase se reflexiona sobre *los antónimos* del problema, y los aspectos positivos de las dinámicas sociales. Aparece la promoción social y se trabaja en la dirección de los conceptos con connotaciones positivas (progreso, bienestar, calidad de vida, etc.) y de forma globalizada (planes integrales, interdisciplinariedad, etc.).

Para ejemplificar lo dicho, piénsese en los siglos que la medicina ha dedicado principalmente al estudio de la *enfermedad*, y en las pocas décadas que ha empleado en desarrollar decididamente estudios para la *promoción de la salud*. O, en el campo social, las décadas de estudio de los *problemas sociales*, y lo recientes que son los estudios científicos sobre el bienestar psicológico, la competencia conductual, las dimensiones psicosociales de la calidad de vida, etc.

No podemos soslayar la cuestión de fondo que en consecuencia se nos plantea: cuando estamos de acuerdo *teóricamente* en que hay que *cambiar a mejor,* ¿quiénes deben tomar la iniciativa del cambio?: ¿los afectados por el *problema?*, ¿los políticos?, ¿las administraciones públicas? Ha sido frecuente pretender que existe *un único responsable* (personal o institucional) de tomar la iniciativa para lograr cambios sociales.

Los estudiosos de los problemas sociales, y particularmente los interaccionistas simbólicos (véase Rubington y Weinberg, 1989), ya señalaron que para que se desarrollen programas públicos de intervención social hace falta que la necesidad de cambio tenga un cierto reconocimiento colectivo, es decir, exista un *problema legitimado*. En un primer nivel, un sentimiento de *responsabilidad colectiva* para promover el cambio puede emerger espontáneamente en grupos pequeños (vecinos, familiares, miembros de un mismo clan; en las sociedades contemporáneas podemos incluir también aquí las organizaciones no gubernamentales –ONGs– locales); la convicción de que es preciso un cambio y la puesta en práctica del mismo aparecen en este caso muy próximas y entrelazadas.

En las sociedades tradicionales puede que la iniciativa del cambio se le suponga al responsable de la colectividad (brujo, jefe). En los estados democráticos, tal iniciativa a menudo se le supone a la Administración pública competente en cada materia, como responsable de actuar en pro del bien común.

El *reconocimiento* social de que un *problema* existe y de que apela a una *responsabilidad colectiva*, es decir, a que hay que actuar en nombre de la colectividad, obedece a dinámicas muy complejas. Las corrientes teóricas más antiguas que se dedicaron al estudio de los problemas sociales se centraron en *objetivar* el problema. Más recientemente se fue aceptando que existe una interacción entre cómo *es* una realidad problemática (o cómo son y actúan las personas supuestamente portadoras de un problema) y cómo perciben o imaginan el problema la mayoría de los miembros de cada colectividad –a veces una comunidad puede percibir un grave problema, del que deriva alarma social, en algo objetivamente inexistente... pero las consecuencias de tal percepción son reales (véase de nuevo Rubington y Weinberg, 1989).

Cuando un colectivo se plantea *hacer algo para cambiar las cosas*, el estudioso debe considerar analíticamente como mínimo tres conjuntos de percepciones e imágenes mentales diferenciables, aunque vinculadas entre sí:

a) representaciones sobre el supuesto *problema* que se debe solucionar. Es decir, existe un *objeto social*, que el colectivo considera necesario o positivo cambiar a otro estado, el cual representa un logro pretendido (objetivo u aspiración); la situación-reto que se desea alcanzar se considera *mejor* que la inicial;

b) representaciones sobre las características de los sujetos, es decir, las personas afectadas o *portadoras* del problema;

c) representaciones sobre las *formas de actuación*, es decir, las acciones que se consideran adecuadas para afrontar o solucionar el problema social. En otras palabras, sobre las técnicas y procedimientos que permiten alcanzar con eficacia los logros pretendidos.

Estas representaciones no siempre son explícitas, y por ello a veces resultan difíciles de identificar y definir. Como dice Moscovici (1981): «... las representaciones sociales se basan en informaciones, las cuales alimentan actitudes, que a su vez protegen un campo representacional con un *núcleo figurativo muy resistente a los cambios*». La dinámica que implica la estructuración de estas representaciones conlleva la construcción de un *sentido común*, es decir, de una *lógica compartida* sobre cómo hay que proceder, que origina resistencias a plantearse las cosas de otras maneras (hay que hacer las cosas *como se han hecho toda la vida, como Dios manda*, etc.).

Otro aspecto teórico que se debe considerar es el de las dinámicas intergrupales en las que se establecen procesos de diferenciación categorial.

Se ha observado que cuando grupos distintos viven refiriéndose frecuentemente el uno al otro, llegan a adquirir al menos parte de su identidad por contraste al grupo de comparación (o de competición, en algunos casos). A los miembros pertenecientes a cada uno de los grupos en contraste se les atribuyen categorías de distintas características. Doise (1976) definió los procesos de diferenciación categorial como *«procesos psicosociales que relacionan actividades individuales con actividades colectivas, mediante evaluaciones intergrupales y representaciones»*. Según él, las representaciones intergrupales se caracterizan por tener tres funciones:

- seleccionar características para compararlas diferencialmente;
- justificar la diferenciación y sus efectos (distancia social, posible hostilidad, etc.);
- anticipar la interacción.

Si tomamos a *los adultos* como grupo social, por contraste con *los niños y niñas*, podríamos considerar las relaciones intergrupo como un particular proceso de diferenciación categorial, con sus niveles interrelacionados, tal como los define Doise (Doise, Deschamps y Mugny, 1980): nivel de representaciones, nivel evaluativo y nivel de comportamiento, cumpliéndose la triple función que acabamos de apuntar.

Al considerar a adultos y niños como grupos sociales, siguiendo a Tajfel (1981) parece planteable la tesis de que los miembros de cada uno de dichos grupos *se sienten comprometidos en el mismo en la medida en que su pertenencia contribuye a su sentimiento de identidad social positiva*. Aunque, al menos en nuestra cultura, también parece existir una especie de *sustrato* que hace envidiable para los miembros de cada grupo el pertenecer de alguna manera al otro, porque se perciben ventajas. Pertenencia e identificación categorial al grupo infancia nos permiten volver a analizar en términos de cooperación o competitividad y conflicto (en la perspectiva de Turner, 1981) algunos aspectos de la discutida crisis de la adolescencia; crisis en que la comunicación intergrupal (adultos-adolescentes) desempeña un papel clave.

Una de las principales consecuencias de muchos procesos de diferenciación categorial es que *enfatizan las diferencias intergrupales y las similitudes intragrupales* (Doise, Deschamps y Mugny, 1980). Veamos ahora en qué pueden resultar productivas todas estas ideas al aplicarlas a la población infantil.

1.3. Representaciones sociales sobre la infancia

En nuestra cultura la noción de *infancia* ha sido mucho más variable a lo largo de la historia de lo que nos parece comúnmente (Ariès, 1960; Casas, 1992a). Una de las acepciones utilizadas se refiere a una *categoría de miembros de las comunidades humanas* (Chombart de Lauwe, 1971; 1984; Qvortrup, 1987; 1990; Casas, 1994b; 1994c). Aunque utilizando distintos términos, parece que, al menos en las sociedades denominadas occidentales, hemos compartido una muy antigua necesidad de diferenciar entre dos grandes grupos de miembros de nuestras colectividades: los adultos y los *menores*, percibidos y clasificados como categorías de personas bien diferenciadas.

Como algunos autores han señalado, el núcleo figurativo de las representaciones sociales adultas sobre la infancia en nuestra cultura parece haberse centrado en la idea de *los aún-no* (Qvortrup, 1990; Verhellen, 1992; Casas, 1994e), que en el fondo resulta una idea excluyente en relación con el grupo o categoría social al que corresponden los *ya-sí*. Esquemáticamente podemos ilustrar estas ideas de la siguiente forma:

Esquema 1. Representaciones sociales de la infancia.

Núcleo figurativo: «Aún-no.»
— Aún-no adultos.
— Aún-no responsables.
— Aún-no capaces.
— Aún-no competentes.
— Aún-no con los mismos derechos.
— Aún-no con suficientes conocimientos.
— Aún-no fiables.
— etc.

Actitudes: «Alto consenso y baja intensidad.»
— No hay oposición conceptual.
— Nunca es un tema prioritario. La iniciativa siempre corresponde a otros. Sin proactividad.
— Arraigo de «sentido común» referido a que la infancia es una cuestión (o problema) privada, de cada familia.
— Poca sensación de que hay responsabilidad colectiva.
— Preocupa más como futuro que como presente, y aun así, apenas se percibe como perteneciente a un futuro social común.
— etc.

Informaciones: «A menudo no disponibles para soluciones concretas.»
— No se les presta atención.
— No se interiorizan.
— etc.

La percepción mayoritaria de la infancia como categoría social claramente *distinta* integra, de alguna manera, una *imagen descalificadora* de la misma *como grupo social*, a pesar de que se asuma y verbalice que también tiene aspectos positivos, incluso idílicos. Esta visión conlleva que en escasas ocasiones se represente a la infancia como algo valioso en sí mismo, incluso en el futuro social colectivo (*nuestro* futuro). A lo sumo, *se la valora socialmente por lo que será o llegará a ser*, no por lo que es; de forma que algunos autores hablan de que se la concibe como una *moratoria social* en cuanto a su reconocimiento (Verhellen, 1994).

Todo el mundo está de acuerdo en que la infancia merece una atención especial, y a este hecho lo hemos denominado *alto consenso*. No parecen existir movimientos ideológicamente muy elaborados que se manifiesten en contra de este principio (excepto, quizás, aunque no tengan mucha *ideología* escrita, los escuadrones de la muerte en Latinoamérica). Ello se refleja en el hecho de que la Convención sobre los Derechos del Niño sea el acuerdo internacional que más países han ratificado en toda la historia.

Sin embargo, este acuerdo teórico no parece estar *lógicamente* conectado con una responsabilidad colectiva de ser proactivos para que las condiciones de vida de la infancia mejoren. En la práctica, parece que actuar en favor de la población infantil, o bien corresponde a *otros*, o bien *no es prioritario*, puede esperar, porque se trata de los *aún-no*.

La consecuencia de todo ello es que, o bien no circula la información sobre cómo actuar en caso de necesidad, o bien, si circula, no se *registra*, porque muchos adultos no se sienten interpelados ni implicados en lo que respecta a los temas de infancia (salvo, naturalmente, que se trate de los propios hijos)(véase apartado 3.5).

Recalquemos, para no incitar a confusión, que estamos enfatizando la fuerte discrepancia que se observa entre las relaciones cuando se dan en el nivel *adulto concreto – niño o niña concreto* (por ejemplo, en las relaciones padres-hijos), y cuando se dan en el nivel *adultos en general – infancia*. Más adelante iremos viendo otros aspectos de este esquema con mayor detalle.

1.4. Representaciones sobre los problemas de la infancia

En las sociedades occidentales la figura tradicional del derecho romano de la *patria potestad* ha condicionado durante siglos la *lógica* con la que los adultos en general perciben a la infancia y sus problemas: el niño o niña pertenece al padre, a lo sumo es *propiedad* de la familia; sus problemas son problema de su familia; en consecuencia, los problemas de la infancia no apelan a ninguna responsabilidad colectiva: son asunto privado de las familias (véase, como ejemplo, la investigación de Aguinaga y Comas, 1991, con una muestra española).

Esta representación compartida conlleva la imagen del niño como sujeto de poca importancia social, ya que no tiene derechos por sí mismo: otros han de hablar por él. El reflejo de este hecho en el mundo judicial ha sido evidente en muchas legislaciones, hasta épocas muy recientes: los testimonios infantiles siempre han sido considerados de poca validez o sospechosos, porque el *menor* no era una persona *fiable* (Casas, 1995f)(véase capítulo 10).

Con frecuencia la investigación científica se ha aliado con esta visión de los niños como personas *incapaces* o *aún-no competentes* para manifestarse en relación con los problemas que les afectan. Los datos de cuestionarios o los de entrevistas obtenidos de niños o niñas han sido criticados en numerosas ocasiones, por ser considerados poco válidos o fiables (Casas, 1995f; 1996f).

Sólo recientemente se han alzado las voces de algunos científicos eminentes para discutir estas actitudes (véase Garbarino, Stott y otros, 1989): *la competencia y la orientación de los adultos son las que marcan la diferencia* de la competencia de los niños y niñas al proporcionar datos relevantes, incluso en procesos judiciales. En otras palabras, el problema que, tradicionalmente, se atribuía a la *incapacidad* de los niños o niñas, se está desvelando como un problema de falta de adecuada competencia para relacionarse con ellas y ellos por parte de jueces, abogados, investigadores o profesionales en general (véase capítulo 10).

Cuadro 1. Distribución de los riesgos percibidos por los padres, según el sexo.

	Sólo chicos	*Sólo chicas*	*Ambos*	*NS/NC*
El alcohol	20,4	2,5	73,8	3,4
Las drogas	9,8	1,3	88,9	0,1
Ser delincuente	37,4	0,5	53,2	8,9
Ser víctima de un delito	6,4	46,4	32,9	14,3
Tener un accidente	15,9	12,9	55,3	15,9
Padecer una enfermedad	8,2	25,9	41,2	24,7
(Ocasionar) Embarazo no deseado	0,8	67,5	23,9	7,8
Fracaso escolar	9,6	12,9	65,2	12,4
No encontrar trabajo	14,8	9,8	70,0	5,3

Fuente: Encuesta Infancia y Adolescencia. C.I.S., 1989.
Nota: las cifras expresan porcentajes horizontales.

Cuadro 2. Grado de preocupación en una escala de 1 a 10 por los comportamientos de un hijo varón o una hija adolescentes.

	Hijo	*Hija*
Que sacara malas notas	6,76	6,69
Que fumara porros ocasionalmente	8,54	8,61
Que tuviera relaciones sexuales	6,86	7,75
Que formara parte de algún grupo juvenil (punki, heavy, rock)	6,81	7,27
Que perteneciera a una secta	8,64	8,79
Que dejara a una amiga/ que quedara embarazada	8,62	9,02
Que fuera homosexual	8,10	8,27

N = 2500
Fuente: Juste, Ramírez y Barbadillo, 1991.
Nota: datos expresados en la media de la respuesta.

Una de las diversas formas que actualmente se están explorando para estudiar aspectos de las representaciones compartidas sobre los problemas de la infancia, consiste en analizar las *percepciones de riesgo de los padres* a que sus propios hijos o hijas tengan *algún problema*. Los datos obtenidos de las escasas investigaciones españolas presentan un claro sesgo según se trate de un hijo o una hija. Se percibe mucho más riesgo de que una hija se implique en un embarazo no deseado, que un hijo; pero también de que sea la hija la víctima de algún delito o de que se ponga enferma. En cambio, preocupa mucho más que un hijo varón cometa delitos, no consiga encontrar trabajo, o consuma drogas (C.I.S., 1989)(cuadro 1).

En otra encuesta se evitó hablar de *riesgos* para centrarse en las *preocupaciones* de los padres en relación con los hijos. En este caso también aparecieron diferencias según el sexo, aunque menos acusadas (Juste, Ramírez y Barbadillo, 1991)(cuadro 2).

Un punto crítico de las representaciones sobre los problemas de la infancia se identifica al dar el paso de considerar un problema *de la familia* a considerarlo *social*, es decir, a considerar que apela a responsabilidades colectivas, llamando a una actuación social. ¿En qué circunstancias los problemas de la infancia pasan a ser considerados problemas sociales? En apartados posteriores analizaremos los diversos procesos que han contribuido a la construcción social de un fenómeno como problema colectivo. En el momento histórico presente, no cabe duda que los medios de comunicación social (MCS), y particularmente la televisión, se han ido configurando como un contrapunto ante las imágenes que tradicionalmente los adultos tienen de la infancia y de sus problemas; sin embargo, como veremos en el capítulo 11, desafortunadamente, en los medios de comunicación social, en general sólo se presenta al niño o niña como víctima, en los noticiarios, y el niño o niña idílicos en la publicidad, interesándose muy raramente por el niño o la niña *normal y corriente* o bien por los derechos de la infancia.

1.5. Representaciones sobre las formas de solucionar los problemas de la infancia

Si la consideración de determinados problemas de la infancia como *sociales* ha cambiado mucho a lo largo de la historia, más aún lo han hecho las ideas sobre las formas *adecuadas* de tratar tales problemas. Ello parece esperable, dado que las representaciones sobre las formas de solucionar problemas están obviamente influenciadas por las representaciones sociales sobre la infancia y por la representaciones compartidas sobre los problemas sociales acerca de la infancia. A este tema vamos a dedicar todo el capítulo cuarto; pero aquí queremos anticipar que la *lógica* imperante en cada sociedad acerca de cómo actuar parece caracterizada por una inercia: muy pocos se cuestionan *lo que se ha hecho siempre* y a pocos les parece problemático el fundamental desinterés que se observa por la infancia como conjunto de población.

En la última década, en algunas investigaciones se han introducido preguntas relativas al conocimiento de las actuaciones que se deben realizar o de los servicios existentes para atender los problemas de niños o niñas. Según las investigaciones españolas, entre un 80% y más de un 90% de la población no conoce ningún servicio destinado a atender algún problema o necesidad infantil en su barrio o municipio, siendo mucho mayor el número de hombres que de mujeres que carecen de tal información (Aguinaga y Comas, 1991; GES, 1991; Casas y Durán, 1996).

En casos de evidente gravedad, por ejemplo ante la certeza de que un niño del vecindario está siendo maltratado físicamente, las actuaciones que manifiestan distintas muestras de adultos son altamente heterogéneas, características de una población carente de criterios muy elaborados. En la investigación de Sánchez Moro (1988) las respuestas se acumulan en grupos entorno al 20%, con un nada despreciable 14,3% de personas que no harían nada por considerar que uno no debe interferir en los asuntos privados de otras familias (cuadro 3).

Cuadro 3. ¿Qué haría usted si tuviera conocimiento de que un niño está siendo maltratado?

– No sé cómo reaccionaría, porque no conozco recursos o cauces	19,7%
– Trataría de hablar con los padres	19,1%
– Lo denunciaría a la policía	18,6%
– Lo pondría en conocimiento de algún servicio social o personal que pudiera intervenir	18,2%
– Nada, no se puede intervenir en los asuntos privados de la familia	14,3%

N = 1200
Fuente: Sánchez Moro, 1988.

1.6. La actual crisis de las representaciones sociales adultas sobre la infancia

Año tras año, un buen número de los antiguos esquemas con que los adultos nos hemos representado lo que es la infancia se van desmoronando. La lógica maniquea de los sistemas penales tradicionales, en los que una persona pasa *de repente* de no tener competencias o responsabilidades a tenerlas, ya no se puede mantener a partir de los conocimientos acumulados por la psicología evolutiva, que ha demostrado cómo los humanos nos desarrollamos siguiendo procesos que pasan por diversas fases, y que muchas fases no están netamente ligadas a la edad (por ejemplo, en el desarrollo moral, en el que para algunas etapas el desarrollo cognitivo es condición necesaria pero no suficiente; Kohlberg, 1976; 1992).

Algunos autores han puesto especial énfasis en resaltar que los mayores cambios representacionales sobre el mundo en que vivimos se generan con las herramientas tecnológicas culturalmente dominantes en cada período histórico. Igual que la imprenta o el telégrafo conllevaron, hace siglos, enormes cambios en nuestra cultura, incluyendo cambios sobre la imagen de la infancia y lo que se esperaba de niños y niñas, hoy asistimos a nuevos cambios, lentos, a veces incluso imperceptibles, pero profundos, debido a la televisión y demás medios de comunicación audiovisual (Postman, 1982), en los que ya participa la informática; hemos entrado de lleno en lo que se viene denominando la *cultura icónica*.

No sólo los adultos se van representando la infancia de otras maneras; también los medios de comunicación social la presentan de formas distintas. Muchas representaciones se construyen a través de las pantallas o a su alrededor. Además, las pantallas inciden en la aparición de nuevas representaciones del mundo por su influencia directa sobre los propios niños y niñas, sobre *las nuevas mentes emergentes de nuestro tiempo* (Del Río, 1993); en otras palabras, influyen sobre las *representaciones que niñas y niños tienen* del mundo, de los adultos, y *de la propia infancia* y de sus funciones, dentro del contexto sociocultural en que viven.

Una creencia adulta tradicional muy compartida, por ejemplo, se refería a la inconveniencia de ciertas informaciones que se les pueden proporcionar a los niños y niñas. Incluía el supuesto de que determinadas informaciones sobre *la vida* deben reservarse a los adultos, dado que los niños no pueden entenderlas o asimilarlas adecuadamente. El *sentido común* mantenía que unas informaciones *no* deben dárseles y otras *sólo* deben dárseles adaptadas a sus capacidades de asimilación y comprensión.

Hoy en día, la universalidad de los medios de comunicación social, particularmente de la televisión, nos ha llevado al extremo contrario. La población infantil actual no sólo dispone de informaciones e imágenes de todo tipo (incluso de muchas sobre las que parece haber un amplio consenso acerca de el posible perjuicio para su bienestar: violencia, determinadas escenas sexuales, consumismo desmedido, etc.), sino que a menudo dispone de más información que muchos adultos sobre determinados aspectos del mundo, especialmente sobre el manejo de las nuevas tecnologías. Cifras nada despreciables de adultos, especialmente padres y madres, se han sentido impotentes ante esta avalancha de mensajes y conocimientos nuevos, y se han *rendido* a la televisión o a las nuevas tecnologías (videojuegos, por ejemplo), interactuando poco o nada con los niños y niñas en relación con aquellas, o sólo para regular su uso, a veces incluso de forma represiva. Ello se suma a las consabidas dificultades de comunicación entre padres e hijos, sobre todo en aspectos lúdicos, que a menudo se agravan durante la adolescencia.

Algún aspecto de la identidad colectiva de los adultos parece haberse construido por oposición a la infancia, en vez de *con la infancia*. No es extraño, en determinadas circunstancias, oír a un adulto decir con orgullo «*yo ya no soy como un niño*»; aunque secretamente se guarden algunas nostalgias acerca de los valores de ser niño. A los niños también les afecta esta ambivalencia: a veces desean *ser como los mayores*; pero *ser mayor* da cierto miedo, porque se asocia a la sensación de pérdida de algo importante. Y resulta que en nuestras sociedades hay que ser lo uno o lo otro.

Para Postman (1982) la infancia, tal como la entendíamos tradicionalmente, está desapareciendo. La nueva infancia es mucho más competente que la anterior en muchos ámbitos, especialmente ante algunas nuevas tecnologías, hasta el punto que sus habilidades ante las mismas superan a menudo las de sus padres. Las representaciones adultas sobre la infancia deberán cambiar necesariamente para integrar todas estas nuevas evidencias.

1.7. Conclusiones

Sea o no exacto que nuestras tradicionales representaciones sociales sobre la infancia se están tambaleando, lo cierto es que también en las dos últimas décadas los científicos están crecientemente de acuerdo en que es necesario presumir cada vez más y mayor competencia en los niños y niñas en muchos ámbitos, por ejemplo, en el judicial, cuando actúan como testigos, a partir del momento en que el adulto es capaz de facilitar los medios adecuados y de adaptarse a la perspectiva del niño o niña (Garbarino, Stott y otros, 1989; Schneider, 1993).

La cuestión no era tanto, o no era sólo, la falta de capacidades y competencias de los *menores*, sino las debilidades y limitaciones de las ciencias sociales y humanas para estudiarlas; en última instancia, era más un problema *de los mayores*, que de los niños.

Resulta urgente conocer y deconstruir aquellas representaciones adultas socialmente compartidas, a veces muy arraigadas e inflexibles, que se resisten a reconocer las capacidades y los derechos de la infancia, y su ejercicio (quizá porque ello hiere un cierto orgullo adulto). Nuestra actual etapa histórica exige abocarnos de lleno a una promoción de los derechos de toda la población infantil, a un reconocimiento de la infancia desde la propia perspectiva de la infancia. Sólo una infancia consciente de sus derechos y responsable para con los mismos va a poder ser la nueva infancia hacia la que está apuntando la Convención de las Naciones Unidas.

Ciertamente, el conjunto de datos fundamentados en estudios científicos de que disponemos acerca de las representaciones sociales sobre la infancia es aún insuficiente, y, sobre todo, heterogéneo y desconexo.

Con todo, los elementos representacionales que van apareciendo en los estudios desarrollados a los niveles familiar, de actitud de toda la población y de los *mass media*, nos sugieren nuevas explicaciones e hipótesis de investigación y de trabajo acerca de los factores psicosociales que inciden sobre la legitimación de necesidades y problemas sociales de la infancia. Un mayor conocimiento de dichos factores tiene un importante interés tanto teórico como aplicado, ya que puede ayudar a explicar la *baja intensidad* de acción que a menudo se observa para superar problemas que afectan a muchos niños y niñas de nuestro tiempo, a pesar de tratarse de cuestiones de *amplio consenso* en cuanto a la necesidad de encontrar soluciones. Para ello, es preciso investigar en profundidad estos objetivos, y, además, recopilar y reinterpretar en esa dirección los datos que se derivan de perspectivas y actividades disciplinares distintas.

Por lo que respecta a la acción social, el mayor conocimiento de tales factores permitiría solucionar muchos problemas prácticos que, con frecuencia, entran en vía muerta, y ocasionan un gran desgaste entre los profesionales de la intervención social. En primer lugar, podría sugerir vías de superación ante situaciones de reacción social que la presencia de servicios de protección a menores desfavorecidos han generado en distintos contextos comunitarios. En segundo lugar, podría abrir nuevas perspectivas de posibles intervenciones sociales para desarrollar programas de prevención y promoción, teniendo en cuenta el contexto de clima psicosocial del conjunto de la población adulta en que se realicen. Y, en tercer lugar, podría sugerir alternativas más eficaces, sin que ello levantara recelos o disonancias entre los adultos, para, de ese modo, prestar mayor atención al conjunto de niñas y niños, y concederles mayor protagonismo en aquellos espacios de la vida social para los que, según su momento evolutivo, tengan ya ciertas competencias.

Todas estas posibilidades hacen pensar que el concepto *calidad de vida infantil* podría dejar de ser un puro traslado de opiniones y aspiraciones adultas superpuesto al mundo infantil, para ser utilizado de forma más fiel a sus orígenes psicosociales (Casas, 1989b; 1991b), teniendo más en cuenta las percepciones, aspiraciones, evaluaciones y satisfacciones de los propios niños y niñas, es decir, su bienestar psicológico.

CAPÍTULO II

EL MACROCONTEXTO SOCIAL Y DEMOGRÁFICO DE LA INFANCIA

2.1. Estadísticas sobre la población infantil

La infancia constituye, cuantitativamente, un subconjunto de población muy importante de cualquier país del planeta. Es bien sabido que en la mayoría de países en vías de desarrollo representa un porcentaje mucho mayor que en los países industrializados. Sin embargo, cuando diferentes estudiosos, sobre todo a lo largo de la última década, han querido profundizar en los aspectos sociodemográficos que afectan a la infancia, parecen haber llegado a la conclusión de que, incluso en los países industrializados (con alguna excepción), hay poco hábito de recopilar datos diferenciales sobre la población infantil, salvo las explotaciones básicas que tradicionalmente se realizan a partir del censo de habitantes. En comparación con otros grupos, o con otros aspectos de la vida social, algunos autores han querido destacar la relativa *invisibilidad estadística* de la infancia en muchos países (Qvortrup, 1989; Sgritta, 1989).

El conjunto de observaciones que configuran el debate actual podríamos resumirlo en los siguientes puntos:

1. En la gran mayoría de países industrializados no existe abundancia de datos globales, relevantes y fácilmente accesibles sobre la población infantil, debido a que no existe una tradición que haga pensar que agruparlos puede resultar interesante para algún propósito determinado.

2. Es frecuente que algunos datos relevantes desde la perspectiva de la población infantil (tanto estadísticos, como sobre políticas y programas) no figuren bajo el concepto *infancia* u otro parecido, sino que se los tenga que buscar en *educación, familia, salud,* y un largo etcétera.

3. Cuanto más se aleja uno de los *datos estadísticos básicos* tradicionales, más fácil es que falten desagregaciones adecuadas para analizar la situación global de los niños y niñas. Por añadidura, la perspectiva de la recogida de datos y de su explotación rara vez se centra en el niño. Recuérdese, por ejemplo, que en la mayoría de censos de población los datos se recopilan alrededor de una *persona principal*, el cabeza de familia; obviamente, por ejemplo, no es lo mismo contabilizar el número de niñas y

Cuadro 4. Número de hijos/as *versus* número de hermanos/as. (Familias con hijos de 0 a 13 años en Italia. De diciembre de 1988 a diciembre de 1989.)

	Familias (Hijos/as)		*Niños/as* (Hermanos/as)	
Uno/ninguno	2.312	42,1%	2.312	24,1%
Dos/uno	2.432	44,3%	4.864	50,8%
Tres/dos	598	10,9%	1.793	18,7%
Cuatro/tres, o más	152	2,8%	609	6,4%

Nota: incluye las familias monoparentales.
Fuente: Istat, *Indagine multiscopo sulle famiglie. Anni 1987-91. Il mondo dei bambini*. Roma, 1994.

niños que viven con la persona principal en una unidad familiar, que el número de hermanos que un niño o niña tiene. Saporiti y Sgritta (1994) ejemplificaron esta afirmación para Italia con el cuadro 4.

4. En algunos casos, a los niños *se les supone incluidos* en los datos, sin que conste ninguna mención o desagregación específica. Ello es frecuente cuando se trata de datos relativos al uso del transporte público, al consumo, al tráfico, a la utilización de espacios urbanos, etc.

5. Todo lo cual equivale a decir (y éste es un punto de partida importante que recordar) que el conocimiento social, incluso el de utilidad sociopolítica acerca de la infancia, se halla disperso, y es difícilmente accesible. Esta falta de disponibilidad de información *ordenada* hace difícil configurar una visión global detallada y fiable de la realidad. Y, en consecuencia, hace que la comparación de datos entre países sea algo delicado y complejo.

6. Los niños y niñas son considerados globalmente *menores*, es decir, algo así como *ciudadanos aún-no del todo*, a muchos niveles de la vida social. Disponer de datos, de una visión global de la infancia como subconjunto de población no siempre es considerado algo prioritario o de especial importancia, sobre todo en comparación con otros ámbitos sociales.

7. Históricamente hablando, el interés por la población infantil como conjunto social ha nacido muy ligado a la conceptualización de *sus* problemas, *sus* situaciones negativas. Ello no es de extrañar, puesto que ha ocurrido lo mismo con otros aspectos de la vida social, como ya hemos apuntado: el interés por la enfermedad es muy anterior al interés por la salud (véase apartado 1.2). A menudo, los datos más difíciles de obtener y analizar son aquellos que se refieren a las condiciones positivas generales en que viven niños y niñas, y, en particular, las que tienen que ver con su calidad

de vida. Por ejemplo, muchos países disponen de estadísticas detalladas sobre la delincuencia juvenil, pero no acerca de niños maltratados o de los adolescentes fugados de casa, y mucho menos, sobre las actividades culturales o de ocio de los niños y niñas, o sobre sus actividades de participación social, etc.

La infancia, como realidad social, a menudo ha quedado atrapada y rezagada en el conjunto de reflexiones y acciones sobre los problemas sociales, y tiene aún pendiente entrar de lleno y explícitamente en los debates sobre la calidad de vida y las aspiraciones sociales colectivas.

8. Como resultado de lo anterior, el conocimiento disponible en cada lugar es, habitualmente, fragmentado. De ahí las serias dificultades omnipresentes para emprender acciones globales coherentes (llámense coordinadas, compactadas, integradas, integrales, holísticas, o como se prefiera). A partir de lo cual no es de sorprender la falta de consolidación del propio concepto *políticas de infancia*.

9. Hay que contar, además, con la evidencia histórica de la gran lentitud de los cambios sociales y culturales relacionados con la población infantil. Los pasos para reconocer universalmente los derechos de niños y niñas son un buen ejemplo de cómo cada pequeño nuevo avance ha requerido décadas. Ello es sólo reflejo de la multitud de encendidos y contrapuestos aspectos emocionales, actitudinales e ideológicos que concurren en los poco manifiestos debates sobre la infancia como conjunto de población de una sociedad.

La Convención obliga a los Estados que la han ratificado a presentar un informe periódico sobre los avances en su implantación y sobre el cumplimiento de sus contenidos. Los primeros informes son una nueva fuente de datos sobre la situación de la infancia en el mundo. Pero son muy difíciles de comparar entre sí. Hace falta profundizar mucho todavía en un sistema de monitorización que permita un seguimiento eficaz del cumplimiento de la Convención de forma rigurosa, y más todavía para disponer de indicadores fiables sobre los derechos de la infancia, comparables a escala internacional. Sin embargo, éstos son, sin duda, retos actualmente planteados a la comunidad científica internacional, que deberían asumirse si realmente se desea la mejora de los derechos de la infancia en el planeta (Casas, 1996f).

El conocimiento detallado y el debate abierto, fundamentados sobre datos fiables y comparables de la realidad que contextualiza y representa la vida de la población infantil constituyen requisitos previos para poder influir sobre los aspectos más elementales de las actitudes y representaciones adultas sobre la infancia, facilitando así dinámicas de cambio social positivo.

2.2. Estado del conocimiento sobre la infancia

Los datos para analizar la situación de la infancia no deben restringirse, lógicamente, a las estadísticas sociodemográficas. Sin embargo, cuando nos adentramos en el terreno de los análisis internacionales, además de la escasez, aparece otra cuestión de fondo: la comparabilidad. Los estudios que se hacen sobre la situación de la infancia a niveles nacionales o transnacionales se basan en informaciones generales y/o conjuntos de indicadores que, cuando se contrastan entre sí, acostumbran a tener serias dificultades de comparabilidad. Muchos de los estudios o informes tienen un indudable valor epistemológico, de construcción de conocimiento. Pero las informaciones y los indicadores más relevantes para describir un contexto macrosocial pueden resultar irrelevantes para otro.

El esfuerzo más regular y sistemático hecho hasta la fecha lo constituyen, sin duda, las recopilaciones de datos realizados por la Unicef para evaluar el *Estado Mundial de la Infancia*, que se publican anualmente (Unicef, 1991; 1992; 1994; 1995; 1996). Con todo, este sistema de recogida de datos resulta muy poco discriminativo para evaluar las diferencias y los cambios entre los países industrializados, dado que casi todos ellos ofrecen tasas de bienestar infantil muy próximos entre sí, y con diferencias muy pequeñas de año en año.

La propia *juventud* del estudio de la realidad global de la infancia con indicadores hace que aún no se disponga de modelos teóricos suficientemente desarrollados ni consolidados, ni a nivel nacional (véanse, por ejemplo, Garbarino, 1992; Casas, 1989b) ni internacional. Entre los desarrollos teóricos en los que hay que profundizar, en orden a producir datos territorialmente comparables, cabe señalar los relativos a:

1. El análisis de las conceptualizaciones de la *infancia* como conjunto de población, desde varias perspectivas disciplinarias (sociología, psicología social, antropología), su deconstrucción y reconstrucción.

A este respecto, es de destacar la importante contribución desde la sociología que ha constituido el *Programa Infancia* del Centro Europeo de Viena (véase Qvortrup, 1990; Wintersberger, 1991). Jensen y Saporiti (1992) han desarrollado un interesante análisis estadístico comparado, derivado de este programa, incluyendo 16 países.

Desde las ciencias políticas son interesantes las contribuciones de Therborn (1992).

2. Las representaciones sociales que los adultos de nuestra sociedad se hacen de los niños y niñas en general, de sus necesidades y de sus problemas, así como de las actuaciones sociales necesarias para atenderlas (véase al respecto Casas, 1992a; 1996b).

3. El impacto real de las intervenciones sociales que se consideran necesarias y adecuadas para la superación de problemas sociales que afectan a niños y niñas, y para la consecución de aspiraciones colectivas referidas a la población infantil. Ello implica la disposición y utilización de diseños adecuados de evaluación de programas. Más que la obsesión por el éxito de los programas, es la *adecuada evaluación de aciertos y errores* en los programas de acción social lo que puede contribuir de forma decisiva a un aprendizaje colectivo de profesionales, planificadores y políticos, favoreciendo el debate constructivo y, en consecuencia, la acumulación de conocimientos (Casas, 1996c).

4. Las implicaciones del concepto *calidad de vida* referidas a la infancia, uno de cuyos componentes fundamentales es la *participación* (Casas, 1991b). La participación de los niños y niñas en los programas sociales que les afectan es algo poco estudiado y poco practicado, por múltiples *razones adultas*, a pesar de sus importantes consecuencias sociales positivas (Hart, 1992).

Una faceta crucial para incrementar el rigor y la relevancia social del conocimiento disponible sobre la situación de nuestros niños y niñas lo constituye la colaboración entre los investigadores y los responsables de las políticas sociales. En 1991, en un seminario europeo organizado en Madrid (Ministerio de Asuntos Sociales, 1992) se subrayaba la necesidad de establecer mayores contactos entre países en forma de *redes* de intercambio de información y de actividades, a fin de establecer procesos de trabajo comunes y aprovechar los conocimientos acumulados en distintos lugares, así como para evitar investigaciones que en otros países han resultado estériles y programas de intervención de ineficacia demostrada.

Un ejemplo de puesta en marcha de procesos que permiten intercambiar y mejorar el nivel de conocimiento global disponible, en la Unión Europea, lo constituyen los denominados *Observatorios* (como, por ejemplo, el de *familia* y el de *pobreza*), que recopilan datos evolutivos de la temática tratada y datos irregulares de aspectos psicosociales, obtenidos mediante encuestas con muestras amplias, de todos los Estados miembros. Sin embargo, desafortunadamente, los intentos por desarrollar un Observatorio internacional, o ni tan sólo europeo, sobre la infancia han resultado, hasta el momento, infructuosos. Existe, con todo, una iniciativa privada no lucrativa, la red de investigadores Childwatch International, con sede en la Universidad de Oslo, que ha empezado a organizar una base de datos de bases de datos en Internet (*The Children's House in the Cyberspace*), con el objetivo último de facilitar el acceso a la información sobre investigaciones desarrolladas en cualquier punto del planeta que aporten vías concretas de solución a problemas sociales planteados en otros lugares. Esta red también ha empezado a potenciar proyectos internacionales de recogida de datos básicos sobre la situación de la infancia, sobre todo en relación con el seguimiento de la Convención (*The Children's Rights Indicators Project*) (Childwatch International, 1995).

2.3. Tendencias sociodemográficas generales en los países industrializados

En función de los indicadores disponibles, y de los análisis complementarios desarrollados, los datos sobre la realidad sociodemográfica de los países industrializados, dentro de una cierta diversidad, parecen apuntar cada vez más hacia grandes tendencias compartidas. En este sentido, la práctica totalidad de los países europeos (quizá con la excepción de Rumania y Albania) participan de estas tendencias generales, aunque no cabe duda que, en distintos aspectos, los países de la Europa central y oriental (es decir, la zona que fuere de influencia de la ex URSS) presentan algunas problemáticas comunes y distintas de los países de la Europa *occidental*.

Muchas de las tendencias mostradas por las estadísticas sociodemográficas se manifiestan sucesivamente en un país tras otro, según su grado de industrialización y desarrollo. Cuando se interpretan las desigualdades existentes entre países europeos, hay que tener en cuenta esta temporalización de las tendencias, y particularmente hay que:

a) tener presente que existen antiguas polémicas que parecen repetirse unos años después. Se trata de polémicas primero *importadas* de otros países y después basadas en el debate sobre la propia realidad de cada país. Sería éste el caso, por ejemplo, del tema de los efectos de la separación o el divorcio de los padres sobre los hijos;

b) evitar focalizar los análisis en aspectos que las experiencias ajenas demuestran no ser los centrales de un problema. Determinadas oscilaciones pueden ser *normales* de una tendencia, no ilustrando ningún problema. Podría ser el caso, por ejemplo, de la caída de la tasa de la natalidad, para la que diversos países ya *tocaron fondo* hace unos años, y ahora les ha llegado el turno a otros, como Grecia, Italia y España.

La falta de esta visión temporal de las tendencias puede llegar a producir tensiones entre países industrializados y países en vías de desarrollo cuando se suman a algunas situaciones paradójicas. Por ejemplo, por una parte se les pide a los segundos que reduzcan su crecimiento demográfico y por otra se les informa que los países industrializados adoptan medidas para aumentar su tasa de natalidad; o, por un lado se restringe la llegada de inmigrantes, pero por otro están creciendo en sus demandas de niños en adopción internacional.

Desde hace muy poco tiempo, un tema que levanta cada vez más curiosidad, cuando no preocupación, es precisamente este importante descenso de la tasa de natalidad en los países europeos. Esta tendencia queda reflejada en el estrechamiento por la base a que se ve sometida la pirámide de edades de muchos países.

Tal realidad demográfica no es una singularidad de los países industrializados, sino que empieza a observarse en otros. Las estadísticas comparativas muestran cómo unos (es el caso de España, por ejemplo) simplemente van siguiendo con unos años de retraso los pasos de otros (los escandinavos y Alemania, por ejemplo), pero a su vez son seguidos por unos terceros (Grecia y Portugal en el caso europeo).

A ello han contribuido muchos factores: la incorporación de la mujer al mundo profesional, el aumento del coste del mantenimiento de los hijos, la eficacia de los métodos de planificación familiar, etc. Para Caldwell (1982), otro factor relevante se encuentra en el proceso de democratización de las familias, que ha llevado a que el hombre quede más expuesto a las necesidades de los hijos, no sólo económicas, sino en tiempo de dedicación y en estilo de vida.

En la encuesta europea *Eurobarómetro 32* realizada en octubre-noviembre de 1989 (Comisión de las Comunidades Europeas, 1990b), se preguntó a una muestra representativa de habitantes de los distintos países de la Unión Europea (U.E.) cuál consideraban que era el número ideal de hijos por familia; y el resultado fue que España, el país cuya tasa de natalidad ha descendido más drásticamente en los últimos años, también era el país cuyos ciudadanos tenían la imagen del número ideal de hijos por pareja cuantitativamente más bajo de toda Europa, inferior a los 2 hijos por pareja.

En dicha encuesta se sondeó la importancia que atribuían los ciudadanos a determinadas facilidades socialmente disponibles para la crianza de los hijos, y cómo las valoraban ante la toma de decisión sobre cuántos hijos tener; los resultados obtenidos muestran comportamientos claramente diferenciables en cada país. Entre los factores más valorados destacan:

- la incertidumbre del futuro económico;
- la disponibilidad de alojamiento adecuado;
- la posibilidad de trabajo de la mujer fuera de casa;
- la existencia de soluciones para el cuidado de los niños;

- la duración de los permisos materno o paterno al nacimiento de los hijos.

El descenso de la tasa de natalidad, como dato aislado, es menos indicativo de lo que muchos pretenden. Por ejemplo, en buena parte de los países en que la tasa de natalidad ha ido descendiendo, la población total ha seguido experimentando un crecimiento global, porque al mismo tiempo ha aumentado la esperanza de vida.

En contra de lo que pueda suponerse, y aunque parezca contradictorio, la realidad es que las estadísticas de la mayoría de países demuestran que el número de mujeres que no han tenido ningún hijo ha ido en disminución. El cambio demográfico encuentra su principal explicación en la *drástica disminución del número medio de hijos por mujer*: muy pocas mujeres tienen ya más de tres, en la mayoría de países industrializados, y excepto en Irlanda, la media de los países europeos *occidentales* en 1988 estaba en todos los casos por debajo de los 2 hijos por mujer.

La edad media de las madres al nacimiento tanto del primer hijo, como del conjunto de ellos, en general, fue disminuyendo en los países de la U.E. hasta los años setenta. A mediados de los años setenta la tendencia ha sido lentamente, pero de forma imparable, al alza. Una impresión bastante generalizada entre los analistas es que el alza de edad ha adquirido una amplia varianza, particularmente en el nacimiento del primer hijo, habiendo cada vez más madres que tienen su primer hijo cumplidos los 30 años, y también cada vez más embarazos no deseados entre adolescentes. En varios países, el supuesto éxito de los programas de prevención de embarazos en adolescentes tiene, o bien se supone que tendrá, efectos sobre estos datos estadísticos, reflejándose en cotas aún más altas de la edad media de las madres.

Irlanda (que tiene la más alta tasa de natalidad), Holanda y España son los países de la U.E. que han mantenido edades medias de las madres más elevadas al nacimiento del conjunto de sus hijos. En España, según la Encuesta de Fecundidad de 1985, la edad media era mayor cuanto más elevado era el nivel de instrucción de la madre, tanto al tener el primero como el segundo hijo; también era más elevada en las grandes urbes.

En conjunto, es obvio que estamos ante *cambios importantes de las pautas de comportamiento reproductivo*.

Estos cambios de comportamiento, junto con la prolongación de la vida humana media, han llevado a cambios sustanciales en la estructura demográfica de casi todos los países industrializados. El porcentaje de población menor de 14 años sobre el conjunto de habitantes de cada país no ha cesado de bajar desde los años sesenta.

Cuadro 5. Niños y niñas entre 0 y 14 años por cada 100 adultos de más de 65 años.

	1950	*1960*	*1970*	*1980*	*1985*	*1990*
Checoslovaquia	342	319	208	194	221	201
Dinamarca	288	238	190	145	125	110
España	363	333	287	229	184	154
Finlandia	450	422	269	170	155	146
Grecia	422	321	223	174	160	144
Irlanda	271	278	279	284	281	267
Italia	319	226	226	169	154	117
Noruega	253	233	190	150	132	114
Suecia	229	184	153	120	98	96
Suiza	245	235	209	143	116	110
Reino Unido	208	199	188	139	127	123
R. F. Alemania	248	197	176	117	102	98
Yugoslavia	549	483	352	260	281	238

Fuentes: Jensen y Saporiti (1992). *Eurosocial*, 36/17.
M.A.S. (1991b). *La infancia en cifras*.
Elaboración: propia.
Nota: los datos de España de 1980 y 1985 corresponden al Censo de Población de 1981 y al Padrón Municipal de Habitantes de 1986; los de 1990 son una proyección.

Quizá las cifras más llamativas se encuentran al comparar el número de niños (0-14 años) con el número de mayores de 65 años en cada país, y la evolución de dicha cifra a lo largo de las últimas décadas. Dos países europeos ya tienen más personas mayores que niñas y niños: Suecia y Alemania (la parte de la República Federal anterior a la reunificación). Las estadísticas evidencian que todos los países de la U.E. (quizá con la excepción de Irlanda) evolucionan rápidamente en la misma dirección (cuadro 5). (Para más detalle sobre éstos y otros datos estadísticos relativos a la infancia en Europa, consúltese Casas, 1992b.)

2.4. Cambios sociodemográficos en la familia: su incidencia en las relaciones interpersonales y en la socialización de niños y niñas

En las últimas décadas también los datos estadísticos referidos a la configuración de las estructuras familiares y otros datos relativos a la situación social de la infancia muestran tendencias muy similares en la gran mayoría de los países industrializados, aunque los países con desarrollo económico más alto parecen ir reflejando antes que los demás todos estos cambios.

Posiblemente lo que Inglehart (1977; 1990) ha denominado *el cambio cultural en las sociedades industriales avanzadas*, relacionándolo con la emergencia de lo que este autor denomina *valores posmateriales*, está de alguna manera en el trasfondo de una serie de fenómenos sociales que han repercutido, entre otras cosas, en el cambio de las relaciones entre hombres y mujeres y en el comportamiento reproductivo de las parejas; lo cual, de una forma ciertamente compleja, ha tenido un importante impacto, aunque en modo alguno sea único, en las series de datos sociodemográficos de que hoy disponemos.

Según Roussel (1992), hay cuatro indicadores estadísticos que reflejan de forma particularmente clara dichas tendencias: la caída de la tasa de fecundidad, el descenso de la nupcialidad, el aumento de la divorcialidad y el aumento de los nacimientos fuera del matrimonio. Analizando las series temporales de datos de cualquiera de estos cuatro indicadores desde 1960, en los países de la U.E. se hace evidente que las mismas tendencias se dan de forma generalizada (Alberdi, comp., 1992).

Por ejemplo, en el caso de los nacimientos fuera de matrimonio, los datos de Suecia en 1960, casi los alcanza Austria en 1970, y los siguen de cerca Francia y Reino Unido en 1980. Pero en 1988 los han superado con creces 6 países europeos, los ha alcanzado Portugal, y están a punto de hacerlo Irlanda y Luxemburgo. Siguiendo todos los países referidos, sin excepción, una tendencia al alza.

Sin embargo, son bastantes más los datos estadísticos que siguen la misma tendencia. Roll (1992) nos señala que sucede lo mismo con el número de familias monoparentales (Casas, 1994i).

Buen número de los niños y niñas de hoy crecen en familias distintas en su configuración a lo que era la familia *habitual* hace tan sólo 20 o 30 años. Además de vivir en núcleos familiares donde hay muchos menos niños y niñas que antes (y el hijo único tiende cada vez más a implantarse como la moda aritmética), en la actualidad muchos más niñas y niños que antes viven en familias monoparentales o en familias reconstituidas. Las parejas con 3 hijos son ya muy pocas, y las que tienen más de 3, verdaderas excepciones. El número medio de hijos por mujer de la U.E. era ya sólo de 1,60 en 1990. No es, por tanto, de extrañar que, como acabamos de señalar, las pirámides de edad se vayan estrechando por su base (Casas, 1994i).

Paralelamente, el número de hogares en que la madre trabaja fuera de casa ha ido aumentando en todos los países, aunque de forma desigual, y siempre a ritmo inferior que el de las mujeres sin hijos (Casas, 1994i).

Estos datos no se pueden analizar aisladamente. En los mismos períodos en que las tasas de mortalidad infantil han bajado drásticamente en todos los países de la U.E., como consecuencia del aumento de la esperanza de vida, la población mayor de 65 años ha ido ganando peso estadístico en rápida progresión creciente en relación con la población infantil. Ello tiene consecuencias muy profundas para las políticas sociales.

Generalizando, se puede afirmar que tanto el contexto social, como el sociofamiliar de los niños y niñas está cambiando con relativa celeridad. Ello conlleva, sin duda, distintos *cambios en las relaciones interpersonales que se dan en el seno de la familia y en el universo de experiencias de los niños y niñas. Añadidos a los cambios que también van introduciendo las nuevas tecnologías en ambos aspectos.*

Los contextos de socialización no sólo cambian, sino que, a menudo, se les añaden otros distintos: si los padres están separados, niñas y niños se han de relacionar con más de un núcleo familiar; a menudo el trabajo de los padres requiere la presencia de otros adultos que atiendan al bebé; los hijos e hijas únicos exigen que los padres se relacionen habitualmente con otras parejas con niñas o niños de su misma edad; la televisión, dado el tiempo que los niños y niñas frecuentemente le dedican y por su capacidad de influencia constituye otro poderoso medio socializador; etc.

2.5. LA SITUACIÓN SOCIAL DE LA INFANCIA

Andersen y Larsen (1989) ya han apuntado cómo, si se analizan los datos globalmente, a niveles territoriales amplios, el hecho de tener hijos y el número de los mismos se va desvelando como un indicador social de riesgo a *la desigualdad social*. La consabida desigual distribución de los recursos en nuestras sociedades, y en concreto de las rentas, en los países europeos cada vez afecta relativamente menos a la tercera edad, dados los enormes esfuerzos económicos hechos para paliar las situaciones de déficit entre este subconjunto de población, mientras que cada vez afecta más a las familias con hijos, y, en consecuencia, tanto en números absolutos como relativos, a niños y niñas. Ello se hace evidente no sólo en cuanto al acceso a rentas económicas, sino también en otros aspectos de la vida relacionados con el bienestar, como, por ejemplo, en el número medio de metros cuadrados de vivienda por habitante.

La toma de conciencia sobre las situaciones de pobreza en los países europeos dio lugar a que la Comunidad Económica Europea (que ha pasado después a denominarse Unión Europea) primero, a principios de los años ochenta, y el Consejo de Europa posteriormente, empezaran a desarrollar programas relacionados con la lucha contra la pobreza y la exclusión social. En el caso de la Unión Europea, se han desarrollado ya cuatro programas cuatrienales sucesivos, y también se puso en marcha un Observatorio.

Una publicación de Eurostat (CCE-Oficina Estadística de las Comunidades Europeas, 1990) sobre la pobreza en Europa nos aporta la evidencia de cómo entre 1980 y 1985 la incidencia de la pobreza sobre los ancianos tendió a disminuir (de un 13,7% a un 11,9%), mientras que sobre la infancia aumentó ligeramente (de un 11,5% a un 11,6%).

El primer Informe Anual del Observatorio de la Comunidad Europea sobre Pobreza (Room, coord., 1991) puso particular énfasis en la incidencia de dicha situación entre aquellos que terminan su escolaridad habiendo obtenido sólo el Certificado de Estudios Primarios, o incluso sin él.

Quizás el aspecto más novedoso de esta toma de conciencia consiste en la preocupante evidencia de que las bolsas de pobreza dentro de las grandes ciudades europeas es una problemática que, lejos de superarse con el crecimiento económico y el desarrollo tecnológico, se va agravando cada vez más. De ahí la creciente utilización del concepto de *cuarto mundo*, por las especiales características del fenómeno y las dinámicas sociales y psicosociales que conlleva para los afectados.

Abordando otro aspecto del bienestar social, en comparación con la mayoría de países del planeta, *la salud* de los niños y niñas en los países de la Unión Europea es muy buena, lo cual no significa que no queden aún muchas cosas por mejorar. Si, como ha manifestado repetidamente la Organización Mundial de la Salud (OMS), uno de los mejores indicadores del estado de salud de un país lo constituye su tasa de *mortalidad infantil*, observamos que España, por ejemplo, ya superó en 1974 el objetivo marcado de bajar del listón de 20 por 100.000.

En relación con dicha mortalidad, los especialistas en salud pública y salud materno-infantil mantienen que es preciso y posible hacerla descender más aún, a la luz de los logros conseguidos por los países escandinavos, incidiendo sobre las variables biológicas y socioeconómicas que influyen en la edad gestacional y el peso al nacer.

Por otra parte, casi todos los países europeos han alcanzado en los últimos años lugares entre los más elevados del mundo en lo que a esperanza de vida al nacer se refiere. Entre los hombres, en 1989, por ejemplo España se situaba ya en 73,3 años, cifra que en Europa superaban Islandia, Suecia, Suiza, Liechtenstein, Chipre, Malta y Holanda. Mientras que para las mujeres alcanzaba los 79,7, por detrás de Liechtenstein, Francia, Holanda, Suiza, Suecia, Austria, Islandia, Italia y Noruega.

Una problemática que requiere especial consideración son los *accidentes infantiles*, ya que en algunos países como España representan una de las causas destacadas de mortalidad en la infancia. Según datos de la U.E., la tasa media de mortalidad por accidentes domésticos y durante el tiempo libre de los niños menores de 14 años fue en Europa (1982-1984) de 8,83 por 100.000. Se ha activado una iniciativa de la U.E. de reducir de un 10 a un 20% el número de accidentes infantiles durante los próximos años, centrándose en campañas dirigidas a su prevención. Los más pequeños son un conjunto de población particularmente afectado.

En los últimos años va despertando especial interés lo que la OMS denomina conductas peligrosas para la salud, particularmente el consumo de tabaco, alcohol y drogas, entre los adolescentes. La opinión pública de los países mediterráneos tiene gran permisividad hacia el consumo de tabaco y alcohol, y ello propicia que sean hábitos muy extendidos entre sus adolescentes. Datos de la OMS de 1987 atribuían la mayor incidencia de fumadores entre 15 y 24 años, entre todos los países de la U.E., a España y Grecia, para ambos sexos (en España el 61% de los chicos y el 49% de las chicas). En el segundo estudio español sobre conductas de los escolares relacionadas con la salud, de 1990, propiciado por los Ministerios de Sanidad y Consumo, y de Educación y Ciencia, en el marco del Plan Nacional sobre Drogas, se observaba que a los 11 años han fumado alguna vez el 17% de los niños y el 12% de las niñas, mientras que a los 17 lo han hecho el 80% de los chicos y el 82% de las chicas; a esta edad eran fumadores diarios el 41% de los chicos y el 46% de las chicas.

Otro aspecto social que repercute en nuestras niñas y niños es la preocupación por la adecuada atención de los más pequeños. Es de destacar que la Dirección General de Empleo, Asuntos Sociales y Educación de las Comunidades Europeas, a través de la Comisión de Igualdad de Oportunidades de la Mujer, ha potenciado la creación de una Red Europea, para abordar la atención socioeducativa de la primera infancia, con representación de expertos de todos los países miembros (Moss, 1988).

En los países de la U.E., la progresiva participación de la mujer en la vida laboral, profesional y social ha generado nuevas demandas de servicios de atención para los niños y niñas menores de 5 años. La necesidad de que todos estos servicios tengan un contenido educativo y garanticen unos mínimos de calidad, constituye una temática abordada y planteada a nivel europeo a partir de la Red Europea de Formas de Atención a la Infancia, que emitió su primer informe sobre la situación en 1988-1989 (Moss, 1988). Un primer informe para España, basado en la necesidad de una política socioeducativa que confiera igualdad de oportunidades fue coordinado por la representante española en la Red (Balaguer, coord., 1987, rev. 1989).

2.6. Organismos internacionales en favor del bienestar infantil

Parece que la acción pionera de la Organización de las Naciones Unidas en el reconocimiento de la infancia ha reavivado otros procesos de reconocimiento que estaban ausentes o habían quedado adormecidos en el seno de otros Organismos Internacionales, particularmente en algunos de los que agrupan países europeos, exclusivamente, o en alta proporción, como es el caso del Consejo de Europa, del Centro Europeo de Viena (Centro Europeo sobre Investigación y Políticas de Bienestar Social), OCDE, y U.E.

En 1992 el Consejo de Europa puso en marcha su *Proyecto de Políticas de Infancia*, dependiendo del Comité Directivo de Política Social (CDPS). Este proyecto se diseñó de forma que fuera coordinado por un comité de expertos, compuesto por especialistas en políticas sociales de infancia propuestos por Estados miembros, y por especialistas designados por otros 13 Comités Directivos del Consejo de Europa cuyos ámbitos de actuación inciden también sobre la infancia (salud, educación, deportes, derechos humanos, igualdad entre mujeres y hombres, juventud, seguridad social, trabajo y empleo, migraciones, cooperación jurídica, delincuencia, *mass media* y población).

Con ello se quería abarcar una visión global de lo ya realizado por el Consejo de Europa, de algunos aspectos de la realidad actual de las políticas de infancia en los Estados miembros, y de algunas de las prioridades de futuro en relación con la infancia europea.

Este comité fomentó la recopilación de todo tipo de documentos producidos por el Consejo de Europa que se refirieran a la infancia de una forma u otra, facilitando su rápida consulta (véase Consejo de Europa, 1991; 1992a; 1992b; 1994; 1996).

En este proyecto se adoptaron diversas iniciativas de desarrollo de informes y estudios de problemáticas concretas, se constituyeron tres grupos de trabajo regulares, y se organizaron dos Conferencias Europeas, una con motivo del Año Internacional de la Familia, en Madrid, en diciembre de 1994, con el lema *Evolución del rol de los niños en la vida familiar: participación y negociación*. Y otra, como actividad final del proyecto, que tuvo lugar en Leipzig (Alemania), en junio de 1996, con el de *Derechos de los niños y niñas y políticas de infancia en Europa: ¿nuevas perspectivas?*

Los grupos de trabajo que profundizaron temas específicos se crearon en razón de temáticas que se consideraron de gran importancia en el contexto europeo, y se concentraron en:

a) la participación social de niños y niñas;
b) los servicios de atención diurna para la infancia;
c) la situación de los niños y niñas en atención residencial.

De hecho, el reto de la participación social de la infancia, derivado de la Convención, fue el tema que más unánime preocupación reunió tanto entre los miembros del CDPS, como entre los del Comité de Expertos, acordándose enseguida la creación de dicho grupo de trabajo. Pero, al mismo tiempo, era claramente el tema que generaba más inseguridades, por lo novedoso, y por las dificultades de ponerse de acuerdo en las prácticas concretas. Volveremos a este tema en el capítulo 11.

Una actividad de fondo del Consejo de Europa, iniciada ya antes de la existencia de este proyecto ha sido la elaboración de documentos para informar y promover la mejora de los derechos de los niños y niñas en Europa. Un debate todavía no concluido está relacionado con la adopción de un protocolo adicional a la pionera Convención Europea sobre Derechos Humanos, que permita especificar concretamente algunos de los derechos de niños y niñas. Este debate dio lugar a la interesante Recomendación 1121 (1990) de la Asamblea Parlamentaria del Consejo de Europa sobre derechos de la infancia.

Todas estas actividades se han dado en el contexto de los más amplios ideales que constituyen la carta fundacional del Consejo de Europa: la promoción y defensa de los derechos humanos, de los principios democráticos, y de una Europa unida. A los que más recientemente se han añadido de forma decidida otros principios: la tolerancia; el respeto a la diversidad y a la multiculturalidad; la lucha contra la pobreza y la exclusión social; la solidaridad norte-sur. En este contexto es donde el Consejo de Europa ha propuesto la promoción de los derechos de la infancia y de su mayor participación social.

Los últimos años hemos visto cómo el Consejo de Europa ha impulsado algunas investigaciones sobre infancia dentro del programa de investigaciones coordinadas, en concreto sobre niños de calle y sobre trabajo infantil. También cabe destacar la reciente aprobación de la Recomendación 1286 (1966) sobre una estrategia europea para la infancia.

Por su parte, el Centro Europeo de Viena, nacido de un convenio entre el Gobierno austríaco y las Naciones Unidas, viene desarrollando un *Programa de Infancia* que ha promovido la realización de *Informes sobre la infancia* en muchos de los países de la denominada Región Europea de las N.U., así como la producción de nuevas estadísticas nacionales desde la perspectiva del niño, todo ello bajo un enfoque eminentemente sociológico (véase la revista *Eurosocial*, especialmente del 36/1 al 36/12 de 1990, y Qvortrup, 1990).

También la OCDE se ha interesado por algunas cuestiones vinculadas a la infancia, particularmente acerca de los servicios dedicados a su atención, sobre todo cuando niñas y niños son muy pequeños, dado las repercusiones de tal atención en la actividad laboral de sus padres.

La Comisión de las Comunidades Europeas (órgano ejecutivo de la Unión Europea), generalmente reacia a ocuparse de la infancia por no figurar en el tratado de Roma (documento constitutivo de la Unión Europea), empezó a romper su tradición a partir de los trabajos de la Red Europea de Formas de Atención a la Infancia, que hemos apuntado en el apartado anterior. En colaboración con dicha Red Europea, el Centro de Estudios del Menor español desarrolló en noviembre de 1992, en Madrid, un primer seminario europeo sobre *Espacios destinados a la primera infancia*.

Por otra parte, es muy importante señalar que el Parlamento Europeo aprobó una propuesta del diputado español Juan M. Bandrés (1992) sobre la necesidad de una convención europea de los derechos de los niños y niñas. Diversas recomendaciones y directivas (éstas últimas comportan mayor compromiso, por ser vinculantes, es decir, de obligatorio cumplimiento para los Estados miembros una vez transpuestas), tienen también importante relación directa o indirecta con la infancia, particularmente aquéllas referidas a temas de consumo (para mayor detalle, consúltese Casas, 1992b).

Finalmente, en la Unión Europea, aún debemos señalar que otras cuestiones añadidas se plantean con la entrada en vigor de la libre circulación de personas (Tratado de Schengen), en lo que afecta a los profesionales de la intervención social en general, y a los que trabajan con la infancia en particular, por su diferente formación y nivel de reconocimiento formal en los Estados miembros.

2.7. Conclusiones

Las tendencias demográficas que se observan en la mayoría de países industrializados y, particularmente, en el conjunto de los europeos, hacen pensar que la nueva infancia que ha nacido a finales del siglo XX va a compartir, dentro de un lapso histórico relativamente breve, un contexto social cada vez más parecido, más *universal*, y unas problemáticas más similares.

Por otra parte, muchos movimientos sociales, y muy en especial los migratorios, están planteando nuevos problemas comunes a buena parte de los países de la vieja Europa.

Cabe añadir que las nuevas tecnologías (tal como hemos apuntado en el apartado 1.6 y veremos con mayor detalle en el capítulo 11) también están abriendo procesos y problemas cada vez más homogéneos en la vida cotidiana de nuestros niños y niñas, y, de forma notoria, en el seno de los hogares modernos, como, por ejemplo, la necesidad de los padres de obtener información sobre la adecuación y riesgos objetivos de nuevos instrumentos que se ofrecen al consumo (videojuegos, juegos de realidad virtual, etc.).

La preocupación por algunos aspectos de las políticas de infancia por parte de distintos organismos internacionales ha crecido, en Europa, paralelamente al interés por los derechos de los niños y niñas. De entrada, dichos organismos se han esforzado por recopilar importantes conjuntos de nuevos datos y reflexiones para disponer de mayor visión global de lo que acaece en Europa, así como de nuevas perspectivas sobre la infancia del viejo continente. Algunas de sus propuestas, recomendaciones y resoluciones, sin ninguna duda, plantean retos cruciales para afrontar una mejora del bienestar infantil en las próximas décadas, haciéndolo desde un marco supranacional.

A ese mismo nivel, es presumible que desempeñen un muy destacado papel los informes que los países que han firmado la Convención de las Naciones Unidas sobre los Derechos del Niño están obligados a presentar a los dos años de la ratificación (y en lo sucesivo cada cinco años) y que se han comprometido a hacer públicos, detallando el desarrollo de su aplicación en su territorio. En un futuro próximo, la ordenación y el análisis de los datos contenidos en estos informes nos van a proporcionar por primera vez una visión global de la situación de la infancia del planeta, y también nos facilitarán una visión agrupada por áreas geográficas. Dado que la mayoría de los países del planeta la han ratificado, es de esperar que nuevas y detalladas visiones regionales y mundiales de nuestros niños y niñas serán accesibles dentro de pocos años.

De este modo, la Convención se convierte indirectamente en un mecanismo provocador de dinámicas de homogenización de datos estadísticos e informaciones de otros tipos, hasta ahora invisibles socialmente, cosa que instrumentalmente resulta de gran utilidad. Además, en segundo lugar, da mucha mayor relevancia a procesos que eran minoritarios, como es el caso de la participación social de los niños y niñas. Son muchos los países en que se han iniciado proyectos que incluyen la organización de nuevas experiencias para el aprendizaje práctico del funcionamiento de actividades sociales democráticas, que incluyen, por ejemplo, la organización de consistorios municipales o de parlamentos infantiles.

CAPÍTULO III

INFANCIA, PROCESOS DE SOCIALIZACIÓN Y EXPECTATIVAS SOCIALIZADORAS

3.1. El proceso de socialización: aspectos teóricos

Son muchas las diferentes definiciones e incluso los diferentes términos con que se conceptualiza en la literatura científica la noción de socialización. Si consideramos la socialización como un campo de investigación, como hizo Levine en su momento (1973), se nos hace evidente que está interesando activamente a psicólogos sociales, etólogos, psicólogos evolutivos, psicoanalistas, psiquiatras, pedagogos, psicolingüistas, antropólogos, sociólogos, estudiosos de las ciencias políticas y juristas, entre otros. De hecho, por esta razón, ya se ha convertido en la práctica en un tema de interés interdisciplinario.

Sin otro ánimo que ejemplificar lo dicho, vamos a referirnos en primer lugar a algunos antecedentes teóricos y perspectivas de análisis aportados por la antropología, la sociología y la psicología, para contrastar, a continuación, dichas perspectivas (y complementarlas) con algunos planteamientos desde el plano jurídico y político.

Toda una tradición en el seno de la **antropología cultural** identifica el término *inculturación* con el de *socialización*, a pesar de que acostumbra a preferir el primero (Levine, 1973). En dicha tradición también se han considerado como afines otros conceptos tales como: *educación, transmisión cultural, condicionamiento cultural,* etc.

Según la interpretación que hizo en su día Levine, en las primeras formulaciones del concepto, que encontramos en la Escuela de Boas, especialmente en Benedict (1938), la inculturación se consideraba un proceso automático de absorción de la cultura, en el cual el niño *tanquam tabula rasa* adquiere cultura, simplemente abriéndose a ella.

Este planteamiento inicial se fue haciendo cada vez más complejo. Así pues, M. Mead y sus colaboradores consideraron la inculturación en el marco de una teoría de la información y la comunicación. Para acabar llegando a lo que Levine (1973) consideró la *conceptualización antropológica más compleja y actual de inculturación,* de carácter cognitivista, que define como «*el estudio de la interpretación de las creencias culturales, transmitidas al niño a través de la enseñanza y de la experiencia social, con etapas universales de desarrollo cognitivo*».

También las **perspectivas psicológicas y sociológicas** de estudio de la socialización se han ido tornando cada vez más complejas a lo largo del siglo XX. Las respectivas ampliaciones de intereses y de planteamientos han ido conduciendo a que se perfilen campos de interés común, e incluso a que se vayan desarrollando ciertos consensos. Levine puso como ejemplo el hecho que las diferentes perspectivas *consideran que las experiencias precoces dejan huellas permanentes en el individuo; todas ellas ven la socialización como socialmente orientada, en cierta medida; y la mayoría de ellas imagina alguna versión de la adaptación como integradora del desarrollo individual y de los objetivos sociales.*

Según Torregrosa y Fernández Villanueva (1982), la socialización, que definen como el *proceso de interiorización de la estructura social*, interesó a sociólogos y psicólogos desde dos perspectivas inicialmente bien diferenciadas. La primera es la que se focaliza en *la comprensión del mantenimiento y la reproducción de la estructura social,* y la segunda, en *la comprensión de los individuos como sujetos que desarrollan una personalidad paralelamente a unas costumbres y valores por la actuación con los demás.*

A muchos representantes de la perspectiva sociológica les importó particularmente la identificación de los *requerimientos de rol* que la sociedad impone al individuo para considerarlo miembro de pleno derecho, dentro de un determinado contexto social. Otros aspectos que se han planteado los autores de dicha perspectiva son:

• cómo la sociedad consigue imponer a los individuos estos requerimientos de rol;
• la explicación y comprensión de aquellos mecanismos sociales utilizados para *reintegrar a quienes se han desviado de «lo esperado»*, es decir, los mecanismos de resocialización;
• la adquisición de una *identidad socialmente definida*.

Autores como Faris (1975) asumieron que, en su evolución histórica, los estudios sobre socialización tienen como descriptor principal el concepto de *estatus*. Este autor añadía que «... *a pesar de que el concepto de socialización ha sido utilizado típicamente para describir aquellos procesos mediante los cuales el niño obtiene una perspectiva cultural, o el menor es iniciado en el estatus de adulto, estudios recientes han extendido el concepto de manera que abarque aquellos procesos mediante los cuales se preparan los adultos para asumir nuevos estatus».*

No es de extrañar, en consecuencia, que dicho autor definiera la socialización como «*la preparación para el estatus (de edad) subsiguiente*». La socialización no es la mera transmisión de una herencia. Para él es clave la idea de que *toda socialización es anticipativa.*

Faris puntualizaba que el proceso de socialización no consiste sólo en aprender a ser adulto. En la complejidad de la sociedad actual, el adulto ha de continuar aprendiendo, revisando la imágen que tiene de sí y del mundo. Existen muchos ejemplos de cómo los más viejos son *socializados* por los más jóvenes, como es el caso de los lugares de trabajo industriales de sectores inmersos en cambios acelerados (Kerr y Hiltz, citados por Prieto y Zornoza, 1990), o en la visión sociopolítica de la sociedad (Neugarten y Hagestad, 1982). Hasta el punto que los procesos de socialización, que incluyen la aparición de nuevos agentes socializadores, alteran el curso de la vida de una forma hasta ahora desconocida.

Por otra parte, es también importante el grupo de sociólogos que pone el énfasis en la socialización como aprendizaje. Como dice Giner (1969, rev. 1976): «*Fundamentalmente, la socialización es un aprendizaje, en virtud del cual el individuo aprende a adaptarse a los de su grupo, y a sus normas, imágenes y valores*».

Citando a Freud, este autor comenta que es en la infancia cuando más clara resulta la naturaleza de la socialización, que entonces es, como aprendizaje, un proceso de interiorización normativa, imaginativa y valorativa. Subraya, sin embargo, que la socialización dependerá no sólo de la estructura del grupo en el seno del cual se desarrolla, sino también de la cultura.

Citando esta vez a Piaget, Giner recuerda que esta interiorización es emocional y, por ello, los valores serán, toda la vida, reacciones afectivas ante determinados aspectos del mundo: «*Todo este proceso de transmisión cultural se realiza por la interacción del niño con la madre y el padre, primero, y luego con los hermanos, parientes y amigos de la familia, sin que tal orden sea rígido*». El niño interioriza un código moral al aprender, sin que haya deliberación por su parte, lo que está bien y lo que está mal hecho, lo que puede hacerse sin sanción punitiva y lo que implica tal sanción.

Finalmente, siguiendo en la perspectiva sociológica, queremos señalar que para algunos autores, como por ejemplo Kaminsky (1981), la socialización tiene también como objetivo *la homogeneización de los miembros de una sociedad.*

Es preciso observar que las definiciones acerca del proceso de socialización con sesgo psicologista han ido quedando desfasadas, para sustituirse por planteamientos claramente psicosociales. Así, ya en 1969, Mussen, Conger y Kagan comentaban, refiriéndose a la socialización, que constituye «*todo el proceso en virtud del cual un individuo, que ha nacido con potencialidades conductuales de una gama enormemente variada, es llevado a desarrollar una conducta real que queda confinada dentro de unos límites mucho más estrechos, y referidos a aquello que, según el estándar de su grupo, debe y puede hacer*».

Zigler y Child (1973), por su parte, definieron la socialización como *«El proceso total por el que el individuo desarrolla, mediante transacciones con otras personas, sus pautas específicas de conducta y experiencia socialmente relevantes»*.

Una tercera definición que nos parece enriquecedora para un debate desde una perspectiva psicosocial es la que encontramos en Torregrosa y Fernández Villanueva (1982): *«Es el proceso a lo largo del cual se forma la personalidad en interacción con otras personalidades, en el que se adquieren las estructuras cognitivas, se realiza el entrenamiento en el control de los impulsos y se adquieren determinados tipos de respuestas afectivas a los estímulos interpersonales»*.

Estos mismos autores se adentran en los contrastes y coincidencias que se pueden encontrar en los estudios desarrollados en el seno de distintos paradigmas psicológicos, particularmente en el cognitivo, psicoanalítico y conductista. Para ello consideran, para cada paradigma, los cuatro aspectos siguientes:

a) la concepción de la relación socializadora;
b) la concepción del individuo socializado;
c) el contenido de los conceptos utilizados;
d) la metodología de estudio del fenómeno.

En relación con el primero de estos aspectos, la teoría del aprendizaje y el psicoanálisis, según Torregrosa y Fernández Villanueva (1982), coinciden en que las necesidades afectivas y motivacionales primarias de los individuos son las que obligan a establecer una relación de dependencia, que es la base de la modulación social de los impulsos, o del aprendizaje social. Pero difieren en la consideración del contenido de esta relación de dependencia, de su fuerza y duración, y del papel que desempeñan los sujetos que la integran.

El psicoanálisis concede una trascendencia crucial a la primera relación afectiva del niño, relación de vinculación afectiva mutua o *attachment*, como dice Bowlby (1951). El psicoanálisis tiende a buscar en la infancia el origen individual de cualquier perturbación de la conducta social. Mientras que la teoría del aprendizaje, y en cierta manera también el cognitivismo, no buscan más allá de la historia cercana, si esta búsqueda ofrece la posibilidad de intervenir en la modificación de las relaciones sociales conflictivas de un individuo o de un grupo.

Las teorías cognitivas, salvo en contadas excepciones, al plantearse las etapas de la socialización, otorgan mayor consideración a los factores individuales en la explicación de los niveles de evolución en que los individuos se encuentran, que los factores de experiencia social (Torregrosa y Fernández Villanueva, 1982).

Siguiendo con la línea de reflexiones críticas de Torregrosa y Fernández Villanueva (1982), y a pesar de aceptar que hay muchas diferencias que matizar en función de las múltiples orientaciones teóricas, estos autores destacan que hay conceptos utilizados por más de un enfoque teórico, al menos en formas muy próximas entre sí, considerando que tres son de crucial interés: la internalización, el proceso de identificación y el aprendizaje por imitación.

La internalización hace referencia a la adopción de normas y valores de otros como propios. También se utiliza para expresar la sustitución de un control externo del comportamiento por un control interno. La internalización se produce cuando aparece una capacidad nueva, lo cual está relacionado con la maduración del individuo.

El proceso de identificación alude a la reproducción de comportamientos y actitudes de otros. Las teorías conductistas entienden la identificación como una modalidad de aprendizaje por imitación. En la teoría psicoanalítica el refuerzo (interno o externo) y el deseo, como fantasía que realizar específica del individuo, innata o biológicamente determinada, se mezclan a la hora de ofrecer explicaciones de la adopción de un comportamiento o actitud. El significado simbólico, real o imaginario, que el modelo posee para el imitador es eliminado en la mayoría de las teorías conductistas, pues utilizan un concepto de refuerzo que, desde la perspectiva psicoanalítica resulta demasiado estrecho.

Cuando los tres enfoques paradigmáticos bajan al terreno de la investigación, la metodología que utilizan uniforma mucho más las conclusiones de lo que parecía posible al contrastar los planteamientos teóricos (Torregrosa y Fernández Villanueva, 1982).

Sin embargo, es el paradigma interaccionista el que ha puesto mayor énfasis en destacar la contribución del proceso de socialización a la asunción de una *identidad social*.

Muchos autores señalan de diferentes maneras el fuerte vínculo entre las nociones de socialización y *adaptación*: la socialización es adaptativa, el individuo aprende a adaptarse, y la mayoría de las teorías plantean versiones de la adaptación como integradora del desarrollo individual y de los objetivos sociales. No faltan, sin embargo, autores (desde la psicología social humanista, desde la marxista o crítica y desde el interaccionismo simbólico, principalmente) que han planteado la distinción entre adaptación social pasiva y adaptación social crítica, defendiendo que sólo ésta última permite el desarrollo de seres humanos maduros, creativos, autorrealizados.

Para abordar la cuestión desde la vertiente aplicada es necesario considerar tanto las situaciones y mecanismos favorecedores de que se dé una articulación integrativa y recíprocamente constructiva en las relaciones individuo-socioentorno, como aquellas situaciones y mecanismos *distorsionadores*, en el sentido de que crean desequilibrios o disarmonías en sus interrelaciones, en perjuicio del individuo, del socioentorno o de ambos.

Los últimos años, los avances de la psicología social en el ámbito de los procesos de socialización resultan tan numerosos y diversos, que es muy difícil hacer una presentación sintética. Sólo hay que dar un vistazo al apartado *procesos psicosociales básicos* de los diversos congresos de psicología social para ver la amplitud de las contribuciones. Selectivamente quisiéramos sólo señalar como destacables en distintos planos, por una parte las contribuciones desde la denominada psicología social cultural (Aguirre, comp., 1995); por otra, los encuentros con autores de la psicología del desarrollo que cada vez tienen un enfoque más social, por su énfasis en las relaciones individuo-socioentorno, como es el caso de los seguidores de Vigotsky (véanse, por ejemplo, Wertsch, 1985; Silvestri y Blanck, 1993), y, en cierta medida, algunos de los de Bruner (véanse Bruner y Haste, 1987); por otra, en fin, los autores que han profundizado en los estilos de socialización familiar y las formas familiares (Musitu y Lila, 1993).

Desde la **perspectiva del derecho,** podemos afirmar que han existido actitudes realmente pioneras con respecto a normativizar e incluso penalizar una serie de situaciones o de actuaciones que afectan a niños o niñas y que se estiman perjudiciales para su proceso de socialización. Los malos tratos a la infancia, y el abandono, figuran como preocupación de los juristas (aunque hoy en día nos pueda parecer que dicha preocupación siempre ha sido insuficiente) desde antes de que la investigación científica alcanzase grandes desarrollos en este ámbito. Sin embargo, y como ya han apuntado hace tiempo distintos autores (véanse, por ejemplo, Ariès, 1960; Platt, 1977; De Leo, 1981), la idea de que existe una responsabilidad colectiva para regular mecanismos de protección social de los menores afectados por situaciones o conductas perturbadoras de su socioentorno, nació paralelamente a la idea de regular mecanismos de control social hacia las conductas de los menores que pueden considerarse no deseables por o para su socioentorno. Un claro antecedente lo encontramos en las reflexiones sociopolíticas de Juan Luis Vives (1526) (Casas, 1996b).

Esta misma idea no sólo fue claramente planteada y apoyada desde las instancias políticas, sino que, en la práctica, en la mayoría de países occidentales, hasta entrada la segunda mitad del siglo XX, fue traducida a programas de actuación de las distintas administraciones públicas que en su conjunto primaron las actuaciones de control social hacia todo tipo de menores, pero más particularmente hacia los de clase social baja (De Leo, 1981).

Tanto la ley y la justicia, como las políticas de seguridad ciudadana parecen haberse esforzado mucho más inicialmente en ser un sistema de garantías para la sociedad ante el menor, que un sistema de garantías para el menor ante la sociedad.

Parte de la incomodidad que han generado los artículos de la Convención de los Derechos del Niño de las NU posiblemente se expliquen a través del hecho de que van *más allá de la tradición protectora y controladora*, para plantear derechos sociales, libertades, y compromisos de desarrollar políticas proactivas para la promoción de la infancia. Nos referimos principalmente a los artículos 12 al 16, que incluyen derechos a la intimidad y a la no injerencia en su vida privada, a ser escuchado (incluso en procedimientos judiciales y administrativos), a la libertad de expresión, de asociación, de pensamiento, de conciencia y de religión, de realización de reuniones pacíficas, derecho a la búsqueda de información, etc. (véase capítulo 9).

Los derechos de niñas y niños nos aparecen ya no sólo como algo que estructurar en un sistema de garantías protectoras, sino también en un sistema de garantías promotoras, para que todo ser humano pueda alcanzar las mismas condiciones mínimas de reconocimiento ante la ley como sujeto de derechos.

La protección y las garantías dejan de ser algo que implican al Estado, a las administraciones públicas, de forma sólo pasiva, como ocurría con la denominada *primera generación de los derechos humanos*. No se trata sólo de que el Estado respete la privacidad y sólo actúe cuando es evidente que se dan graves violaciones de los derechos básicos. Como muy bien señala Verhellen (1992), la denominada *segunda generación de derechos humanos* (en la que se pueden incluir diversos artículos del texto de la Convención de los Derechos del Niño de las NU) implica un *Estado proactivo*, comprometido en la adopción de iniciativas que mejoren las situaciones y circunstancias de todos los ciudadanos (incluida la prevención), particularmente de todos los que se encuentran en situaciones de desventaja social o de riesgo social. La nueva ley y la nueva justicia quedan comprometidas dentro de esta nueva perspectiva de lo que debe ser un sistema de garantías civiles y sociales de y para todos los ciudadanos.

3.2. Algunos conceptos relacionados con las dificultades o conflictos en el proceso de socialización

Desviación, inadaptación, alienación, disocialidad, marginación: he aquí una muestra de la muy larga lista de conceptos que gozan de una historia altamente polémica en el seno de las ciencias sociales. Muchos autores los han tachado de imprecisos, ambiguos, o faltos de rigor científico en sus desarrollos. Por ello, y por otras razones, todos ellos han sido objeto de numerosas revisiones. Es indudable que el nivel de abstracción de estos conceptos, junto a la complejidad de los fenómenos a los que se refieren, los hace altamente especulativos y difícilmente utilizables, y sólo evaluables tentativamente por aproximaciones mediante indicadores.

En contraste, son o han sido términos de uso muy habitual en el ámbito de las políticas sociales, entre los profesionales de la intervención social y de la psicología jurídica, e incluso por parte de los medios de comunicación social. Los significados que cada concepto ha ido adquiriendo, incluso dentro de cada ámbito, han ido variando. Lo que aquí queremos mostrar someramente es que, a medida que los debates han obligado a replantear las definiciones de cada concepto, por lo general, los cambios se han producido en la dirección de ampliar las perspectivas (igual que ocurrió con el concepto de *socialización*, como hemos intentado ilustrar en el apartado anterior), para llegar a reformulaciones cada vez más interrelacionales e interdisciplinares (Casas, 1988d).

Vamos a tomar como ejemplo dos de los conceptos mencionados en la primera línea de este apartado, conscientes de que hay muchos otros que son relevantes, o incluso que, como el de *anomia* (del que ya Durkheim, 1893, planteó la primera teoría; revisado por Merton en 1938 y reactualizado por Clinard, comp., 1949), han sido enormemente productivos para las ciencias sociales. El de *estigmatización* (Goffman, 1963) y el de *exclusión social* los retomaremos en el capítulo 8 (para más detalle, véase Casas, 1996b).

Si analizamos con perspectiva histórica los conceptos **desviación** e **inadaptación**, hemos de reconocer que corresponden a dos evoluciones totalmente disociadas dentro de las ciencias sociales; a pesar de que, presumiblemente, se refieren a fenómenos de la realidad con una muy amplia intersección, particularmente si los estudiamos en relación con el proceso de socialización. Sin embargo, es harto difícil concretar cómo se articulan en la teoría y práctica.

A menudo, los autores que se han sentido más vinculados hacia uno de los dos conceptos se han mantenido en posiciones críticas en relación con los trabajos realizados con el concepto *antagónico*.

Como primera pauta para un análisis, hay que tener en cuenta que *desviación* es el concepto mayoritariamente preferido en la tradición anglosajona. Sólo posteriormente, y por influencias europeas mediatizadas por autores ingleses, parece haberse adoptado también, si bien de forma restringida, el término *maladjustment*. Un reflejo de lo dicho fue, por ejemplo, la creación de algunas asociaciones internacionales que incluyen dicho término en su denominación, entre las que destacan la International Association of Workers for Maladjusted Children, que data de 1951. Con todo, se han generado algunas dudas sobre la equivalencia de ese término con el de *inadaptación*, y como resultado de ello ha proliferado en castellano un nuevo concepto: *desajuste social*, el cual ha complicado aún más las cosas.

En contraste, en los países europeos de raíces latinas el término *desviación* se ha utilizado mucho menos, y sólo en ámbitos especializados, posiblemente por sus connotaciones más negativas en el lenguage popular. En el Estado español su utilización está muy restringida a los ámbitos académicos, especialmente sociológicos, y la significación conceptual que se le atribuye remite casi siempre a autores norteamericanos.

Los autores europeos, particularmente aquéllos próximos a la tradición francesa, han preferido más a menudo utilizar el concepto de *inadaptación*, especialmente en lo referente a investigación aplicada. En contraste con la tradición sociológica norteamericana, la tradición francesa en el ámbito de los problemas sociales de niños y adolescentes no está tan vinculada a las universidades y, por tanto, al mundo académico, sino mucho más a las instituciones que desarrollan programas de intervención, las cuales a su vez están en constante conflicto con la burocratizada Administración pública francesa.

Por otra parte, es sobradamente conocido el diferente peso que han tenido las respectivas tradiciones filosóficas a lo largo del presente siglo, en las aludidas áreas geográficas.

La evolución del concepto *inadaptación social* está esquematizada en los interesantes trabajos de Gaudin y Willerval (1979; 1984). Estos autores consideran que, concretamente en Francia, el concepto ha pasado por varias etapas históricas:

1. Un primer período, al final de la Segunda Guerra Mundial, durante el cual ese concepto estaba eminentemente relacionado con la salud general. Se refería a cualquier aspecto que pudiera poner en peligro la salud del niño, incluso su supervivencia.

2. Desde entonces hasta 1968, el concepto se vincula a los problemas de naturaleza educativa. Sobre todo en el ámbito de la reeducación, y también en el del trabajo social, el concepto adquiere todo un entramado de

vínculos con la noción de *necesidades sociales*. Los autores consideran que este hecho no es nada ajeno a la evolución demográfica del país.

3. Un tercer período nace en 1968, con la aparición de lo que los autores refieren como *nuevo campo normativo*: el equilibrio afectivo del niño. Esta noción vincula la temática directamente con la psicología infantil y la psicología social.

En el segundo trabajo citado los autores (Gaudin y Willerval, 1984) afirman que, de una manera inadvertida, ya estamos asistiendo a un cuarto período, con la implantación de un nuevo campo normativo, en el que, opinan, la inadaptación se inscribirá como objeto de estudio en el futuro. Se refieren a la

4. Implantación del concepto interpretado como *las dificultades de un sistema relacional o comunicacional, que llega hasta el punto de ser incapaz de regular sus propios conflictos.*

Esta concepción la presentan como inevitablemente ligada a un modelo de intervención social capaz de redinamizar un sistema humano, y a un modelo de investigación-acción. Modelos que los autores ven desprenderse de la teoría general de sistemas y de su enfoque psicosocial.

Una revisión muy extensa de la evolución del concepto de *desviación* en la literatura científica norteamericana la encontramos en el trabajo del italiano Pitch (1975). Muchos autores han sentido la necesidad de buscar los antecedentes del concepto en Durkheim. Para él, siguiendo a Matza (1969), la desviación se halla implícita en la misma organización social y moral.

Aunque en Durkheim no existen referencias al concepto, sí las hay ciertamente (1893) respecto al *problema*:

> «El conjunto de creencias y de sentimientos comunes al término medio de los miembros de una misma sociedad, forma un sistema determinado que tiene vida propia; podemos denominarlo conciencia colectiva o común. [...]. Un acto es delictivo cuando ofende a los estados fuertes y definidos de la conciencia colectiva. [...]. En otras palabras, no hay que decir que un acto ofende la conciencia común. No lo reprobamos porque sea delictivo, sino que es delictivo porque lo reprobamos».

Hay que esperar a los primeros trabajos estadísticos sobre comportamientos sociales no deseados para que la noción de *desviación estadística* empiece a extrapolarse a la categoría de *desviado social*.

Pitch (1975) nos ilustra la cuestión aportando tres diferentes nociones sucesivas del concepto en la literatura científica norteamericana:

1. La desviación social como conducta que discrepa del término medio de conductas comunes. Esta concepción identifica *desviación* con *anormalidad estadística* de una conducta. Las dificultades en matener esta noción estriban en que parte del supuesto que la conducta humana se distribuye de una forma regular, reflejándose en una *curva normal (campana de Gauss)* y que la frecuencia puede ser tomada como índice de conformidad.

A pesar del poco sustento empírico de estas premisas, en la práctica fueron otras circunstancias las que hicieron cambiar la concepción: el hecho de que la conducta desviada adquiriese inmediatamente las connotaciones de *menos buena, menos deseable,* e incluso, *peligrosa* o *nociva.* Lo cual es incoherente con ciertas conductas minoritarias (las de los eremitas, los innovadores en la moda del vestir, etc.). Resultó prácticamente imposible utilizar el concepto de una forma *netamente* estadística, sin otros agregados conceptuales.

2. La desviación social como comportamiento que viola las reglas normativas, las intenciones o expectativas de los sistemas sociales. Esta concepción introduce como referencia el concepto de *norma* y una actitud valorativa. Con lo cual se pretende, al mismo tiempo, explicar por qué del comportamiento desviado se desprenden connotaciones negativas para la mayor parte de los miembros de los referidos sistemas sociales.

Sin embargo, comporta un nuevo conflicto teórico: ¿qué es exactamente la *norma* social? ¿Qué reglas la definen? ¿Quién define estas reglas? ¿A qué tipo de sistemas se refiere cada norma? ¿Por qué se da cada tipo de norma en un sistema determinado?

Se hace entonces imprescindible determinar cuáles son las normas, la desviación de las cuales constituye desviación social: no toda conducta que se aparte de las normas se entiende como desviada, sino sólo aquellas que tienen connotaciones negativas y que se consideran peligrosas o nocivas. Hay conductas anticonformistas que pueden ocasionar sanciones positivas: las de genios, beatos, líderes culturales o de la moda, etc.

Esta concepción de la desviación precisó, lógicamente, de toda una batería de conceptualizaciones complementarias que, a su vez, originaron distintas corrientes. Si la conducta involucra una dependencia respecto al actor y a la situación (normativa), se trata de una conducta de rol. La verdadera desviación social, disfuncional respecto al sistema en que se produce, consistiría en el abandono o en la impugnación del propio rol (Pitch, 1975).

Resulta, sin embargo, que, con este planteamiento, ciertas conductas de rol (evasión de impuestos, infracciones del código de circulación, delitos de *cuello blanco,* etc.) deberían ser consideradas desviadas, a pesar de que pueden no ser la excepción estadística, sino la *normalidad.* Estas objeciones se salvan difícilmente en las argumentaciones teóricas a través de la conceptualización sobre *expectativas de rol*, sobre todo las expectativas institucionalizadas. Nace entonces otra re-definición:

3. Desviación como propiedad conferida a una conducta por la gente que toma contacto directa o indirectamente con la misma. Ya no se trata de una propiedad inherente a una forma peculiar de conducta. También hay que tener presentes los términos medios de conducta con que la gente reacciona ante la supuesta conducta desviada (Pitch, 1975, citando a Erikson).

Estos últimos planteamientos están en el sustrato que dieron lugar al nacimiento del conjunto de perspectivas englobadas en las *teorías de la reacción social*.

Aunque la evolución de las conceptualizaciones relativas a *problemas sociales* referidas en este apartado no se han centrado en la infancia muy a menudo (salvo quizá con la *inadaptación social*), siempre la han incluido al menos implícitamente, puesto que buena parte de los autores han planteado la existencia de algún proceso de socialización respecto a los comportamientos considerados no deseables por un entorno social dado. La evolución conceptual y las distintas formulaciones del *problema social* siempre configuran una parte importante del contexto psicosocial en que se han venido desarrollando las actuaciones sociales para afrontarlo.

3.3. EL OCIO DE NIÑOS Y ADOLESCENTES EN POBLACIONES MARGINALES

Mientras que, en relación con los adultos, mucha literatura tradicional ha contrapuesto el tiempo de ocio al tiempo de trabajo, al referirse a la población infantil ha sido muy frecuente contraponer el tiempo de ocio al tiempo escolar (Casas y Codina, 1996).

El tiempo escolar ha sido considerado el tiempo *educativo* por excelencia en nuestras sociedades occidentales durante muchas décadas, a veces en una especie de litigio con la familia, configurando entre ambos lo que se ha denominado el contexto básico de socialización. El *resto* del tiempo de niños y niñas fue adquiriendo sentido peyorativo de *tiempo improductivo* (perder el tiempo) e incluso de *tiempo de riesgo* (tiempo que hay que controlar para que *no hagan de las suyas*).

Al igual que en el caso de los adultos, hoy por hoy, muchas de estas ideas han sido ya cuestionadas. La improductividad social del tiempo infantil no-escolar ha sido profundamente cuestionada por algunos sociólogos durante los últimos años (Qvortrup, 1990). El tiempo de ocio también está reconocido de forma generalizada como contexto socializador, que puede y debe ser considerado tiempo educativo (Puig y Trilla, 1985). El tiempo de ocio, o tiempo libre, puede dedicarse al ejercicio de la autonomía, de la creatividad, de la responsabilidad, con las profundas implicaciones socializadoras que ello conlleva; es decir, puede ser tiempo de libertad, que reúna, además, los tres requisitos por los que Dumazedier aboga (1962): descanso, diversión y desarrollo personal.

Las nuevas perspectivas de análisis del ocio infantil no conllevan, sin embargo, que toda la investigación y reflexión del pasado fuera estéril. Se ha escrito mucho sobre la incidencia de las distintas actividades de ocio en el proceso de socialización de cualquier niño o niña. Se ha hablado de ocio *productivo*, de ocio *improductivo* y de ocio *consumista*, sin que las distinciones estén siempre muy claras. En buena parte de la literatura científica encontramos más o menos implícita o explícita la idea de una dicotomía entre un uso del ocio *alienador* y un uso del ocio *autorrealizador* (Munné, 1980; Munné y Codina, 1992), en su acepción humanista, o bien *promotor de calidad de vida*, en la acepción psicosocial de la noción de calidad de vida (Casas, 1991b).

Durante mucho tiempo, una amplia mayoría de investigadores sociales mantuvieron un interés por el ocio, como aspecto importante de la socialización infantil, muy restringido a un aspecto que hoy consideramos parcial: las actividades de ocio como *prevención* de problemas sociales (dificultades o conflictos sociales que afectan a la infancia). Tal perspectiva se centra en *evitar algo no deseado,* algo que posea connotaciones negativas. En constraste, se fue construyendo después un *corpus* teórico importante basado en el ocio como experiencia normalizadora para aquellos niños y niñas en situaciones de dificultad personal o social: por ejemplo, la práctica del deporte entre personas con discapacidades físicas o psíquicas. Sin embargo, como ya hemos señalado, parece que era humanamente inevitable que las ciencias humanas y sociales empezaran por dedicar muchas más energías a los *problemas* particulares que a la *promoción de la calidad* en general. Es por ello que, a la hora de hacer una muy breve revisión histórica, no podemos eludir que el mayor cúmulo de investigación científico-social inicial llevada a cabo sobre el ocio infantil, especialmente entre la población anglosajona, se ha desarrollado desde la óptica parcial de la prevención de algún problema social.

La idea de que la participación en determinadas actividades de ocio previene o disminuye la aparición de ciertos comportamientos conflictivos o socialmente no deseados entre la población infantil y adolescente es muy antigua. Existe un abundante *corpus* de literatura científico-técnica referido sobre todo a la prevención de la delincuencia juvenil en barrios marginales o entre poblaciones en situaciones de riesgo social. En los últimos años la idea de prevención del consumo de drogas ha engrosado dicho *corpus* en la misma dirección.

Las prácticas deportivas han sido, posiblemente, las más estudiadas. Ya en 1967, Durand intentó recopilar datos en este sentido y cita trabajos de 1907, de A. T. Burns, aportando evidencias sobre la disminución de la delincuencia entre un 28 y un 70%, en distintos barrios, a partir de la dotación de espacios de juego, recreo y deporte. También cita trabajos posteriores de Truxal, que recopiló datos sobre la disminución evidente de la delincuencia juvenil en varias ciudades después de la inauguración de zonas deportivas (Toronto: disminuyó en un 100%; Knoxville: un 50%; Visalia: un 80%; Binghamton: un 96%; Leominister: un 53%); en estos estudios se mostraba también la existencia de menos delincuencia en las cercanías de zonas deportivas que en otros barrios de la respectiva ciudad.

Estos planteamientos no han dejado de estar presentes en todos los documentos de organismos internacionales relacionados con la prevención de la delincuencia juvenil. Así, la Resolución (78) 62 del Comité de Ministros del Consejo de Europa, de 1978, sobre *Cambio social y delincuencia juvenil*, a propuesta del Comité Europeo sobre Problemas Delictivos, incluyó un párrafo que recomienda *promover asociaciones y organizaciones juveniles de deportes y actividades de tiempo libre, que puedan ayudar a la integración de sus miembros en la sociedad*, como medida positiva de socialización de todos los jóvenes y de prevención de la delincuencia (Consejo de Europa, 1979).

Tres años después, el mismo Consejo publicó los informes presentados en la XIV Conferencia sobre Investigaciones Criminológicas relativos a la prevención de la delincuencia juvenil, en el que se incluía un amplio artículo de M. W. Hollstein, de la Universidad de Berlín (Consejo de Europa, 1982). Dicho autor aporta datos sobre distintos trabajos de investigación que apuntan hacia *unas posibilidades de ocio más reducidas en los jóvenes de clases sociales más bajas debido a sus limitaciones económicas y culturales*, y a que *las cifras generales vienen a apoyar la constatación, poco sorprendente, de que los adolescentes cuyo tiempo libre está ocupado con actividades constructivas rara vez llegan a ser delincuentes*.

En dicho informe aparecen una serie de reflexiones críticas novedosas. Según Hollstein, cuando las asociaciones juveniles, los clubes deportivos y otros tipos de organizaciones juveniles están organizados por adultos, con una serie de normativas relativamente estructuradas, acostumbran a no interesar a muchos jóvenes, siendo generalmente sólo los jóvenes de clases medias y con actitudes relativamente conformistas los que participan. Los jóvenes de grupos marginales prefieren otros modelos y otro tipo de actividades. Los mensajes consumistas de los *mass media* parecen tener efectos especialmente provocativos con ellos. Su actitud de oposición les lleva más fácilmente al consumo de alcohol y drogas; y también a ser más fácilmente etiquetados por los adultos, incluida la propia policía. Todas estas afirmaciones están basadas en investigaciones científicas concretas realizadas en países europeos y citadas en el informe (Consejo de Europa, 1982).

Más recientemente, la Recomendación (87) 20 del Comité de Ministros sobre *Reacciones sociales ante la delincuencia juvenil* del repetido Consejo, aprobada en septiembre de 1987, entre sus recomendaciones sobre prevención incluyó: «*Proporcionar asistencia especial y la introducción de programas experimentales especializados en las escuelas o en las organizaciones juveniles o deportivas, para la mejor integración de los jóvenes que están experimentando serias dificultades en este campo*» (refiriéndose a comportamientos inadaptados o delictivos).

En el voluminoso *Informe Socías* sobre seguridad ciudadana en la ciudad de Barcelona que se publicó en 1985 (Comissió Tècnica de Seguretat Urbana, 1985), en el capítulo dedicado a la *problemática del menor*, no faltó tampoco un apartado relativo al *tiempo libre*.

Una de las características de muchos de los que se definen como barrios marginales de las grandes ciudades es precisamente su deficiente dotación de todo tipo de recursos. La necesidad de zonas de esparcimiento o deportivas para *prevenir la delicuencia* no deja de ser un argumento especialmente dirigido a un aspecto sensible de la opinión pública: la inseguridad ciudadana (tema que presiona a muchos responsables de tomar decisiones centradas en el control social).

Hoy en día disponemos de muchos argumentos de signo opuesto, es decir, positivos, ampliamente compartidos para justificar la necesidad de espacios urbanos de esparcimiento: un medio ambiente ecológicamente saludable, la calidad de vida de los ciudadanos, la conveniencia de *ciudades educadoras*, etc. En definitiva, los recursos de ocio son considerados ya un derecho de todos los ciudadanos, no sólo una conveniencia para evitar que algunos delincan.

A pesar de esta lógica, hay que reconocer que la dotación de espacios de ocio en los barrios y distritos de nuestras ciudades sigue siendo desigual, como desigual es si comparamos distintas ciudades y pueblos. En función de los recursos existentes, obviamente, las actividades de ocio pueden cambiar enormemente.

Las personas de estatus social medio y alto acostumbran a evitar establecer su residencia en contextos con servicios deficitarios, por lo que los barrios con tales carencias acostumbran a poblarse o superpoblarse de ciudadanos con menor capacidad económica, o en situaciones más inestables (parados, inmigrantes, minorías culturales, etc.) o de dificultad social.

Los barrios que denominamos marginales reúnen a menudo una serie de déficits fisicoambientales y de prestación de servicios, junto con una acumulación de situaciones humanas de dificultad o precariedad. En conjunto, acumulan lo que se ha denominado *factores de riesgo social* para el proceso de desarrollo y socialización de niños o jóvenes. Un factor de riesgo social no permite ninguna predicción o etiqueta a nivel personal (Casas, 1989); pero es un indicador de la probabilidad de emergencia de problemáticas sociales que afecten a los ciudadanos más jóvenes (véase capítulo 7).

Es difícil generalizar con mucho más detalle las características de un barrio marginal. En ciudades como México, por ejemplo, la falta de actividades organizadas para los más jóvenes y la consiguiente inanición conduce, junto con otros factores, a un importante consumo regular de productos inhalables (De la Garza, 1977), fenómeno que sólo irregularmente se ha observado en barrios marginales de algunas ciudades españolas (Bastús y otros, 1988).

Las características fisicoambientales de cada barrio determinarán en buena medida lo que allí se puede hacer y lo que no. Las socioambientales proporcionarán modelos de comportamiento que los niños y niñas pueden aprender de sus vecinos, además de implicar un sistema de control social informal.

Según el mencionado *Informe Socías,* una de las características de niños, niñas y jóvenes de los barrios marginales de la ciudad de Barcelona es que pasan buena parte de su tiempo sin ninguna cosa que hacer, y ello durante períodos de tiempo muy largos, tiempo que acostumbran a pasar en la calle. El fenómeno de los *niños y niñas de calle*, originalmente referido como característico de algunas grandes urbes de Latinoamérica, se ha hecho evidente que es también como un fenómeno europeo, aunque con elementos diferenciales, y ha sido motivo de estudios recientes (Fransoy y otros, 1986), uno de los cuales ha sido promovido por el Consejo de Europa (Verhellen, 1993).

Siguiendo con el mismo Informe, las razones por las que muchos niños y jóvenes deambulan por las calles tienen que ver, y mucho, con su deficiente o nula escolarización, o bien, a partir de los 16 años, con la falta de trabajo. Otras razones citadas son las siguientes (Comissió Tècnica de Seguretat Ciutadana, 1985):

• *En muchos barrios de reciente creación existe una estructura de calles muy poco urbanizadas y, a menudo, hay rincones, pequeñas plazas entre los bloques, o descampados, sin organizar.*
• *Las familias suelen tener varios hijos, y las dimensiones de los pisos no permiten tenerlos encerrados en su interior.*
• *La procedencia rural de muchas familias hace que dejen salir libremente a sus hijos a la calle.*

• *Las obligaciones laborales de algunos padres son la causa de que algunos niños estén en la calle en horarios extraescolares, incluso aquéllos de corta edad.*
• *La falta de plazas escolares, el alto grado de absentismo escolar y la falta de trabajo para los jóvenes en edad laboral agravan la situación.*

El repetido Informe matiza que el hecho de pasar el tiempo de ocio en la calle no tiene por qué ser en sí mismo negativo. Otros estudios abundan en esta línea. Precisamente en un reciente estudio sobre empleo del tiempo libre y consumo de alcohol y tabaco entre escolares realizado en la ciudad española de Toledo (Alonso y Del Barrio, 1994), se ha encontrado que «*un comportamiento sobreprotector por parte de los padres, reduciendo el contacto con otros niños y restringiendo las salidas de casa, no constituye un elemento de protección contra el consumo de drogas. Por el contrario, se ha visto que son los sujetos que pasan poco tiempo en casa, pero disfrutan de su tiempo libre empleándolo en actividades enriquecedoras, los que presentan mejores resultados, no sólo en relación con los consumos actuales, sino también en relación con variables relacionadas con la previsión de consumo futuro*».

El problema es que en la calle los chicos y chicas de estos barrios no acostumbran a encontrar actividades interesantes o atractivas, lo cual les conduce a un estado de apatía. Ello puede llevar a dinámicas de desarraigo y a la adquisición de conductas antisociales. La experiencia de largos períodos sin actividades organizadas ni estructuradas tiene efectos negativos sobre la personalidad, los hábitos y las conductas de los chicos y chicas (Comissió Tècnica de Seguretat Urbana, 1985).

Hay que tener en cuenta, además, que el tiempo pasado en la calle sólo es igualado o superado por el tiempo dedicado a la televisión: «*La clara actitud consumista que induce y las concepciones que se presentan sobre el sexo, la violencia, la autoridad, el consumo de drogas y la mentalidad de los jóvenes, conllevan a veces modelos muy negativos. La contradicción entre las expectativas de consumo y las posibilidades adquisitivas reales son fuente importante de trastornos, frustraciones y conductas delictivas*» (Comissió Tècnica de Seguretat Urbana, 1985).

Insistamos, antes de acabar este apartado, que en los últimos años el tiempo libre viene siendo considerado cada vez más decididamente un tiempo de socialización en positivo. La psicología social del tiempo libre es un novedoso ámbito de estudio en expansión, en el que están destacando esfuerzos teóricos y aplicados para identificar situaciones y dinámicas de tiempo libre *autodeterminado* como expresión del desarrollo personal en la práctica de la libertad (Munné, 1980; Munné y Codina, 1992).

3.4. Los hijos, según los padres

Las ideas que los padres tienen acerca de los hijos e hijas, especialmente cuando son pequeños, son determinantes para interpretar y prever sus pautas educativas y los sistemas de premios y castigos que utilicen para su socialización. En cualquier caso, estas ideas están condicionadas social y culturalmente.

Por ejemplo:

- se puede interpretar que el niño se beneficia de su asistencia a centros diurnos de atención infantil,
- o se puede entender que el niño necesita una presencia permanente de la madre y no debe ir a dichos centros,

totalmente al margen de cualquier consideración científica, en función de si, en un entorno social determinado:

- las mujeres son necesitadas en el mercado de trabajo,
- la mujer opta por tener una vida profesional propia e independiente,
- las familias asumen determinados planteamientos de estatus, según esté bien o mal visto en determinado entorno social llevar o no al niño a una escuela infantil o tenerlo a cargo de una cuidadora particular.

La investigación científica se interesó decididamente por este campo a partir de la década de los ochenta. No obstante, Baldwin (1965) ya se refería a una *psicología ingenua* de los padres, como determinante de sus acciones educativas, concepto que posteriormente retomó Moscovici. Otras revisiones han sido desarrolladas por Miller (1988) y por Goodnow y Collins (1990).

Parece ser que cuanto más temprana es la edad de la niña o el niño para la que un progenitor tiene la expectativa de que llegue a dominar una determinada habilidad, mayor presión educativa es esperable que ejerza para conseguir que el niño o niña la adquiera, dado que ello significa que le confiere una alta valoración positiva.

Los estudios interculturales han hallado importantes diferencias en las expectativas acerca de distintos desarrollos madurativos y de adquisición de habilidades. Por ejemplo, entre madres japonesas y norteamericanas, Hess y otros (1980) encontraron expectativas más precoces en el control emocional del niño en las primeras, pero más tardías en el desempeño escolar.

Mugny y Carugati (1985) hallaron que los padres creían menos que los adultos que no son padres en la influencia que los factores ambientales ejercen en el desarrollo de la inteligencia, y daban más importancia a los aspectos innatos. Además, las diferencias se acentuaban con los padres que tenían más de un hijo. Estos autores plantearon una explicación basándose en una concepción autodefensiva: los padres seleccionan de entre las distintas concepciones de la inteligencia disponibles en su cultura aquellas que les resultan más aceptables y gratificantes. En sentido parecido, Goodnow y Collins (1990) comentan que las conductas más indeseables son más susceptibles de ser atribuidas a factores situacionales, esperando que puedan cambiar, mientras que las conductas positivas, en cambio, son atribuidas a factores disposicionales o constitucionales.

Según la mayoría de las investigaciones, la posición social de los progenitores es un factor que influye sobre las representaciones sociales acerca del desarrollo de sus hijos. Así, se han observado explicaciones más innatistas del desarrollo entre las madres de más bajo nivel sociocultural, mientras que las de niveles altos daban explicaciones más complejas de tipo interaccionista (Sameroff y Feil, 1985).

En una investigación desarrollada en España (Palacios y Oliva, 1991) se confirma que las expectativas evolutivo-educativas de las madres están estrechamente relacionadas con su estatus, tanto si se considera el nivel de estudios, como el nivel profesional. En general, a mayor nivel de estudios, mayor precocidad en las expectativas, lo que coincide con los estudios realizados en otros países (Hess y otros, 1980; Rosenthal y Bornholt, 1988). También la edad influye, siendo las madres de más edad las que, en general, tienen expectativas menos precoces.

Por otra parte, las madres que viven en medio rural tienen mayores expectativas de precocidad respecto a la autonomía relacional y motriz de sus hijos, posiblemente debido a las mayores oportunidades de ese medio (Palacios y Oliva, 1991).

En relación con las prácticas educativas y disciplinarias, y con los valores, aparece nuevamente una clara asociación con el estatus: cuanto más bajo es el nivel de estudios, más tendencias se observan en las madres a actitudes de tipo represivo y coercitivo, más se inclinan a que el niño adquiera conductas prosociales de forma obligada, y más valoran los resultados académicos y la obediencia. Otros factores refuerzan esta tendencia: la presencia de hermanos aumenta la tendencia a las conductas coercitivas, presumiblemente porque el menor tiempo disponible aumenta el deseo de ser expeditiva (Palacios y Oliva, 1991).

En otro estudio realizado en el mismo país, se muestra cómo estas prácticas coercitivas adquieren un impresionante abanico de formas de expresión de castigos, miedos y amenazas (Wagner, Castellá y Martín, 1993), presumiblemente a partir de la creencia en su eficacia que los padres asu-

Cuadro 6. Valores que se considera que se deben promover entre los niños y niñas, según el país.

	Bélgica	Dinamarca	Alemania (Occ.)	Alemania (Toda)	Alemania (Or.)	Grecia
Responsabilidad	51,6	59,1	60,2	58,7	53,1	47,6
Tolerancia/respeto a los demás	46,6	59,2	44,7	41,5	29,4	21,1
Buenas maneras	41,5	30,9	31,0	31,9	35,3	58,8
Autonomía	18,5	59,0	60,2	62,4	70,7	16,4
Alegría de vivir	21,9	36,1	33,5	32,9	30,4	26,3
Determinación/ perseverancia	21,5	10,9	6,1	6,7	8,8	27,3
Obediencia	14,6	5,7	8,4	8,9	10,4	16,0
Creatividad/ imaginación	8,9	22,8	15,0	14,8	13,8	12,0
Trabajar duro	9,0	1,1	4,8	5,3	7,3	10,0
Sentido económico/ ahorro	14,9	4,1	13,3	15,0	21,4	7,5
Fe religiosa	6,0	2,5	7,5	6,6	3,1	21,9
Coraje	12,4	2,8	5,0	5,0	4,9	15,0
Generosidad	5,6	1,1	2,7	2,4	1,4	2,4
Gusto por el placer	9,8	1,0	5,0	4,9	4,6	6,4
Sentido estético	1,9	0,7	4,5	4,8	5,7	1,1

Fuente: *Eurobaromètre, 34.*
Nota: respuestas no excluyentes entre sí.

men en función de sus recuerdos infantiles, adaptando las formas a los contextos sociales de nuestros días.

3.5. ACTITUDES GENERALES DE LA POBLACIÓN ADULTA HACIA LA INFANCIA

Entre los escasos datos disponibles sobre las actitudes generales de la población adulta hacia los niños y niñas como conjunto, cabe citar en primer lugar algunos aspectos de opinión pública general recogidos en encuestas. A nivel europeo, se han desarrollado algunas referidas a la familia, a través del *Eurobarómetro* (Comisión de las Comunidades Europeas, 1990b; 1991a), que dan unas primeras ideas comparadas sobre las actitudes ante la natalidad y los valores más apreciados en los distintos países europeos ante la educación infantil.

Cuadro 6. Valores que se considera que se deben promover entre los niños y niñas, según el país (continuación).

España	Francia	Irlanda	Italia	Luxemburgo	Holanda	Portugal	Reino Unido	Total CE12
63,9	48,4	50,7	63,6	55,6	61,1	53,1	48,4	56,1
56,1	53,3	53,5	45,5	50,8	52,4	41,5	61,5	49,5
41,8	32,2	53,8	42,9	48,6	50,0	47,8	50,1	40,4
14,9	21,7	19,3	17,7	18,9	17,4	14,4	16,0	29,0
25,8	27,4	19,2	26,4	29,5	38,0	12,6	26,6	28,1
8,3	20,1	13,8	12,1	17,8	23,3	9,6	14,7	13,2
12,1	16,8	12,1	10,3	12,4	12,5	17,3	17,6	12,9
12,3	14,4	8,4	5,1	10,6	6,2	9,8	9,7	11,3
13,5	13,7	16,9	10,7	6,5	7,0	36,6	12,2	11,2
13,7	8,2	6,4	14,6	16,1	4,7	15,1	2,6	10,7
9,7	5,7	19,3	17,1	4,5	9,9	10,8	8,9	9,7
4,2	19,1	7,2	10,5	8,9	1,7	5,5	6,0	8,6
9,6	14,3	7,4	12,0	7,4	0,6	11,5	8,9	8,1
5,5	7,0	2,4	4,4	1,7	7,2	3,4	2,1	4,9
0,9	1,5	2,9	0,6	1,1	0,9	0,1	2,5	2,2

Un aspecto novedoso, y a nuestro entender muy relevante, lo constituyen las expectativas adultas sobre los valores que se considera deseable que adquieran niños y niñas en general, y que, en consecuencia, manifiestan los encuestados que deben ser promovidos entre la población infantil. En el cuadro 6 pueden verse los resultados de la encuesta europea, en la que destaca una mayoritaria valoración de la *responsabilidad*, en primer lugar.

Insistiendo en aspectos ya señalados en el capítulo 1, debemos subrayar que partimos de la constatación de que la infancia, como *realidad psicosocial del momento presente,* es conceptualizada por buena parte de los ciudadanos como perteneciente a la esfera de lo privado; sólo en su devenir como personas adultas hay alguna idea relacionada con lo público, con el futuro colectivo (apartado 1.3). Ello parece justificar que el desinterés por la población infantil se extienda incluso a las instituciones que se dedican a atender los problemas de niñas y niños, ya que, como hemos visto (apartado 1.5), al menos en investigaciones realizadas en España se demuestra que la mayoría de los ciudadanos desconocen las instituciones públicas o privadas que actúan en el ámbito de la infancia en su propio barrio o municipio (Aguinaga y Comas, 1991; Casas y Durán, 1996).

El discurso social sobre la infancia está impregnado de contradicciones entre las afirmaciones teóricas (sobre los derechos, por ejemplo) y las actuaciones prácticas (alto consenso teórico y baja intensidad en la acción). Los artículos de la Convención sobre los Derechos del Niño que conceden autonomía a niñas y niños (sobre todo los artículos 12 al 16) están peor valorados que los que se refieren a la protección, o incluso a la igualdad y el derecho a jugar (Aguinaga y Comas, 1991). Los niños son vistos principalmente bajo el *prisma de la necesidad de control y de la dependencia*, contraponiendo a tales preocupaciones los muchos sacrificios que ello conlleva.

La justificación del absentismo del padre en la atención de los hijos y la culpabilización de la madre como responsable central de la misma son realidades aún mayoritarias en muchos países (Aguinaga y Comas, 1991).

En otra encuesta desarrollada en España con una muestra amplia, el año 1989 (Juste, Ramírez y Barbadillo, 1991), se aprecian opiniones notoriamente compartidas acerca de que:

• *las necesidades sociales de la infancia están insuficientemente atendidas y todos los factores que contribuyen a crear un entorno más saludable e igualitario para los niños (atención sanitaria, actividades culturales y deportivas, control de la publicidad, etc.) son susceptibles de mejora.*

• *una parte considerable de la infancia se ve afectada por problemas específicos de malos tratos, abandono o falta de atención.*

Parece con ello estar apareciendo una nueva sensibilidad hacia los problemas de la infancia, porque en algunos estudios menos amplios realizados pocos años antes tales preocupaciones parecían ser muy minoritarias; es el caso del realizado por EDIS (1982), en la región de La Rioja, en el que sólo un 6,2% de los entrevistados consideraban que existían *bastantes* niños con problemas familiares en su territorio.

Matizando un poco más, en la primera encuesta referida (Juste, Ramírez y Barbadillo, 1991) se pudo comprobar cómo va creciendo el número de adultos que atribuyen por igual a padre y madre la responsabilidad de determinadas tareas de cuidado de los hijos, dentro de una notoria ausencia de responsabilidades atribuidas exclusivamente al padre. Sin embargo, la diferencia entre teoría y práctica se transluce en opiniones claramente más favorables al reparto de buena parte de las funciones de crianza entre ambos progenitores, cuando el entrevistado no tiene hijos que cuando los tiene. Es decir, aquellos que no tienen que ejercer funciones de crianza están más dispuestos a repartirlas, mientras que los que realmente podrían

Cuadro 7. Opinión de los españoles sobre atribución de las tareas relativas al cuidado de los hijos e hijas.

	Tienen hijos/as			No tienen hijos/as		
	Padre	Madre	Ambos igual	Padre	Madre	Ambos igual
Cambiar pañales	1	42	56	1	23	74
Dar el biberón	1	39	60	0	22	76
Preparar la comida	0	47	51	0	28	71
Bañar al bebé	0	41	57	1	23	74
Cuidarle si enferma	1	33	64	0	18	80
Llevarle al parque	2	21	74	1	12	85
Acompañar al colegio	3	20	75	3	13	83
Atender por la noche	1	29	69	1	16	82
Llevar al médico	1	28	70	1	14	83
Hablar con su profesor	6	14	78	4	8	85

N = 2489; N tienen hijos = 1698; N no tienen hijos = 779.
Fuente: Juste, Ramírez y Barbadillo, 1991.
Nota: datos en porcentajes.

desarrollar una cooperación igualitaria en la práctica, se muestran, en cambio, más conservadores (cuadro 7).

En esta misma investigación se evidencia que las actitudes generales hacia la infancia están estrechamente ligadas a cuatro grandes coordenadas de la población adulta: nivel cultural, edad, religiosidad y posición política.

Como tendencia general, cuanto mayor es el nivel cultural, mayor información se tiene sobre la realidad infantil y sobre los derechos y necesidades de niños y niñas, mayor sensibilidad se ha desarrollado hacia sus problemáticas, más se responsabiliza por igual a ambos progenitores de la crianza del hijo, mayor tolerancia se manifiesta en los criterios educativos, y más confianza se muestra hacia las capacidades del niño.

Una importante relación entre, por una parte, *información disponible y cultura de los adultos sobre niñas y niños*, y, por otra, *actitudes positivas hacia la infancia y sus problemas* aparece en los últimos años como una constante en distintos estudios (Majó, comp., 1990; Casas, 1990c).

Un subconjunto particular de la población adulta lo constituyen los maestros. Como citan Palacios y Oliva (1991), el estudio de las creencias y expectativas de los mismos en relación con los niños y niñas y con la educación es un tema de tradicional interés entre los investigadores, desde que Dewey, en 1902, enunció su teoría bipolar de progresismo-tradicionalismo.

En Ovejero (1986), puede encontrarse un repaso de muchos de los temas estudiados incluidas las interesantes investigaciones sobre profecías autocumplidoras.

En la última década ha aparecido un creciente interés por el estudio comparativo entre las ideas de las madres (y en escasas ocasiones las de los padres) y las de los maestros con respecto a la evolución y socialización de los niños y niñas. En su investigación, Palacios y Oliva (1991) encuentran que, a la hora de predecir la edad de adquisición de determinadas habilidades por parte del niño, no se observa mayor exactitud del grupo de maestros en relación con el grupo de madres, cuando ello podría esperarse basándose en la supuesta mayor formación de los primeros y en su relación más sistemática con diferentes niños. Los maestros muestran, sobre todo, escaso conocimiento de las competencias y capacidades de los niños menores de cuatro años. Las madres, en contraste, tienden a mostrar mayor precocidad en las expectativas evolutivo-educativas.

En cuanto a las prácticas educativas y disciplinarias, los maestros dan respuestas, *grosso modo*, próximas a las de las madres de más elevado nivel educativo. Y, en relación con los valores y objetivos educativos, se observa que las madres dan más importancia que los maestros a los objetivos académicos y de obediencia, mientras que éstos aprecian más los valores de socialización y artístico-creativos, resultados que coinciden con las investigaciones realizadas en otros países (Palacios y Oliva, 1991; Hess y otros, 1981).

3.6. La consideración de la infancia por parte de los medios de comunicación social

Desde hace menos de 40 años, la televisión se ha implantado en todos los países industrializados y en buena parte del conjunto de nuestro planeta, como principal medio de comunicación social, y su capacidad de influencia sobre los niños y niñas, aunque sea objeto de incontables controversias, está fuera de toda duda.

Algunas investigaciones han mostrado que, tanto los niños y niñas de 6 a 13 años, como los jóvenes de 14 a 19, y en ambos sexos por igual, niños y adolescentes *practican* todo tipo de deportes y actividades culturales mucho más frecuentemente a través de la televisión, que en vivo (Casas, 1993c).

Aunque en una primera etapa muchos estudios se basaron en un esquema simplista de estímulo-respuesta, los investigadores pronto se percataron de que la *situación global* del niño como teleespectador es determinante para un análisis de los posibles efectos, debiéndose, en consecuencia, dirigir la atención a las interacciones entre todos los factores que intervienen (Von Feilitzen, 1979). Es particularmente importante el hecho de que el niño vea la televisión solo o acompañado, y si, cuando la ve acompañado con algún adulto, hay o no interacción verbal; y también tiene su importancia el entorno ambiental: la disposición de los asientos, las actividades secundarias, las rutinas y rituales conscientes o inconscientes, y la predisposición básica a la interacción (Rogge, 1986).

Una cosa bien sabida es que el público infantil mira cosas bien distintas en la televisión; de hecho, se ha comprobado que niñas y niños miran todo tipo de programas, incluidos los teóricamente dirigidos a adultos. Los contenidos de los programas televisivos y los mensajes recibidos por niños o niñas y adolescentes, explícitos o implícitos, han sido objeto de abundantes estudios. Sin embargo, a menudo se ha pasado por alto el profundizar más en el papel que desempeñan los propios sujetos en la producción, adquisición, procesamiento y utilización de la información que les llega desde los medios de comunicación (Martín Serrano, 1990).

Si asumimos que los propios niños y niñas desempeñan un papel mucho más activo del que inicialmente se les otorgaba, ante los mensajes y relatos televisivos, entonces, el estudio de la infancia ante los medios de comunicación nos aparece como algo mucho más interactivo. Temas olvidados pasan a ser muy relevantes, sobre todo la investigación de *cómo* los mismos se relacionan con los medios de comunicación, especialmente con la televisión, y *por qué* les resulta tan atrayente en muchos casos (Barthelmes, 1990). En definitiva, y aludiendo al título de un congreso que tuvo lugar en Valencia en 1991, una de las cuestiones cruciales a debate resulta ser *¿Por qué miran?* (López, comp., 1991).

Otra dimensión pendiente de profundizar está en los conjuntos de *mensajes que sobre la propia infancia transmiten los medios de comunicación*. Las representaciones sociales sobre la infancia que imperan en cada cultura son transmitidas a niñas y niños de formas más o menos directas o sutiles, y forman parte de los elementos de identificación que los mismos interiorizan sobre sus roles, su pertenencia a un grupo de población, sus aspiraciones, etc. Los medios de comunicación pueden fortalecer estas mismas representaciones propias del entorno cultural del niño o niña, o contraponer a las mismas representaciones distintas. Disponemos, por ejemplo, de varias investigaciones sobre la disonancia cognitiva que se les genera a niñas y niños si se les muestran relatos no coincidentes con pautas de comportamiento socialmente establecidas (Marcé, 1977).

Para profundizar en los mensajes representacionales que, a través de la televisión, se transmiten a los niños y niñas sobre sí mismos, como miembros de la población infantil, habrá que diferenciar, como mínimo, tres situaciones:

a) los programas y mensajes que van explícitamente dirigidos al público infantil;

b) los programas y mensajes que hablan acerca de los niños y niñas, que generalmente van dirigidos a los adultos, pero que la audencia infantil también ve;

c) los niños y niñas que aparecen en la pantalla, aunque lo que representen no vaya explícitamente dirigido a la audiencia infantil.

El primer punto ha sido objeto de especial interés para los publicistas, dispuestos a conseguir que el sujeto infantil sea directamente un consumidor (si tiene poder adquisitivo propio) o se convierta en su aliado para ejercer una presión hacia la compra de algún producto por parte de los adultos con quienes se relaciona. Sin embargo, también ha interesado dicho tema a los investigadores de la programación infantil (véase, por ejemplo, Vilches, 1991; Pérez Tornero, 1994). Dicha programación, en algunos casos, no tiene un mero objetivo lúdico, sino educativo, e incluso escolar. Particularmente interesante son los estudios desarrollados en Japón para orientar la educación preescolar de los niños más pequeños, a través de programas televisivos grabados en vídeo, que pueden utilizarse tanto en casa, como en la guardería (Kodaira, 1991).

Sobre el segundo aspecto se dispone, hasta el momento, de muy poca investigación. En Suecia, donde la cuestión ha despertado la atención desde hace algunos años, se ha encontrado que cerca del 75% de los niños entre 3 y 8 años ven programas no especialmente dirigidos a ellos (Von Feilitzen, 1990), a pesar de que en los 20 últimos años el porcentaje ha bajado un poco debido, al parecer, a la mayor responsabilización de los padres.

Finalmente, el tercer aspecto, de nuevo ha sido foco de especial interés para los publicistas, por todo el conjunto de simbolismos que, en particular para los adultos, comportan determinadas imágenes de niños (apelando a la maternidad, a la afectividad, a la inocencia, a la suavidad, etc.). Sin embargo, y aquí debemos apuntar hacia un problema ético, se ha estudiado muy poco el efecto que estos mensajes simbólicos dirigidos a los adultos producen sobre los propios niños y niñas.

Muchos de estos simbolismos pueden ser registrados, desde la percepción infantil, como pautas de deseabilidad, relacionados con características esperadas de los miembros del *grupo-niños/as*, y aunque sus efectos no deben prejuzgarse ni positiva ni negativamente, al menos sería conveniente conocerlos, ya que, como nos recuerda Munné (1989), muchos autores han apuntado a que los estereotipos, al igual que los prejuicios, comportan sesgos cognitivos y lógicos. Como dice Younis (1988), desde otra perspectiva, muchos relatos no sólo promocionan conductas consumistas, sino que también conllevan otros valores sociales y axiológicos, incluidos unos que la sociedad considera deseables y etnocéntricamente válidos, y otros que no.

3.7. LEGITIMACIÓN DE NECESIDADES Y PROBLEMAS SOCIALES QUE AFECTAN A LA INFANCIA

Hemos visto hasta aquí distintos campos de investigación, situados en distintos planos de la interacción adultos-niños, que nos sugieren diversos elementos representacionales activos en las relaciones simbólicas entre ambos grupos o categorías de población.

Dichos elementos, que ya hemos apuntado que inciden sobre el propio reconocimiento del niño o niña como persona o como sujeto de derechos, lo hacen también sin duda en la legitimación de las necesidades y problemas de la infancia (Casas, 1988b), ante los cuales hace falta una visión social y una asunción de responsabilidad colectiva para posibilitar la instrumentación de soluciones que permitan no sólo garantizar unos niveles mínimos de bienestar social, sino también una auténtica promoción de la calidad de vida de la población infantil.

Debemos ahora, aunque sea brevemente, dirigir nuestra atención al propio concepto de *necesidad social* y a sus implicaciones psicosociales. Sólo aquellas necesidades que adquieren un cierto reconocimiento social pueden llegar a ser asumidas como problemas colectivos y, en consecuencia, movilizar una acción social intencional, es decir, políticas sociales. De ahí que, sólo si el desarrollo de programas sociales para conseguir mayor calidad de vida para la población infantil adquiere la consideración de necesidad social y/o aspiración colectiva (problema social en su sentido más positivo), pueden contar con un apoyo social fuerte.

Las necesidades sociales pueden distinguirse, de manera muy simplificada, en dos grandes conjuntos, que emanan de dinámicas psicosociales distintas: *necesidades por déficit* y *necesidades de desarrollo o por aspiración*.

Podríamos definir las primeras como la carencia de algo cuyo disfrute está socialmente reconocido, dando lugar a un derecho social, del que un colectivo se hace solidario y que pretende igualar las oportunidades de participar en aquella dinámica social. Generalmente, estas necesidades se detectan individual o grupalmente (en un grupo familiar), sea porque quien experimenta la necesidad formula una demanda, sea porque los servicios sociales la detectan.

En contraste, las necesidades de desarrollo o por aspiración responden a aspiraciones comunitarias o colectivas, y parten de la presión social ejercida tanto desde el colectivo de científicos y técnicos por una parte, como de los ciudadanos por otra, y de los intereses políticos por otra.

A menudo nos encontramos con defensores de la exclusividad o preponderancia de las necesidades de desarrollo, entre las que destaca la *prevención*. Esta postura da lugar a un equívoco: las necesidades de déficit sólo pueden entenderse incardinadas en el seno de las necesidades de desarrollo, dentro de un mismo sistema. Si una colectividad no aspira a la igualdad, a la superación de la marginación, y actúa en consecuencia, las dinámicas de cobertura de las necesidades de déficit no dejarán de estar *al margen* de su dinámica social general, reforzando procesos diferenciadores y de marginación.

Según la edad, las necesidades sentidas sólo pueden ser consideradas a través de mediadores; pero debemos tener en cuenta que las necesidades sentidas por los propios niños y niñas son escuchadas e interpretadas en función de la sensibilidad sociocultural del entorno. No sólo parece previsible, sino obligado, que en un futuro se escuche a los niños a partir de edades más tempranas, puesto que gracias a la moderna psicopedagogía cada vez se pueden estimular más adecuadamente sus capacidades en diferentes aspectos de la vida, en orden a una mayor responsabilización.

Quisiéramos recordar, sin extendernos en lo ya dicho en otros lugares (Casas, 1987b; 1996b), que los distintos enfoques teóricos y metodológicos que se han identificado en el estudio de las necesidades sociales distan mucho de ser neutrales, y conducen a evaluaciones que, si bien son rigurosas desde el punto de vista del procedimiento científico, ofrecen resultados sumamente dispares, como se apuntaba ya en los conocidos trabajos de Bradshaw (1972; véanse también Chacón, Barrón y Lozano, 1988). Todo ello se complica aún más cuando se trata de las necesidades sociales de la infancia, que generalmente se estudian a través de *atribuciones de necesidad* por parte de los padres o expertos.

La postura teórica ante el concepto de *necesidad infantil* participa de la tradicional discusión polarizada entre herencia y medio. Puede ir desde el extremo más biologista o psicologista, que definen que las necesidades están en la propia naturaleza del niño y se descubren a partir de investigaciones minuciosas, hasta el extremo más culturalista, que las define como una construcción cultural, superimpuesta al niño *en su superior interés*, en cuyo caso es materia de opciones personales y discusiones políticas; pasando por posturas más interactivas y más psicosociales.

Woodhead (1990) considera que existen, como mínimo, cuatro bases distintas para establecer las necesidades infantiles:

1. Las necesidades como componentes de la naturaleza infantil. Esta perspectiva parte de la evidencia de las consecuencias indeseables de la deprivación, y conlleva el estudio de los procesos reguladores en el organismo para monitorizar el nivel de necesidad e incitar una conducta, de acuerdo con principios homeostáticos.

2. Las necesidades como cualidad universal del bienestar psicológico en la infancia. Esta perspectiva pone el énfasis en el producto, emitiendo un juicio sobre su deseabilidad. Desarrolla una aproximación patológica: determinadas experiencias tempranas, por ejemplo, pueden desembocar en problemas de salud mental, por tanto, hay que descubrir procesos que puedan modificar, ampliar o aliviar el impacto de las experiencias negativas tempranas.

3. Las necesidades como experiencias que contribuyen al ajuste social. Esta perspectiva se preocupa también por el producto, pero reconociendo que la determinación de necesidades depende de la particular constelación de relaciones del entorno social. Algunas necesidades pueden tener validez universal, mientras que otras son normativas y dependen de un juicio sobre procesos de adaptación cultural y ajuste social.

4. Las necesidades como prescripciones culturales. Esta perspectiva defiende que las necesidades son una construcción cultural. Desde ella hay que contemplar particularmente la relación entre los expertos o profesionales que realizan pronunciamientos de autoridad, y los receptores de pronunciamientos, es decir, los padres que tienen niños a su cargo, con sus trasfondos de valores y poder social.

Las actitudes generales de poca implicación adulta en relación con el conjunto de la población infantil no es de extrañar que se reflejen en actitudes paralelas ante las formas de solucionar globalmente las necesidades que afectan a niños y niñas. Las tasas de mortalidad infantil en países del Tercer Mundo por enfermedades cuya curación no sólo es conocida desde hace décadas, sino que es barata (como la diarrea simple, por ejemplo) pueden dejar sorprendido primero, y escalofriado después, a cualquier persona que lea los informes *Estado Mundial de la Infancia* que Unicef publica anualmente.

Disponemos aún de pocos estudios que se refieran a la percepción o atribución general de necesidades de nuestra población infantil por parte de los adultos. En cambio, sí que empezamos a tener datos sobre necesidades o problemas de grupos más particulares de población: niños maltratados y menores infractores, por ejemplo.

En el estudio sobre necesidades infantiles en la Comunidad Autónoma de Madrid, coordinado por Majó (1990), se apreciaba cómo el cuidado de niños pequeños está caracterizado por la percepción de que se trata de una situación de importantes necesidades de atención al niño y de información para los padres. El apoyo social recibido por parte de las familias con hijos menores de 6 años era percibido como insuficiente, y la inmensa mayoría de las madres con hijos de esa edad manifiestan no haber recibido bastante información (incluidas las que la habían recibido de los servicios disponibles a tal efecto) sobre aspectos cruciales relacionados con la maternidad: planificación familiar, embarazo, parto, primeros cuidados y atención al niño pequeño en general. Las madres de niveles socioeconómicos más desfavorecidos son las que se sienten peor informadas.

Probablemente, ello es reflejo de una creciente inquietud, si no clara conciencia, de lo importante de la primera infancia como momento evolutivo, y de una creciente responsabilidad parental. Pero también, presumiblemente, es reflejo de que la gran cantidad de información científica disponible no siempre tiene cauces adecuados para llegar de forma comprensible y útil a los posibles interesados, lo cual cuestiona la idoneidad de aquellos servicios de bienestar social que, centrados en otras tareas, se olvidan del importante trabajo preventivo que comporta la simple divulgación de información pertinente. Resultados parecidos se obtuvieron en otro estudio de Casas (1990c).

Los medios de comunicación desempeñan un papel crucial para la información y sensibilización de los ciudadanos. De un análisis del tratamiento que la prensa española hace de los malos tratos (Contexto, 1991) se desprende que predomina una visión de los hechos como dimensión privada, no considerándose de interés más que los hechos delictivos e ignorándose los factores personales, familiares y sociales implicados. Los protagonistas del tratamiento informativo acostumbran a ser únicamente el sujeto maltratado (preferentemente niñas entre 10 y 14 años) y el que maltrata (preferentemente el padre), apareciendo junto a ellos, de manera significativa, sólo representantes del aparato policial y/o judicial. A lo sumo, aparece un modelo sociosanitario en el tratamiento informativo del maltrato infantil, protagonizado por médicos. El problema social de la infancia maltratada no es percibido generalmente como algo en lo que se halla implicada el conjunto de la población.

No todas las representaciones sociales de los problemas de la infancia se refieren a los niños como víctimas de un problema, como pueden ser la agresión, los malos tratos o el abuso sexual. Aunque la proporción de casos sea mucho menor, muy a menudo la sociedad se alarma más ante los casos en que el niño o niña puede ser el sujeto activo de un desajuste social, y entonces la situación se legitima como problema mucho más rápidamente. Como ocurre con la delincuencia infantil y juvenil. Aguinaga y Comas (1988) han estudiado los estereotipos sociales ante la victimización, el delito y el delincuente juvenil en España. La representación social tradicionalmente mayoritaria sobre el delito y el delincuente agrupaba dos tipos de opiniones contrapuestas: unas socialmente *progresistas* (el delito es un producto de las condiciones sociales en que ha vivido y vive el delincuente) y otras individualmente *conservadoras* (el delito es una cuestión de estricta responsabilidad individual). El estudio muestra la entrada en vigor de otros elementos representacionales de carácter sociocultural, que hacen más compleja la situación, jugando con los polos racionalidad-solidaridad.

Esta misma investigación puso de manifiesto que, curiosamente, para el ciudadano medio una buena parte de la inseguridad ciudadana está vinculada a la delincuencia de los menores, pero desconoce cuál es la minoría de edad penal, y cuáles son los mecanismos y organismos administrativos y judiciales responsables de ocuparse de los menores infractores (Aguinaga y Comas, 1988).

3.8. Conclusiones

Hemos visto cómo, mediante procesos psicosociales que acontecen en distintos contextos socioculturales, los adultos, directa o indirectamente, de formas no sólo personalizadas, sino también genéricas e impersonales, influimos sobre la socialización de niñas y niños en múltiples formas, que la investigación científica va desvelando cada vez como más complejas.

La socialización infantil como ámbito de estudio nos muestra una efervescencia impresionante, como también la muestra el estudio de los conflictos en los procesos socializadores.

Visto en perspectiva histórica, los rápidos y profundos cambios observados, tanto en las teorías, como en la propia realidad social, nos obligan a ser prudentes ante interpretaciones precipitadas de cómo funcionan estas dinámicas sociales. Pero, al mismo tiempo, nos muestran la celeridad con que se abren nuevas e inesperadas ventanas, ofreciéndonos una riqueza enorme de perspectivas en el estudio de la infancia.

Lo que nos parece más trascendental de todo lo expuesto es que la evidencia acumulada hace ya incontestable que niñas y niños, la infancia en su conjunto, vive en un *contexto psicosocial* repleto de interrelaciones, interacciones e interinfluencias *intangibles*, tradicionalmente no consideradas por desestimarse como objetos de conocimiento científico. Por contra, el aumento y la ampliación continuada de tal interés científico, el desarrollo de nuevas perspectivas de investigación en este campo, se están desvelando cada vez más relevantes para explicar muchos aspectos de la realidad y, también, para sugerir prácticas profesionales y políticas sociales que persiguen cambios sociales positivos, fundamentados en conocimientos rigurosos.

CAPÍTULO IV

LOS PROBLEMAS SOCIALES DE LA INFANCIA Y SUS FORMAS DE ATENCIÓN: PARADIGMAS HISTÓRICOS

4.1. El paradigma de la especialización

Hasta hace tres o cuatro décadas, en la mayor parte de los países europeos, la toma de decisiones ante graves problemas sociofamiliares o psicosociales de cualquier menor de 16 años se reducía a optar entre dos posibilidades: que el niño o niña se quedara en casa (en el mejor de los casos con apoyo de algún servicio benéfico o de asistencia social) o que fuera ingresado en un centro residencial (para más detalle, véase Casas, 1993a; 1996a).

La red de servicios de bienestar para la infancia estaba estrictamente dicotomizada: unos servicios (escuelas, centros de tiempo libre, servicios de salud y otros servicios de la comunidad) estaban pensados para toda la infancia en general, con el supuesto de que las personas no presentaran problemas importantes (es decir, que fueran *normales*); y otros servicios estaban estrictamente *especializados* en atender *niñas y niños con problemas* concretos (entre los que cabía destacar tres grandes categorías: infancia bajo protección, menores infractores, y niños y niñas disminuidos). Si un niño o niña con problemas entraba en el sistema *normal*, aparecía tarde o temprano una *reacción social* de rechazo. En los fenómenos de reacción social acostumbraban a participar, de forma general, progenitores de los demás niños o niñas, y responsables institucionales, pero también, en ocasiones, los propios profesionales de la educación, e incluso los propios compañeros infantiles.

La adopción, de hecho, no formaba parte claramente de dicha red en algunos países, porque funcionaba más bien como un sistema de relaciones complejas de algunos profesionales o responsables de instituciones privadas directamente con el juez, siguiendo una dinámica claramente independiente, concibiéndose como un servicio a las parejas sin hijos o hijas, y no como un servicio a la infancia.

La red pública de servicios sociales generales, particularmente en los países del sur de Europa, era casi inexistente, por lo que puede considerarse que no se desarrollaban actividades de prevención organizadas.

Buena parte de la población infantil tutelada era atendida en macroinstituciones, que funcionaban como *instituciones totales* en el sentido de Goffman (1961). La mayoría de las mismas incluían escuela, y en un porcentaje elevado no desarrollaban un trabajo social con las familias, por lo que los niños o niñas raramente salían del recinto institucional, y si lo hacían, era sólo durante el fin de semana.

El paradigma dominante, resultado de un largo proceso histórico, era el *paradigma de la especialización*. Su esquema de funcionamiento era bien simple: *los niños con problemas especiales necesitan atención en centros especiales diferenciados*. Había que identificar los casos *realmente* graves, y sobre la base de su situación de *anormalidad*, se los separa de su medio natural para situarlos en un medio *especializado*.

Ni la evaluación de la situación, ni la toma de decisiones, ni la atención a los niños y niñas se basaban en criterios expertos, sino fundamentalmente en criterios morales, subjetivos o de *lógica cotidiana*, siguiendo las representaciones sociales más implantadas entre la población en aquel momento con respecto a la atención y la solución de problemas sociales de la infancia. Profesionales o representantes de centros benéficos tomaban decisiones, a menudo, sin informe ni comprobación alguna de los datos obtenidos verbalmente por aquellos que presentaban una solicitud o una denuncia. En el caso de las niñas, presentar un discurso exagerado sobre el riesgo moral en caso de no ser internada, resultaba habitualmente la táctica más eficaz (Casas, 1983). Tratándose de *menores* sin recursos, la inversión presupuestaria en servicios debía basarse en los mínimos costes de subsistencia (Casas, 1993f). En algunos países, como el Reino Unido, se practicaba activamente la estigmatización de los internos, como método para desalentar un aumento de la demanda de tales servicios (Colton, Casas y otros, 1996).

4.2. El paradigma de la normalización

Esta situación era bastante similar en la mayoría de los países de la Europa occidental, cuando, a finales de los años cincuenta y principios de los sesenta, aparecieron en muchos de ellos importantes corrientes innovadoras (Colton y Hellinckx, comps., 1993), desplazándose de norte a sur (a España llegaron en los tempranos años setenta).

El principio de normalización nació en el campo de la pedagogía, entre los que trabajaban con niños disminuidos psíquicos. Los mensajes que más huella dejaron fueron los del sueco Nirje (1969) y del danés Bank-Mikkelsen (1973). En contraste con la lógica de la especialización, las nuevas ideas se podría resumir en todo lo contrario: *la mejor manera de superar los problemas particulares de un niño o niña es mantenerlo en un medio igual al que viven la mayoría de los demás niños y niñas, con el apoyo necesario.*

Si bien las primeras discusiones sobre este principio se centraron principalmente en la integración escolar (Monereo, 1985), la idea tardó muy poco en enraizar en el campo de los servicios sociales, en el que, a principios de los años setenta ya se vivía una gran inquietud por la llegada de otras corrientes de pensamiento renovador, tanto de otros países europeos, como de Latinoamérica y de los EE.UU.

Precisamente esta coincidencia de ideas provocó que la tardía llegada del principio de normalización se tradujera en interpretaciones y prácticas a veces singulares en España. Cuatro libros fueron portadores de algunas de las nociones más debatidas en aquel intenso y corto período de tiempo, las cuales podemos reflejar ilustrativamente con cuatro de sus respectivos conceptos clave: *desarrollo comunitario* (Ander-Egg, 1963), *psiquiatría preventiva* (Caplan, 1964), *pedagogía de la liberación* (Freire, 1967) y *psicología comunitaria* (Zax y Specter, 1974). Poco antes de este período, ya hubo un fuerte interés por los trabajos de orientación psicoanalítica desarrollados con grupos de niños de instituciones en los EE.UU. (Bettelheim, 1950; Redl y Wineman, 1951). Ello hizo que también se prestara mucha atención a las nuevas ideas que intentaban conciliar el psicoanálisis con perspectivas sociales amplias, que nos llegaron de Argentina (Pichon-Rivière, 1971; Bleger, 1966) y de Francia (Mendel, 1972-1974), junto con otras experiencias francesas grupales (Tosquelles, 1966; Deligny, 1970); y a la vez que la ya citada obra de Goffman (1961).

Esta gran confluencia de ideas y debates entre profesionales del campo social (muchos de estos debates tardaron varios años en llegar a las universidades, que estaban muy polarizadas hacia la investigación básica en aquella época), fue lo que dio lugar a la construcción alta y rápidamente consensuada del paradigma alternativo, que podemos denominar *paradigma de la normalización*. Ello ocurrió en medio de una cierta confusión con las críticas al concepto de *normalidad* que llegaron de la antipsiquiatría. Aunque el debate antipsiquiátrico más bien influyó a favor de la normalización, por la vía de la prevención, demasiadas veces se evitó el uso del término *normalización*, posiblemente como defensa a la hipotética contaminación de unas críticas que se litigaban en otros campos.

A nivel teórico, este paradigma se ha plasmado incorporando dos grandes aspectos complementarios (Casas, 1988a):

• El primero se refiere al *entorno ambiental* (físico y socioambiental) en que vive el niño: todo niño o niña debe vivir en un espacio físico lo más parecido posible al que viven la mayoría de las niñas y niños de nuestro entorno cultural. Ello afecta al tamaño y configuración de la vivienda, su emplazamiento, así como el de la escuela y de los demás servicios que puedan utilizar; y también la configuración de los grupos de adultos y niños y niñas con quien cada persona convive cotidianamente.

• El segundo aspecto se refiere a las *dinámicas de vida cotidiana* en que los niños y niñas se ven inmersos, que deben posibilitar sistemas de relaciones interpersonales parecidos a los de la mayoría de los demás niños y niñas de la misma edad: relaciones con vecinos, con iguales del otro género, con adultos de ambos sexos, disponibilidad de dinero de bolsillo, compras en las tiendas del barrio, asistencia a los servicios y participación en actividades de la comunidad, etc.

El primero de estos aspectos entronca con los importantes desarrollos que en las últimas décadas ha tenido la psicología ambiental, en cuyo seno ya se han planteado investigaciones y debates sobre aspectos relativos a la infancia (Morales, 1984; Pol, 1996).

A continuación, y esta vez ya casi al mismo tiempo en todos los países europeos, este paradigma ve con simpatía la llegada de las *perspectivas ecológicas* de lo social, ya que no hacen más que enriquecer y reforzar sus planteamientos.

Si analizamos la situación actual en los países de la U.E. (Colton y Hellinckx, comps., 1993) en relación con la atención residencial de niños y niñas, resulta evidente que, mientras que en algunos países de la mitad sur europea, o incluso en algunas de sus regiones, en menos de 15 años se ha recorrido (de forma más o menos accidentada) el mismo camino que otros países de la mitad norte a lo largo de los últimos 30 años, en otros, el camino sigue en sus primeros pasos (por ejemplo, en Grecia, en algunas Comunidades Autónomas españolas y en las regiones del sur de Italia).

Hoy podemos afirmar que las implicaciones teóricas del paradigma normalizador han sido paulatinamente asumidas sin grandes oposiciones, al menos explícitas. Sin embargo, la coherencia práctica con la teoría asumida nos obligaría a escribir muchas páginas, puesto que deja mucho que desear.

Presentarse ante la opinión pública como defensor de la normalización ha llegado a ser, sin embargo, un simple argumento publicitario. En determinadas esferas se están transmitiendo mensajes con gran convicción acerca de la prevalencia de la práctica de la *máxima normalización* en todo programa de intervención social, y en la estructuración de las redes de servicios, ocultando al mismo tiempo premeditadamente la realidad de miles de niños y niñas que permanecen en instituciones, inmersos en dinámicas muy poco normalizadas.

Aunque se ha llegado a afirmar que el principio de normalización conlleva a la larga el cierre de las instituciones, la práctica demuestra claramente que ni es pensable que dejen de hacerse internamientos, ni tan sólo que las actuales cifras de internos se reduzcan drásticamente en breve tiempo. Únicamente el Reino Unido e Irlanda han conseguido reducir por debajo del 30% del total de niños tutelados el número de los que permanecen en centros residenciales. En toda la U.E., sólo en un condado inglés, el de Warwickshire, se llegó a asumir la decisión política de cerrar, en 1986, el último internado que quedaba abierto. Sobre los resultados de tal decisión se ha desarrollado un estudio muy interesante que ha dado lugar a un libro (Cliffe y Berridge, 1991), del que es suficiente con apuntar aquí que la Administración del condado ha tenido que contratar plazas en una residencia privada a poca distancia de su límite territorial.

Plantearse muy seriamente y en profundidad la situación de miles de niños y niñas que siguen viviendo en equipamientos residenciales por razones de protección, no es una cuestión anacrónica. La falta de un contexto físico y humano que sea *verdaderamente* lo más normalizado posible, sigue siendo un compromiso pendiente para con un buen porcentaje de ellos y ellas, y no debe ocultarse a la opinión pública.

Como ya hemos señalado en el apartado 1.3, el reconocimiento de los Derechos del Niño es una cuestión de *alto consenso y baja intensidad* entre los ciudadanos en general (Casas, 1992a). Lo propio podemos decir acerca del principio de normalización.

4.3. LOS PROCESOS DE CAMBIO EN LAS REDES DE SERVICIOS SOCIALES

Aquellos que participaron en los primeros programas de cambio de grandes instituciones que fueron sucediéndose en distintos países europeos se fueron percatando, en general, de que dichos cambios no podrían consolidarse si no se daba también un cambio profundo tanto en los procedimientos de admisión, como en la dotación de recursos en la *red básica de servicios sociales*, de forma que fuera capaz de desarrollar eficientes actuaciones preventivas y de detección precoz. En otras palabras, era evidente que los cambios efectuados exclusivamente en las residencias infantiles resultaban aislados y con pocas perspectivas, si no se daban en el contexto de cambios generales en todo el *sistema de protección social*.

Los cambios de los sistemas de protección a la infancia se han mostrado así inseparables de los cambios en el sistema general de servicios sociales, particularmente de los *servicios sociales de atención primaria* (también denominados *comunitarios, generalistas, de base*, etc.). Es éste último, si funciona adecuadamente, el que debe desarrollar tareas de prevención, detección y atención precoz de los problemas que afectan incipientemente a niños y niñas y a sus familias. Ello debe evitar que las situaciones se deterioren hasta el punto de precisar servicios más especializados.

La existencia de equipos que puedan articular una evaluación de la situación, la atención subsiguiente y la valoración y seguimiento finales, como partes de un mismo proceso es algo que se está considerando en varios países como la necesaria solución futura para la mejora de los sistemas de protección infantil, particularmente desde aquellos que han desarrollado más investigación sobre la cuestión, en concreto Holanda y el Reino Unido (Colton y Hellinckx, 1993). En ambos países se están cerrando los Centros de Evaluación, por considerarse que, además de generar distancia (y a menudo ruptura) entre evaluación y atención, obligan sistemáticamente a los niños a someterse a cambios forzados (una estancia provisional en un centro mientras dura la evaluación, que a veces se prolonga por razones múltiples; y como mínimo un traslado al centro definitivo) e innecesarios en su relación de acogida, lo cual les genera ruptura de sus vínculos relacionales e inseguridades emocionales (véase también apartado 12.1).

Finalmente, y como aspecto contextual de la dotación de recursos humanos en las redes de servicios sociales, debemos señalar que, progresivamente, en distintos países europeos se ha ido implantando una formación universitaria, generalmente de grado medio (en Alemania es de grado superior), dentro de las Facultades de Ciencias de la Educación, para formar *educadores sociales*. Ello ha constituido el fundamento para dar un reconocimiento social, administrativo y laboral adecuados a los profesionales que trabajan, entre otros, en un medio residencial con niñas y niños, permitiendo superar los penosos y estériles conflictos a que se han visto sometidos en los últimos años en diversos países.

El proceso de normalización de centros residenciales para niñas y niños en varios países ha discurrido al menos a tres distintos *niveles de intensidad*. Naturalmente, no pretendemos presentar modelos *puros*, pero creemos que, en la actualidad, su diferenciación puede facilitar el análisis de esta realidad en cada región:

• *Planteamientos de ruptura*. Son los programas que se han marcado como objetivo el cerrar físicamente los edificios de las macroinstituciones en períodos relativamente cortos de tiempo, creando una red de servicios alternativa. En general, han sido incardinados en planes más amplios de transformación de la red de servicios sociales a la infancia en un territorio (ciudad o provincia). Lo más habitual es que haya comportado el fortalecimiento de los servicios de apoyo a la familia, y la creación de servicios alternativos y de pequeñas residencias (menos de 15 plazas), con equipos educativos cualificados y poca diferenciación en los roles profesionales entre sus miembros.

• *Planteamientos de transformación relativa.* Son los programas que han desarrollado un proceso de vaciado de los antiguos macroedificios hacia centros residenciales de menor tamaño, pero manteniendo una estructuración del equipo educativo y procedimientos administrativos de la macroinstitución. Este modelo ha sido bastante frecuente en centros dependientes de organismos públicos. Por lo general, con él, los equipos educativos (es decir, los profesionales que mantienen contacto regular con los niños y niñas a lo largo de la vida cotidiana) mantienen una alta diferenciación en los roles profesionales (por ejemplo, puede haber cocinera, señora de la limpieza y personal educativo, cosa obviamente nada *normal* en la experiencia de familias humildes); muchos víveres no se pueden comprar en el barrio, sino que *son suministrados*. Los niños deben aprender normas inexistentes en otros lugares de la sociedad (por ejemplo, pedir comprobantes si compran en una tienda). (Algunas referencias más detalladas para analizar las diferencias entre este planteamiento y el previo pueden ser encontradas en Casas, 1981; Casas, Pi y Flotats, 1984; Casas, 1988a.)

• *Planteamientos de remodelación física.* Son los programas que se han planteado mantener los espacios físicos de la macroinstitución, pero remodelando su contenido para conseguir que el entorno material en que el niño o niña vive se parezca más físicamente a un hogar familiar. A menudo conservan la estructuración de los equipos educativos con pocos cambios, aunque, en general, estos programas requieren la incorporación de más educadores y educadoras.

Cuando estos procesos han quedado contextualizados en otros más amplios de cambio global del sistema de protección a la infancia en áreas geográficas concretas, frecuentemente el discurso político sobre la normalización ha ido acompañado de otros mensajes complementarios, cuyo análisis sistemático queda pendiente de realizar, pero que puede ilustrar sobre la diversidad de intereses concurrentes que condicionan cada proceso de cambio. Sólo a título de ejemplo, he aquí unos breves comentarios sobre tres de estos mensajes:

• El mensaje de la *desinstitucionalización*. La idea de la desinstitucionalización fue importante en muchos países europeos a lo largo de los años setenta, para justificar la necesidad de un trato más humano a los enfermos mentales. Este mensaje facilitó el apoyo de la opinión pública a la creación de centros diurnos. En el ámbito de la infancia, sin embargo, no siempre se ha utilizado en el sentido de *un medio para alcanzar un fin*, sino que ha sido utilizado por algunos políticos como un fin en sí mismo, dando de baja a muchos niños y niñas de las grandes instituciones y restringiendo nuevos ingresos, pero sin crear servicios alternativos. Ha sido una lamentable forma de encontrar flagrantes excusas para reducir presupuestos en el sistema de bienestar para la infancia.

• El mensaje del *voluntarismo*. El hecho de que en algunos países (es el caso, sobre todo, de los mediterráneos, incluida España) el asociacionismo y el voluntariado estén comparativamente poco desarrollados, es un argumento a veces paradójicamente utilizado para minimizar los recursos para la infancia, especialmente el número de profesionales en algunos equipos, priorizando los recursos destinados a motivar un incremento del voluntariado. El debate teórico que suscita esta cuestión es muy importante, porque nos lleva, por una parte, hasta los límites de la normalización (¿un equipo altamente profesionalizado, se parece a un núcleo familiar y puede, por tanto, ser normalizado?, ¿puede ser más o menos normalizado que un equipo con intensa participación de voluntariado, generalmente más inestable y más numeroso?), y, por otra, al debate entre profesionalidad, voluntariado y voluntarismo. Sin embargo, desgraciadamente, el móvil también en este caso se desvela a menudo que está atrapado fundamentalmente por el factor económico y no por la motivación de encontrar el mejor modelo para satisfacer las necesidades infantiles (el superior interés del niño o niña). Los profesionales, que son recursos humanos siempre caros, en tales contextos se ven forzados al mismo tiempo a ser muy voluntaristas, y ello hace que se acumule insatisfacción con el trabajo y acaben *quemándose* (*burning out*).

• El mensaje de priorización de un *modelo único*. Recientemente, algunos políticos defienden que las únicas alternativas válidas a que un niño o niña esté con su familia son el acogimiento familiar y la adopción. Por ello procuran silenciar toda información o debate sobre la situación real de las niñas y los niños que permanecen en las instituciones residenciales, lo cual evita tener que asumir mejoras en las mismas, con sus correspondientes consecuencias presupuestarias. Los niños y niñas que siguen en instituciones son los grandes excluidos en este discurso, y, de hecho, de los grandes marginados del propio sistema de protección social.

Ante estas situaciones, el Consejo de Europa ha promovido en los últimos años varios debates sobre los derechos de los niños y niñas en las instituciones, y un grupo de trabajo dentro del Proyecto sobre políticas de infancia (Council of Europe, 1994; 1996).

Desde una perspectiva macrosocial, podemos decir que el nuevo paradigma ha movilizado dos grandes procesos de transformación de los sistemas de bienestar social y de protección a la infancia que ya parecen irreversibles (fig. 1):

• El subsistema de servicios para toda la población y el subsistema de servicios para niños en situación de dificultad o conflicto social han ido dejando de ser totalmente independientes el uno del otro. Los niños y niñas de centros residenciales del sistema de protección ahora van casi en su totalidad a escuelas, centros de salud, centros de tiempo libre, y otros servicios comunitarios que existen en su barrio, como los demás niños y niñas. Se ha permitido que los *problemas* entren en los servicios *normales*, los cuales cuentan ahora con apoyo profesional adicional para poder atender las distintas situaciones personales.

• El subsistema de servicios especializados se ha diversificado, por dos causas antagónicas entre sí. Por una parte, para intentar atender de diversas formas normalizadas (la mejor posible en cada caso) necesidades distintas, evitando intervenciones que impliquen la separación del niño de su entorno natural. Y por otra parte, como consecuencia de prioridades y disponibilidades económicas de los que toman decisiones sobre los procesos de cambio, se ha forzado la creación de modelos *semi-normalizados* lo más baratos posible.

4.4. Los nuevos elementos paradigmáticos que aporta la Convención de las NU sobre los Derechos del Niño

No nos cansaremos de repetir que la Convención sobre los Derechos del Niño constituye un paso histórico gigantesco al establecer de forma universal y sin ambigüedad que los niños son sujetos de derechos.

Algunos de sus artículos se refieren a las niñas y niños que se hallan en instituciones residenciales, y hacen especial hincapié en que todos los procedimientos (sociales, administrativos y judiciales) y todas las situaciones que afecten a un menor de 18 años deben garantizar cuidadosamente el ejercicio de todos sus derechos. Así,

• Art.19. *Las medidas de protección deben comprender, según corresponda, procedimientos eficaces para el establecimiento de programas sociales, con objeto de proporcionar la asistencia necesaria al niño y a quienes se ocupan de él, [...] (en caso de) remisión a una institución, [...] (por razón de) malos tratos al niño, [...].*

• Art.20. (Señala que es obligación del Estado proporcionar protección especial a los niños privados de su entorno familiar, respetando todos sus derechos.)

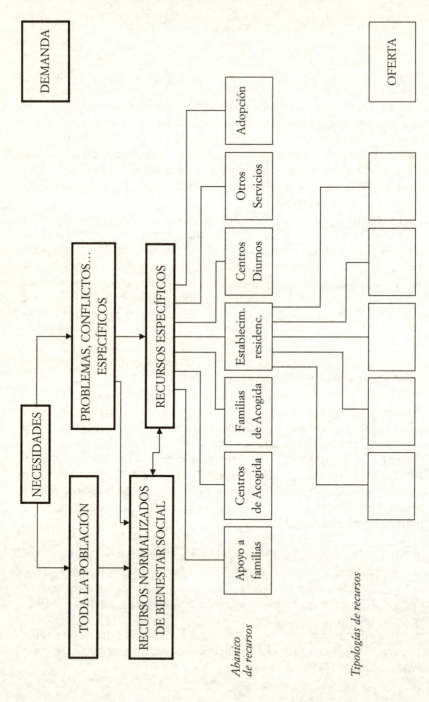

Figura 1. Proceso de normalización observado en el sistema de servicios sociales.

• Art.40. (Señala que para los menores infractores existirán medidas alternativas al internamiento, velándose rigurosamente por el respeto a los derechos del niño en todo momento.)

El hecho de tener que prestar tan minuciosa atención a los derechos de todo niño o niña en todo momento de cualquier proceso de trabajo social o educativo con el mismo, bajo una responsabilidad pública, introduce elementos que deben contemplarse obviamente desde las instituciones residenciales y que van más allá del actual paradigma (aún no alcanzado en buena parte) de la normalización. Se vislumbra ya en el horizonte que los nuevos cambios se orientan hacia el *paradigma de los derechos*.

Los artículos 12 al 16 de la Convención sobre los Derechos del Niño incluyen derechos civiles y sociales que nos obligan a tener cada vez más en cuenta la opinión de los niños y niñas en todo lo que les concierne. Ello nos anima a buscar formas mejores de presencia activa de los niños y niñas en todos los espacios sociales donde están presentes, para facilitar su aprendizaje en la resposabilización, especialmente ante las situaciones nuevas en que nos van situando las nuevas tecnologías y las nuevas dinámicas sociales. Responsabilización que se puede aprender, mediante la participación en grupos y comunidades justos y dialogantes (Kohlberg, 1976; 1978; 1980; Hickey, 1972; Casas, 1993e), que pueden ser dinamizados también en instituciones y servicios de carácter social.

El estudio de las posibilidades de que nuestras sociedades tengan más en cuenta a la infancia, es decir, acepten una mayor participación social de nuestros niños y niñas, nos lleva inexcusablemente al análisis de los macrocontextos sociales que lo puede facilitar o dificultar. Y ello significa, entre otras cosas, abordar la opinión pública y las representaciones sociales de los ciudadanos sobre la población infantil, sobre sus problemas y sobre las formas de superarlos.

Mientras que los programas con planteamientos de ruptura han generado importantes debates en los medios de comunicación social, incluyendo la oposición de algunos sectores de la sociedad, el resto de los procesos se han desarrollado en muchos países del sur de Europa (excepto Francia en algunos aspectos), con poca resonancia pública. Es incluso soprendente el poco debate, tanto social como académico, que ha acompañado este cambio paradigmático, en comparación con otros países (por ejemplo, en los escandinavos y en el Reino Unido).

En algunos de los procesos de transformación relativa y de ruptura se han dado debates a nivel local, en el barrio donde se debían crear nuevas pequeñas residencias. Mientras que en la mayoría de los casos los debates promovidos dentro de un proyecto de trabajo social con la comunidad, condujeron a resultados satisfactorios, en ocasiones se han registrado reacciones sociales del vecindario desproporcionadas, que han llegado incluso a impedir la creación del nuevo equipamiento. Por ejemplo, en el proceso de transformación de las instituciones residenciales infantiles que tuvo lugar en Cataluña a finales de los setenta y principios de los ochenta se dieron dos aparatosas situaciones de este tipo. En ambos casos el argumento, en resumen, fue éste: «*Nos parece muy bien tanto lo que ustedes quieren hacer para estos niños, como el modelo de residencia que plantean. Pero no lo queremos en nuestro vecindario. Ya sabemos lo que pasa después con estos niños*» (refiriéndose a niños y niñas, entre 5 y 16 años, maltratados o abandonados).

El análisis en profundidad de este curioso mensaje *ya sabemos lo que pasa después con estos niños,* nos mostró posteriormente un conjunto de fantasías totalmente infundadas, estructuradas de forma refractaria a cualquier conocimiento científico o profesional. Sin embargo, configuraban una representación social *real* tan arraigada (basada en percepciones, actitudes y estereotipos sobre los problemas de la infancia y la infancia con problemas), que no se pudo cambiar en poco tiempo.

De estas experiencias dolorosas hemos ido aprendiendo que todo proceso de creación de una nueva residencia infantil (o de cualquier otro servicio de carácter social) requiere un sosegado y cualificado trabajo previo con la comunidad, para cambiar actitudes y representaciones sociales prejuiciosas cuando fuera necesario. También nos ha animado a desarrollar investigaciones sobre las representaciones adultas en relación con la infancia y sus problemas (Aguinaga y Comas, 1991; De Paúl y San Juan, 1992; Casas y Durán, 1995).

Ya hemos apuntado en otra ocasión (Casas, 1993c) que, en relación con esta dinámica, quizá no se esté dando a los medios de comunicación social la importancia que merecen. Hace falta considerarlos importantes *actores sociales* en el proceso de solución de los problemas de la infancia. Su específica manera de abordar estos problemas (o de ignorarlos) tiene, sin duda, trascendentes consecuencias en la toma de decisiones sobre políticas sociales, y, sobre todo, en las representaciones que los ciudadanos nos hacemos de la infancia, de sus problemas y de las formas adecuadas de superarlos.

Los investigadores y los profesionales de la intervención social tenemos el reto de comunicar más y de formas más concisas y didácticas, tanto nuestros planteamientos teóricos como nuestros hallazgos empíricos a los medios de comunicación social, para que se vaya formando una opinión pública que, manteniendo el alto consenso, genere una *mayor intensidad.*

4.5. Situación actual de la atención residencial a la infancia en los países de la U.E.

En el trabajo recopilativo sobre la atención residencial y el acogimiento familiar para niños y niñas en los países de la U.E. (Colton y Hellinckx, comps., 1993), se resumen algunas tendencias mayoritarias, de entre las cuales los autores destacan seis:

1. Aumento del número de niños en acogimiento familiar y disminución de las plazas en atención residencial.
2. Cambios en las características de la población atendida.
3. Tendencia exclusiva a los equipamientos pequeños.
4. Desarrollo de perspectivas ecológicas.
5. Desarrollo de otros tipos de atención alternativa.
6. Profesionalización.

En los países del sur europeo, y aún más en la zona de antigua influencia de la ex URSS, los procesos de cambio empezaron con notorio retraso histórico en este campo en relación con la mayoría de sus vecinos del oeste y del norte, lo cual hace que algunos fenómenos no sean aún claramente perceptibles, dando la impresión de que la situación no tiene mucho que ver.

El acogimiento familiar, incluso en aquellos países que han desarrollado mayores esfuerzos para potenciarlo, se ha ido evidenciando que tiene unos límites de posibilidades, complejos de superar. El Reino Unido, por ejemplo, durante los años ochenta no escatimó recursos para la investigación: el presupuesto que el Ministerio competente dedicó el año 1992 exclusivamente para investigar los resultados del acogimiento familiar y atención residencial para niños y niñas ascendió a 3 millones de libras (600 millones de pesetas). Los resultados disponibles apuntan hacia unas tasas muy altas de fracasos: entre un 30 y un 40% de los acogimientos familiares, y cerca de un 50% de las adopciones. Entre un 43 y un 60% de los casos de acogimiento familiar, según distintos estudios, tuvieron que cambiar de familia antes de 15 meses (Rowe y otros, 1989; Cliffe y Berridge, 1991; Millham, 1993). El índice de fracaso de los acogimientos familiares de niñas y niños pertenecientes a grupos étnicos minoritarios se muestra especialmente alto.

Por otra parte, los países con altas tasas de empleo femenino consideran que ya es casi imposible aumentar el número de familias acogedoras disponibles, ya que, en la práctica, son las mujeres, que no los hombres, las que en realidad acogen niños o niñas (por ejemplo, en Dinamarca).

Animar decididamente el acogimiento familiar para adolescentes ha resultado especialmente difícil. Ello ha llevado a que casi en todos los países de la U.E. la población acogida en residencias haya aumentado espectacularmente tanto su media de edad (por encima de los 12 años y con tendencia a aumentar en Bélgica, Dinamarca, Alemania, Holanda y el Reino Unido) y el grado de conflictividad tanto personal como familiar, aunque el número de chicas ha bajado muy notoriamente. Especialmente pertenecientes a minorías étnicas están muy sobrerrepresentados entre la población residencial en todos los países, y es el subgrupo que más aumenta. Además, una función añadida de los centros residenciales está resultando ser la atención de los chicos y chicas plurifracasados en el acogimiento familiar.

Dado que el funcionamiento tradicional de la red de residencias ha estado más orientado a la población entre 6 y 14 años, resulta evidente que presumiblemente ni los equipamientos ni su personal estaban preparados para un cambio rápido en la edad y conflictividad de sus acogidos.

Por otra parte, son varios los países que, conscientes tanto de los límites del acogimiento familiar, como de que tampoco las pequeñas instituciones garantizan el éxito, han empezado a potenciar otros modelos alternativos, especialmente centros de día, residencias independientes bajo supervisión y centros para tratamientos familiares a domicilio.

Añadida a la necesidad de nuevos servicios, está la necesidad de completar las funciones que se les suponen a los existentes. Un tema que en algunos países han investigado en profundidad, por considerarse trascendental, ha sido el **retorno a casa** de los niños y niñas después de un acogimiento sea residencial o familiar (Bullock, Little y Millham, 1993). Ello constituye quizás uno de los mayores retos que restan pendientes en distintos países: la insuficiente dedicación del sistema a apoyar un retorno adecuado a casa después de un internamiento, realizando un seguimiento posterior. Parece que, hasta ahora, ni profesionales ni instituciones han considerado esta cuestión suficientemente importante, y es una tarea que se hace aún en pocas ocasiones de forma adecuada.

4.6. Universos de experiencias y situaciones de dificultad, conflicto y riesgo social

Muchos son los estudios que han acumulado evidencias sobre los factores de riesgo (personal, familiar y social) que se acumularon en el proceso evolutivo de muchos niños y niñas que han requerido la atención de los servicios públicos. Y mucho tiempo y energías ha costado reconocer que bastantes de estos factores son comunes para situaciones aparentemente contrapuestas: niños o niñas maltratados o abandonados (es decir, niños y niñas atendidos por los servicios sociales, o niños y niñas bajo protección jurídica) y niños o niñas infractores, por ejemplo.

El conjunto de factores de riesgo registrados en un expediente nos remite a su paralelo vivencial en el proceso de desarrollo infantil: el *universo de experiencias* de cada niño o niña. No nos falta evidencia científica de que muchos niños que *tienen o han tenido expediente abierto*, acumulan numerosas experiencias, o bien claramente negativas, o como mínimo obviamente distintas de las experimentadas por la mayoría de niñas o niños del mismo entorno sociocultural. Además, aunque a ello se le ha prestado mucha menos atención, también tenemos evidencia acumulada sobre el déficit de experiencias *positivas* más o menos *habituales*, tanto entre los niños y niñas que están en el sistema de protección, como entre los menores infractores si se compara con los que no han entrado en dichos sistemas. Una situación extrema y bien estudiada es la de los niños internados en instituciones, que incluso necesitan desarrollar expresiones de lenguaje distintas para describir sus experiencias (véase Casas, 1988a; 1993f).

El problema no se limita a que el niño o niña realmente tiene un universo de experiencias distinto. A ello se le añade que el propio niño o niña lo percibe, y acaba autocategorizándose como distinto. En muchos casos, su falta de bagaje experimental en aspectos que socialmente son valorados como muy importantes, merma su autoimagen y su autoestima en forma significativa. Además, el entorno social también lo percibe (a veces sólo difusamente) como distinto, empezando por los propios compañeros de edad, con los consiguientes riesgos de etiquetaje social, que activa procesos de exclusión social (Casas, 1988a).

Desde la psicología jurídica de lo penal, un aspecto trascendental en relación con el universo de experiencias de cada niño o niña es la consideración de las implicaciones que ha tenido para su desarrollo moral, es decir, las oportunidades que ha proporcionado para analizar, contrastar y experimentar qué son situaciones justas y qué no lo son. Cada sistema jurídico considera inimputable al niño hasta una determinada edad, es decir, sin ninguna capacidad de responsabilización. A partir de esa edad, y *de repente*, al niño o niña se le considera imputable con eximente de edad, es decir, con responsabilidades *atenuadas*. Finalmente, a partir de otra edad (en buena parte de los países europeos es a partir de los 18 años), se le considera *totalmente responsable*, aunque frecuentemente siguen existiendo algunos atenuantes que pueden ser tenidos en cuenta.

La investigación científica sobre el desarrollo moral, en contraste, nos ha demostrado que no existen momentos cronológicos fijos en los que de repente haya avances en las capacidades de responsabilización del niño o niña. Dicha capacidad es un proceso personal evolutivo, muy condicionado por las experiencias que proporciona el entorno social en el que se vive. Para que un niño o niña evolucione en su desarrollo moral ha de haber tenido ocasión de plantearse dilemas sobre la justicia o injusticia de algunas situaciones, discutir sobre ellas, y haber podido experimentar personalmente las consecuencias de que se adopten decisiones justas o injustas (véase Casas, 1992e). Estos aspectos los desarrollaremos más en el capítulo 10.

4.7. La práctica de la normalización y la práctica de la responsabilización

Del paradigma de la especialización al de la normalización existe una verdadera ruptura conceptual. En teoría, el nuevo paradigma no puede aprovechar coherentemente gran cosa del antiguo, aunque en la práctica no sea en absoluto así. El viejo paradigma se centraba en *el problema*, mientras que el nuevo se centra en *el entorno físico y humano en que vive el niño o la niña*.

Por contraste, el emergente paradigma de los derechos no significa en absoluto una ruptura con el de la normalización, sino una construcción añadida que lo precisa como base, para poder cambiar el punto de mira. El paradigma de los derechos se propone *centrarse en el niño o la niña en sí*, en *su superior interés* (también referido como *interés primordial* o *interés prioritario*); pero como la niña o el niño no es un ente aislado, sino que hay que considerarla en su contexto de vida, el principio de normalización constituye un anclaje para construir una fundamentada perspectiva de la infancia desde la infancia.

Con la normalización de los servicios para la atención de niñas y niños, tanto bajo protección como bajo *reforma*, es decir, con la normalización de sus vidas cotidianas, se reducen las diferencias abismales en el universo de experiencias que tienen los distintos niños o niñas *con expediente abierto* y aquellos que no lo tienen. Si los programas de intervención que se desarrollan para paliar sus problemas consiguen, además, compensar la pobreza o déficit de experiencias vividas, posiblemente dichas diferencias aún pueden acortarse más. Sin tales diferencias el clásico e insoluble problema de la *reinserción social* se diluye: no hace falta *re-aprender* a vivir en sociedad, como las demás personas, porque durante el *tratamiento* no se habrá dejado nunca de practicar la convivencia con un entorno social *normalizado*.

A pesar de que esté resultando tan difícil de implantar en sus dimensiones de vida cotidiana, hay que advertir que la práctica del principio de normalización, incluso desde una posición *normalizadora radical*, podría quedarse en un simple planteamiento inmovilista y conservador: en la atención a los niños y niñas con dificultades sociofamiliares o psicosociales podría considerarse que no hay que hacer *nada más* que igualar al máximo su trato con el que recibe la media de la población infantil. Si este principio no es entendido como un principio de reinserción social positiva y proactiva, queda en un mero planteamiento de *reformismo organizativo*: sólo hay que cambiar la configuración física y humana de los servicios, así como sus normativas de funcionamiento; pero no hay cambios en los objetivos perseguidos. El principio de *discriminación positiva* tiene pleno sentido con estas niñas y niños: precisan de más experiencias positivas que la media de la población infantil para poder *compensar* de alguna manera un exceso de déficits acumulados.

De hecho, el principio de normalización ha comportado cambios organizativos importantes en todo el sistema de protección a la infancia de muchos países. En primer lugar, ha significado la reafirmación del principio de evitar al máximo que las soluciones a cualquier tipo de problema familiar redunden en una separación del niño o niña de su medio natural. Ello conlleva un sistema de protección social más diversificado que el anterior en cuanto a la tipología de servicios. Ya no existe la exclusiva dicotomía de *en casa, sin ningún servicio* o *en una institución residencial*, sino que se ha ido creando un amplio abanico de servicios entre los que se cuenta, por ejemplo, con servicios de apoyo a las familias y servicios de atención diurna (Casas, 1993b) (fig. 1).

Por otra parte, incluso cuando realmente no existe otra alternativa más que separar al niño o niña de su medio natural, también se ha potenciado el desarrollo de otros servicios lo más normalizados posible: familias de acogida, o, en su defecto, instituciones de tamaño muy reducido y dinámicas cuasifamiliares. Se ha potenciado la reconfiguración o cierre de las grandes instituciones, que antaño eran el recurso mayoritario.

Paralelamente, se ha potenciado que los servicios de bienestar social para niños y niñas con problemas dejen de conformar un sistema diferenciado, para que se incardinen en el sistema de servicios que utiliza toda la población infantil (los mismos servicios de salud, las mismas escuelas, los mismos centros de tiempo libre, etc.). Un sistema diferenciado resulta a su vez diferenciador, y propicia el etiquetaje y la exclusión social.

En el caso del sistema penal juvenil, el principio de normalización ha tenido un correlato que es el *principio de desjudicialización* (en España claramente expresado en la Ley 4/92). En la práctica significa evitar los procedimientos judiciales formales parecidos a los de los adultos, cuando se trata de menores, primando medidas alternativas al internamiento. La misma idea de trasfondo que sustenta la desjudicialización, es decir, evitarle al menor traumas y etiquetajes nada constructivos para su socialización, es la que presidió en su momento, hace ya un siglo, la separación de los centros de reforma para menores de las cárceles adultas; y la que en la pasada década (al menos en España; en algunos países fue antes) ha llevado a la creación de cuerpos policiales especializados en la intervención con menores.

Todos estos cambios estructurales y organizativos, en el seno de las políticas sociales y de administración de justicia (abanderados a veces con los eslogans de la *desinstitucionalización* y de la *desjudicialización*) se han confundido a veces, insistimos, con *el objetivo, sea* del sistema de protección, sea del sistema de justicia penal juvenil, quedando los verdaderos fines o propósitos de los programas diluidos en una marejada de grandes cambios político-administrativos.

Entendemos que los verdaderos objetivos de estos sistemas deben consistir en apoyar a unos ciudadanos menores de edad, en sus situaciones concretas de dificultad o conflicto social, y en su proceso global de desarrollo y socialización, para que puedan devenir ciudadanos libres, responsables, capaces de ejercer una profesión, de defender sus derechos, de respetar los de los demás, y, en última instancia, para que tengan mayor calidad de vida. Estos objetivos se sitúan en un lugar más claro y relevante con el nuevo paradigma de los derechos, y con el compromiso de respetar en todos los casos el superior interés del niño. Pero también se clarifican cuando planteamos que la *práctica de la responsabilización* es un reto que se debe integrar en el proceso socioeducativo de atención tanto a menores desamparados, como a menores infractores.

Con niños y niñas que han vivido un universo de experiencias limitado o empobrecido para su desarrollo social y moral, y que a menudo han tenido también un superávit de experiencias traumáticas, la idea de *compensación* debe ser asumida como básica para alcanzar los objetivos citados, en un clima social que potencie la igualdad de oportunidades. Ello no puede ir separado de la responsabilidad pública de proteger, en el caso de menores desamparados, ni de la de actuar hacia ellos como una comunidad justa, contextualizadora, en el caso de los menores infractores.

En última instancia, la práctica compensatoria, el enriquecimiento del universo de experiencias de cada niño o niña, deberá darse en su concreta vida cotidiana, especialmente con aquellos adultos con quienes se relacione durante la misma, y también con sus iguales. En los casos en que deba ser separado o separada de su entorno natural, aunque sólo sea temporalmente, los nuevos sistemas de relaciones que establezca con el socioentorno alternativo tienen implicaciones profundas, que deben ser analizadas y programadas desde la profesionalidad y la interdisciplinariedad. Estos nuevos sistemas o redes relacionales y el desarrollo de su función compensatoria y, a la vez, promotora de calidad de vida, es un campo que incluye grandes retos psicosociales aún no del todo resueltos, al menos en la práctica.

4.8. Conclusiones

Con la ratificación de la Convención de los Derechos del Niño de las Naciones Unidas, los sistemas de protección y de control social ya no pueden centrarse sólo en *el problema*, sino que se ven obligados a plantearse *la persona del niño o de la niña*, la promoción de sus derechos y libertades y su evolución como ciudadano responsable y participativo. Esta situación reafirma el proceso que ya nos llevaba cada vez de forma más inexcusable a hablar decididamente de y desde su perspectiva de desarrollo y socialización. En coherencia, todo ello implica la necesidad de políticas proactivas, superando la tradicional postura de actuar sólo si emerge un problema. Prevención de los problemas sociales y promoción de la calidad de vida de la infancia constituyen grandes retos políticos del futuro inmediato.

Estos planteamientos ya no pueden seguir organizándose desde subsistemas considerados aisladamente (el penal o el de servicios sociales), a pesar de sus avances respectivos en actividades interdisciplinares. El paradigma de los derechos nos lleva a tener que analizar situaciones globales (el niño y su socioentorno), y a proponer planes de acción globales, es decir, políticas integrales (de infancia, de juventud, de familia).

El respeto proactivo a los derechos básicos de la infancia, la potenciación de la adquisición de capacidades de responsabilización social por parte de cada niño o niña, y la promoción de su calidad de vida, han pasado, pues, a ser compromisos (al menos para aquellos países que han ratificado la Convención) y objetivos generales de toda la sociedad, debiendo articular los esfuerzos de todos sus sistemas públicos (educativo, de salud, de promoción cultural, etc., además de los repetidos sistemas de protección social y de control social) en la misma dirección de su consecución. Las ciencias humanas y sociales y sus profesionales deben responder, cada uno en la medida de sus posibilidades, a ese compromiso colectivo, y la psicología social, por su posición intersticial, debe desempeñar un papel muy relevante.

La experiencia española nos muestra una serie de cambios importantes en el sistema básico de los servicios sociales y en el sistema de protección a nuestros niños y niñas, que han podido desarrollarse en pocos años. Sin embargo, son cambios que presentan enormes desigualdades territoriales en su ritmo de realización. Los cambios que produjeron una ruptura radical han sido pocos, aunque fueron pioneros y marcaron decisivamente el camino que había que seguir. Lo más frecuente han sido los cambios que siguen procesos muy largos.

La consolidación decisiva de los cambios se basa en cinco conjuntos de desarrollos paralelos:

• completar y asentar una red básica de servicios sociales municipales;
• dar entidad definitiva al reconocimiento profesional (formación y titulación) de los educadores sociales que trabajan con niñas y niños, complementándolo con una amplia y adecuada oferta de formación permanente;
• completar y concretar los desarrollos legislativos necesarios para garantizar la permanente sensibilidad de todas las instancias al contenido de distintos acuerdos internacionales, especialmente de la Convención de los Derechos del Niño de las Naciones Unidas, apelando al superior interés del niño;
• continuar e intensificar la teorización, debate y divulgación de una serie de principios básicos de actuación en beneficio del niño en situación de dificultad o conflicto social, cuya coherencia se encuentra en los nuevos paradigmas de la normalización y de los derechos del niño;
• desarrollar una mayor articulación de los equipos y servicios específicamente dedicados a niños y niñas con problemas sociofamiliares o psicosociales y sus familias;
• implantar equipos interdisciplinares especializados de forma territorialmente sectorizada y ampliarlos en las zonas de mayor conflictividad. Dichos equipos no sólo deberían estar capacitados para velar por la coherencia del proceso global evaluación-atención-retorno a casa, sino también para promover actuaciones preventivas en cada territorio.

Para conseguir que el emergente paradigma de los derechos adquiera solidez, cuando aún no está desarrollado totalmente el paradigma de la normalización, se requiere tanto una mayor elaboración teórica, como también una mayor dedicación de los investigadores para demostrar y transmitir a la opinión pública general los logros conseguidos en los procesos recientes, sin dejar de señalar las mejoras que quedan por realizar. A tal fin es importante la colaboración estrecha con los profesionales de la información y con los medios de comunicación social para conseguir una mayor fluidez y claridad en la transmisión de nuestros conocimientos. El cambio será social, si es de muchos. Para que el apoyo a las mejoras del sistema de protección a la infancia sea amplio es necesaria una mayor dedicación a la comunicación de informaciones y a la modificación de actitudes de los ciudadanos en general. En coherencia con ello, tenemos que ir facilitando el papel participativo de los propios niños y niñas, para que su voz también sea escuchada y sus intereses tenidos en cuenta.

Finalmente, cabe señalar que, cuando este flujo de información se hace internacional, e incluye el intercambio y contraste de estudios y experiencias, e incluso, como ya sucede entre algunos países, el desarrollo de investigaciones comparadas, las experiencias ajenas nos permiten apreciar en su justa medida muchos de los procesos de cambio en los que estamos sumergidos y sobre los que nosotros mismos aún no tenemos suficiente perspectiva de análisis.

CAPÍTULO V

LAS SITUACIONES FAMILIARES DE CRISIS Y LA ATENCIÓN INFANTIL: EL ACOGIMIENTO FAMILIAR ALTERNATIVO Y SUS PERCEPCIONES

5.1. Las familias en crisis

Todas las personas pasamos por momentos o períodos de dificultad. Cuando estas dificultades tienen intensas repercusiones emocionales, acostumbramos a llamarlas crisis. Las crisis son consideradas momentos de riesgo o vulnerabilidad psicológica; en determinadas circunstancias una crisis, particularmente si está mal afrontada, puede representar una seria amenaza para la salud mental o el proceso de desarrollo de la persona (para una revisión, véase Parad, comp., 1965).

Hay crisis por las que tienen que pasar casi todos los seres humanos. Algunos autores las han denominado *crisis vitales* (Moos, comp., 1986): la crisis de la adolescencia, la que sobreviene con la muerte de algún familiar u otro ser querido, la de la jubilación, etc. De hecho, estas crisis pueden ser momentos de cambio profundo en la vida personal y relacional. A su vez, hay períodos de cambio (*transiciones vitales,* en palabras de Moos) que conllevan riesgo de crisis: un traslado de lugar de residencia, un nuevo hijo, el matrimonio, la crisis de los 40 en los hombres o la menopausia en las mujeres, etc.

Otras crisis, por cuya experiencia no pasan la mayoría de las personas, van asociadas a algunos acontecimientos particularmente estresantes: quedarse sin trabajo, perder un amor, vivir un desastre natural como puede ser un terremoto o una inundación, presenciar una muerte violenta, etc.

Este segundo tipo de experiencias, representadas como algo lamentable, que despierta emociones empáticas, han hecho que, a menudo, se conciban las crisis como algo *sólo negativo* para la persona. Muchos análisis han enfatizado, no obstante, que las crisis bien superadas muy a menudo comportan un fortalecimiento de las capacidades de la persona para afrontar futuras dificultades o crisis, un aumento del autoconcepto y la autoestima, un nuevo optimismo vital, una nueva perspectiva existencial. Las crisis bien afrontadas y resueltas pueden ser, generalmente, momentos de crecimiento personal.

Aunque siempre es mejor prevenir que curar, muchas crisis se desencadenan precisamente por lo imprevisible del fenómeno (al menos para el afectado); en el caso de las *crisis vitales,* ineludibles, lo que cabe prevenir es la *no aceptación* por parte del afectado de aquellas realidades inseparables del devenir humano.

En el seno de muchas familias lo más frecuente es que unos miembros se apoyen a otros en los momentos de crisis individual. Más allá de la unidad familiar, y en razón de una tendencia natural de los humanos a desarrollar *conductas de ayuda* (denominadas también *prosociales*), también es frecuente recibir apoyo en momentos de crisis (Vander Zanden, 1977). Existen lo que se han denominado *redes sociales*, que están constituidas por aquellas personas con quienes mantenemos unos vínculos o relaciones especiales. Una de las funciones que pueden desarrollar estas redes es, precisamente, la de ayudar en momentos de necesidad (por eso se habla a menudo de *redes de apoyo social*): las pueden formar la familia extensa, los amigos, los vecinos, los socios de un mismo club, etc. (Whittaker, Garbarino, y otros, 1983; Villalba, 1993).

Sin embargo, es bien sabido que sistemas enteros pueden entrar en crisis. A veces, por la escasez de los miembros que lo componen (por ejemplo, la madre sola con un hijo pequeño que ha tenido que emigrar a la ciudad), y a veces porque el sistema ha quedado tan desequilibrado o desestructurado (quizá por la propia crisis) que ya es incapaz de autoayudarse. A menudo, las personas más afectadas por una crisis son aquellas que no han sido siquiera capaces de pedir ayuda.

Llegado este momento es cuando se hace necesario plantear una intervención externa: sea para llevar el apoyo desde fuera del sistema, sea para movilizar desde fuera los recursos existentes dentro del sistema, ya que no se movilizan por sí mismos.

Una misma situación de crisis familiar puede ser experimentada de forma muy diferente por cada uno de sus miembros. Por ello la vulnerabilidad psicológica puede ser también muy dispar. Un ejemplo característico son los procesos de divorcio después de graves desavenencias conyugales; para la pareja, la separación puede ser experimentada como una verdadera liberación, mientras que para los hijos puede representar un trauma, una ruptura inexplicable de vínculos afectivos que conlleva grandes inseguridades emocionales, sentimientos de pérdida e incluso de culpabilidad.

Los niños y niñas acostumbran a ser miembros muy vulnerables en la mayoría de crisis familiares, dependiendo de su momento evolutivo, de su personalidad, de los factores de resiliencia que concurren en su caso, y del tipo de acontecimiento que desencadena la crisis. Es por ello que en toda crisis familiar habrá que prestar especial atención al impacto que pueda tener sobre ellos y ellas.

Existen crisis familiares cuya base radica en dificultades de carácter material o físico: el paro continuado, o una enfermedad grave o larga pueden llevar a una crisis. Las familias con recursos humanos limitados son mucho más vulnerables a estas situaciones (por ejemplo, familias monoparentales, familias sobrecargadas de responsabilidades por tener miembros impedidos, etc.). Las conductas de ayuda se acostumbran a dar espontáneamente con más facilidad en estos casos; sin embargo, cuando no se dan (en entornos urbanos se dan menos), generan sentimientos adicionales de aislamiento y exclusión social. Y entonces la crisis puede dar paso a problemas cada vez más graves: depresión, alcoholismo, etc.

Hay otras crisis que arrancan de unas relaciones conflictualizadas con el socioentorno circundante: los prejuicios por pertenencia a algún tipo de minoría, el etiquetaje social (ser considerado –se sea o no realmente– ex presidiario, drogadicto, portador de enfermedades contagiosas, etc.), el estigma (presencia física considerada desagradable debido a cicatrices, deformidades, etc.), son ejemplos de situaciones que pueden llevar a la marginación social. Aunque también hay que considerar en este apartado aquellos socioentornos donde impera la violencia o las formas de vida estresantes o delictivas, por su contribución al malestar psíquico individual o familiar.

Finalmente, hay otras crisis que aparecen por las relaciones conflictualizadas dentro del sistema familiar. Todo tipo de violencia o abuso intrafamiliar, físico, psíquico o sexual, puede dejar secuelas en sus miembros (no sólo en los que padecen directamente la violencia o los abusos). A veces éstas son crisis que se repiten de forma regular o incluso se hacen crónicas. En tales situaciones es mucho menos frecuente que el apoyo social externo se presente espontáneamente.

Aunque puede darse el caso de que todos los adultos de una familia estén involucrados en la explotación o la violencia para con los hijos e hijas, no es inhabitual que sólo sea un adulto el que desarrolla tales comportamientos hacia ellos, o incluso hacia uno solo de ellos o ellas. Se trata de un caso característico en el que la *situación* cabe definirla como *de alto riesgo* para el niño o la niña. Una de las formas de garantizar su protección puede ser el separarlo temporalmente de su hogar mientras se trabaja el comportamiento del adulto conflictivo, especialmente si se cuenta con la colaboración del otro u otros adultos de la familia.

5.2. INTERVENCIONES EN SITUACIONES DE CRISIS

Intervenir, por definición, significa introducir en un sistema elementos (recursos humanos o materiales, relaciones interpersonales) que no estaban espontáneamente presentes en el mismo. Es *manipular* el sistema, basándose en una reflexión hecha *desde fuera*, que se plantea unos objetivos explícitos de mejora del sistema (es decir, hay una intencionalidad, que se puede y debe formular, y que se basa en hipótesis acerca del cambio posible).

Hoy en día hay un consenso bastante generalizado acerca de que la mejor intervención es aquella que permite al sistema utilizar sus propios recursos para superar su crisis, y potencia que el sistema sea lo antes posible de nuevo autónomo de la ayuda *artificial* llegada de fuera. De otra forma, las personas pierden la confianza en sus propias capacidades para superar las adversidades y se vuelven dependientes. La dependencia de quien recibe ayuda, aunque puede comportar ocultas gratificaciones emocionales, acaba siendo una trampa también para el que la da, situándole en una relación benéfico-paternalista, la cual es más una relación de dominación que de verdadera ayuda.

Los tratados sobre intervenciones en crisis ponen énfasis en aspectos muy distintos. Debemos diferenciar entre las propuestas más netamente clínicas, que se centran en el apoyo terapéutico necesario para con las personas muy afectadas por una crisis, y las propuestas a menudo denominadas *ecológicas*, que plantean abordar el problema teniendo en cuenta todos los miembros del grupo familiar y no sólo los más afectados, planificando de este modo una intervención más social o psicosocial.

Algunos autores distinguen también entre intervenciones en crisis de primer orden y de segundo orden (Slaikeu, 1984). Las intervenciones de primer orden plantean una inmediatez de la respuesta: son una primera ayuda psicológica o emocional, *en caliente, al pie del cañón*. Una respuesta inmediata a una crisis la puede dar cualquier persona que sea testigo próximo de la misma. Por ello, este enfoque plantea la necesidad de organizar formación específica para capacitar a cualquier profesional que pueda encontrarse con tales situaciones por razón de su trabajo: trabajadores sociales, abogados, policías, profesionales de servicios de urgencia hospitalarios, etc. Sin embargo, las conductas de ayuda con base profesional, no se limitan, obviamente, a la intervención en crisis, y cuentan con marcos teóricos de muy distintos paradigmas psicológicos y psicosociales (Whittaker y Tracy, 1989).

En las intervenciones en crisis de primer orden, se plantean cinco aspectos fundamentales que se deben considerar (Slaikeu, 1984):

- hacer contacto psicológico;
- examinar las dimensiones del problema;
- explorar las soluciones posibles;
- ayudar a tomar una acción concreta;
- hacer un seguimiento.

La intervención de segundo orden se reservaría a profesionales especializados, como terapeutas individuales o familiares.

El lugar donde se realiza la intervención en crisis marca también una diferencia importante. En muchos países las experiencias profesionales de intervención se dan mayoritariamente *fuera* de la familia: en los locales de servicios sociales, en los del terapeuta, o bien acogiendo a la persona afectada en un servicio alternativo a la familia (equipamiento residencial u acogimiento familiar). Pero también se pueden dar, y de hecho en algunos países se desarrollan, actividades de apoyo trasladándose a la vivienda familiar, generalmente desde los servicios sociales; en unos pocos países europeos y en EE.UU. y Canadá existe cierta diversidad de servicios de apoyo a las familias *dentro* del espacio familiar, como es el caso de los denominados *servicios de preservación familiar* o *homebuilders*. Estas actuaciones no acostumbran a estar reservadas al profesional del trabajo social, sino que en diversos lugares participan en ellas los denominados educadores de familia (a menudo con formación de educadores sociales) o los trabajadores familiares (cuya actividad no se refiere habitualmente tanto a intervenciones en crisis, como a situaciones más permanentes de dificultad social), disponiendo de apoyo psicológico.

5.3. Acogimiento temporal de niños y niñas de familias en situaciones de crisis

El acogimiento familiar temporal y voluntario (también denominado *acogimiento familiar con previsión de retorno*) puede ser, y de hecho es en muchos casos, un instrumento de apoyo a familias en crisis.

Puede serlo de maneras distintas, según la intensidad del tiempo dedicado a hacerse cargo del o de los niños o niñas de la familia biológica, pero también según el grado de implicación con dicha familia. En algunos países existen diferentes modalidades; las dos que parecen más paradigmáticas por ser bien distintas son:

A. La familia de acogida propiamente dicha, que atiende de forma temporal al niño o a la niña, con carácter regular (cotidiano) y durante un período delimitado de tiempo, sin ninguna función específica en relación con la familia biológica, o a lo sumo la de mantener una comunicación en relación con la atención del niño o la niña.

B. La familia de apoyo, que atiende al niño o a la niña de la forma acordada (puede no ser cotidiana) y también presta ayuda (no económica) a otros miembros de la familia, de forma esporádica.

La primera modalidad no requiere más comentarios, dado que es conocida en casi todos los países. Puede ser realizada por miembros de la familia extensa, o por familias totalmente desconocidas por la familia biológica, en un proceso supervisado por profesionales y en última instancia bajo regulación y supervisión por parte de la Administración pública competente.

La segunda modalidad, implantada en los Países Escandinavos, es poco conocida en otros países. Se trata de familias que reciben una breve formación específica para ser capaces de dar apoyo personal a otras familias que tienen problemas sociales no muy graves (pero de riesgo). Para ello se establece un contrato, a través de los servicios sociales, por el que una determinada familia biológica recibirá el apoyo de otra familia cuando lo necesite, incluido el cuidado del hijo o hijos.

Esta modalidad se está utilizando particularmente con familias monoparentales jóvenes, de forma que puedan consultar sus problemas con una familia que ya tiene experiencia (generalmente por tener hijos ya mayores), y que además acepta quedarse el hijo o hija, por ejemplo, fines de semana alternativos.

Tomándolo sólo como ejemplo de un procedimiento posible, el programa de familias de apoyo del Ayuntamiento de Goteborg (Ciudad de Goteborg, 1994), en Suecia, sigue estos pasos:

a) captación de familias de apoyo a través de la prensa o de contactos personales (primer contacto informativo generalmente por teléfono);

b) encuentro informativo personal;

c) visita de un profesional de los servicios sociales a la familia que se ofrece como familia de apoyo;

d) realización de un curso introductorio de formación durante tres tardes;

e) selección de la familia biológica que encaje con las posibilidades de la familia de apoyo;

f) concertación de una entrevista de ambas familias, sin el o los hijos, en el despacho de un profesional de los servicios sociales y en su presencia, habiéndose aclarado previamente que en esa entrevista no se tomarán decisiones;

g) visita de la familia biológica a la familia de apoyo, con el o los hijos, sin el profesional;

h) formalización del contrato, como máximo dos meses después de la primera visita;

i) cuatro veces al año se facilitan encuentros de múltiples familias de apoyo y familias biológicas, y generalmente se incluye alguna charla;

j) las familias de apoyo cuentan a su vez con el apoyo de los servicios sociales siempre que lo requieran;

k) el hecho de necesitar una familia de apoyo es revisado sistemáticamente por los profesionales de los servicios sociales como mínimo dos veces al año.

Ambas modalidades, las familias de acogida (cuando no forman parte de la familia extensiva) y las familias de apoyo, merecen el calificativo ya utilizado en algunos programas de *familias que ayudan a otras familias* (Ripol-Millet y Rubiol, 1990).

Aparte de las dos modalidades citadas, pueden darse otras muchas de intermedias y, en teoría, cada una puede ser más aconsejable según el caso, por el hecho de amoldarse mejor a distintas necesidades de cada familia biológica, siempre y cuando se respeten una serie de premisas básicas, entre las que cabe destacar las siguientes:

• Una relación de ayuda que no se ha desarrollado de forma *espontánea*, es, por definición, una intervención. Ello significa que, para realizarse adecuadamente, debe formar parte de un plan de trabajo que maneja objetivos evaluables e hipótesis contrastables (véase Cirillo, 1986).

• Dicho plan ha de ser diseñado y supervisado por profesionales adecuadamente formados.

• Dicho plan ha de ser conocido por todas las partes, y contar con su aceptación explícita. De hecho, es un contrato aceptado de forma voluntaria.

• A pesar de todo lo dicho, es muy importante facilitar que todo el proceso de ayuda permita relaciones y un flujo de información lo más *natural* posible (es decir, no burocratizado ni tecnificado, aunque se cuente en todo momento con el apoyo y supervisión de profesionales).

• La familia que ayuda ha de tener un apoyo formativo e informativo adecuado, e incluso ha de contar con recursos conocidos para el hipotético caso de que ella misma entre en crisis.

• La familia biológica ha de contar, en su caso, con el debido apoyo profesional que le permita superar la crisis y garantizar que la ayuda externa sea temporal, eludiendo así crear una situación de dependencia crónica.

5.4. Pasos prácticos en la relación de ayuda

Egan (1994) afirma que para ser eficaces en nuestra ayuda a los demás, hay que desarrollar dos tipos de habilidades comunicacionales:

a) la de atender y escuchar;
b) y la de empatizar e indagar.

Atender significa estar activamente con el que necesita ayuda. Tanto *atender* como *escuchar* implican conductas verbales y no verbales y una presencia emocional. *Empatizar* está relacionado con la búsqueda de los mensajes clave de quien pide ayuda, y con el comprender el contexto de los mensajes, no sólo las palabras.

Finalmente, el *indagar* está relacionado con animar a hablar y clarificar los mensajes emitidos por quien busca ayuda.

Los pasos necesarios que este mismo autor señala para desarrollar una conducta de ayuda son:

1. Ayudar a quien busca ayuda a que cuente su historia.
2. Ayudarle a que se desafíe a sí mismo; especialmente a que acepte su problema, y a que, como problema, admita que debe tener solución.
3. Ayudarle a que trabaje en la dirección apropiada.
4. Ayudarle a descubrir lo que quiere y lo que necesita.
5. Ayudarle a que tome opciones y compromisos.
6. Ayudarle a conseguir sus objetivos.
7. Ayudarle a discernir y optar por las acciones que funcionen para alcanzar los objetivos.

5.5. Las dificultades de implantación del acogimiento familiar como nuevo servicio: el caso español

El acogimiento familiar ha ido apareciendo a lo largo del siglo XX, teóricamente, como una alternativa para familias con niños y/o niñas que no pueden permanecer en sus domicilios familiares, al menos durante un cierto tiempo (que puede ser indeterminado). Es ante la atención residencial que esta alternativa se vislumbra como más normalizada, resultando así para muchos niños y niñas, más deseable.

Aunque en momentos distintos y a ritmos desiguales, se puede considerar que los servicios de acogimiento familiar se van organizando en Europa en el seno de una dinámica de transformación de los servicios de protección a la infancia relativamente común a todos los países europeos (Colton y Hellinckx, comps., 1993). Pero existe un hecho diferenciador en el caso español: desde el momento en que el acogimiento familiar parece decididamente posibilitado por la normativa legal (Ley 21 de 1987), no se observa un rápido aumento en los casos de *acogimiento familiar temporal, con previsión de retorno*, sino sólo en los de acogimientos familiares en familia extensa y en los denominados preadoptivos (que constituyen, de hecho, un período de prueba previo a la adopción y no un acogimiento familiar tal como se entiende funcionalmente). Para explicar el fenómeno creemos que hay que considerar dos circunstancias: la voluntad política de potenciar esta modalidad de acogimiento familiar, que presumiblemente no ha sido suficiente, y las representaciones sociales de los ciudadanos acerca de formas de atender o solucionar los problemas de la infancia maltratada o abandonada, que pudieran dificultar la implantación del nuevo tipo de servicios.

Para esclarecer el segundo de los citados aspectos decidimos diseñar un cuestionario exploratorio, que nos permitiera abrir un proceso de reflexión (Casas y Durán, 1995). Muy conscientes del principio que *preguntar ya es intervenir*, pusimos especial empeño en diseñar un cuestionario informativo, que no obligara a los entrevistados a reconocer su presumible ignorancia sobre el acogimiento familiar, y que, por contra, dejara un poso interrogativo que pudiera suscitar que los entrevistados quisieran seguir hablando acerca del tema, o recabando más información.

Antes de la Ley 21/87, la figura jurídica existente en la legislación española más próxima al acogimiento familiar era la *guarda y custodia*. Sin embargo, dado que fue poco practicada y correspondía a procedimientos legales complejos, se puede decir que no era una figura conocida por el gran público. Los otros dos recursos posibles eran el internamiento y la adopción. Mientras que en la mayoría de las regiones españolas el internamiento de un hijo o hija era mayoritariamente visto como algo vergonzante, en otras era ampliamente compartido incluso como una situación deseable (*ya tengo a mi niño en un colegio, como los señoritos*). La adopción, por su parte, no era vista como un servicio para la infancia con problemas, sino como un servicio a las parejas (sobre todo sin hijos, que quieren tener alguno); las parejas *tienen derecho* a un hijo *suyo*, adoptivo.

En el año 1995 teníamos una larga lista de cuestiones difíciles de responder, vistas las dificultades observadas en la práctica para la implantación del acogimiento familiar temporal con previsión de retorno: ¿qué ha sucedido desde la aprobación de la Ley 21/87? ¿Tienen los ciudadanos suficiente información sobre lo que es el acogimiento familiar? ¿Ha cambiado la imagen en relación con las formas de solucionar los problemas graves que padecen niños y niñas? ¿Saben distinguir entre acogimiento familiar y adopción? Para abrir vías de respuesta desarrollamos una pequeña investigación centrada en Cataluña con el objeto de poder plantearnos más fundamentalmente hipótesis de trabajo y de investigación en este ámbito, y, en consecuencia, centrar un necesario debate.

Pasamos un cuestionario a tres grupos: estudiantes de psicología de la Universidad de Barcelona, estudiantes de otros centros, y adultos de distintas edades que tenían o habían tenido pareja estable. En total se obtuvieron respuestas de una muestra de 313 personas entre 16 y 60 años, de las que un 52,4% eran estudiantes. Un 65,2% de los encuestados eran mujeres; un 57,2% tenían pareja estable y un 71,9% no tenían hijos (debido a la alta proporción de estudiantes).

El estatus socioeconómico de la muestra (autoatribuido) se distribuía entre todos los estratos, aunque predominaba el *medio-medio* (60,7%). El nivel de estudios estaba igualmente representado por sujetos de todos los niveles, predominando el medio (55,3%), por el peso específico de los estudiantes que en su mayoría, obviamente, aún no habían alcanzado el nivel superior.

En general, la variable que presentó más diferencias significativas a las diversas preguntas realizadas es el sexo del entrevistado o entrevistada, y, en algunas ocasiones, también la profesión.

Informaciones acerca de servicios para atender los problemas de la infancia

Un 87,9% de los entrevistados (el 92,8% de los hombres y el 85,86% de las mujeres) manifestó no conocer servicios o instituciones en su barrio o municipio dedicados a la atención de niños maltratados o abandonados. Este desconocimiento era aún mayor entre los estudiantes.

El alto desconocimiento de la población española acerca de los servicios destinados a la población infantil, que ya hemos señalado en el apartado 1.5, se ha evidenciado también en otras investigaciones, aunque el porcentaje de desinformados que nos apareció en ésta era superior a cualquier otra (véase cuadro 8). La variación se explica mayoritariamente por las distintas formulaciones de la pregunta; de hecho, en el estudio de Aguinaga y

Cuadro 8. ¿Conoce usted instituciones o servicios...

	...que se preocupen de los niños/niñas –no escuela? (Aguinaga y Comas, 1991)	...de protección a la infancia maltratada? (GES, 1992)	...que atiendan niños maltratados o abandonados? (Casas y Durán, 1995)
NO	59,2%	80,9%	87,9%
SÍ	40,4%	19,1%	9,6%
ns/nc	0,4%	–	2,6%
N =	1.119	2.457	313

Comas (1991), si excluimos las respuestas *Unicef* y *guarderías*, los porcentajes fueron muy parecidos a los nuestros, y también resultaron estar mejor informadas las mujeres que los hombres. En ninguno de los tres estudios citados, absolutamente nadie respondió *servicios de acogimiento familiar* o algo parecido.

En muchos casos ello no era atribuible al desconocimiento de su existencia. Las personas que conocen este tipo de servicios, simplemente, parecen no relacionarlos con la infancia maltratada o abandonada. Un 53,7% de los entrevistados (con mayor frecuencia las mujeres que los hombres) manifestaron conocer alguna familia con un hijo o hija adoptivo, frente a sólo un 4,8% (sin diferencias significativas por el género) que manifestaron conocer alguna familia de acogida, y un 3,5% (mayoritariamente mujeres) que dijeron conocer tanto alguna familia adoptiva como alguna acogedora. Estas enormes diferencias de información no guardan ninguna relación con el número de casos reales de adopción y de acogimiento familiar de niños y niñas que se daban entonces en Cataluña, ni considerando los datos anuales, ni el número acumulado a lo largo de los últimos 10 años.

La inmensa mayoría de los encuestados que manifestaron conocer sea familias de adopción, sea de acogida, expresaron tener constancia de que tal experiencia había resultado muy gratificante para las respectivas familias.

Al preguntar si el entrevistado había oído hablar de familias de acogida para niñas o niños, un 77,6% respondió que sí (con mayor frecuencia las mujeres). Buena parte de estas respuestas afirmativas las dieron personas que manifestaron haber oído hablar a otras personas al respecto. Sólo un porcentaje muy pequeño (1,9%) recuerda haber visto propaganda, y un 18,2% recuerda haber visto anuncios en televisión.

Dado que la Generalitat de Catalunya había desarrollado campañas publicitarias en televisión para promover acogimientos familiares especializados, se preguntó directamente si las recordaban, y resultó que un 30,7% manifestó recordarlas vagamente y un 16% recordarlas bien, sin que el sexo ni la profesión mostraran ninguna diferencia significativa en relación con las respuestas.

Opiniones y valoraciones sobre informaciones y servicios disponibles para la infancia en Cataluña

Al preguntar si se valoran como suficientes los servicios de atención y protección a la infancia en Cataluña, obtuvimos un sorprendente reconocimiento de su falta de información, y en consecuencia, de criterio, en un

58,5% de los casos (el sexo y la profesión no resultaron significativos). Sólo un 11,8% consideraron estos servicios aceptables, contra un 21,1% que creían que deben mejorar mucho.

No fue, por tanto, de extrañar la casi unánime opinión (92,3%) de que los ciudadanos de Cataluña deberían disponer de mayor información acerca de la situación de nuestra población infantil, facilitada por los poderes públicos.

La valoración que los entrevistados hacen sobre la utilidad de las campañas televisivas para conseguir familias de acogida estaba fuertemente dividida, prácticamente en dos mitades. La valoración negativa es considerablemente superior en los hombres que en las mujeres.

La opinión de los encuestados sobre las razones por las que existen pocas familias que se ofrecen para acoger niños en la actualidad, se polarizaban en primer lugar hacia el vínculo afectivo, justificativo de un cierto sentimiento posesivo. Pero también aparecen porcentajes destacados de dificultades relativas a la falta de información y a la burocracia.

Cuadro 9. Razones por las que existen pocas familias que se ofrecen para acoger niños o niñas.

• Se hace impensable que empieces a querer a un niño y después deba volver a su propia familia.	55,9%
• Sólo se quiere un niño en casa si es como un hijo, para toda la vida.	43,5%
• No se conoce suficientemente que existen estas necesidades.	30,4%
• Cuando intentas ayudar, la burocracia te hace perder las ganas.	16,9%
• Somos muy individualistas y la gente no quiere ayudar a otras familias.	13,4%
• No se sabe dónde ofrecerse para ayudar a los demás.	9,3%
• Las Administraciones públicas no se ocupan suficientemente de estas cuestiones.	8,9%
• Otras razones.	4,5%

Fuente: Casas y Durán, 1995.
Nota: porcentajes no excluyentes entre sí.

Representaciones sobre las formas de atender los problemas sociales de la infancia y de las familias con niños

La gran mayoría de los encuestados veía un problema social en el hecho de que familias con algún hijo o hija se encuentren en graves dificultades, y están a favor de que se desarrollen actuaciones públicas de apoyo a las mismas. Se observa una curiosa variación de criterio entre hombres y mujeres, al señalar los primeros con mayor frecuencia la responsabilidad del Gobierno Autonómico, mientras que las segundas apuntan más a menudo hacia el ayuntamiento.

El principio de normalización, tan arraigado entre los profesionales del ámbito, parece tener también una amplia aceptación entre los encuestados. Un 68,4% consideraron que, ante dificultades familiares temporales es preferible que un niño sea acogido por otra familia antes que por una institución; sólo un 17,8% veía más adecuada una institución.

Una pregunta que nos pareció clave, y que retomamos de un estudio desarrollado por Sánchez Moro (1988)(véase cuadro 3, apartado 1.5), consistió en definir la conducta que desarrollaría el encuestado ante problemas concretos en su vecindario. De hecho, esta pregunta es un puente entre las representaciones sociales que los ciudadanos tienen sobre cómo atender determinados problemas, y la predisposición a la acción, que retomaremos más adelante. En sendas preguntas propusimos definir las acciones ante un caso de maltrato infantil habitual, y un caso de madre enferma sola con un hijo. En el cuadro 10 se muestran ambas respuestas.

Cuadro 10. Comportamiento que se tendría ante un problema grave que afecta a un niño o niña del vecindario.

	a	b
No creo que me ocupara por falta de tiempo.	1	1,3
No me metería en asuntos internos de otra familia.	1,7	1
Llamaría a la policía.	24,6	–
Llamaría a la Generalitat (Administración Autonómica).	4,4	1,7
Lo comunicaría a los servicios sociales.	39,4	18,9
Lo denunciaría al juzgado.	3	–
Trataría de hablar con la familia.	10,1	–
Me ofrecería para ayudar.	–	51,5
Sólo ayudaría si me lo pidieran.	–	14,8
No sé qué hay que hacer en tales casos.	11,8	3,7
Otras respuestas.	4	7,1

Preguntas:
a) ¿Qué cree que haría si tuviera conocimiento de que un niño de su escalera o vecindario está siendo habitualmente maltratado por alguno de sus padres?
b) ¿Qué haría si supiera que una madre sola, de su escalera o vecindario, tiene graves dificultades para atender a su hijo a causa de una enfermedad?
Fuente: Casas y Durán, 1995.
Nota: datos en porcentajes.
N = 313.

Las respuestas a nuestra pregunta no resultaron tan dispersas como se observan en las del estudio de Sánchez Moro, aunque seguían reflejando una población muy dubitativa ante las iniciativas que se debían tomar, lo cual abunda en la idea de que se trata de una población caracterizada por la desinformación o la información inadecuada.

Ante la supuesta situación de maltrato obtuvimos mayor proporción de respuestas favorables a llamar a la policía por parte de los hombres, mientras que las mujeres eran más proclives a llamar a los servicios sociales (el hecho antes señalado de que la mayoría de entrevistados admitieron desconocer los servicios existentes en el propio barrio abre un duda sobre las vías que se utilizarían en su caso para conectar con ellos). La llamada a la policía también era una respuesta más frecuente entre aquellos que tenían profesiones no cualificadas.

En el supuesto de la madre sola y enferma, son las mujeres quienes con mucha mayor frecuencia manifestaron que tomarían la iniciativa de ofrecerse para ayudar.

Perfiles representacionales sobre la magnitud de los problemas sociales de la infancia en Cataluña

Una pregunta del cuestionario invitaba a los entrevistados a cuantificar para Cataluña sus percepciones sobre la magnitud de cuatro situaciones que afectan a la infancia:

a) malos tratos físicos;
b) abandono total con disponibilidad para adopción;
c) estar acogidos en instituciones por situaciones familiares graves;
d) estar en acogimiento familiar por situaciones familiares graves.

Lógicamente, no nos interesaba la exactitud de sus cuantificaciones, sino los perfiles representacionales de la importancia de las problemáticas al compararlas entre sí, al atribuirles diferentes magnitudes cuantitativas. En Cataluña, según las cifras disponibles:

• en 1992, el número de niños y niñas adoptados fue de 328;
• el 31-12-1992, el número de niños y niñas en instituciones era de 2.357;
• en 1993, el número de niñas y niños puestos en acogida familiar fue de 390; si este número se sumaba a los acogimientos iniciados en años anteriores, se contaban un total de 2.095 casos, la inmensa mayoría de los cuales correspondían a acogimientos en familia extensa, y, en segundo lugar, a preadoptivos.

La cifra de niños maltratados es la más difícil de estimar, dada la existencia de una *cifra oculta* de casos no detectados y dadas también las posibles interpretaciones distintas del concepto (por ejemplo: ¿se incluyen los castigos físicos?). Entre los profesionales de los servicios sociales para la infancia en Cataluña es conocido que del total de niños y niñas tutelados menos de una tercera parte corresponden a malos tratos físicos, dado que son más frecuentes las situaciones de graves problemas familiares que dificultan la atención o que de hecho constituyen un semiabandono (déficit de atención). Coherentemente, la representación más habitual entre los profesionales es que la cifra de niños y niñas maltratados físicamente que se conoce es sensiblemente inferior a la de los que están en instituciones, que es la mayor de las cuatro cifras. Mientras que la cifra menor de las cuatro apuntadas es la de niñas y niños disponibles para adopción.

Los resultados de nuestra encuesta mostraron que este perfil representacional de los profesionales no se correspondía con el de la mayoría de ciudadanos. Un 13,7% de los entrevistados no se atrevieron a opinar acerca de la magnitud del maltrato físico y la adopción, y un 13,4% tampoco lo hicieron en relación con la magnitud de niños en instituciones y en acogimientos familiares. Entre la mayoría de los que lo hicieron encontramos 2 grandes grupos: aquellos que destacaban una de las cuatro problemáticas por encima de las demás (un 52,39% de los que respondían a estos ítems) y aquellos que atribuían magnitudes parecidas a dos o más problemáticas, sin destacar una en particular.

De entre los entrevistados que imaginan una problemática más sobresaliente que las otras obtuvimos respuestas bastante superiores referidas a los malos tratos físicos (cuadro 11).

Es decir, entre los ciudadanos que parecen tener una opinión clara acerca de cuál de estas problemáticas es la más importante, sólo un tercio aciertan cuál es, siendo la creencia más frecuente la de que las cifras más altas en Cataluña corresponden a los niños y niñas maltratados físicamente. Esta percepción sólo podría tener concordancia con datos objetivos si el concepto de *maltrato físico infantil* fuera más amplio, es decir, si incluyera

Cuadro 11. Problemáticas infantiles según su atribución como de clara mayor magnitud que las demás.

– los malos tratos físicos	25,09%
– los niños/as en instituciones	17,34%
– el abandono total, para adopción	6,27%
– los niños/as en acogida familiar	3,69%
	52,39%

Fuente: Casas y Durán, 1995.

los cachetes y otros castigos corporales; sin embargo, lamentablemente, las pocas evidencias de que disponemos no parecen apoyar esta explicación.

Una hipótesis que se debe comprobar, y que nos parece más plausible, es que la percepción de mayor magnitud cuantitativa de la problemática *malos tratos físicos a niñas o niños*, viene originada por su más frecuente tratamiento en los medios de comunicación social, llevando a muchos ciudadanos a sobredimensionarla. Esta hipótesis también explicaría el extremo opuesto: los niños en acogimiento familiar son percibidos como la problemática de menor magnitud cuantitativa, a pesar de que ello dista mucho de ser cierto, presumiblemente porque se desconoce más esta realidad, y porque los medios casi no hablan de ella.

Esta hipótesis sería paralela a la sustentada para con los comportamientos de riesgo entre los jóvenes (Assailly, 1992): los riesgos que se presentan en los medios de comunicación social son generalmente sobredimensionados, y los que no, infravalorados.

Al analizar sólo las respuestas de los entrevistados que habían estimado que más de una de las cuatro problemáticas puede ser la más importante *ex aequo*, el perfil perceptivo que nos aparece es ligeramente distinto, pero, en cualquier caso, también diferente del de los profesionales.

Observamos que, para este grupo de entrevistados, la problemática de la infancia en instituciones tenía una magnitud algo superior a la de los niños y niñas maltratados físicamente; aunque seguía percibiendo el volumen de niños y niñas en acogida familiar como el inferior de todos.

Un aspecto destacable es, pues, que los encuestados, en general, sobredimensionan el número de niños/as totalmente abandonados, disponibles para adopción, en relación con el de aquellos que están en acogida familiar.

Disposición para la acción

Una primera observación que debemos destacar de los resultados obtenidos es que los encuestados mostraron un considerable potencial de conductas de ayuda, aunque ignoramos hasta qué punto los datos pueden estar condicionados por el sesgo de la deseabilidad. Ya hemos señalado que un 51,8% manifestó que se ofrecería, por propia iniciativa, a ayudar a una madre del vecindario que viviera sola con su hijo y que atravesara serias dificultades, y un 14,7% la ayudaría sólo en el caso de que dicha madre lo solicitara.

Es un tanto sorprendente ver que el 50% de los sujetos que decían que no tendrían tiempo para ayudar a esa madre, eran personas que se encontraban en situación de desempleo. Por otro lado, el 75% de los que consideraban que es mejor no inmiscuirse en los asuntos de los demás eran estudiantes, y el 50% de los que no sabrían qué hacer en dicha situación eran personas con una profesión cualificada. Todas estas observaciones deben tomarse con cautela, dado el número pequeño de entrevistados existentes en cada categoría.

La predisposición a la ayuda se muestra mucho menor cuando indagamos directamente sobre el acogimiento familiar. Tan sólo un 16,8% de los encuestados se había planteado en alguna ocasión la posibilidad de ofrecerse como acogedores (afirmación más frecuente en las mujeres); de los que habían visto propaganda sobre el tema, tan sólo un 16,7% se había planteado la posibilidad de acoger a un niño o a una niña, y de los que habían visto algún anuncio, tan sólo el 14% se había planteado dicha posibilidad. Estos datos parecen indicar una escasa efectividad de las campañas realizadas hasta el momento. Es destacable apuntar que del conjunto de encuestados que se habían planteado en alguna ocasión acoger a alguna niña o niño, el 67,3% eran sujetos que conocían familias con algún adoptado o adoptada.

Sin embargo, ante nuestra pregunta directa sobre si en su familia habría disposición en un futuro para plantearse el acogimiento de un niño o niña, obtuvimos un número considerablemente alto de respuestas afirmativas (independientemente del sexo), aunque de nuevo debemos tomar cautamente los datos a causa del presumible sesgo de la deseabilidad. La honestidad de parte de los encuestados parece, de todas formas, estar reflejada en el hecho de que al diferenciar un acogimiento de un mes frente a uno de un año, las respuestas favorables disminuyen ante la segunda posibilidad, de un 86,6% a un 70%; paralelamente, un gran número de encuestados muestran su buena disposición sólo si dispusieran de apoyo y asesoramiento profesional para realizar el acogimiento (40,6% para un mes; 33,5% para un año) (cuadro 12).

Cuadro 12. Diferencias de predisposición para acoger a un niño o niña temporalmente, según la duración.

	Creo que no	Sí, pero tan sólo de una familia conocida	Sí, con garantía de que lo necesita	Sí, si hay apoyo y asesoramiento	Sí, pero (otras limitaciones)
1 mes	13,4	13,7	24,3	40,6	7,3
1 año	30	10,9	17,6	33,5	7,3

Fuente: Casas y Durán, 1995.
Nota: los datos están en porcentajes horizontales.

Al analizar si existen diferencias entre el período de acogimiento de un menor y la profesión de los encuestados, observamos que cuando se trataba de un mes de acogida, la variable profesión (estudiante/cualificada/no cualificada/en paro) no nos mostraba diferencia alguna en la elección de las respuestas. Sin embargo, cuando se trataba de un año de acogida, pudimos observar que, mientras los estudiantes y los encuestados en paro (es decir, aquéllos presumiblemente con menos recursos para acoger) siguieron manteniendo su preferencia por acoger a un niño o a una niña en el caso de disponer de apoyo apropiado, en cambio, aquéllos que se hallaban en activo, con profesiones tanto cualificadas como no cualificadas, optaban más frecuentemente por no acoger al menor. Todo parece indicar, pues, que los ciudadanos en general tienen una alta disposición a la ayuda de corta duración, pero mantienen muchas reservas (lo cual puede interpretarse como un realismo positivo) ante las ayudas de más larga duración.

Al preguntar si ante las necesidades de acogimiento de un niño o niña tendrían preferencias según sus distintas características posibles, un 48,2% de los encuestados (con mayor frecuencia estudiantes) pensaba que aceptarían a cualquier niña o niño sin establecer preferencias de edad, sexo, enfermedades graves, deficiencias y etnias determinadas. Los sujetos en activo, fueran de profesión cualificada o no, manifestaron reservas con mayor frecuencia. Estas reservas presentaron una leve diferencia entre los hombres encuestados y las mujeres. Mientras los primeros expresaron en un 53,3% de los casos un cierto rechazo a aceptar un menor en cualquier caso y en un 43,7% la aceptación, las mujeres mostraron en un 49,5% el rechazo y en un 50,5% la aceptación de cualquier niño o niña.

Dado que los prejuicios más conocidos entre la población española se referían hasta ahora a la población gitana, resulta sorprendente que las mayores reservas se expresen en este estudio ante la posibilidad de que el niño o niña padezca enfermedades graves, en un porcentaje claramente destacado, lo cual puede estar inducido, quizá, por las informaciones y debates habidos en la televisión sobre niños y niñas con sida.

El estatus económico autoatribuido de cada encuestado parece influir en la predisposición al acogimiento, aunque de forma compleja. Los encuestados que se autoatribuyeron un estatus económico medio-alto y bajo, consideraron con mayor frecuencia que lo mejor para un niño o niña cuando su familia atraviesa por dificultades es ser acogido en una familia sin problemas (40% y 36,5% respectivamente), mientras que los encuestados de estatus económico medio y medio-bajo consideraron más frecuentemente que lo más importante es solucionar el problema y no con quién esté el niño o la niña (40% y 48,1% respectivamente). La mitad de los sujetos que se autoatribuyeron un estatus económico alto manifestaron que no acogerían a ningún niña o niño en su casa; sin embargo, la mayoría de los sujetos que se autoatribuyeron un estatus económico medio-alto y un estatus medio (el 37,5% y el 33,7% respectivamente) respondieron que estarían dispuestos a atenderle o atenderla en su casa si dispusieran del apoyo necesario. Finalmente, con un estatus económico considerado bajo, el 42,9% de los sujetos respondieron que no le o la acogerían en su casa.

Al comparar con las respuestas sobre la satisfacción vital de los entrevistados, no se apreciaron grandes diferencias entre las respuestas de aquellas personas que se consideran *muy satisfechas, bastante satisfechas* o *muy insatisfechas con la vida,* a la pregunta sobre si acogerían a un niño durante un año (aproximadamente la mitad responden que no les acogerían y la otra mitad responden que lo harían si dispusieran del apoyo necesario). En cambio, sí se apreció una diferencia en las respuestas de las personas que se consideraron *bastante insatisfechas con la vida,* ya que mientras un 24,1% respondieron que no acogerían a una niña o niño en su casa, el 41,4% expresaron que sí lo harían si tuvieran el apoyo adecuado.

Del conjunto de encuestados que dijeron no conocer ninguna familia de acogida o adoptiva y de los que conocían familias adoptivas, un 57,6% y un 57,7%, respectivamente, consideraban que si existen pocos acogimientos familiares es porque el niño o la niña debe volver después a su casa. Sin embargo, de los encuestados que contestaron que conocen a familias acogedoras, el 60% consideraba que éste no es el motivo por el que hay pocos acogimientos familiares. Una posible interpretación residiría en el hecho de que aquellos que conocen directamente la experiencia del acogimiento familiar están más informados de lo que representa y de cómo debe ser entendido, por lo que estiman que el hecho de tener que volver a su casa no ha de ser motivo para dejar de acoger a los niños o niñas en otra familia.

Conclusiones

La conclusión más destacable de este estudio exploratorio es que confirmaba que estamos abordando una temática enormemente condicionada por una evidente desinformación de los ciudadanos, lo cual se refleja en una gran heterogeneidad de criterios ante posibles actuaciones y en diversidad de reservas y confusiones ante las mismas.

Las representaciones de los problemas sociales de la infancia que abundan entre los ciudadanos nos aparecen como sensiblemente distintas de las que tienen los profesionales, por lo cual, los supuestos *lógicos,* de sentido común, con los que se intenta reconducir la opinión pública (incluidas las campañas publicitarias) pueden estar desenfocados. Nuestra tesis es que el conocimiento de la realidad no ha tenido la adecuada difusión entre los ciudadanos, por lo que sus distorsiones perceptivas se anclan en una falta de información. Los propios ciudadanos manifestaron ser conscientes de dicha laguna, y plantearon la necesidad de disponer de mayor información.

En cambio, la idea básica de normalización de la atención a la infancia con dificultades sociales parece estar asumida por buena parte de los ciudadanos, que opinaron mayoritariamente que la acogida en otra familia durante un período temporal de dificultades en la familia natural es mejor que el ingreso en una institución. Al mismo tiempo se observó una considerable predisposición teórica para la ayuda, particularmente entre los que manifiestan una visión más normalizadora y entre los que conocen experiencias de acogimiento o adopción. Ello parece indicar que disponemos de un potencial humano que podría ser trabajado adecuadamente en mejor beneficio de los niños y niñas que atraviesan situaciones de dificultad sociofamiliar.

Aunque se trata de un potencial sólo teórico, del presente estudio se desprende la existencia de una conducta prosocial latente ante los problemas sociales de la infancia, que podría traducirse en acogimientos familiares de corta duración. En cambio, los acogimientos de larga duración plantean más resistencias. Esto encaja con la experiencia de otros países en los que el acogimiento temporal con previsión de retorno ha aumentado paulatinamente sólo a partir del momento en que familias que han acogido a intervalos cortos a varias *generaciones* de niños y niñas con necesidad de acogimiento, se han animado a desarrollar acogimientos más largos y han sido ellas mismas las promotoras de que otras familias hagan lo propio, basándose en el apoyo que pueden ofrecer a partir de su experiencia.

Con todo, los datos aquí presentados exigen mayor comprobación y, la propia investigación, réplica en contextos territoriales distintos, antes de considerarlos fiables y generalizables a contextos más amplios.

5.6. CONCLUSIONES: FAMILIAS QUE AYUDAN A OTRAS FAMILIAS

Atender adecuadamente a los niños y niñas, cuando su familia atraviesa una situación de crisis, es una actividad que tiene el doble significado de ayuda a una familia, aligerándola de sus problemas inmediatos, y de prevención de las consecuencias negativas que la crisis pueda tener para el desarrollo personal y social del niño o niña.

Dure lo que dure, la ayuda, siempre ha de basarse en el conocimiento de la realidad personal y sociocultural que la niña o el niño ha vivido y ha de seguir viviendo en el seno de su familia. Una relación de ayuda debe tener siempre presente las costumbres y características de la familia natural, y no introducir al niño o niña en experiencias que después le serán inaccesibles, o le harán entrar en conflicto con su propia familia. La relación de ayuda se basa en el reconocimiento y respeto hacia los ayudados (y a sus diferencias culturales, religiosas, ideológicas y de estilos de vida) y no puede en absoluto comportar actitudes de superioridad o prepotencia hacia los ayudados, ni prejuicios valorativos sobre su calidad humana.

No obstante, el universo de experiencias de muchos niños y niñas que han vivido en situaciones de marginación social puede estar muy empobrecido, e incluso estar sobrecargado de experiencias traumáticas; en estos casos puede ser importante intentar compensar los déficits de experiencias normalizadas, con el objetivo de enriquecer dicho universo; pero sin despertar oposiciones, rivalidades o competiciones con la familia natural.

Hay que mostrar en todo momento que se asume, acepta y respeta la situación de la familia biológica, particularmente ante la niña o el niño. El respeto profundo a las opciones educativas básicas de la familia biológica, no ha de impedir dar pie a aquellos diálogos reflexivos que sean adecuados y que dicha familia esté en condiciones de aceptar y acepte libremente.

Las investigaciones psicosociales realizadas ya hace muchos años sobre las teorías de la equidad (Vander Zanden, 1977) demostraron que las personas toleramos mal las relaciones de ayuda que son ofrecidas desde posiciones de superioridad. En cambio, aceptamos la relación de ayuda entre iguales, y sobre todo las situaciones en que es posible la reciprocidad.

Por ello es tan importante no sólo escuchar, sino también aprender de las familias biológicas. Si conseguimos que acepten una relación de ayuda sin sentirse inferiores, sino intercambiando experiencias y conocimientos, y colaborando con un objetivo común en beneficio de los niños, los resultados del trabajo podrán ser mucho más positivos.

Al mismo tiempo, estaremos ayudando a que el autoconcepto y la autoestima de los miembros de dicha familia mejoren y se reafirmen, lo cual es el mejor fundamento para que sean capaces de superar por sí mismos otras posibles futuras crisis.

CAPÍTULO VI

LA VIOLENCIA CON LAS NIÑAS Y NIÑOS: DE LOS MALOS TRATOS FÍSICOS A LOS PSICOLÓGICOS

6.1. LA VIOLENCIA Y LA INFANCIA: ALGUNAS CONSIDERACIONES TEÓRICAS

A lo largo de la historia el trato violento a niños y niñas no ha sido considerado un problema social prácticamente por ninguna cultura en ningún período. Las justificaciones han sido distintas en contextos distintos; en la sociedad occidental, tal violencia era vista como *normal,* especialmente si provenía de los propios progenitores, dado que el niño o niña ha sido considerado *propiedad privada* de los padres. Más allá del círculo familiar, la violencia se justificó también como forma de disciplina, incluso como mejor forma de socialización, por ejemplo, en la escuela y en los internados.

El hecho de que en los últimos años se haya publicado abundante literatura sobre el tema, y en contra de la violencia con niñas y niños, es interpretable de distintas maneras: puede que estemos atravesando una especie de excepcional paréntesis histórico de interés por los problemas de la infancia; puede simplemente que haya aparecido ¿temporalmente? un mercado para este tipo de productos, para unos científicos, pero para otros morbosos; puede que el desarrollo cultural y/o moral de la humanidad esté *progresando* en alguna dirección favorable a la infancia; puede que las sociedades estén adquiriendo una nueva conciencia sobre la construcción de su propio futuro colectivo (en el sentido dado por Olof Palme: «*Lo único que nos vincula con el futuro es la infancia*»); puede que realmente se esté asumiendo que las niñas y niños son ciudadanos y sujetos de derechos; puede que... ¿Cuáles son las verdaderas razones del cambio que estamos presenciando?

Centrándonos en la cuestión: ¿qué entendemos por violencia? Según el diccionario *Pompeu Fabra:* «*Es una fuerza o energía desplegada impetuosamente*». A menudo se entiende como una *conducta agresiva* desproporcionada o inadecuada. En el *Diccionario de la Lengua de la Real Academia Española* se señalan otras tres acepciones para el término *violento* que resultan paradójicas con la historia de la infancia: «1.*Que está fuera de su natural estado, situación o modo. 2. Falso, torcido, fuera de lo natural. 3. Que se ejecuta contra el modo regular o fuera de razón y justicia*».

En el campo social acostumbramos a referirnos a la violencia como *agresividad en su dimensión negativa,* afrontosa, o incluso destructiva; por contraste a una agresividad considerada positiva: la que legitima la defensa de la propia integridad, identidad o derechos; la que lleva a la superación de las adversidades, o bien a la superación personal, respetando a los demás; etc. No obstante, siempre ha habido autores que en estos casos han discutido si el término *agresividad* es el más adecuado.

Hace muchas décadas que existen una gran diversidad de teorías que intentan explicar la conducta humana violenta o agresiva: la hipótesis de la frustración-agresión, teorías etológicas y sociobiológicas, perspectivas del aprendizaje social, teorías sobre el estrés, sobre el hacinamiento humano, etc. (Rodríguez Marín, en Jiménez Burillo, comp., 1984; Asensio, 1989). En muchos manuales de psicología social se encuentran en el mismo capítulo las conductas agresivas y las conductas altruistas, cual si de dos polos opuestos se tratara, dentro de un mismo *continuum*. Hay argumentos biologistas que defienden esta relación bipolar en función de la formación de opiáceos en el cerebro en mayor o menor cantidad (Rof Carballo, 1988). Pero cuando se adoptan sólo tales argumentos se llega a explicaciones muy reduccionistas de la realidad, siempre mediatizada por el entorno social.

Hacer un ejercicio sobre los posibles antónimos de *violencia* o de *agresión* resulta interesante para situarnos; sencillamente porque en vez de focalizarnos en la necesidad de atender o frenar algo connotado negativamente, nos debemos esforzar en pensar en algo positivo, a favor de lo cual podamos trabajar; y ello nos puede ayudar a imaginar formas de prevención, formas de dinamizar factores de resiliencia ante situaciones de riesgo social, y formas de promover dinámicas positivas, especialmente de socialización de los más jóvenes. Para algunos autores lo contrario de la violencia es la no-violencia (en el sentido ghandiano), o incluso la mansedumbre; para otros la paz; para otros la ternura; para otros el altruismo; etc. (Rof Carballo, 1988; Hicks, comp., 1988). También podemos imaginar como antónimos el respeto a los demás y a los bienes sociales comunes; la responsabilidad en el trato con las personas y en el uso de dichos bienes.

Aceptando la existencia de una base biológica, creemos que la postura científica mayoritaria y mejor documentada hoy en día es la que mantiene que los factores ambientales tienen una gran influencia (si no decisiva, como mínimo reguladora) sobre las conductas agresivas (también se acepta respecto de las conductas prosociales). Se aprende de lo que se ve y se vive; una cosa son las conductas potencialmente posibles y otra son las realmente practicadas, en función de los elementos de contención y activación internos y externos (sociales) existentes, incluidos los sistemas de valores asumidos e interiorizados. También se han identificado procesos sociales de construcción de representaciones compartidas sobre lo violento, que varían en distintos contextos sociohistóricos.

En relación con los problemas sociales de la infancia habrá que analizar, por una parte, cómo niños o niñas aprenden conductas agresivas o violentas; y en qué circunstancias estas adquisiciones son duraderas y se reproducen más tarde, en la edad adulta, incluso hacia la siguiente generación. Pero también habrá que analizar cuándo y cómo las comunidades humanas consideran *aceptablemente violentas* determinadas conductas de sus miembros o situaciones que se dan en la sociedad. Se puede llegar así a situaciones paradójicas, en las que se espera de niños y niñas que no sean violentos, a pesar de que se ejerce sobre ellos y ellas distintas formas de violencia. ¿Cuál es el resultado de los aprendizajes paradójicos de este tipo?

En nuestra cultura la tolerancia para con la violencia es muy selectiva. La violencia *privada* (contra la mujer, contra los niños y niñas, e incluso contra ancianos y disminuidos, tanto dentro de la familia como en las instituciones) raramente es asumida como un problema que implica a toda la colectividad. Algo parecido ocurre con la autoviolencia (intentos de suicidio de adolescentes o jóvenes, por ejemplo); sólo los casos extremos son objeto de interés morboso para los medios de comunicación.

Es sorprendente, por ejemplo, el número de menores huidos de casa que reflejan las estadísticas de muchos países (si tales estadísticas son accesibles), por haber sido denunciada su ausencia a los cuerpos de seguridad; como la mayoría regresan a casa en el intervalo de 48 horas, la sensación más compartida es que *ya no hace falta hacer nada*; para los cuerpos de seguridad no hay delito, e incluso en algunos países se desestiman los datos de los que han regresado espontáneamente *por falta de interés*; para la sociedad éste es un problema menor, y de carácter privado; los sistemas de protección social a menudo no son ni siquiera informados de la existencia del problema. Tanto si nos ponemos en el lugar del niño o niña, como si leemos los pocos estudios disponibles sobre fugas de menores y la gran diversidad de las causas que las originan, cuesta mucho aceptar que se fugan *porque sí*, y que tales eventos no tienen mayor importancia.

Por otra parte, en nuestra cultura se le da mucha más importancia a la violencia física o material que a la violencia simbólica, la psicológica, la institucional; y sin embargo, todas ellas representan una falta de respeto por la dignidad humana. Sólo se las tiene en consideración en el caso de aparecer alarma social, cuando se produce una asociación entre violencia e inseguridad ciudadana, generalmente vinculada a la delincuencia. Todo ello implica una asunción del derecho y la justicia que sólo conlleva responsabilidades (y culpabilidades punibles) individuales, basadas en hechos probados (no en actitudes violentadoras, por ejemplo). Cuando se percibe inseguridad, deben haber culpables concretos, individuales, de la misma; los jóvenes son a menudo destinatarios de etiquetas sociales que les señalan como insegurizantes (por no comportarse conforme las pautas establecidas), y parece que cíclicamente se insiste en etiquetarles a edades más tempranas como objetivos de control social.

No se debe olvidar que la imagen del hombre triunfante en la sociedad contemporánea se ha presentado insistentemente como aquél que se hace a sí mismo (*self-made man*), cosa que sólo se consigue manteniendo una actitud agresiva frente a todo y todos los que se interpongan ante las propias metas.

El director del Centro de Estudios de la Infancia de Trodheim (Noruega), Per Egyl Mjavaatn, a raíz de un seminario organizado en su centro, nos comentaba recientemente en una comunicación personal que opinaba que la violencia que se presenta y transmite a través de la televisión hacia los niños y niñas podía estar funcionando como los residuos radiactivos vertidos al mar. Al principio casi nadie les da ninguna importancia: simplemente se hunden y se acumulan. Después salta una alarma en algún lugar y se muestran varios efectos: una relación no-inmediata e incluso no-directa o no-exclusiva de causa-efecto; y una acumulación enorme de factores de riesgo que nadie sabe por dónde pueden *explotar*. Paralelamente, se hace evidente que el riesgo acumulado es muy difícil (y caro) de alterar o *borrar*. La única alternativa que queda es planificar el futuro de otra manera y asumir las consecuencias de un presente que, por mucho que se haga, acaba siendo en buena medida incontrolable.

La violencia en los medios de comunicación social está frecuentemente asociada a la búsqueda de riesgos y emociones novedosas. Ello resulta *motivador* para los más jóvenes, especialmente cuando su tiempo de ocio es grande, y el nivel de interés por las actividades que pueden desarrollar es bajo; y también cuando son fácilmente influenciables. En mucha filmografía actual, desgraciadamente, la violencia va vinculada siempre a valores machistas, belicistas e incluso a estimular el tomarse la justicia por su mano, prescindiendo de las instituciones democráticas. La *normalización de la violencia* y de sus *valores asociados* en nuestros medios de comunicación no puede dejar de ser altamente preocupante, por mucho que se argumente que niños y jóvenes saben distinguir entre realidad y ficción; este argumento es claramente insuficiente y reduccionista.

Cíclicamente aparece en los medios de comunciación social de nuestros países algún dato alarmista sobre el crecimiento de la violencia entre las generaciones (cada vez más) jóvenes. Los casos de violencia aparentemente extrema y gratuita han sido siempre aislados y minoritarios; la transmisión a la opinión pública de datos descontextualizados no tiene ningún rigor y no hace más que servir a intereses de incremento del control social.

Algunas rupturas culturales (cambios de moda, tribus urbanas, etc.) de las generaciones jóvenes son percibidas por los adultos como insegurizantes, y de ahí es fácil pasar a alarmismos, y a generalizaciones indebidas sobre comportamientos violentos. Las nuevas tecnologías, incluidas *las nuevas pantallas* (televisor, vídeo, videojuegos, ordenador), además, a veces generan una ruptura comunicativa adicional entre padres e hijos, que analizaremos más extensamente en el capítulo 11.

Las formas de violencia psicológica (la menos visible) hacia la infancia pueden llegar a ser también impresionantes, a pesar de que a menudo pensamos en la violencia sólo como *física*. Ello se refleja, por ejemplo, en las formas de amenaza y castigo que se utilizan con niñas y niños para que obedezcan (Wagner y otros, 1993).

6.2. El maltrato infantil: un descubrimiento reciente, una historia muy antigua

En el seno de las ciencias humanas y sociales, la publicación del trabajo de Kempe y otros (1962) sobre *El síndrome del niño golpeado* a principios de los años sesenta, organizó tal revuelo, que algunos autores han dicho que con ellos se *descubrieron* los malos tratos infantiles (Verhellen, 1994). El comentario pretende exponer más una paradoja que una ironía. Fuere la fortuna del autor en presentar sus investigaciones ante la Academia Americana de Pediatría en 1962; fuere la especial sensibilidad del contexto social de aquel momento (en la sociedad americana aparecía, según Inglehart, 1979, una crisis de conciencia social que abriría el camino a los valores postmateriales; véase Casas, 1996b), lo cierto es que los medios de comunicación social se hicieron amplio eco de la cuestión y la opinión pública se indignó de tal forma que en pocos años, en los EE.UU. se modificaron algunas leyes (en 1967 ya se había cambiado la legislación en todos los Estados) y aparecieron presupuestos tanto para programas sociales de intervención ante el problema del maltrato infantil, como para la investigación de la temática. En los años siguientes, esta nueva sensibilidad fue llegando, con más o menos celeridad y fortuna, a todos los países atentos a la investigación científica en aquél.

Sin embargo, la lista histórica de denuncias contra los malos tratos infantiles tanto por parte de pensadores, como de profesionales de distintas disciplinas científicas, es antigua y larguísima (Gracia y Musitu, 1993), sin que ninguno consiguiera despertar especial eco social. Tales denuncias no pasaron de ser consideradas como inquietudes de personas cargadas de buenas intenciones, pero ante las que *no se puede hacer nada*.

Desde el punto de vista del derecho, los malos tratos infantiles tuvieron otro descubrimiento anterior, a finales del siglo pasado. También en esta ocasión fue en la sociedad norteamericana. Un caso de flagrantes malos tratos a una niña de nueve años llamada Mary Ellen despertó gran interés social. Ante la ausencia de legislación aplicable, un tribunal de Nueva York en 1874 dictó sentencia condenatoria contra el padre, apelando a la *Ley contra la crueldad con los animales*. Como consecuencia del hecho se fundó la Sociedad para la Prevención de la Crueldad hacia los Niños, cuyo modelo fue copiado en otros países, y se consiguieron algunos cambios legales.

La introducción de los afanes humanitaristas en el derecho penal, que llegaron fundamentalmente con Beccaria (1738-1794) (Casas, 1996b) y fundamentaron el que se ha denominado derecho penal positivista, basado en los hechos, hizo que la pena dejase de concebirse como venganza desde la situación del perjudicado, para plantearse como una medida social correctiva, proporcional al perjuicio causado. La adopción de la medida quedó en manos de las instancias públicas, porque se consideró que el daño era al bien común y a la convivencia. No obstante, como ya se ha señalado repetidamente, el nuevo derecho penal fue generando un grave olvido: el de las víctimas, hacia las cuales la sociedad ya no siente que tiene otra obligación más que *hacerle justicia, condenando al infractor*.

Así, el *descubrimiento* de los malos tratos infantiles que tiene lugar a finales del siglo pasado tiene repercusiones en el campo del reconocimiento (teórico) de los derechos y en la persecución de determinados maltratadores, pero no un impacto social orientado hacia la solución de los problemas de los niños o niñas afectados, ni hacia la prevención del maltrato. Más bien todo lo contrario: se pueden apreciar grandes fuerzas para que poco cambie el *statu quo* de la infancia.

Diferentes historiadores nos han aportado notables elementos que muestran cómo la conciencia de que el niño o niña tiene algún derecho nunca ha parecido muy *lógica* en el imaginario popular, empezando por el propio derecho a la vida (De Mause, 1974). La mayoría de culturas han dado muy poco valor a la vida de los niños, y, si cabe, menos aún a la de las niñas, siendo el infanticidio una práctica muy extendida; en la antigua Roma, el derecho a vivir lo otorgaba el *pater familias* cuando se le presentaba al recién nacido poniéndolo a sus pies, y siempre quedaba bajo su potestad. En el año 319 de nuestra era, el emperador Constantino firma el primer documento legal conocido (edicto) contra el infanticidio. Sin embargo, está bien documentado que tales prácticas siguieron estando muy generalizadas (Gracia y Musitu, 1993).

Un segundo tipo de derecho que movilizó la opinión pública fue el de no ser explotado a través del trabajo, pero hubo que esperar a estadios avanzados de la Revolución Industrial. El Parlamento británico, por ejemplo, dictó leyes en 1830 y 1840, en las que se prohibía que los menores de 10 años trabajaran en minas subterráneas, y *en las que se limitaba su jornada de trabajo diaria a 10 horas. No era extraño, pues, que trabajaran encadenados, para que no escaparan* (Gracia y Musitu, 1993).

Las ciencias humanas y sociales no *descubren* a las niñas y niños maltratados con el trabajo de Kempe. Todo el mundo sabía que había muchos que habían sido maltratados físicamente entre los niños abandonados en las grandes instituciones de asilo. Hay miles de trabajos científicos anteriores y miles de teorías que describen las patologías de los niños institucionalizados y discuten las causas de las mismas (véase Casas, 1988a). Existieron y siguen existiendo asociaciones científicas internacionales de estudiosos del abandono infantil y de la atención residencial a la infancia.

Lo que constituyó un *descubrimiento* fue la forma de presentar el problema ante la opinión pública bajo la etiqueta de *maltrato*. El imaginario colectivo de nuestra sociedad contemporánea (y, en consecuencia, la opinión pública) ha devenido particularmente sensible al maltrato físico *grave, sangrante*, de la infancia. Como dicen Starr, Dubowitz y Busch (1990): «... *son generalmente las consecuencias físicas, y no las psíquicas, de una acción o inacción parental las que provocan que la sociedad etiquete el acto como abusivo o negligente»*. Esa fibra sensible fue la primera movilizadora de un nuevo período de apoyo al estudio científico de la problemática. La segunda, poco después, vendría con los estudios sobre abusos sexuales, línea que quedó reforzada y complementada en agosto de 1996 con la celebración del Congreso Mundial contra la Explotación Sexual Comercial de los Niños, celebrado en Estocolmo, que tuvo un gran impacto en los medios de comunicación social.

El trabajo de Kempe y otros (1962) se ha presentado a menudo como un punto y aparte en la historia de la infancia maltratada; y, en muchos aspectos, coincidimos con tal aserción. Sin embargo, como hemos señalado, existían antes otras perspectivas y líneas de investigación. Ocurre a veces que viejos y nuevos enfoques en la investigación e incluso en la intervención social, nos son presentados por estudiosos o por profesionales como rupturas, renunciándose desde las nuevas contribuciones a reconocer el potencial o la utilidad de otras perspectivas. Generalmente, al cabo de un tiempo, se acostumbra a reconocer la necesidad de enfoques pluralistas e interdisciplinares. Es, posiblemente, a este punto de madurez a donde ya está llegando la investigación sobre malos tratos a la infancia. Con ello se empiezan a aceptar e integrar resultados obtenidos desde perspectivas teóricas y disciplinares diversas, lo cual, a su vez, permite plantearse nuevos retos. Por ejemplo, en las tradiciones de estudio de estilos educativos (incluidas las formas de amenaza y castigo), se encuentran importantes ideas útiles para el estudio de los malos tratos psicológicos, aunque en ellas no se haya acostumbrado a utilizar dicho concepto, por lo que se ha venido percibiendo como un ámbito de investigación ajeno.

6.3. Tipos de maltrato

Existen muchas formas de entender qué es un maltrato infantil. Las preocupaciones sociales que nos van apareciendo a lo largo de la historia se polarizan casi exclusivamente en el *trato físico*, sobre todo el muy violento, el *injustificadamente* violento, que es el que moviliza la opinión pública de finales del siglo pasado y de los años sesenta del presente. En el fondo sigue persistiendo la idea de que hay cierto tipo de violencia contra los niños que está *justificada*, sobre todo por razones educativas. Los castigos corporales (por parte de padres o de maestros), por ejemplo, son un tema que sólo ha empezado a contemplarse en algunas legislaciones europeas a partir de los años ochenta (recientemente hemos visto en el Reino Unido cómo se alzaban voces nostálgicas que exigían el retorno de los castigos corporales). A continuación, ha sido primero el abuso sexual y después la explotación sexual lo que ha despertado la sensibilidad de ciudadanos e instituciones y movilizado a los medios de comunicación social, algunos siempre ansiosos de escandalizar con imágenes.

Entre los expertos se ha ido consensuando una visión mucho más amplia del fenómeno de los malos tratos infantiles que la que ofrecen los medios de comunicación social, o la que está en las representaciones ampliamente compartidas por los ciudadanos. Curiosamente, podemos afirmar que los malos tratos físicos y el abuso sexual serían dos modalidades cuantitativamente minoritarias, al menos en los países industrializados; mientras que las más numerosas siguen interesando poco a la opinión pública (problemas sociofamiliares temporales, déficits de atención por sobrecargas familiares, etc.).

No existe una clasificación de los malos tratos ampliamente consensuada. Muchos autores los distinguen en tres grandes categorías: maltrato físico, maltrato psíquico y abuso sexual (Gracia y Musitu, 1993). Sin embargo, se ha ido insistiendo en la conveniencia de considerar diferencialmente algunas otras tipologías, porque presentan características distintas tanto en los factores implicados como en las consecuencias para el niño o niña. Entre las más señaladas por distintos autores en la actualidad destacan:

1. **El maltrato físico**. Se refiere a todo tipo de violencia física intencional, deje o no huella visible. Aunque para muchos autores sólo es maltrato físico el que deja huellas corporales, en los últimos años cada vez son más los que incluyen en este apartado los castigos físicos.

2. **La negligencia o abandono físico**. Se refiere a la omisión o descuido de los cuidados para satisfacer las necesidades básicas del niño o niña: seguridad, alimentación, higiene, vestido, salud, compañía, escolarización, etc. Algunos autores sitúan en una categoría diferenciada el maltrato prenatal, que se refiere a aquellas conductas de la madre gestante desconsideradas o decididamente inapropiadas para la seguridad o la salud del embrión (por ejemplo, consumo de alcohol u otras drogas).

3. **El abuso sexual**. Se refiere a la utilización del niño o niña para satisfacer deseos sexuales adultos. Se han considerado una gran diversidad de diferentes modalidades, según el tipo de relación (paidofilia, hebofilia, incesto) y según el tipo de abuso (Martínez Roig y De Paúl, 1993; López, 1994).

4. **El maltrato psíquico o psicológico**. Distintos autores distinguen entre el abuso emocional, el abuso psicológico y la negligencia psicológica; otros niegan la clara diferencia entre los dos primeros, y, en cualquier caso defienden una obvia relación con la última (Iwaniec, 1995). Se refiere a aquellos comportamientos hacia el niño o niña que por activos o pasivos tienen efectos dañinos sobre su desarrollo psíquico y psicosocial (incluye, por tanto, la estabilidad emocional, la autoestima, la capacidad de mantener relaciones interpersonales gratificantes, etc.).

5. **La explotación**. Se refiere a utilizar o forzar la práctica de determinadas actividades en niños y niñas, para la obtención de lucro económico. Algunos autores diferencian claramente entre la explotación laboral y la sexual. Otros prefieren diferenciar la mendicidad y la corrupción; ésta última incluye el inducir a prácticas delictivas o de tráfico y consumo de drogas. Ciertamente, en cada uno de estos subconjuntos pueden no existir móviles directos de lucro (por ejemplo, en la incitación al consumo de droga), pero lo más frecuente es que los haya aunque sean indirectos y no evidentes a primera vista. En relación con la mendicidad, y por el hecho que puede presentarse sin ella, algunos autores diferencian el *Síndrome de Münchhausen por poderes*, que consiste en provocar en el menor síntomas físicos patológicos (por ejemplo, administrándole drogas) para que den más pena, al haberse detectado casos en que se provocan para mantener al niño o niña hospitalizado (Martínez Roig y De Paúl, 1993).

6. **El maltrato institucional**. Se refiere a las situaciones *despersonalizadas e impersonales* de negligencia e indefensión en que se sitúa a niños y niñas a lo largo de los procedimientos y durante la prestación de servicios di-

rigidos a atenderlos. Las ocasionan los profesionales, las instituciones o los sistemas que atienden *casos* (en vez de personas) de forma más o menos burocratizada o tecnocratizada, particularmente cuando el trato y el tiempo invertido no se plantean desde la perspectiva y desde las necesidades del niño o niña (desde su *superior interés*, según el concepto consolidado en la Convención. Por ejemplo, se les sumerge en dinámicas de vida cotidiana totalmente distintas a las de los demás niños o niñas (o incluso estigmatizadoras); se eternizan los trámites para adoptar medidas que palien su situación; se desconsideran, devalúan u olvidan sus derechos; se les aísla o trata sin nigún calor humano por simple comodidad institucional (como ocurre, por ejemplo, en hospitales *tradicionales*); no se les dan explicaciones ni se considera que se les debe escuchar porque es *perder el tiempo*, etc.

En cualquiera de los casos, ni ésta ni otras clasificaciones pueden considerarse excluyentes entre sí, ni claramente delimitadas. Por ejemplo, es muy raro que detrás de un maltrato o una negligencia físicos no subyazca alguna forma de maltrato psicológico.

6.4. Antecedentes al maltrato: factores de riesgo

Algunas de las formas de maltrato que acabamos de exponer disponen en estos momentos de un importante bagaje de conocimientos científicos acumulados, mientras que para otras disponemos de mucho menos:

- El maltrato físico y el abandono, por su mayor visibilidad social, y por el hecho de que a menudo se dispone de muchos niños en esa situación para el estudio (en centros residenciales o en acogimiento familiar, por ejemplo), han sido mucho más fáciles de investigar de forma científica.
- La explotación ha sido perseguida legalmente en los países occidentales (aunque es bien sabido que no lo es tanto en Oriente ni en el Tercer Mundo), por lo que su condición de ilegalidad generan actualmente importantes problemas para su estudio fuera de contextos policiales o judiciales.
- El abuso sexual y el maltrato emocional presenta muchas dificultades metodológicas, además de estar socialmente más ocultos; generalmente sólo se dispone de estudios retrospectivos, y aún de pocos estudios longitudinales. La alarma social que genera el primero ha hecho que se disponga recientemente de más recursos para la investigación. Ello afecta tanto al conocimiento de los factores de riesgo, como de las consecuencias a corto, medio y largo plazo de los efectos, así como de los factores de resiliencia.

• Finalmente, el maltrato institucional cuenta con activas resistencias para su estudio por parte de las instancias administrativas y políticas que gestionan servicios o instituciones de carácter público, por el miedo a que se concluya con abiertas evaluaciones negativas de las actuaciones bajo su directa responsabilidad.

Otro hecho que parece bien constatado, al menos en las sociedades industrializadas, es que el maltrato y el abandono físicos se dan con mayor frecuencia entre las clases sociales bajas, mientras que el abuso sexual y el maltrato psicológico se da en todas las clases sociales.

Los problemas de salud mental y de alcoholismo entre los progenitores, en porcentajes muy superiores a la media de la población, constituyen otro aspecto identificado desde hace mucho tiempo en gran número de investigaciones (Casas, 1984). La presencia de problemas depresivos en un progenitor, más frecuentemente en las madres, ha sido referida en bastantes casos de negligencia o abandono, y de malos tratos emocionales (Casas, 1989; O'Hagan, 1993; Martínez Roig y De Paúl, 1993; Gracia y Musitu, 1993; Iwaniec, 1995).

Los factores de riesgo se pueden clasificar desde una perspectiva sistémica, como ya han hecho distintos autores como Garbarino (1977) o Belsky (1980; 1993). Sin embargo, pocos estudios integran en sus análisis datos de los niveles meso, exo o macrosistémico. La mayoría de las publicaciones se limitan a describir características familiares y personales del niño o niña, y, a lo sumo, del entorno familiar más amplio y del comunitario más próximo (véase Ammerman y Hersen, 1990; Gracia y Musitu, 1993).

Al revisar los estudios sobre factores de riesgo se observa que a menudo éstos se identifican en función de que se busquen de forma predefinida, o estén preestablecidos en los protocolos de recogida de datos o en las fuentes secundarias utilizadas. En otras palabras: rara vez se identifican factores de riesgo que no se estaban buscando o aquellos de los que no se dispone de datos fácilmente accesibles. Ello puede derivar de la falta de acuerdo en las definiciones de cada factor, y en su deficiente utilización operacional, pero sobre todo tiene que ver con la falta de modelos teóricos que permitan hipotetizar la relevancia y peso de cada factor y fundamenten dicha utilización operacional. La consecuencia es que en distintas investigaciones observamos la *desaparición* de factores que en otras aparecían como muy importantes. Por ejemplo, en estudios de la década pasada realizados en distintas Comunidades Autónomas del Estado español aparecieron porcentajes nada despreciables de madres con problemas psicológicos, fundamentalmente de carácter depresivo (Casas, 1993), que no aparecen mencionados en estudios más recientes.

Uno de ellos, que debemos destacar, se realizó sobre 8.565 sujetos con expediente abierto en los años 1991-1992 en el conjunto de las Comunidades Autónomas españolas (lo que equivale a casi todo el universo de casos formalmente detectados *bajo medidas*) y nos muestra algunas características destacables de estos niños y niñas. Entre los factores relacionados que han sido identificados los hay que es difícil saber si son un factor antecedente, y por tanto de riesgo, o consecuente de los malos tratos.

Los niños y niñas con trastornos de comportamiento están mayormente relacionados con los malos tratos psicológicos, y, en menor medida, con los físicos; los que presentan retraso madurativo aparecen más relacionados con los malos tratos emocionales y con la negligencia o abandono físico; los niños y niñas con disminuciones psíquicas aparecen más afectados que la media por todas las formas de malos tratos (Jiménez y otros, 1996).

En este mismo estudio se observa que, entre las características personales de los progenitores, destaca la muy alta incidencia del alcoholismo del padre (y en proporción mucho menor, de la madre) en todas las formas de maltrato, y muy particularmente en los malos tratos físicos. También destaca la relación encontrada entre otras toxicomanías del padre o de la madre y la corrupción de menores, los malos tratos prenatales, la mendicidad y la negligencia o abandono. La disminución psíquica de la madre muestra una importante incidencia sobre los malos tratos físicos y emocionales y sobre la negligencia o abandono, mientras que tanto la del padre como la de la madre muestran una frecuencia relativamente mayor en casos de abusos sexuales.

A modo de esquema sintético, podemos señalar que entre los factores familiares que aumentan el riesgo al maltrato físico se pueden destacar, por el hecho de que son referidos por diferentes autores, los siguientes:

a) alcoholismo o toxicomanía de algún progenitor,
b) problemas de salud mental de algún progenitor,
c) ausencia de uno de los progenitores del hogar,
d) incapacidad para mantener un relación educativa adecuada,
e) historial parental de malos tratos en la infancia,
f) falta de redes de apoyo social.

Entre los factores familiares que aumentan el riesgo al abandono o negligencia, los estudios realizados en diferentes regiones han detectado los siguientes:

a) graves problemas de orden material en la familia,
b) problemas de violencia entre los progenitores,
c) alcoholismo o toxicomanía de algún progenitor,

d) ausencia del hogar de alguno de los progenitores,
e) problemas de salud mental de algún progenitor,
f) falta de redes de apoyo social.

Entre los factores familiares que aumentan el riesgo al abuso sexual se han destacado:

a) alcoholismo o toxicomanía de algún progenitor,
b) conflictos en la relación de pareja,
c) progenitores con historial sexual o emocional traumático,
d) aislamiento social,
e) madre *no protectora*.

Entre los factores familiares que aumentan el riesgo al maltrato psicológico se han señalado:

a) estilos educativos autoritarios,
b) progenitores que no dedican tiempo a sus hijos,
c) actitudes de devaluación o rechazo hacia la infancia,
d) problemas de salud mental de algún progenitor,
e) ausencia del hogar de alguno de los progenitores.

Para Garbarino (1990) el maltrato psicológico es el más numeroso, entre otras razones porque no se da sólo como fenómeno aislado, sino que está también en la base de todas las otras formas de maltrato. Sin embargo, en nuestra cultura, no acostumbramos a pensar en este tipo de maltrato como algo grave, o como un problema social, debido a la persistencia de las representaciones de la infancia como un conjunto de población poco *importante*. Recientes esfuerzos por categorizar más detalladamente los factores implicados en esta forma de maltrato nos parecen, por tanto, destacables. Referiremos dos de ellos. En primer lugar, Garbarino y otros (1986) identifican cinco formas principales:

• **rechazar**: el adulto se niega a reconocer los valores que poseeen el niño o la niña, y la legitimidad de sus necesidades;
• **aislar**: el adulto desconecta a la niña o al niño de las experiencias sociales habituales, evita que haga amistades, y le hace creer que está sola o solo en el mundo;
• **amedrentar**: el adulto ataca verbalmente al niño o niña, crea un clima de miedo, le amenaza y asusta, y le hace creer que el mundo es caprichoso y hostil;

- **ignorar**: el adulto depriva a la niña o al niño de estimulación y de intereses esenciales, anquilosando su crecimiento emocional y su desarrollo intelectual;
- **corromper**: el adulto *mal-socializa* al niño o niña, le estimula para que se implique en comportamientos antisociales destructivos, refuerza tal desviación, y le inhabilita para las experiencias sociales normales.

Por su parte, Iwaniec (1995), identifica 21 comportamientos parentales en relación con el niño o la niña que se dan con frecuencia superior a la media entre los padres que maltratan psicológicamente a sus hijos, por lo que deben considerarse de riesgo:

1. No le incluyen en el círculo familiar.
2. Le ignoran o no se percatan de su presencia.
3. No le permiten formar parte activa en las actividades familiares o en las decisiones que le incumben.
4. Le hablan con poca frecuencia en lenguaje sencillo.
5. Se le priva persistentemente de privilegios o tratos particulares.
6. Se le castiga frecuentemente por travesuras menores.
7. Se le critica y ridiculiza persistentemente.
8. Nunca se le valora.
9. No se le reconoce o refuerza ningún buen comportamiento o acción positiva.
10. Se le avergüenza o descalifica frecuentemente ante compañeros, hermanos y otras personas.
11. No se aprecia o ni se tiene en consideración cuando intenta complacer a sus cuidadores.
12. Se le ignora o desanima cuando intenta atraer la atención o el afecto de los demás.
13. No se le permite mezclarse con compañeros de la misma edad.
14. Se le mantiene socialmente aislado o aislada.
15. Se le manifiesta que no resulta agradable para nadie o que no se le quiere, o ambas cosas.
16. Se le acusa cuando hay cosas que van mal en la familia.
17. No recibe supervisión u orientación adecuada.
18. Es corrompido o corrompida por sus cuidadores mediante drogas, prostitución, robos, etc.
19. Se le anima a actuar con prejuicios de tipo religioso, racial, cultural o con otros tipos de odios (corrupción actitudinal).
20. No se le permite proximidad física con los cuidadores.
21. No se le permite mostrar sus emociones.

6.5. Consecuencias del maltrato y factores de resiliencia

Las consecuencias de cada tipo de maltrato pueden ser muy diversas. Además, su estudio cuenta con un problema apuntado por distintos autores: es prácticamente imposible aislar las consecuencias del maltrato de la influencia del contexto en el que los niños maltratados se desarrollan (Díaz-Aguado, 1996). Diferentes contextos pueden tener efectos amortiguadores o no sobre las consecuencias de distintas formas de maltrato.

Son numerosos los autores que han recopilado un amplio espectro de consecuencias diferenciales de cada forma de maltrato (Ammerman y Hersen, 1990; Gracia y Musitu, 1993; Cantón, 1995; Iwaniec, 1995; Díaz-Aguado, 1996). Distintos síntomas de carácter depresivo figuran entre las secuelas citadas en diversos estudios (baja autoestima, tristeza), sobre todo en adolescentes, pero ni éstos, ni otras consecuencias pueden considerarse sobresalientes sobre el conjunto de las detectadas (Martínez Roig y De Paúl, 1993), quizá con la excepción de los casos en que se presenta retraso en el crecimiento físico por causas no orgánicas, en el que se observan desapego y depresión con mayor frecuencia (Iwaniec, 1995).

Las consecuencias más destacables del **maltrato físico** dependerán de la severidad y reincidencia. Las secuelas físicas pueden ser directamente graves, en función del daño causado (traumatismos, lesiones internas, hemorragias, etc.). Se observan también importantes secuelas psicológicas, matizadamente distintas según la edad del niño y su sexo; algunos autores destacan que lo más frecuente es que las secuelas psicológicas revistan mucha mayor trascendencia que las físicas.

Entre los 12 y los 18 meses los niños maltratados físicamente manifiestan alteraciones en su relación de apego, que han sido descritas como *apego ansioso*, o como apego inseguro, con dos subtipos: de evitación y ambivalente; más recientemente se apunta a la existencia de tres subtipos: evitación inestable, evitación resistencia, y apego desorganizado, observándose que los niños tienden a desarrollar con mayor frecuencia que las niñas un apego inseguro (Díaz-Aguado, 1996). A los 24 meses presentan más rabia, frustración y agresión que los no maltratados. A los 42 meses se les observa baja autoestima, mayor hiperactividad y también mayor grado de distracción (Martínez Roig y De Paúl, 1993). Alrededor de los 8 años se observan problemas en el desarrollo de la competencia social, estrés, inseguridad y ansiedad. En la adolescencia se manifiestan con mayor claridad conductas autodestructivas, problemas de carácter sexual y conductas de justificación de la violencia (Díaz-Aguado, 1996); la primera de estas manifestaciones se traduce en que se registra mayor número de intentos de suicidio en este conjunto de población (Martínez Roig y De Paúl, 1993). En general, a distintas edades, se han señalado problemas de capacidad empática, que se han podido diferenciar en tres componentes: inadecuada comprensión de los estados emocionales de los otros, egocentrismo y externalidad de la atribución. Se ha observado también que, a largo plazo, existe una mayor incidencia de conductas delictivas, de alcoholismo y de drogodependencias entre aquellos que fueron maltratados en su infancia (Martínez Roig y De Paúl, 1993).

Las consecuencias de la **negligencia o abandono** pueden ser también físicas, según las desatenciones de higiene o salud sufridas. Las secuelas psicológicas pueden ser muy diversas y particularmente graves. Entre los 12 y los 18 meses los niños o niñas que han sufrido algún tipo de negligencia o abandono también presentan apego ansioso. A los 2 años presentan mayor frecuencia de afecto negativo, y a los 42 meses son menos asertivos y tienen baja autoestima (Martínez Roig y De Paúl, 1993). Entre los 6 y los 14 años se les han observado dificultades de aprendizaje y un inferior nivel de empatía; las primeras parece que resultan más fáciles de superar con la edad que el segundo (Díaz-Aguado, 1996).

Entre las consecuencias de los **abusos sexuales** se han diferenciado los efectos iniciales de los efectos a largo plazo, pudiendo ser tanto de tipo internalizado como externalizado. Entre los efectos a corto plazo se apuntan el miedo generalizado, la rabia, la hostilidad y las conductas agresivas o antisociales; entre los 7 y los 13 años se han destacado especialmente trastornos psicopatológicos entre las niñas que han sufrido abusos sexuales, señalándose la existencia de culpa, vergüenza, sintomatología depresiva y baja autoestima (Martínez Roig y De Paúl, 1993). A menudo se observan también un funcionamiento social alterado, bajo rendimiento escolar, alteraciones en el sueño, cambios en los hábitos de alimentación, mucha curiosidad sexual o conductas sexuales atípicas para la edad, y a veces incluso fugas del domicilio. Obviamente, si como consecuencia del abuso se da un embarazo se observan las complicaciones psicológicas de esta situación no deseada en una adolescente.

A largo plazo, se han señalado: baja autoestima, sentimientos de soledad y estigmatización, dificultades para establecer relaciones de confianza y relaciones de tipo íntimo con personas del otro sexo, frecuencia de conductas autodestructivas e intentos de suicidio; la sintomatología depresiva y los cuadros clínicos depresivos diagnosticables han sido citados de manera muy frecuente como asociados a la experiencia de abuso sexual en la infancia, pero curiosamente, sobre todo en muestras no-clínicas, es decir, en personas que no acuden a solicitar atención clínica por razón de su depresión (Martínez Roig y De Paúl, 1993).

Los **malos tratos psicológicos** muestran asimismo un abanico muy diverso de consecuencias, reflejadas en problemas emocionales y comportamentales. La más destacable es que, los casos graves, frecuentemente, sufren *retraso en su desarrollo madurativo*, que puede incluso reflejarse en raquitismo o enanismo, como si se negaran a crecer (Iwaniec, 1995). Aquellos que interiorizan la desvalorización que puede implicar un maltrato de este tipo pueden desarrollar conductas depresivas y suicidas, particularmente en la adolescencia (Loring, 1994); manifiestan autodestructividad, pasividad, pensamientos suicidas, evitación de contactos sociales, vergüenza y bajo grado de comunicación con otras personas. Tienen frecuentemente una autoestima baja, y pueden padecer por sentimientos de culpabilidad, remordimientos, soledad, rechazo o resignación. Pueden percibir el mundo como hostil y tener dificultades para planificar el futuro. Pueden tener pesadillas y somatizaciones, así como exhibir comportamientos pasivo-agresivos. En otros casos, los que han sido víctimas de abusos psicológicos exteriorizan sus problemas abusando de animales o de sus hermanos menores, desarrollando una agresividad compulsiva y hostil (Loring, 1994).

Las consecuencias de los **malos tratos institucionales** han sido tradicionalmente estudiadas sólo indirectamente como problemas de integración o de inserción social. A menudo el niño o la niña no es consciente de su situación de indefensión, por lo que no hay vivencias traumáticas directas, si bien se puede dar una prolongación injustificable de situaciones que dañan al niño o a la niña física y psicológicamente. Los efectos de vivir sumergidos en vidas cotidianas diferentes y diferenciadoras a las de la mayoría de los demás niños y niñas de la misma edad y pertenencia sociocultural son muy profundos, y generan dinámicas estigmatizantes, en las que el propio sujeto acaba sintiéndose *realmente distinto* (véase apartado 4.6). Todo ello los sitúa en un universo de experiencias empobrecido de situaciones *normales* y excesivamente lleno de experiencias *atípicas*, y en procesos sociales de marginación y exclusión social. Estos malos tratos, menos directamente visibles que otros, son buen reflejo de la falta de sensibilidad de todo un sistema social y político hacia sus niños y niñas.

Algunos niños o niñas maltratados han sorprendido a los estudiosos de esta problemática por su increíble capacidad de superación de las adversidades presentes en su proceso de desarrollo. Werner tituló una de sus obras dedicada a estos casos *Vulnerables pero invencibles* (Werner y Smith, 1982; Werner, 1989).

Se han identificado tres constelaciones de factores que funcionan de forma relativamente duradera como factores de resiliencia, y que por el momento están mostrando mayor validez transcultural que los propios factores de riesgo (Werner 1989):

a) atributos disposicionales del sujeto que pueden tener fuerte base genética, como niveles de actividad, sociabilidad e inteligencia;

b) vínculos afectivos en la familia que han proporcionado apoyo en momentos de estrés;

c) sistemas de apoyo externo (sea en la escuela, la Iglesia, el trabajo) que gratifican las competencias del sujeto y le proporcionan un sentido de vida y un lugar de control interno.

Estudios longitudinales comparativos parecen mostrar que la presencia de factores de resiliencia de tipo constitucional (salud, temperamento) tienen su mayor influencia en la primera infancia; que las habilidades comunicativas y de resolución de problemas, así como el disponer de cuidadores alternativos a la propia familia, la tienen en la segunda infancia; y los factores intrapersonales (lugar de control interno, autoestima) la tienen en la adolescencia. Además, el sexo también influye en el proceso evolutivo en relación con los factores de resiliencia: los niños parecen ser más vulnerables que las niñas cuando están expuestos a carencias biológicas o de cuidados durante la primera década de vida; durante la segunda década parece que son las mujeres las más vulnerables, particularmente al final de la adolescencia, y también en el período de inicio de la crianza de un hijo; finalmente en la década de los 30 parece que vuelven a ser mucho más vulnerables los hombres (Werner y Smith, 1982).

6.6. EL MALTRATO INFANTIL COMO PROBLEMA SOCIAL: CREENCIAS Y REPRESENTACIONES

Desde hace escasamente una década, científicos sociales han intentado dilucidar por qué, cuando se traslada el problema de los malos tratos infantiles a la reflexión pública parece que lo más habitual es la aparición de una actitud social de desimplicación, cuando no de desinterés. Como ya hemos planteado en el capítulo 1, se ha empezado a desvelar la existencia muy arraigada de representaciones sociales sobre la infancia que dan pistas para comprender cultural y políticamente la falta de prioridad en la atención hacia la infancia en su conjunto (es decir, hacia la población infantil). Tales representaciones conllevan imágenes e ideas sobre la importancia de sus problemas y las formas de solucionarlos (Casas, 1995; Casas y Durán, 1996).

El término *maltrato infantil*, tal como es representado en nuestras sociedades, conlleva fuertes cargas emocionales de las que no siempre se libran investigadores ni profesionales de la intervención social. Para los padres con relaciones gratificantes con sus hijas e hijos el término se refiere a una realidad extraña y perversa, que puede generar desde rabia y ultraje moral hasta histeria y repulsión (Gracia y Musitu, 1993). Ello ha dado lugar a que se construyan ciertas *creencias* o mitos a su alrededor, cuya deconstrucción a veces no va exenta de polémicas entre investigadores; cabe apuntar los siguientes:

1. El maltrato infantil (incluido el psicológico y la negligencia) *es infrecuente*. Pocos ciudadanos imaginan las cifras reales de niños con expedientes en nuestro sistema de protección a la infancia, posiblemente porque sólo imaginan como maltrato los casos en que es físico. Paradójicamente, entre las formas de maltrato, *el físico es muy a menudo representado como el más frecuente*, posiblemente por la doble influencia de la desinformación ciudadana, y de su presencia en televisión, que conlleva su sobredimensionamiento (como hemos señalado en el apartado 5.5) (Casas y Durán, 1995).

2. *La violencia y el amor no coexisten en las familias*. Aunque común en numerosos hogares, la violencia no es en ellos necesariamente la forma más habitual de relación. Muchos niños y niñas, a pesar de recibir malos tratos, quieren a sus padres. Ello hace la intervención en muchas familias muy compleja. Lamentablemente muchos crecen aprendiendo que es aceptable emplear violencia con las personas a quienes se ama (Gracia y Musitu, 1993).

3. El maltrato infantil *lo cometen únicamente personas con patologías*. De lo que se desprende que las personas *normales* no maltratan a sus hijas o hijos, y que si alguien lo hace pertenece a *los otros*.

4. La violencia familiar *sólo se da en las clases sociales más bajas*, económica o culturalmente hablando.

5. Hay una *transmisión intergeneracional del maltrato*, por lo que los niños maltratados en el futuro maltratarán a sus hijos, y los padres maltratadores fueron maltratados en su infancia. Estos hechos a veces se dan, pero no se corresponden en absoluto a una cadena causal (Gracia y Musitu, 1993).

La realidad mayoritaria de las niñas y niños atendidos en nuestros centros residenciales o en acogimiento familiar es que tienen una familia propia que atraviesa por serias dificultades. Rara vez todos los miembros de una familia son maltratadores. En cambio, es frecuente que una situación de desatención o semiabandono no se deba a la supuesta mala fe o mala intención de nadie, sino a la acumulación de problemas o cargas familiares, o por falta de recursos o habilidades de los progenitores. Si una familia que atraviesa por momentos de crisis, recibe la ayuda adecuada, las posibilidades de que supere positivamente tal crisis aumentan considerablemente. Por contra, cuando la crisis se prolonga, las situaciones familiares suelen deteriorarse y las consecuencias para los hijos e hijas pueden empezar a ser graves (Casas, 1995a). Insistamos, el lema *familias que ayudan a otras familias* (referido a una conducta tan escasa en el mundo urbano) (véase apartado 5.6) apunta hacia una premisa que debería tenerse muy en cuenta para desarrollar programas preventivos y de promoción del bienestar social de la infancia.

6.7. Conclusiones

Garbarino (1990) plantea cinco direcciones de futuro que debemos considerar para comprender mejor los factores que contribuyen a los malos tratos infantiles en sentido amplio y para desarrollar más amplias perspectivas de investigación e intervención social. Las podemos sintetizar así:

1. *Expansión de las definiciones sobre malos tratos infantiles.* Dicho maltrato es un *juicio social*. Por tanto, *creamos* más que *descubrimos* categorías de malos tratos.

2. *Polarización de experiencias familiares que conllevan factores de riesgo.* Diversas formas de malos tratos se detectan más en determinadas áreas geográficas, urbanas o rurales; hay una polarización de familias maltratantes particularmente en entornos socioeconómicamente deprivados, y en entornos aislados, lo que las convierte en áreas de alto riesgo social. Aunque cualquier persona puede ser un maltratador potencial (como parecen demostrar los estudios sobre el *efecto Eichmann*, es decir, sobre el ímpetu situacional del estrés y la presión de rol, que pueden desencadenar brutalidad en personas pacíficas), de hecho, también se observan grandes variaciones en el riesgo detectado a medida que se desciende por la escalera del estatus socioeconómico. Entre las clases más bajas es frecuente encontrar muchos más factores de riesgo, hasta el punto de no poderse utilizar los mismo estándares para evaluar pautas de crianza. Es bien sabido entre los profesionales de la intervención social que los equipos que actúan en determinadas áreas geográficas están crónicamente sobrecargados de trabajo para atender determinados tipos de problemáticas familiares.

3. *Ampliación de las vinculaciones entre fenómenos.* A medida que tenemos una visión más amplia de lo que constituyen los malos tratos infantiles, se van identificando más vinculaciones entre éstos y otros problemas del desarrollo infantil. Ya se han planteado posibles vinculaciones entre los antecedentes del maltrato y las posteriores conductas agresivas o incluso la

delincuencia violenta; o entre haber sufrido abuso sexual y ser abusador. Hay que establecer también vinculaciones entre la prevención del maltrato infantil y las mejoras sociales en beneficio de la infancia.

4. *Responsabilización comunitaria hacia la infancia.* La expansión de la prevención de los malos tratos a la infancia no se puede separar de algún criterio sobre el punto hasta el cual la crianza de hijas e hijos debe considerarse una cuestión estrictamente privada. Debe generalizarse un debate sobre cuáles son las responsabilidades comunitarias ante tales problemas colectivos (y no plantearse sólo las responsabilidades administrativas o judiciales).

5. *Ubicación central del maltrato psicológico.* A medida que la investigación avanza, también lo hace el reconocimiento de que los malos tratos psicológicos subyacen a casi todas las formas de maltrato infantil, y que es el que mejor da cuenta de las consecuencias en el proceso de desarrollo infantil. La focalización de futuras investigaciones en torno a sus principales componentes (rechazar, amedrentar, ignorar, aislar y corromper) puede permitir avanzar en la comprensión de muchos riesgos en el proceso de desarrollo infantil.

Garbarino (1990) resume sus planteamientos de futuro destacando la centralidad del tema de los malos tratos para cualquier estudioso de la calidad de vida, por lo que plantea la necesidad de articular más intensamente el estudio de los contextos sociales con el de los procesos psicológicos que vinculan los malos tratos con el proceso de desarrollo infantil.

A dichos planteamientos podríamos añadirle también los que han emergido los últimos años alrededor de la noción de derechos del niño, plasmados en la Convención de las Naciones Unidas. Igual que la noción de maltrato depende de un juicio social, la noción de derecho depende de un consenso (en este caso internacional) sobre la deseabilidad de alcanzar su respeto. Mientras que los derechos de niños y niñas han sido tradicionalmente vistos como *derechos a la protección*, los planteamientos más recientes incluyen *derechos a la prevención y a la promoción*, incluidas las libertades humanas básicas. Esta ampliación de la noción de derechos infantiles (con principios que ya estaban ampliamente consensuados como derechos adultos) incluye derechos de contenidos mucho más psicosociales, destacando, por las polémicas que ha suscitado, el denominado derecho a la participación social (ser informado, ser escuchado, ser tenido en cuenta, ser consultado, etc.), que constituye una excelente prevención ante toda forma de maltrato, empezando por el psicológico.

Quizás ha llegado el momento de que empecemos a definir qué es el *buen-trato* infantil, y con ello no sólo tendremos una visión más amplia de los malos tratos, sino que posiblemente consigamos llamar más la atención sobre la centralidad del *trato*, de la relación entre adultos y niños/as. Son las actitudes, creencias y representaciones sociales de los adultos sobre la infancia, lo que realmente puede crear un clima de cambio positivo para con la realidad de tantos niños y niñas.

CAPÍTULO VII

LAS SITUACIONES SOCIALES DE RIESGO: LA PREVENCIÓN DE LOS PROBLEMAS SOCIALES DE LA INFANCIA

7.1. EL CONCEPTO DE RIESGO SOCIAL EN LA INFANCIA

Durante las últimas dos décadas la noción de *riesgo social* en la infancia ha empezado a ser objeto de uso generalizado. Tal como acostumbra a suceder con las nuevas conceptualizaciones que emergen a lo largo del tiempo refiriéndose a realidades sociales percibidas como problemáticas, ni los orígenes ni el contenido de la noción *niños (y niñas) en riesgo social* puede considerarse que estén demasiado claros, ni que exista consenso entre los estudiosos respecto a su alcance.

Lo cierto es que, con diferentes concreciones semánticas, se ha ido encontrando cada vez con más frecuencia en trabajos de programación de actuaciones sociales sobre poblaciones infantiles. También viene ya referida habitualmente en textos académicos, más allá de los contextos pediátricos y neuropediátricos donde originariamente se utilizó en relación con el desarrollo normal del niño o niña.

Antecedentes de esta noción los tenemos en multitud de otras nociones, que a menudo han sido tachadas de imprecisas, pero que nos ofrecen una primera aproximación, aunque ciertamente confusa, a la temática: niños y niñas *marginados, difíciles, caracteriales, con problemáticas sociofamiliares graves, inadaptados por causas psicosociales, maltratados, con sociopatías*, etc.

Si la comparamos con otras nociones, la de *niños y niñas en riesgo social* parece querer connotar una visión más abarcadora, más globalizada, de las problemáticas que afectan a las niñas y los niños de un territorio concreto. Sin embargo, no quedan claros los límites de lo que realmente pretende abarcar, dado que existen dudas y discrepancias respecto a si incluye o no nociones que también son de uso corriente en la literatura tanto científica como profesional: niñas y niños *predelincuentes, delincuentes, disociales, disminuidos (físicos, psíquicos y sensoriales), enfermos mentales*, etc.

No es difícil reunir una relación de sentidos dispares que diferentes organismos y autores le dan a dicha noción. Así, por ejemplo, encontramos:

- Autores para los cuales la noción significa *niños o niñas con conductas asociales*, o *con predisposición a presentar problemas conductuales*, o incluso *delincuentes potenciales*. Este planteamiento pone el énfasis en la tipificación de los niños y niñas a partir de sus conductas, y no es infrecuente entre autores vinculados al mundo jurídico-penalista o a posiciones clínicas. Es el caso, por ejemplo, de Crawford y McAllister (1982). En este sentido, parece que el aspecto importante que se debe considerar son las consecuencias de cada tipo de conducta para su socioentorno, ya que, en última instancia, los niños *en riesgo* resultan ser aquellos cuyos comportamientos *pueden ser un problema para la armonía de su entorno social* (de ahí que a veces se mezclen de forma confusa las expresiones *en riesgo* y *con riesgo*).

- Autores que consideran que son *niños y niñas con grandes déficits de cobertura de sus necesidades básicas*. Es el caso de Pringle (1975) y de la mayor parte de autores vinculados de alguna manera al estudio o desarrollo de programas de bienestar social. Este enfoque acostumbra a poner el énfasis en las consecuencias perniciosas que recaen sobre la niña o niño, relegando a segundo lugar las repercusiones que de su situación personal derivan hacia su socioentorno. Queda muy vinculado a las nociones de *necesidades sociales* y de *derechos sociales* de las niñas y los niños.

- Autores con el enfoque pragmático de considerar que son aquellos *niños y niñas con probabilidad elevada de requerir atención de unos servicios sociales concretos*, partiendo de la disponibilidad de tales servicios. Es el caso de la escuela de Kent, en Inglaterra (Curtis y Bebbington, 1980; Curtis, 1981).

No faltan tampoco trabajos que analizan críticamente las dinámicas sociales que comportan riesgos físicos de accidentes para los niños, como se puede ver en la revisión de Roberts y Brooks (comps., 1987), las cuales configuran en definitiva *riesgos sociales* de accidente infantil.

Dada la ambigüedad *multi-uso* de la noción de *riesgo social*, nos vemos obligados a perfilar un cierto encuadre teórico de la problemática, que nos permita centrarla desde teorías o microteorías que cuentan con algún apoyo en el marco de alguna disciplina científica.

En otros lugares (Casas, 1987; 1989d) ya hemos defendido el particular interés que tiene el estudiar lo que hemos denominado *riesgos a la disadaptación psicosocial en poblaciones infantiles*. Para ello partimos de un planteamiento interactivo de las relaciones niño/socioentorno y, a un nivel más macrosocial, de las interacciones población adulta/población infantil. Una óptica globalizadora, integradora de los fenómenos más relacionales (es decir, psicosociales), obliga a no quedarse con el tradicional análisis de los sucesos indeseados acaecidos a niñas o niños concretos, para optar por un enfoque más ecológico o ecosistémico, en las perspectivas teóricas abiertas por autores como Bronfenbrenner (1977), Garbarino (1977a), o Belsky (1980; 1993). Tal planteamiento nos permite integrar el análisis, que por demás se puede considerar ya hoy inexcusable para los estudiosos de este campo, de las actitudes generales y representaciones sociales de la población adulta de cada territorio concreto ante los sucesos y dinámicas que afectan a *su* población infantil.

La sensibilidad social de la población adulta (o si se prefiere, y puntualizando más en términos psicosociales: las percepciones sociales, atribuciones, actitudes, prejuicios, estereotipos, expectativas, representaciones sociales, etc.) con respecto a la infantil, condicionan de manera decisiva, no sólo el tipo y amplitud de los problemas sociales que padece la infancia en un momento histórico dado de cada sociedad, sino también la posibilidad de detectar tales situaciones. Las características y la calidad de las respuestas sociales dadas y, en definitiva, la *posibilidad de éxito de cualquier programa preventivo que se intente desarrollar*.

El uso del neologismo *disadaptación*, en vez de la habitual expresión *inadaptación*, lo propusimos y asumimos para tomar distancia de la confusión originada por la multitud de acepciones que ya tiene el de *inadaptación*, y destacar así el sentido específico que le queremos dar desde una perspectiva psicosocio-ecológica. En tanto que hablemos de adaptación social como un *proceso psicosocial*, incardinado en un macroproceso de socialización del individuo y dentro de una comunidad humana concreta, no deberemos confundir el *conflicto adaptativo* con el nacimiento de alguna forma de inadaptación, en el sentido de *no adaptación*. Muchos conflictos adaptativos, es decir, *disadaptaciones*, refuerzan más la adaptación que la inadaptación.

Igual que a Meyer (1967), a muchos estudiosos y profesionales nos incomoda la radicalidad del prefijo *in-*, que consideramos etimológicamente demasiado negativo para referirse a las dificultades adaptativas en la especie humana. Algunos autores utilizan el prefijo *des-* (por ejemplo: Valverde, 1986; San Martín, Martín y Carrasco, 1986), que parece más afortunado. Con todo, entendemos que para referirse a las *dificultades de adaptación individuo-medio* es más preciso utilizar el prefijo *dis-*, al igual que se utiliza en *dislalias, dislexias, disartrias*, etc., y en el concepto de *disocialidad*.

Es importante insistir acerca de que en nuestro planteamiento el concepto de disadaptación no es el opuesto al de adaptación. No se trata, pues, de una fórmula conceptual que sirva para delimitar dos conjuntos de una población (adaptados *versus* disadaptados), ni un concepto nosológico para clasificar a determinadas personas (*los disadaptados prototípicos*), sino un concepto interrelacional e interactivo, que define situaciones dinámicas en el marco de una comunidad humana.

Entendemos por disadaptación aquel fenómeno psicosocial que emerge de la relación conflictualizada para con determinadas conductas (tanto en el sentido de conductas directamente visibles, como de actitudes y valores) individuales o grupales que mantiene una comunidad o sociedad, así como el clima social (configurado por percepciones, atribuciones, actitudes de tolerancia-intolerancia, prejuicios, etc.) que se construye alrededor de tales conductas en un período histórico concreto; manifestándose mediante disarmonías entre el individuo y el socioentorno, y trayendo como consecuencia que el individuo se encuentre en situación de dificultad para participar como los demás en la dinámica interrelacional de aquel medio, experimentando en la mayoría de los casos algún tipo de sufrimiento psíquico a causa de tal dificultad.

La respuesta social manifiesta ante las conductas conflictivas no deseadas forma parte de la *reacción social*. Un valioso repaso de las teorías de la reacción social puede encontrarse en Bergalli (1980). Este concepto hay que entenderlo muy relacionado con la génesis de los problemas sociales (Bergalli cita los trabajos de Blumer y de Kitsuse al respecto) tal como lo entiende, por ejemplo, Vander Zanden (1977).

En ocasiones ya se ha apuntado (Casas, 1987b) que los estudiosos de los problemas de la infancia, y también los responsables de dar respuestas a los mismos, no podemos olvidar diferentes situaciones que, aunque sean minoritarias, y no encajen bien en las definiciones de malos tratos y abandono infantil, también son síntomas graves de conflictos psicosociales, de disadaptaciones que afectan a niños y adolescentes: fugas del hogar, intentos de suicidio, consumo de sustancias tóxicas, niños o niñas *de calle*, ciertos problemas de salud mental infantil, etc.

Las disadaptaciones producen situaciones que pueden ser consideradas problemáticas, sea para el individuo, sea para la sociedad, o sea para ambos. A menudo estas situaciones configuran contextos que facilitan nuevas disadaptaciones, dando lugar a lo que se ha denominado *espiral de la marginación* o de la exclusión social. Si el riesgo se enfatiza por el lado de la negatividad de las consecuencias para el individuo, acostumbramos a hablar de *situaciones de dificultad social*, mientras que si se hace por sus consecuencias para el entorno social, lo hacemos de *situaciones de conflicto social*. Podríamos, pues, desde otro plano, hablar simplemente de *riesgo a que aparezcan situaciones de dificultad o conflicto social*, cuando existe la probabilidad de que aparezcan desequilibrios interadaptativos.

Es obvio que no podemos dejar de situar las problemáticas sociales de las niñas y niños en el contexto del estudio psicosocial del desarrollo humano y de sus procesos de socialización, sobre el cual ya existen diferentes tradiciones en el seno de la psicología social (véase capítulo 3). De la misma manera que el conjunto de enfoques sobre el bienestar y la calidad de vida de los grupos humanos, y el cambio social orientado a su mejora, y a la mejora específica de las poblaciones infantiles, son vertientes relevantes respecto a la temática que nos ocupa (véase capítulo 11).

Dado que tratamos de abordar realidades sociales y psicosociales complejas, conceptualizadas a partir de términos abstractos, debemos recordar (véase Casas, 1989b) que a la hora de medir o evaluar las situaciones sólo dispondremos de datos aproximativos a la realidad, es decir de *indicadores*. Entiéndase, por tanto, que nuestras aportaciones están en el contexto de un largo camino colectivo que queda por recorrer para analizar más inequívocamente unas realidades sociales, no como mero ejercicio teórico, sino como reto al diseño de intervenciones sociales que persiguen un cambio social en beneficio de la mayor calidad de vida de nuestras poblaciones infantiles.

Parece claro, y coinciden en ello autores como Granell (1986), que el interés por la noción de *riesgo social* nace paralelamente con el crecimiento del interés por la *prevención*. La temática de la prevención adquiere una singular relevancia y proyección, como es sobradamente sabido, a partir de los trabajos de Caplan (1964). Puede ser definida como «los esfuerzos desplegados para evitar la aparición o intensificación de unos problemas determinados» (Granell, 1986). En este contexto, *problemas* tiene el sentido de algo no deseado, algo que se debe evitar, algo que uno debe ahorrarse. *Riesgo* denota también una *relación con algo no deseado*: se refiere a la presencia de un factor o factores que aumentan la *probabilidad de que aparezca una determinada situación o conducta*. Se supone que la presencia de *factores de riesgo* predispone, o al menos puede favorecer, la aparición del problema-no-deseado. Castel (1981) define el riesgo como:

> «La relación de datos generales impersonales o factores *(de riesgo) que hacen más o menos probable el acontecer de conductas indeseables*».

Castel subraya con plena conciencia la *impersonalidad de los datos* que configuran el riesgo, tema que discutiremos más adelante.

En consecuencia, tanto riesgo como prevención son conceptos relativos a un problema concreto, no deseado, que ha de ser claramente definido. Obviar tal definición entendemos que lleva a muchas de las confusiones sobre los auténticos objetivos de determinadas actuaciones preventivas.

La naturaleza del problema que *debe* prevenirse, o cuyo riesgo hay que conocer, merece ciertas reflexiones: ¿quién puede determinar que una situación o comportamiento *son problemáticos* (o no son *deseables*)? ¿Problemáticos para quién? Parece bastante claro que ni psicológica ni sociológicamente hablando se pueda afirmar que un *problema*, ni tan sólo un *conflicto*, son necesariamente algo negativo; pueden ser verdaderos movilizadores positivos: estímulos para el desarrollo de habilidades, motivaciones para el cambio, etc.

No es, pues, nada gratuito afirmar que la *deseabilidad* de un hecho merece un detenido análisis. En el trasfondo de la deseabilidad social tenemos siempre alguna necesidad social, o una confluencia de diversos déficits y aspiraciones sociales. Hemos de tener en cuenta, por tanto, cuál es la génesis del reconocimiento social (o *legitimación*), en sus diferentes grados o niveles, de cada necesidad social hasta establecerse como problema social, en el contexto de cada comunidad humana. Es la comprensión de esta génesis lo que nos permitirá desentramar las diversas formas de acción social emergidas como respuesta al problema y analizar las posibilidades de fortalecer tal acción si se estima conveniente, o de intensificar su contención, o de promover alternativas que se consideren más adecuadas.

Dado que la génesis de los problemas sociales tiene peculiaridades que se deben considerar cuando se la sitúa en contextos distintos, habrá que tener en cuenta, para nuestros propósitos, tanto planteamientos teóricos como métodos elaborados alrededor del estudio de la dinámica de las comunidades humanas, de entre las que cabe considerar especialmente interesantes algunas de las dedicadas al *estudio de las comunidades urbanas* y al *análisis de áreas sociales* (Casas, 1989b).

Cuando hablamos actualmente de *niños y niñas en situaciones de riesgo social* debemos, pues, insistir y resaltar la nueva connotación que nos aparece junto con esta noción, de manera distintiva en relación con algunas de sus antecesoras: se está reconociendo un fenómeno que no se puede reducir a un atributo unipersonal de cada niño, idea de la que han derivado las prácticas exclusivizadas en la atención del niño o niña aislado y fuera de su contexto natural de interrelaciones. El riesgo se reconoce como una *circunstancia «social»*, resultante de una dinámica interactiva en el seno de una comunidad humana. Actuar sobre interacciones sociales para prevenir o modificar determinadas consecuencias sobre las que están implicados muchos factores, significa disponer de modelos teóricos sobre el funcionamiento de estas interacciones. Modelos como los propuestos, por ejemplo, desde los paradigmas ecológico y sistémico.

7.2. El principio de prevención aplicado a los problemas sociales

Hay situaciones sociales que se perfilan como *que no debieran haber sucedido*. Puede que amplios conjuntos de miembros de una misma colectividad las consideren *no deseables* y estén convencidos de que podrían haber sido evitadas preveyendo con anterioridad el desarrollo de actuaciones apropiadas.

Cuando se consolida una preocupación acerca de situaciones *conocidas* que pudieren acaecer en un contexto social dado y cuando la deseabilidad sobre su no aparición llega a ser incluso anterior a que exista en aquel contexto, se empieza a perfilar la idea de *prevención*. La noción de prevención está relacionada con realidades conocidas, sobre las que se sabe o se tiene experiencia acerca de sus efectos valorados negativamente; con la probabilidad de su aparición; y con su no deseabilidad social.

Ello provoca consecuentemente distintos interrogantes: 1. ¿para quién no es deseable?; 2. ¿por qué es probable que aparezca?; 3. ¿quién tiene la experiencia o sabe acerca de los efectos negativos?

1. Decimos que una situación es *no deseable* socialmente refiriéndonos a que hay una colectividad que así se lo representa. No se trata de una simple consideración de las personas particularmente afectadas. La colectividad se siente implicada y es ella la que considera que deben desarrollarse actuaciones desde instancias que actúen por ella (lo cual implica generalmente el aval de alguna administración pública); la colectividad siente algún tipo de responsabilidad al reconocer que una situación es injusta o comporta sufrimiento para algunos de sus miembros; incluso puede admitir que dichos miembros tienen derecho a recibir determinadas prestaciones sociales; de la asunción de dichas responsabilidades colectivas nacen políticas sociales.

2. La *probabilidad de que sucedan* determinados eventos parte de aseveraciones de expertos: los profesionales, los investigadores y los responsables de programas pueden disponer de conocimientos más o menos rigurosos sobre el fenómeno no deseable. Los expertos analizan la complejidad de las dinámicas sociales desde diferentes paradigmas teóricos y basándose en distintas disciplinas científicas. En última instancia, los expertos llegan a consensos más o menos altos en relación con la necesidad de intervenir sobre una realidad social, de acuerdo con los niveles de riesgo evaluados.

3. La *experiencia* en este caso no se refiere tanto a la de quien padece individualmente la situación negativa, sino a la del observador externo que tienen responsabilidades en la proposición o adopción de soluciones ante problemas sociales: el político, el técnico de Administraciones públicas, el responsable institucional, el investigador. Algunos autores los definen como «aquellos que tiene algún tipo de *autoridad sobre la definición del problema*» (Rueda, 1984; Barriga y otros, 1987; Luque, 1988).

Lo que hemos destacado hasta aquí apunta hacia funciones muy intensas de los técnicos, pero no parece involucrar a los ciudadanos (aquellos que han de ser prevenidos) con un papel muy activo. Ello aparece de forma clara cuando se trata de situaciones que generan alarma social, o cuando los medios de comunicación social atribuyen particular importancia al fenómeno, contribuyendo a crear dicha alarma. Sólo cuando se añade una perspectiva comunitaria a la intervención preventiva se nos hace evidente la necesidad de su mayor protagonismo.

Cuando se habla de prevención resulta inexcusable citar la clásica clasificación de Caplan (1964), según la cual se puede diferenciar en primaria, secundaria y terciaria. También parece ineludible reconsiderar el contenido de cada una de estas tipologías, para lo cual disponemos de interesantes revisiones recientes (Fernández-Ríos, 1994). A medida que las ciencias de la salud se han ido haciendo más *sociales*, en el sentido de tener más en cuenta los contextos sociales en los que se da o promueve, sea la salud, sea la enfermedad, ha ido emergiendo el reto de intentar reencontrarse con las elaboraciones acerca de la prevención, no siempre coincidentes, que se han desarrollado independientemente en el ámbito de la intervención social. Por esta razón las propuestas de definiciones presentadas a continuación intentan ser integrativas.

• *Prevención primaria*, originalmente, según el propio Caplan, es un concepto comunitario. Implica la *disminución de la incidencia* de una enfermedad, y se focaliza en reducir el riesgo de toda la población. Al ofrecer el campo más vasto para la prevención, es esta modalidad la que ha concentrado mayor interés de los expertos como forma de atender tanto enfermedades como problemas sociales. Por eso es sobre la que más se ha debatido y teorizado.

Hoy en día se cuenta con un amplio consenso sobre algunas de sus características básicas: debe tener un enfoque comunitario, ser interdisciplinaria, ser proactiva, interconectar los diferentes aspectos de la vida de las personas (orientación bio-psico-social), utilizar técnicas educativas y sociales, orientarse a dotar a las personas de recursos ambientales y personales para que afronten sus problemas ellas mismas, y promover contextos sociales justos (Fernández-Ríos, 1994).

La prevención primaria se entiende que va dirigida a grupos o poblaciones que no manifiestan signos evidentes de enfermedad o problema social; sólo existe la consideración de que algunos de sus miembros (o todos) pueden estar en *situaciones de riesgo*.

• La *prevención secundaria*, también originalmente, es la que tiene como objetivo la reducción de los efectos de la enfermedad. Implica *dismi-*

nución de la prevalencia, y focaliza muchos esfuerzos en la detección precoz. En el campo social se la ha asociado con la identificación de *individuos* portadores de factores de riesgo, es decir, *vulnerables*.

• En ciencias de la salud a menudo se considera ya en desuso el concepto de *prevención terciaria*, que Caplan identificaba con el de *rehabilitación*, por lo que fue muy polemizado como concepto preventivo (Fernández-Ríos, 1994). Pero en el campo de las ciencias sociales algunos autores han venido asimilando prevención terciaria a *seguimiento posterior a la intervención*, que es una idea bien diferente. Le llamemos como le llamemos, el seguimiento posterior a la intervención (gran reto pendiente de muchos sistemas de protección social) no es sólo trascendente para un trabajo preventivo riguroso; es también crucial para una correcta evaluación a medio y largo plazo de las consecuencias de nuestro trabajo interventivo. No sólo está relacionado con asegurar el bienestar posterior de las personas que han recibido ayuda; también lo está con nuestra capacidad de aprender y nuestros métodos de aprendizaje para mejorar nuestras intervenciones a partir de la práctica misma. Si no se hace seguimiento, nuestro proceso de construcción de conocimiento no dejará de ser débil, porque seguiremos ignorando los efectos profundos de nuestro trabajo, su *permanencia* a través del tiempo (Casas, 1994j; 1996g).

Debemos ir ahora un poco más lejos del análisis erudito tradicional sobre los tipos de prevención, adentrándonos en la reflexión más amplia sobre las dinámicas sociales y los procesos psicosociales en cuyo contexto se llega a reconocer la conveniencia o necesidad de prevención, es decir, de actuaciones preventivas.

Prevenir, sobre todo si nos referimos a prevención primaria, puede llegar a comportar el intervenir sobre algo que a ojos de muchos ni tan siquiera existe, es decir, sobre la nada; ello con la premisa de que hacerlo nos evitará la aparición de problemas futuros. Este planteamiento no parece ofrecer ningún problema desde una perspectiva científica o profesional. Incluso podemos recorrer al conocido *más vale prevenir que curar*, que parece una afirmación inapelable.

Pero debemos distinguir entre las imágenes que los profesionales e investigadores tenemos sobre la prevención, y las que tienen los ciudadanos en general. La *lógica* del experto no es la única con que funcionan las interacciones sociales. Es necesario tener en cuenta las creencias, imágenes y representaciones de los ciudadanos en relación con cualquier fenómeno para el que estemos planificando alguna intervención preventiva, ya que pueden determinar su colaboración o resistencia al logro de los objetivos perseguidos.

Considerándolo con detenimiento, no siempre es tan obvio que se necesite intervenir sobre algo que *aún* no existe, especialmente si no se tiene una experiencia anterior directa. La motivación se moviliza más fácilmente cuando construimos *aspiraciones compartidas*, colectivas; cuando todos queremos que las cosas vayan a mejor.

Pero las aspiraciones no logran dinamizar fácilmente algunas de las interacciones características que se observan alrededor de un problema o necesidad social legitimado: el proceso de legitimación conlleva procesos graduales de responsabilización social. Los profesionales de la salud, por ejemplo, han comprobado repetidamente cómo, a pesar de parecer profundamente ilógico, muchos humanos mantenemos tendencias persistentes a repetir comportamientos insaludables. Muchas personas quieren realidades concretas *aquí y ahora* y pueden ser bastante perezosas a la hora de planificar racionalmente el futuro a medio y largo plazo, sobre todo para evitar no algo *real*, sino *sólo una probabilidad*.

¿Pueden las aspiraciones llegar también a ser *legitimadas*, lo que equivaldría a decir *compartidas* por amplios colectivos de ciudadanos? Parece que la respuesta debiera ser *sí*; la evolución histórica de las vicisitudes que ha comportado y sigue comportando el reconocimiento de los derechos humanos es un buen ejemplo de como, a pesar de grandes dudas, contradicciones y pasos atrás, parece claro que globalmente se ha avanzado; incluso reconociendo que el ritmo medio de la marcha puede resultar exasperantemente lento. Es necesario un proceso de construcción colectiva para llegar a consensuar que una aspiración, para su logro, requiere una intervención social apoyada desde instancias públicas.

Cuando los profesionales e investigadores hablamos de la necesidad de prevenir algo, lo acostumbramos a hacer a partir del rigor de la recopilación sistemática de datos que nos apuntan la existencia de *factores de riesgo*.

Factor de riesgo es un concepto que se refiere a determinadas condiciones biológicas, psicológicas o sociales, medidas mediante variables directas o indicadores (sociales o psicosociales) que, acordes con conocimientos científicos, se ha demostrado que participan probabilísticamente en los antecedentes o en las situaciones asociadas o implicadas con la emergencia de diferentes enfermedades, problemáticas o necesidades sociales (Casas, 1994j).

En la práctica, las informaciones que nos permiten identificar factores de riesgo las obtenemos a partir de la recopilación sistemática de datos acerca de problemas o necesidades ya emergidos. Los profesionales acumulan evidencias empíricas, en el ejercicio de su actividad de atención a los problemas, sobre factores antecedentes a las situaciones estudiadas; los investigadores, basándose en estas evidencias, formulan hipótesis y desarrollan estudios apropiados para identificar relaciones existentes entre distintos factores implicados.

Los datos disponibles se obtienen a menudo de servicios distintos, e incluso por parte de profesionales de distintas disciplinas. La recopilación puede llegar a ser muy laboriosa. De hecho, se acostumbran a abordar realidades sociales muy complejas, por lo que la lista de factores supuestamente relacionados con la situación se puede ir alargando mucho. Los modelos tentativos para explicar la implicación de distintos factores de riesgo se van haciendo, poco a poco, más precisos, pero al mismo tiempo más complicados. Cada vez es más evidente que muchos factores de riesgo son, de hecho, *factores multirriesgo*, porque se van encontrando en los antecedentes de problemáticas diversas (por ejemplo, el alcoholismo de un progenitor, tanto en niños y niñas infractores, como desatendidos, con fracaso escolar, fugados de casa, o maltratados físicamente).

Con el tiempo se ha ido creando toda una terminología particular. Algunos autores distinguen entre factores de riesgo como *predictores* (a veces llamados *marcadores*, sobre todo en salud) y factores *precipitadores*. Parece que en la mayoría de los casos la presencia de un solo factor de riesgo no tenga gran trascendencia; hacen falta ciertas combinaciones o acumulaciones de factores de riesgo para que el problema emerja.

Sin embargo, diversas investigaciones han ido demostrando que también hay factores que actúan en contra de la emergencia de un problema. En tal caso se habla de factores *contenedores*, *compensadores* o *protectores*. En el ámbito de la infancia y la adolescencia recientemente se han desarrollado muchos estudios sobre lo que se viene denominando la *resiliencia* (véase apartado 6.5), es decir, sobre los factores que se refieren a la capacidad de algunos individuos para resistir frente a acontecimientos adversos en su experiencia vital, sin sufrir grandes consecuencias negativas o perturbadoras a largo plazo para su desarrollo o socialización (Rutter, 1990).

A pesar de que los planteamientos teóricos más consensuados son cada vez más los interactivos individuo-medio (modelos sistémicos, ecológico-sistémicos, etc.), arrastramos un lastre de fuertes condicionamientos terminológicos focalizados más en la atención al individuo que en su entorno social. Quizás hay un trasfondo humano muy positivo en pensar ante todo y sobre todo en ayudar a la persona individual: pero esto no significa ni puede significar en absoluto que nuestra intención de cambiar algo, nuestro programa de intervención, se concentre en cambiar sólo algo referido a la persona (por ejemplo, su conducta); tal vez deberíamos centrarnos más en cambiar algo referido al entorno (la conducta de otros, por ejemplo) o la interacción entre ambos.

Puede ser mucho más trascendental identificar contextos de riesgo que individuos en riesgo; en cambio, estamos poco habituados a pensar así porque los conceptos que utilizamos nos limitan tal visión. Hablamos por ejemplo de *inadaptación* y pensamos que *la persona no se adapta*; en vez de pensar en *disadaptación* como un sistema de relaciones individuo-medio con *dificultades recíprocas de adaptación* (Casas, 1989b) (véase apartado 7.1).

En relación con esta cuestión cabe apuntar que hay una gran diferencia de planteamiento entre las intervenciones judiciales (centradas en hechos, que implican personas individuales; sólo se juzgan hechos y la responsabilidad personal que comportan) y las sociales (centradas en sistemas humanos y en las interacciones que en ellos se dan). La evaluación de los respectivos procesos de intervención puede no coincidir en absoluto, cosa a menudo evidente en el campo de la justicia de menores: a pesar de que un chico o chica haya cumplido una medida, es posible que el entorno social en que está sumergido no se haya modificado en nada para contener o cambiar un comportamiento socialmente conflictivo.

La práctica de la prevención presenta límites que pueden tener, entre otros, carácter ético, técnico, económico, social y político. Una de las coordenadas de análisis de los límites prácticos de los programas preventivos está constituida por la dicotomía *prevención específica frente a inespecífica*; y otra, por la dicotomía *prevención personal frente a impersonal*.

La prevención de cualquier problema social puede tener una amplitud muy distinta: puede ser prevención inespecífica, cuando se intenta prevenir una diversidad de cuestiones a la vez (por ejemplo, cuando se hace educación para la salud), y también puede ser impersonal, cuando va dirigida a grandes conjuntos de ciudadanos. Numerosos autores han defendido que ante muchos de los problemas sociales la prevención debe ser siempre lo más amplia posible; en última instancia, muchos de los problemas afrontados podrían alcanzar a cualquier ciudadano.

Sin embargo, no siempre es tan fácil defender la bondad de la amplitud. Por una parte, puede ser contraproducente que determinadas prevenciones alcancen a todo el mundo y es preferible que sean específicas (por ejemplo se ha señalado que algunas campañas amplias sobre la droga pueden despertar más curiosidad). Por otra parte, prevenir a todo el mundo de gran cantidad de cosas puede resultar económicamente muy costoso y poco coherente con los resultados obtenidos. Algunos autores han defendido que es una mala gestión del dinero el prevenir a quienes no necesitan prevención (por ejemplo, entregar folletos contra el tabaquismo indiscriminadamente, incluido a no fumadores). La clara utilidad práctica de identificar a las *personas portadoras de riesgos* dio lugar al concepto de *vulnerabilidad*: hay personas que, debido a las circunstancias que han vivido o viven, tienen más probabilidad (riesgo) de padecer una enfermedad o situación social negativa.

La identificación de personas en situaciones de riesgo ha llevado ya a encendidas polémicas en algunos países, particularmente en relación con los factores sociales asociados (incluido el propio comportamiento social de los afectados); lo hemos visto claramente durante los últimos años en relación con el sida, aunque la polémica ya había empezado antes. Las *teorías del etiquetaje social* hace décadas que nos demostraron cómo la propia definición de una persona como portadora de un problema, aumenta las posibilidades de que lo padezca. Así, los etiquetados como predelincuentes tienen más posibilidades de devenir delincuentes que los no etiquetados así. Igual que cuando un maestro tiene expectativas negativas sobre el rendimiento de un alumno, está demostrado que aumenta la probabilidad de que dicho alumno tenga rendimiento negativo (*profecías autocumplidoras*) (Ovejero, 1986).

Castel (1981; 1983), por otra parte, ha señalado insistentemente las nuevas formas de *control social ilegítimo* a que puede llevar la prevención personalizada. ¿Por qué, por ejemplo, en vez de crearse registros de niños maltratados, como algunos proponen, no se crean registros de adultos maltratadores?

En última instancia, ¿se puede obligar (abierta o sutilmente) a las personas a *prevenirse* obligatoriamente de algún problema, contra su voluntad? La voluntariedad se ha defendido a menudo como uno de los principios y de las características de toda intervención social, por contraposición a las intervenciones policiales o judiciales. Pero tampoco es tan sencillo establecer límites: en el ámbito de la infancia, por ejemplo, el tema de la voluntariedad es bien borroso, porque ¿quién dejaría de proteger a un niño abandonado que no quisiera ser protegido?

La prevención personalizada, dirigida específicamente a los individuos identificados como vulnerables, que tiene pleno sentido, pongamos por caso, en el campo de las enfermedades infecciosas, llega a plantear problemas éticos muy delicados en el campo social.

Es por esto que se han intentado acotar cada vez más una serie de conceptos que no personalizan directamente: *grupos de riesgo, situaciones de riesgo, poblaciones en riesgo*. Se trata de conceptos que permiten medidas impersonales del riesgo, y eluden, en consecuencia, un etiquetaje individual (Casas, 1989d). Identificar poblaciones que se hallen en riesgo social y desarrollar en ellas actuaciones preventivas exige una tarea especializada, sectorizada y descentralizada. Lo cual puede chocar con los límites económicos de la prevención. La prevención es una inversión hacia el futuro; sus resultados a menudo no se pueden ver a corto plazo. La evaluación de su éxito o fracaso con frecuencia no puede ser inmediata. Las exigencias de clara rentabilidad y eficiencia impuestas a los programas de intervención social pueden poner en serios apuros a las actuaciones preventivas.

Técnicamente también existen límites a la prevención. A veces la complejidad de un problema o la falta de experiencia en su tratamiento preventivo hace que no se disponga de instrumentos adecuados para intervenir, o no se sepa cómo utilizarlos adecuadamente.

Los límites sociales de la prevención se encuentran en el grado de apoyo ciudadano que tenga cualquier programa. La desinformación o falta de sensibilidad ciudadana hacia la problemática que debe ser prevenida pueden dificultarlo seriamente. Los estereotipos y representaciones sobre las características de un problema social y sobre las formas adecuadas de afrontarlo ponen también límites sociales (o más precisamente: psicosociales). Una imagen habitual sigue siendo que la prevención se centra en intervenir sobre individuos y sobre aspectos negativos; una imagen alternativa podría centrarse en el socioentorno y en el actuar para que *no dejen de suceder acontecimientos positivos, deseables*.

La prevención tiene su base más sólida en el hecho de partir de conocimientos avalados científicamente, y de conocimientos técnicos adquiridos con rigor en la experiencia interventiva.

Las denominadas *buenas prácticas* en los programas de actuación preventiva ya desarrollados constituyen una de las más valiosas fuentes de información y reflexión. El campo de la prevención es uno de los que muestran con mayor claridad que no tiene sentido diferenciar entre conocimiento *teórico, aplicado* y *técnico* porque no existe solución de continuidad entre ellos. En este caso, el conocimiento *básico* sólo puede existir vinculado al conocimiento *útil* para actuar (Casas, 1989b).

La prevención, pues, sólo encuentra su sentido si se dirige a la acción, y ésta se da siempre en un contexto político y social determinados. Hace falta la voluntad institucional para que programas preventivos adquieran cuerpo en el seno de las políticas sociales de cada gobierno. Y también hacen falta la sensibilidad y responsabilidad sociales para que los ciudadanos comprendan la necesidad de una prevención social y colaboren con ella.

Dado que las informaciones de que disponen los ciudadanos acerca de los problemas sociales que se pretenden prevenir son determinantes, se hace necesario insistir en el papel clave que tienen los medios de comunicación social, por lo que debe desarrollarse una cooperación cada vez más estrecha entre los profesionales de la información y los profesionales de la intervención social.

En resumen, podemos definir la *prevención* como aquel proceso de intervención social que, con el objetivo último de mejorar el bienestar y la calidad de vida de las personas y sistemas humanos, y acorde con conocimientos rigurosos, manipula los factores asociados o implicados en la génesis de diferentes enfermedades, problemáticas o necesidades sociales, desarrollando actuaciones concretas a fin de evitar su aparición, reaparición o agravamiento (Casas, 1994j).

7.3. Identificación de situaciones de riesgo social

El conocimiento de las situaciones de riesgo se basa, de entrada, en la experiencia acumulada: observamos constancias en determinadas situaciones concretas e individualizadas, previas a la emergencia del problema. Posteriormente, en estudios más sistematizados, comprobamos que existen *correlaciones muy complejas* entre distintos factores, que *coinciden*, o *se acumulan*.

Caldwell, Bogat y Davidson (1988) realizaron una revisión de los abundantes trabajos realizados en los Estados Unidos para evaluar los factores de riesgo a los malos tratos y negligencias sobre los niños. Tres pasos son necesarios, según estos autores, para evaluar de una manera fiable y válida el riesgo a que tales situaciones se produzcan:

1. Se desarrollan hipótesis sobre las diferencias entre quienes serán maltratados y quienes no. Las hipótesis se basan en una etiología sobre los malos tratos infantiles.
2. Se desarrollan métodos e instrumentos para medir las diferencias hipotetizadas, y tales procedimientos sirven para asignar niveles de riesgo.
3. Se valora la validez predictiva de estos procedimientos de evaluación del riesgo.

Son numerosas las investigaciones que han estudiado las características de los padres que maltratan, las de los niños maltratados, las interrelaciones entre los progenitores, y entre los padres y los hijos e hijas, el estrés en la unidad familiar, la existencia o no de un apoyo social mínimo a la misma, las variables de la estructura social que inciden en la misma (pobreza, madres solas, movilidad social, etc.) y los factores de nuestra cultura individualista, que reduce el sentido de responsabilidad comunitaria hacia la infancia, así como el estrés social y económico bajo el que viven muchos ciudadanos. Y son muchos los factores que se ha encontrado que mantienen correlaciones con el maltrato, la negligencia y el abandono infantiles. El problema estriba en saber con mayor precisión cómo se articulan e interactúan tantos y tan complejos factores.

La práctica totalidad de autores que han abordado el tema de la socialización primaria reconocen y destacan particularmente que el inadecuado funcionamiento del microsistema familiar en relación con la cobertura de las necesidades de la niña o niño, o con sus aprendizajes socializadores, son fuente de problemas comportamentales en la infancia e incluso de problemas de salud mental. En consecuencia, interesa profundizar en el conocimiento de aquellos aspectos de la realidad familiar que más correlacionan con la manifestación de problemáticas infantiles, por su posible función como factores de riesgo.

Una noción pocas veces definida, a la que se apela frecuentemente, al menos en las dos últimas décadas, es la de *desestructuración familiar*. Esta noción ha ido sustituyendo la clásica de *desorganización familiar*, que tantos autores habían estudiado, como por ejemplo el psicoanalista Winnicott (1964), cuyos primeros trabajos sobre la misma se remontan a 1957.

Algunas veces se ha identificado la desestructuración familiar con determinadas configuraciones materiales o humanas de las unidades familiares, como es el caso de las familias en que falta algún progenitor, o en que hay pocos recursos sociales o económicos, o en que los horarios de trabajo del progenitor son inhabituales, etc. Entendemos que esta visión es muy reduccionista, porque resume las dificultades de una familia a sus expresiones materiales, y connota negativamente unas situaciones que, en manera alguna, comportan necesariamente una incidencia negativa sobre la socialización del niño, por sí solas.

Ya en 1977 un Comité de Expertos de la OMS mantenía que las dificultades y los conflictos materiales no son siempre, ni mucho menos, situaciones adversas para el proceso educativo y de socialización, sino que pueden ser experiencias enriquecedoras y de crecimiento. Todo depende de los factores de resistencia personal y, especialmente, de la globalidad ambiental y relacional en que se viven.

Por esta razón autores como, por ejemplo, Lautrey (1985) prefieren estudiar *la estructuración del medio ambiente familiar* en positivo y contextualizado. Este autor considera que existe una estructuración objetiva y una estructuración vivida del medio ambiente familiar, y pone como ejemplo las normas (reglas de comportamiento explícitas) y los hábitos (reglas implícitas).

La noción de *estructuración familiar vivida* parecería apuntar en la misma línea que la de *clima social familiar* utilizada por Moos (1974). Para medirlo, este autor diseñó la escala FES (*Family Environment Scale* de Moos, Moos y Trickett), de la cual se dispone actualmente de una versión adaptada al castellano (TEA, 1984).

La mayoría de programas preventivos desarrollados con enfoques de la psicosociología comunitaria buscan la manera de desplegar intervenciones sociales que lleguen a repercutir indirectamente dentro de los núcleos familiares de una comunidad, dado que tales espacios de intimidad resultan directamente inaccesibles, al menos de forma regular. Un ejemplo de descripción de experiencias de este tipo con familias marginales es ilustrado por el trabajo de compilación hecho por Harari (1974) en Argentina. Desde un enfoque sistémico, Campion (1985), por ejemplo, dedica todo su trabajo *El niño en el contexto* a repasar las posibilidades de ayuda al sistema familiar en dificultades. No faltan tampoco trabajos bajo otros paradigmas, como los de García González (1981) bajo el prisma conductista.

Los estudios sobre las características de las familias de niños, niñas y adolescentes que presentan diferentes formas de conducta socialmente no deseadas son numerosísimos. Como dice Montero (1979): «*Las tensiones familiares son una fuente de inadaptación, tema clásico en los estudios de problemas sociales*». En España son muchos los autores que han dedicado su atención a este tema, a menudo a partir de la delincuencia infantil y juvenil, por ejemplo, Recio (1978, 1979); González González (1981); Funes (1982), y un largo etcétera; también a partir de la temática de la inadaptación escolar puede verse el trabajo de Bandrés, Renau, Jaraquemada y García González (1981). Alvira y Canteras (1986) dedicaron un apartado de su trabajo sobre marginación y delincuencia juvenil en España, a las *características familiares*, concluyendo:

> «*Todos los factores familiares están relacionados con el logro de un adecuado proceso de socialización, es decir, de una correcta interiorización de los sistemas de pautas de acción y creencias de la sociedad, a través de la familia*».

Con todo, el renacido interés por el nivel familiar (microsistémico) ante los clásicos desarrollos exclusivizados en el individuo, no pueden hacernos perder de vista la globalidad del problema, ni el hecho de que existen otros factores intervinientes a nivel de exosistema y macrosistema, ya identificados por investigadores y profesionales desde hace muchas décadas. De Paúl (comp., 1988) ya hizo en su momento un sintético repaso de los considerados más relevantes, y los reunió en un *cuadro integrador de las variables*; Gracia y Musitu (1993) hicieron posteriormente una nueva revisión y ampliación de las mismas.

7.4. La intervención sobre los factores de riesgo social: perfiles individuales *versus* poblaciones en riesgo

Mientras que la investigación y la identificación rigurosas de factores de riesgo es una tarea que no puede eludir el fundamentarse en una actividad evaluativa en cada caso y cada situación concreta (es decir, a nivel *micro*), cuando pasamos a plantearnos la *intervención sobre factores de riesgo* entramos en un terreno en el que los *niveles* se convierten en tema delicado y polémico.

Existen dos posturas (para ilustrarlo de forma didáctica, aunque muy simplificada), diametralmente opuestas, de entender la intervención sobre tales factores: una corresponde a un procedimiento específico y personalizado, que parte de identificar los perfiles individuales de riesgo, y otra a un procedimiento globalizado e impersonal, que parte de identificar las poblaciones en riesgo. De una manera aproximada se corresponden con posturas que plantean la necesidad de prevención a nivel *micro*- y *macro*-social, respectivamente.

Podemos tomar las reflexiones de Caldwell, Bogat y Davidson (1988) como ilustrativas del punto crítico al que recientemente están llegando las investigaciones desarrolladas en los Estados Unidos sobre los factores de riesgo a los malos tratos y abandono en la infancia. A partir de una revisión de las investigaciones para detectar perfiles individuales o familiares de riesgo, para así desarrollar programas preventivos altamente focalizados, estos autores llegan a conclusiones muy desalentadoras. Se trata de un fenómeno social de tasas bajas, y este tipo de fenómenos siempre plantea dificultades de predicción. Dado que no existen instrumentos muy precisos para detectar posibles familias o padres maltratadores, los programas preventivos que se proponen intervenir sobre perfiles individuales no resultan muy eficientes. Además, el hecho de identificar a algunas familias como de posible riesgo, cuando en realidad no lo son, crea costes sociales adicionales, si tenemos en cuenta que pueden darse profecías autocumplidoras.

Es por ello que estos autores concluyen que el mejor procedimiento para prevenir los malos tratos es establecer y potenciar los servicios dirigidos a toda la población, a pesar de su dispersión. Con ello no sólo se evita un posible estigma para determinadas familias, sino que los programas bien estudiados pueden tener otros beneficios sociales de carácter sensibilizador, educativo e incluso de mejora de la calidad de vida.

Los programas públicos preventivos hechos a partir de la identificación de perfiles individuales de riesgo ya habían sido antes duramente criticados por autores como Castel (1981, 1983), a partir de la experiencia francesa de organización de servicios preventivos en el ámbito de la salud mental. Algunas de sus críticas coinciden con las de los autores que acabamos de citar. La detección sistemática de riesgos individuales comporta, según este autor, el peligro de insospechadas formas de control social en manos de administradores sociales, así como de despersonalización de los servicios en manos de un objetivismo tecnológico, que reduce los sujetos a sus condiciones científicamente instrumentalizables. Según el mismo autor, la prevención debería ser mucho más que la simple detección de perfiles individuales de riesgo, y no puede eludir acciones globalizadas sobre toda la población, ya que, de otra manera, se convertiría en una especie de nueva forma de clasificación de las personas y en algo similar a un *etiquetaje profético*, como por ejemplo, de que determinados niños o niñas *pueden llegar a ser delincuentes*, por lo que *ya son predelincuentes*.

En el otro extremo encontramos los planteamientos nacidos alrededor de la noción *poblaciones en riesgo*. El sustento de tal noción consiste en postular que si conocemos una serie de factores presentes en los perfiles individuales de riesgo, la alta presencia de tales factores en una comunidad humana hace probable que combinen entre sí o se acumulen en un mismo individuo o unidad de convivencia. Este tipo de medición, como ya hemos apuntado que señalaba Castel (1981), es una *medida impersonal*. Tales planteamientos coinciden con las bases que dieron origen a la epidemiología, cuyos campos de aplicación, en la actualidad, exceden en mucho a aquellos iniciales. Hoy esta disciplina dispone de procedimientos afinados para religar de forma productiva los datos obtenidos a niveles *micro* y *macro*.

Las grandes críticas hacia los enfoques interventivo-preventivos sobre poblaciones se centran en su coste y en su dispersión, es decir, en que sus hipotéticos efectos quedan diluidos entre la población y resulta muy difícil evaluar adecuadamente los resultados conseguidos. También se ha atacado su falta de eficiencia, en el sentido de que una alta proporción de los recursos invertidos quedan dedicados a *prevenir* familias o grupos enteros de población que no participan de ningún riesgo.

Más allá de los esfuerzos invertidos para defender la mayor bondad teórica de algunos de los dos extremos de esta polémica, consideramos que sería oportuno dar una ojeada a las diferentes posturas que se van manifestando desde la práctica profesional:

• Por una parte, aunque con serios problemas metodológicos y de recursos, cada vez hay más intentos de conjugar prácticas comunitarias con prácticas de atención individualizada. Ambas pueden potenciar aspectos preventivos, aunque a menudo a diferentes niveles sistémicos; ni el profesional que trabaja casos concretos puede renunciar a la personalización ni a la contextualización singular de cada caso, ni el profesional de la planificación territorial (ni quienes toman decisiones a tal nivel) pueden renunciar a una visión globalizada que permita centrar la atención en determinados riesgos de mayor gravedad, establecer prioridades, distribuir recursos, etc.

• Por otra parte, la organización de programas interventivos *intermedios*, que pueden articular los niveles *macro* y los *macro*, no pueden abarcar volúmenes de problemas muy grandes, ni extensiones de territorio muy amplias, simplemente por racionalidad. Es a partir de aquí que nace la necesidad de *sectorización*. La sectorización se refiere a la organización de la intervención de manera territorialmente delimitada, para conseguir una cierta homogeneidad sobre la diversidad de necesidades abordadas, acercándonos de este modo a la idea de *comunidad humana* como sistema. La intervención sectorizada implica recursos sectorizados y también información sectorizada (*datos territorialmente desagregados*). Desde hace ya bastantes años muchos profesionales se han interesado por recopilar y analizar datos poblacionales a niveles muy concretos: barrios, distritos, áreas sociales, etc.

En otras palabras, no sólo parece posible, sino que de cierta forma ya se viene practicando una vía interventiva *intermedia* entre lo individual y lo poblacional, sea centrada en subgrupos poblacionales de características concretas, sea, sobre todo, centrada en *sectores territoriales*, que acumulan indicadores de riesgo. Ello hace que la actuación sobre factores de riesgo social (o de *alto riesgo social* como, llegados aquí, a veces se prefiere) vaya orientándose cada vez más a centrarse en una tarea interventivo-preventiva cada vez más técnica y más específica para cada contexto distinto.

7.5. El proceso de obtención de datos sobre factores de riesgo social en la infancia

A título de ejemplo vamos a aportar los datos de tres estudios distintos desarrollados en diferentes Comunidades Autónomas de la geografía española, que nos permiten ilustrar un proceso bastante característico en la investigación científica de problemas sociales cuando su conocimiento inicial no está sistematizado. En la Comunidad Autónoma Valenciana, Escartí y Musitu (1987) desarrollaron un estudio sobre una muestra de 1.167 niñas y niños institucionalizados por malos tratos, abandono o imposibilidad de atención familiar, y encontraron las siguientes situaciones familiares como causas del internamiento:

  – extrema pobreza   16,25%
  – separación de los padres   14,17%
  – abandono de ambos padres   10,30%
  – delincuencia del chico/a   9,16%
  – problemas familiares   8,79%

- negligencia ambos padres   5,00%
- enfermedad padres   4,63%
- ambiente famil. negativo   4,44%
- abandono de la madre   4,34%
- muerte de la madre   3,30%
- abandono del padre   2,45%
- madre no puede ocuparse   2,17%
- malos tratos   1,32%
- muerte del padre   1,22%
- alcoholismo del padre   1,70%
- prostitución de la madre   1,03%

Por su parte, López y Bergaretxe (1987), en un estudio sobre 1.813 niños y niñas institucionalizados por las mismas razones, en el País Vasco, encontraron las siguientes (clasificación no excluyente):

- carencias económicas   48,6%
- divorcio o separación   32,8%
- alcoholismo del padre   21,7%
- abandono   18,1%
- enfermedad psíquica madre   15,8%
- problemas de conducta   15,6%
- malos tratos   13,7%
- problemas escolaridad   8,7%
- muerte del padre   8,1%
- muerte de la madre   7,9%
- alcoholismo de la madre   6,6%
- enfermedad psíquica padre   5,9%
- madre prostituta   5,9%

En Cataluña, Casas (1984) realizó un estudio durante el curso escolar 1983-1984 sobre una muestra (514 familias) representativa de las familias solicitantes de internamiento de algún hijo o hija en toda la Comunidad Autónoma, constatando que las problemáticas existentes más destacables en aquellas familias eran:

• 54,7% de los casos con graves dificultades económicas;
• 33,7% de los casos con importantes problemas personales del responsable, que dificultan la relación educativa con el chico o chica;
• 24,5% de los casos con dificultades de atención al chico o chica por el tipo de empleo del responsable;

• 24,1% de los casos con importantes problemas en la relación establecida con el chico o chica, que resulta inapropiada para su edad;
• 18,7% de los casos con dificultades debidas a las condiciones de la vivienda familiar.

Estas problemáticas se acumulaban casi siempre con una o varias de las siguientes situaciones:

• muy baja presencia de los dos progenitores en el hogar familiar;
• alto porcentaje de progenitores separados de hecho, y que no se ocupan de los hijos;
• frecuencia de casos en que un solo progenitor es quien se hace cargo del niño o niña. Más a menudo la madre que el padre;
• relativa frecuencia de la muerte de algún progenitor;
• alta frecuencia de familias numerosas;
• alta incidencia del acoholismo de algún progenitor, especialmente del padre;
• alta incidencia de problemas de salud y de salud mental graves, más a menudo de la madre;
• frecuencia de relaciones conflictivas entre los progenitores, si están presentes en el hogar familiar.

Este cúmulo de datos confirmó el paralelismo de la situación española con la de otros países de su entorno, al hallarse resultados relativamente similares. Con ello se evidencia una vez más que existen un conjunto de situaciones sociofamiliares que favorecen ostensiblemente que el niño o niña se encuentre en situaciones de dificultad psicosocial: es decir, en situación de riesgo a que su proceso de desarrollo integral resulte afectado de forma negativa.

Además, a grandes rasgos, todos estos datos resultaban muy coincidentes con estudios realizados sobre situaciones sociofamiliares de chicos y chicas en circunstancias bien diferentes: delincuentes, con diferentes problemas de salud mental, muy agresivos, maltratados, etc.

Por añadido, cualquier profesional del ámbito que cuente con unos años de experiencia, reconocerá que estos datos se corresponden, en gran medida, con sus observaciones acumuladas, es decir, con *informaciones ya constatadas*.

Desde el punto de vista científico, no obstante, se hace evidente un grave problema: en rigor, es casi imposible comparar entre sí los resultados de los distintos estudios: se han utilizado criterios de codificación diferentes y procedimientos distintos de agrupación de los datos. Además, son investigaciones puntuales, que no han tenido continuidad: no existen series temporales. Posiblemente estos datos ya no se pueden obtener por el mismo procedimiento: mientras hay muchos niños en una misma institución, presumiblemente tenemos gran cantidad de información allí concentrada y obtenible; pero cuando los servicios son más normalizados, menos *institucionalizantes* de la atención, la información queda dispersa, en manos de cada profesional que interviene y su recopilación se complica.

El reto queda ahí: ¿Cómo recopilar de manera regular un mínimo de información *homogénea* y con cierta *continuidad*, de manera que se tenga una visión global del conjunto de los casos atendidos y de cómo evolucionan las cosas? Este reto, que se siente como muy árduo y pesado para los profesionales ya agobiados por otras tareas, es el paso decisivo para poder disponer o no de una información pública relevante y continuada que ayude a la toma de conciencia ciudadana de algunas problemáticas infantiles y sus formas reales de atención.

El ciudadano medio (salvo por datos anecdóticos aparecidos esporádicamente en los *mass media*) desconoce tanto la realidad de la infancia maltratada y abandonada, como los logros de los profesionales y de todo el sistema de protección en la prevención y atención de esta problemática social. Ante la desinformación objetiva sobre una realidad, las imágenes que se configuran de la misma pueden ser altamente fantasiosas, subjetivas e incluso incongruentes. Por ello algunos intentos de crear nuevos servicios para niñas y niños en dificultades, contra toda *lógica*, han fracasado estrepitosamente en algunas ciudades por simple incomprensión de los vecinos: la *reacción social* generada a partir de fantasías puede acabar siendo desmesurada (véase apartado 1.5).

Los profesionales (y las asociaciones y colegios profesionales) deberían tomar en mayor consideración esta realidad. En última instancia, hacen falta esfuerzos para facilitar a los profesionales de la intervención social la recogida de la información que les proporciona su quehacer cotidiano. Es indiscutible que estos profesionales son la mayor y más fiable fuente de información existente sobre muchos problemas sociales que afectan a niños y niñas. Estos esfuerzos son responsabilidad también de las Administraciones públicas e instituciones sociales, sin que ello implique que los profesionales sean meros proporcionadores de datos: la devolución de los mismos debe estar en todo caso garantizada.

Más allá de la información que pueden proporcionar las investigaciones y las recogidas de datos de los diferentes casos, y resituándonos de nuevo en el nivel poblacional, existe otro conjunto de informaciones relevantes para el estudio de los riesgos sociales: se trata de las estadísticas oficiales, tanto de las censales como de otras producciones referidas a la infancia.

La realidad española, en comparación con otros países, es aún muy pobre en tal producción. Aunque existe algún modesto e incipiente intento (véase Casas, comp., 1989a; Ministerio de Asuntos Sociales, 1991a; 1991b), no se ha conseguido hasta el momento sistematizar una explotación de los datos censales a la búsqueda de posibles situaciones familiares de riesgo social para la infancia. Se ha demostrado que la desagregación territorial de esta información permite la localización de *bolsas* territoriales donde se concentran algunos factores. Un ejemplo productivo ha sido el análisis, en Cataluña, de la distribución territorial de un indicador fácil de obtener a partir de los datos censales: el número de jóvenes entre 16 y 18 años sin certificado de estudios primarios. Otro reto prometedor está en la propuesta de Cornejo y Martínez (1992) para estructurar un sistema territorial de indicadores de riesgo social en la infancia.

En este campo el mayor reto, no obstante, se dirige a las distintas administraciones: ayuntamientos, gobiernos regionales y Administración del Estado, que son las que deben tomar las decisiones políticas pertinentes para que tales estadísticas se produzcan sistemáticamente.

7.6. LA METADECISIÓN SOBRE LOS NIVELES DE RIESGO SOCIAL QUE REQUIEREN INTERVENCIÓN

En el supuesto de que tuviéramos datos sistemáticos y fiables sobre los problemas sociales que afectan a nuestros niños y niñas, podríamos empezar a plantear con mayor claridad una cuestión de fondo: ¿a partir de qué situaciones o niveles de riesgo, detectados a través de indicadores pertinentes (denominados a veces *indicadores centinela*) queremos asumir la responsabilidad colectiva de que *ya es necesario intervenir*? ¿Cómo intervenir preventivamente para conseguir el más óptimo beneficio social posible? En el ámbito de la infancia, ambas cuestiones tratan de una responsabilidad ante un conjunto considerable de nuestros ciudadanos del futuro. El *problema* es, a partir de este momento, una cuestión de *toma de decisión*.

La toma de decisiones sobre el *riesgo aceptable* en última instancia, como discuten Fischhoff y otros (1981), es un *problema de metadecisión*, porque antes de decidir hay que explicitar y tomar conciencia de qué criterio se asumirá para ello. Estos autores aportan siete posibles criterios de aproximación para tal toma de decisiones:

• comprehensivo: basado en la recopilación de datos y explicitación técnica de todos los factores en juego;

- de resonancias lógicas: siguiendo criterios de racionalidad, especialmente cuando la falta, exceso o posibles sesgos de la información dificultan la aproximación;
- práctico: basado en la comprobación de que el abordaje del problema funciona bien, a partir de tecnologías aplicadas;
- abierto a la valoración: basado especialmente en criterios metodológicos que permiten controlar el proceso y modificarlo;
- de aceptabilidad política: basado en criterios políticos de cautela para evitar posibles complicaciones;
- de compatibilidad institucional: basado en el consenso o aceptación de las instituciones existentes que tienen alguna relación con la toma de decisiones;
- orientado al aprendizaje: basado en la capacidad de clarificación de una reflexión abierta sobre el problema para esclarecer las obstrucciones que dificultan la toma de decisión.

Algunos autores como Meddin (1985) han empezado a interesarse por el estudio y análisis crítico de los procedimientos reales de evaluación de los riesgos sociales a que los profesionales se ven abocados, a falta de criterios amplios, objetivos y consensuados. Resulta inquietante que una tarea tan delicada esté mereciendo tan poca atención, o, en el mejor de los casos, una atención tan dispersa y poco sistemática.

Para la asunción colectiva de la responsabilidad social a que venimos refiriéndonos, deben existir mecanismos de información pública sobre la realidad y los cambios conseguidos, de una forma sintética y comprensible: hacen falta sistemas de indicadores sociales, cualitativos y cuantitativos, que sean suficientemente representativos de las problemáticas de nuestra población infantil. Únicamente difundiendo unos datos coherentes y fiables, la opinión pública puede no sólo conocer los problemas existentes, sino también ejercer alguna forma de control sobre las decisiones tomadas en relación con los niveles de riesgo aceptables, sobre cuándo es exigible una intervención social y sobre qué tipos de intervención se puede considerar apropiada.

7.7. Conclusiones

Si debemos sintetizar algunas ideas dichas hasta aquí, la primera de ellas es, sin duda, que *los riesgos sociales de las poblaciones infantiles constituyen un problema político pendiente de asumir plenamente*. Ello es debido a dos razones encadenadas:

1. Está pendiente que se potencie el conocimiento (empezando por la simple recogida ordenada de datos, para poder configurar sistemas de indicadores) y la investigación a fondo sobre *factores de riesgo social*, relacionados con los problemas más graves, como son los malos tratos y el abandono, pero también con las demás situaciones de dificultad social que afectan a la infancia, así como, en la otra cara de la moneda, de los *factores de resiliencia y de los potenciadores de la calidad de vida* de nuestros niños y niñas. Ello equivale a investigar cómo mejorar procesos de desarrollo y socialización de una parte de la futura población adulta de nuestra sociedad, que hoy está en condiciones de desventaja social.

2. Sólo teniendo datos más fiables sobre la realidad, públicamente accesibles, se pueden diseñar mejores *programas de intervención social* capaces de afrontar tales riesgos sociales, planteados bajo hipótesis explícitas y evaluando los resultados conseguidos a través de métodos rigurosos. Está pendiente la potenciación de espacios de contrastación, abiertos a profesionales y estudiosos de la temática, para mejorar métodos y técnicas en este ámbito.

Una mayor información pública constituye el principio básico y el mensaje de conclusión unánime de muchos estudios en distintos países, así como de varias recomendaciones realizadas por organismos internacionales, cuando proponen la mejora de la intervención preventiva sobre los malos tratos y el abandono infantiles.

Coincidiendo con conocidos autores del ámbito de la psicología comunitaria (véase, por ejemplo, Bloom, 1977), Martin y Messier (1981) señalaban hace ya más de una década la urgencia de dar mayor difusión a los conocimientos reservados hasta hace poco a los especialistas, como clave para la resolución de muchos problemas que afectan a la población infantil. Resaltan los resultados positivos de organizar, en los sectores con mayor riesgo social, cursos sobre el desarrollo de niños y adolescentes, poniendo especial énfasis en las relaciones padres-hijos.

En un informe al Parlamento Europeo de G. Peus (1985) se apunta la singular importancia de realizar emisiones radiofónicas sobre los conflictos familiares y los malos tratos infligidos a niñas y niños; de organizar charlas regulares, y también seminarios específicamente dirigidos a periodistas, así como editar folletos informativos dirigidos a la opinión pública en general.

En aquellos núcleos de población con alta concentración de situaciones familiares de riesgo social será necesario no sólo intensificar estas actividades, sino también incrementar la coordinación entre los servicios de bienestar social existentes, dando el apoyo adecuado a los profesionales en contacto directo con niñas y niños. Sobre estas poblaciones, la prevención debe empezar con el adecuado apoyo a las parejas antes de tener un hijo o hija, facilitando servicios de planificación familiar, atención sanitaria a madres gestantes, apoyo específico a parejas prematuras, etc.

El informe de G. Peus (1985) subraya que gracias a las publicaciones difundidas a nivel regional se ha comprobado que, en lugares como Berlín, el 70% de las denuncias han sido puestas por las propias víctimas de los malos tratos.

Se ha repetido muchas veces que bastantes de los casos no descubiertos de malos tratos y negligencias podrían ser detectados precozmente con sólo que las informaciones, o las puras sospechas, pudieran ser tratadas entre los profesionales implicados en la atención a la infancia: a menudo los maestros, asistentes sociales, médicos, psicólogos, puericultores, educadores en medio abierto, etc. poseen datos parciales pero relevantes, que alguien debiera analizar, sin que ello tenga por qué comportar una invasión de la vida privada de la correspondiente familia, ni una falta de preservación del secreto profesional.

Facilitar esta tarea de coordinación entre profesionales y potenciar la existencia de más profesionales que velen por la prevención de los problemas de nuestra población infantil es, posiblemente, una de las mejores inversiones de futuro que nuestra sociedad puede hacer.

La creación más decidida de equipos interdisciplinares dedicados a evaluar riesgos de cada sector territorial y a trabajar para afrontarlos, sería el mejor fundamento para una buena prevención de los malos tratos y el abandono de muchos niños y niñas. Y ello debería ser posible sin que se relajara la actividad de atención a los casos ya detectados, lo cual, aunque a menudo desbordados por la problemática real, ya vienen haciendo los equipos existentes en buena parte de los países europeos.

CAPÍTULO VIII

ESTIGMATIZACIÓN Y EXCLUSIÓN SOCIAL: PERCEPCIONES SOBRE LOS SERVICIOS SOCIALES A LA INFANCIA

8.1. UNA APROXIMACIÓN CONCEPTUAL

No cabe duda que ha existido y aún existe un amplio debate conceptual vinculado a la noción de *estigma*, sobre todo en la literatura anglosajona, que se desarrolló notoriamente a partir del brillante análisis presentado por Goffman (1963) en la obra que tituló con dicho término. La progresiva constatación de la complejidad de las interacciones sociales que se configuran alrededor de algún estigma ha ido abocando hacia un importante consenso sobre la evidente necesidad de un abordaje multidisciplinar del fenómeno (Ainlay, Becker y Coleman, 1986).

Esta complejidad ha dado lugar a que exista una gran diversidad de definiciones, cada cual enfatizando aspectos distintos. Al mismo tiempo, desde una pluralidad de perspectivas teoréticas, se ha profundizado de forma considerable en el análisis de algunos aspectos parciales de las interacciones sociales estigmatizadoras, de forma que cada vez resulta más difícil mantener una visión conjunta, articulada y coherente de los debates científicos entorno al estigma y la estigmatización.

Por todo ello, sería excesivamente simplista por parte de cualquier estudioso pretender que disponemos de una síntesis conceptual breve y a la vez suficientemente matizada del fenómeno. Sin embargo, al presentar una realidad compleja a un debate interdisciplinar, creemos que puede ser interesante, por razones didácticas, ofrecer un esquema inicial simple, a modo de primer borrador de trabajo, que nos permita analizarla de manera ordenada y avanzar en su abordaje, evitando la utilización de lenguajes crípticos o conceptualizaciones muy especializadas dentro de paradigmas teóricos concretos. Es por ello que vamos a partir de un esquema relativamente simplificado, apuntando paulatinamente posibles formas de situar conjuntos de debates científicos que se han desarrollado o se siguen desarrollando entorno al estigma, e intentando dar así una visión estructurada (de una de las diversas formas posibles) de la complejidad de las interacciones sociales condicionadas por estigmas.

La noción de *estigma*, poco utilizada en la reciente literatura psicosocial de ámbito latino, quizá por parecer algo trasnochada, ha mantenido un intenso y continuado debate en el área anglosajona. Consideramos que debe ser rescatada, al menos en su contenido revisado y actualizado, por el hecho de referirse a un importante fenómeno psicosocial que contribuye de forma profunda a las dinámicas de exclusión social. Las vertientes psicosociales de la exclusión han empezado a merecer atención por parte de los organismos internacionales europeos (Comisión de las Comunidades Europeas, Consejo de Europa) muy recientemente, y se han empezado a dar tan sólo unos primeros pasos decididos para apoyar su estudio.

Vamos a partir de algunas ideas muy elementales que parecen compartidas con cierta amplitud en la literatura científica sobre el estigma:

a) un estigma es un caso especial de *tipificación de la diferencia* (Ainlay y Crosby, 1986);

b) el estigma se basa en la *percepción de unos atributos* determinados de una persona o de conjuntos de personas (Ainlay, Coleman y Becker, 1986);

c) dichos atributos van acompañados de *juicios de valor negativos*, que comportan una devaluación de la persona portadora (Goffman, 1963);

d) la percepción de unos atributos diferenciadores, juzgados o evaluados negativamente, en tanto que socialmente compartida, contribuye a la construcción de *imágenes sociales de indeseabilidad*;

e) dichas imágenes refuerzan las dinámicas sociales de estigmatización, *categorizando* a los indeseados como grupos diferentes y desarrollando *procesos de diferenciación categorial*;

f) tanto las imágenes sociales de indeseabilidad, como determinados procesos de diferenciación categorial contribuyen a la *práctica de la exclusión social*.

Los puntos expuestos no deben ser entendidos como un orden secuencial necesario. Como veremos en el apartado 8.6, existe evidencia de que a veces la secuencia es distinta.

En cualquier caso, partimos de un planteamiento en el que el propio estigma y los procesos psicosociales que subyacen a la estigmatización pueden ser vistos tanto como antecedentes, o como predisposiciones, o como factores de riesgo de dinámicas que contribuyen a la exclusión social.

A continuación desarrollaremos cada uno de los puntos del esquema, pero previamente debemos hacer algunas puntualizaciones para contextualizarlos. Las seis ideas básicas que hemos expuesto pueden y deben situarse a distintos niveles sistémicos. Estigma (como fenómeno) y estigmatización (como dinámica de interacción social) se dan en niveles:

- intrapersonal (por ejemplo, en la percepción que un sujeto tiene de otros, que puede incluso no corresponder a realidad objetiva alguna);
- interpersonal (por ejemplo, como resultado del trato con personas estigmatizadas);
- transpersonal (por ejemplo, como valores integrados por una cultura).

Ello se traduce en *acciones* que también pueden ser analizadas en estos niveles:

- afectos, cogniciones, evaluaciones y comportamientos individuales ante el estigma y la estigmatización;
- pautas más o menos *espontáneas* de interrelación con o entre personas estigmatizadas (a partir de actitudes, estereotipos, prejuicios, etc.);
- respuestas socialmente organizadas ante distintos conjuntos de personas estigmatizadas.

Éstas últimas se sumerjen en buena medida tanto en las que denominamos políticas de bienestar social, como en las políticas de control social, en sus respectivas acepciones más amplias.

8.2. La diferencia social y su tipificación

En las ciencias humanas y sociales existen tradicionales desarrollos que muestran la diferencia personal y social como algo positivo. La capacidad de percibir a *los otros* como diferentes está directamente relacionada con los procesos de adquisición de identidad. La percepción diferencial es necesaria para superar las situaciones que los psicoanalistas denominan de fusión maternal, y la dependencia de los adultos en general, para llegar a una autonomía personal, al establecimiento de criterios propios, etc.

Sin embargo, en las ciencias sociales existen también importantísimos desarrollos históricos de análisis de las diferencias como realidades sociales *negativas*, que en buena parte entroncan con el estudio de los denominados *problemas sociales*. ¿Por qué el hecho de *ser diferente* acaba a menudo, en muchos contextos culturales, siendo socialmente negativo? ¿En qué condiciones? ¿A partir de qué límites se considera a alguien *tan diferente* como para que sea *no-aceptable* o *no-deseable*?

Para algunos hay que buscar explicaciones en el hecho de que la existencia de *otros muy distintos* puede vivirse como un cuestionamiento de la propia identidad, sobre todo de la propia identidad como *ideal*, y particularmente cuando existen inseguridades respecto a la misma. Para otros también puede influir la inseguridad añadida de *lo numinoso*, de la indeterminación perceptiva de la condición humana o de los límites de la categoría de *lo humano* (como puede ocurrir en lo físico con personas con grandes deformaciones físicas, disminuidos profundos, ciertos paralíticos cerebrales, etc.), generándose lo que algunos psicoanalistas denominan *angustias arcaicas* (Santos, 1988). Sin ánimo de ser exhaustivos, hay, en fin, otros autores que destacan que las diferencias tipificadas negativamente lo son fundamentalmente por criterios morales; es decir, cada sociedad establece, con más o menos rigidez, los límites de las características y comportamientos *aceptables*, y cuando alguien los sobrepasa, lo percibe como *diferente*, y la sociedad tiende a querer ejercer un control al identificar diferente con *desviado* en un sentido amplio (Stafford y Scott, 1986).

En la noción de *diferencia*, derivada de la interacción social, cabrá distinguir entre *ser diferente de mí o de nosotros, sobre la base de características directamente observables*, que se ancla en atributos directamente *objetivables*; o *ser diferente de un ideal establecido*, que se ancla en dinámicas psicosociales o socioculturales, pero también en criterios de valor. Aunque ambos casos conllevan el establecimiento de límites de aceptabilidad respecto a unos estándares de comparación, el alejamiento de ideales abstractos puede estar mucho más relacionado con la subjetividad y la apariencia (todos han de parecer *igualmente* perfectos moralmente, aunque exista la conciencia de que nadie lo es mucho), por lo que puede relacionarse poco con una racionalidad, para quedar en exclusivos consensos valorativos sometidos a intereses de poder o de perpetuación de tradiciones.

Finalmente, un aspecto muy destacable que debe ser subrayado es que las dinámicas de diferenciación interpersonal o transpersonal están estrechamente vinculadas a las relaciones de poder, pudiendo éstas últimas cambiar drásticamente incluso las percepciones sociales más elementales. Hay contextos sociales distintos en que una misma *diferencia* moral o incluso física puede ser deseable o indeseable; en un grupo mafioso es posible que el atributo *ser un criminal* sea altamente valorado; es bien sabido que en algunas sociedades precolombinas ser bizco o tener determinadas deformaciones craneales era signo de alcurnia y distinción, hasta el extremo que se idearon instrumentos para deformar los cráneos de los niños y niñas de familias nobles y para que se volvieran bizcos de pequeños.

8.3. LA PERCEPCIÓN DE ATRIBUTOS DIFERENCIADORES

La psicología evolutiva dispone de abundantes evidencias de que, aproximadamente a los 7 meses, los bebés de todas las culturas desarrollan una capacidad de identificar las imágenes *no familiares* y expresan ansiedad ante todo aquello que les resulte extraño o desconocido (Sigelman y Singleton, 1986). No obstante, la magnitud y las formas de expresar dicha ansiedad no está claro hasta qué punto están influenciadas por las características pesonales del niño o niña, y por el comportamiento de las otras personas que se relacionan con él o ella. Algunos autores ven en este momento el nacimiento de una especie de *potencial estigmatizador* que todos tenemos dentro, y que puede desarrollarse de distintas formas (Coleman, 1986).

En la estigmatización no interesa si los atributos son *reales*, sino si son percibidos. Si las personas *creen* percibir un atributo, actuarán como si fuera *real*.

Goffman (1963) destacó tres tipos de atributos estigmatizantes: las abominaciones del cuerpo, las taras del carácter individual, y el estigma tribal por razón de raza, nación o religión. Podríamos decir, desde una perspectiva metodológica, que dichos atributos equivalen a:

1. Atributos directamente observables de la persona, particularmente del cuerpo (biológicos o fisiológicos).
2. Atributos por características de la persona o de su comportamiento, supuestos o indirectamente observables (psicológicos o morales).
3. Atributos en razón de procesos de categorización social, es decir, de la pertenencia grupal, real o atribuida (sociales, étnicos, religiosos o culturales).

Del primer y parte del segundo tipo de atributos se han estudiado listas relativamente extensas cuya *intensidad* estigmatizante percibida parece ser compartida por los miembros individuales de culturas distintas, independientemente de la edad y el sexo. Así pues, Davis y Morris (1993) investigaron el rango de estigmatización percibida para distintas enfermedades y condiciones personales en el Reino Unido, Bengala y Tailandia, hallando que las ordenaciones no ofrecían diferencias significativas, lo que les llevó a concluir que «*el estigma es un concepto relativamente estable, identificable de forma igual y consistente a través de distintas fronteras sociales*».

En contraste, los investigadores que se han focalizado en el tercer tipo de atributos y algunos de los del segundo, generalmente han llegado a la conclusión de que *la noción de estigma es relativa a cada cultura, época y sociedad* (Ainlay, Becker y Coleman, 1986). Intentando encontrar explicaciones al hecho de que existen atributos estigmatizantes culturalmente relativos, el propio Goffman (1963) propuso la existencia de atributos que eran percibidos como violación de unas *normas de identidad* socialmente compartidas. Más recientemente, desde una posición sociocognitivista se postula que existen grupos y categorías sociales a los que se aplican creencias, estereotipos o prejuicios que resultan estigmatizantes (Crocker y Lutsky, 1986).

La existencia de unas *normas de identidad*, en el contexto referido por Goffman, supone la de unos *estándares de aceptabilidad social de la diferencia* (en sentido parecido a la existencia de estándares sobre aceptabilidad social de los riesgos). Quien no cumpla los requisitos establecidos por unas normas sociales con más o menos rigor (según los límites de aceptabilidad), no puede ser considerado como que comparte dicha identidad, por tanto, pertenece a la categoría social de los *no-aceptables* dentro del propio grupo.

Sin embargo, en las relaciones intergrupales, pueden funcionar los mismos estándares con niveles distintos: se puede tolerar un nivel de diferencia mayor a otros, por ejemplo, por el simple hecho de que pertenezcan al grupo de *los forasteros* (los que *aún* no han aprendido), *los tontos* (los incapaces de aprender) o *los enfermos*, quizá sobre la base de la cortesía, la lástima o de cierta tolerancia; aun así, sobrepasado un cierto nivel de diferencia, aparece la reacción social que puede incluso conllevar agresividad sin medida contra todo el grupo *contrario* (la historia de la humanidad está llena de ejemplos de este tipo: a los forasteros se les dispara sin avisar; a los incapaces se les precipita por el acantilado; a las brujas se las quema en la hoguera).

8.4. LOS JUICIOS DE VALOR DESACREDITADORES DE LAS PERSONAS

Cuando hablamos de juicios de valor, estamos entrando en un terreno que sobrepasa lo científico. Sin embargo, está ya fuera de toda discusión que las dimensiones aplicadas de las ciencias sociales deben contar con dichos juicios como variables intervinientes en todos los fenómenos estudiados, puesto que están presentes e influyen en forma notoria. Uno de los ámbitos prototípicos en que estos aspectos valorativos están sólidamente reconocidos es el de la evaluación de programas (por ello también denominada investigación valorativa).

Los juicios de valor negativos, que conllevan estigmatización, han sido polemizados y adjetivados de distintas formas por autores diversos. Así hay quienes prefieren hablar de *desacreditación, descalificación, etiquetaje, devaluación*, etc.

Los procesos de aplicación de estos juicios de valor, y sus consecuencias, también han merecido conceptualizaciones distintas, bajo preferencias de términos distintos: marginación, discriminación, desigualdad, iniquidad, exclusión, etc., cuando ponen énfasis en la acción social; o bien inadaptación, disocialidad (asocialidad, antisocialidad), desviación, automarginación, autoexclusión, etc., cuando se pone el énfasis en la conducta de los sujetos afectados.

Las evaluaciones o juicios de valor toman como referente algún estándar. En el caso de la estigmatización, el estándar está en atributos con los que *nos* percibimos en lo positivo *real* o *ideal* como propio grupo (o categoría), de forma que *ellos* (*los otros*) representan lo inferior o indeseado, el problema, lo negativo. Dicha situación hace que generalmente sólo esté definido lo negativo, pero no lo positivo, que se da por supuesto, por *lo normal*. Un ejercicio interesante resulta ser, en consecuencia, preguntarse por *los antónimos* de las categorizaciones negativas. Es un ejercicio que hemos tenido la curiosidad de practicar con estudiantes universitarios, y con profesionales en activo durante la impartición de cursos, y el resultado nunca ha dejado de ser sorprendente: ¿Cuál es el antónimo de *marginación social, problema social, desviación social*? Las respuestas resultan siempre enormemente diversas y heterogéneas: incluso después de discutir cada concepto, los consensos alcanzados resultan más *intuitivos* que semánticos, como si hubiera más acuerdo en las ideas que en las palabras. Parece que, simplemente, no estamos acostumbrados a pensar en términos de *antónimos de lo socialmente negativo*, y, al hacerlo, emergen *preferencias* semánticas que se resisten a los acuerdos conceptuales.

No han faltado ocasiones en que los estándares positivos se han querido situar en definiciones científicas, escamoteando sus implicaciones de valor. Así, se ha definido como patológico o desviado a todo lo diferente a nuestro *ideal social*, cuando no encajaba dentro de argumentaciones pseudocientíficas sobre la persona *normal, integrada* o *adaptada*.

En cualquier caso, no podemos perder de vista que la negatividad de un atributo personal, grupal o colectivo es utilizada siempre, en el nivel de los mecanismos de poder, como justificación para un trato desigual o incluso inequitativo de las personas, aumentando la distancia psicológica y social para con ellas. Por esto es tan importante clarificar que la negatividad lo es en relación con una norma o criterio de valor de base, en última instancia, no científicos.

Los juicios de valor desacreditadores de las personas, cuando son compartidos, van generando dinámicas sociales estigmatizantes. Dichas dinámicas pueden darse en relaciones interpersonales, intergrupales, y en las que se promueven organizadamente desde las instancias públicas, es decir, en las políticas oficiales (por ejemplo, por el hecho de ser usuario de determinados servicios). Más adelante retomaremos esta cuestión. Acabaremos este apartado señalando que tales dinámicas concluyen en unos productos o resultados, cuyo análisis nos da otras perspectivas del fenómeno del estigma; al analizar los productos cabe distinguir entre el hecho o situación resultante (el estigma) y el impacto sobre la persona estigmatizada.

8.5. Las imágenes sociales de indeseabilidad

Toda sociedad estigmatiza diferencias humanas, pero difiere de las otras en aquello que estigmatiza. Cada sociedad crea sus propias jerarquías de atributos deseables e indeseables, y establece reglas de conducta ante ellos. Algunas de estas conductas es de esperar que emerjan espontáneamente de las personas que se relacionan con estigmatizados, mientras que otras están formalmente organizadas, y pueden ir desde la oferta de servicios de ayuda, hasta el control social activo de los estigmatizados.

La organización social, empezando por los sistemas legislativos, puede perseguir que se eviten algunas reacciones espontáneamente estigmatizadoras existentes en una sociedad. Por ejemplo, estableciendo que no se pueden negar determinados servicios o un puesto de trabajo por razón de unas características determinadas de una persona (por ser mujer, ateo, o disminuido físico, o llevar un pendiente en la oreja siendo hombre; profundizando en los ejemplos, se puede señalar que en España no se puede denegar plaza escolar a un niño o niña por el hecho de que sus padres no tengan legalizada la condición de inmigrantes). Ello lleva a que algunos estigmatizados sean socialmente tolerados, lo cual no significa que sean plenamente aceptados en una colectividad (Ainlay, Coleman y Becker, 1986).

Cuando nos referimos a las dinámicas estigmatizadoras que emanan de *la organización de servicios*, al menos en lengua castellana es fácil aceptar como sinónimos *etiquetadoras* y *marginadoras*, y como antónimo el de dinámicas *normalizadoras* (en el sentido dado desde la definición del principio de normalización acuñado en la pedagogía; Casas, 1996)(véase apartado 4.2) o *integradoras*. Pero estas equivalencias y contraposiciones dejan de ser claras cuando se habla de la *situación deseable* como objetivo o como producto (por ejemplo, de un programa de intervención social), y cuando nos referimos a la *categoría resultante de personas*.

La propia concepción de que una persona pueda ser *realmente* descalificada, devaluada, significa que es posible que se perciba o se considere que hay personas *menos personas*, o seres humanos menos *humanos*. Lo cual ya ha sido señalado por investigadores de la *categorización social*, no sólo referida a personas, sino también a animales o cosas. Sin embargo, este hecho resulta paradójico en el contexto histórico que parece evolucionar hacia el reconocimiento de unos derechos humanos universales, que implican un principio de igualdad de todos los humanos al menos como sujetos de derechos.

La trampa está en que la estigmatización, que parte de una evaluación negativa de unos atributos de una persona o grupo de personas, conlleva un salto irracional a un juicio negativo de la persona, grupo o categoría en su globalidad. Se pasa de la atribución (X tiene cabello rojo) a la categorización (X es pelirrojo) (Crocker y Lutski, 1986). La percepción de un atributo negativo se convierte en una actitud de indeseabilidad de la persona. Aparece una imagen social de *cómo son tales personas*, y sobre *cómo hay que actuar con ellas*. En el trasfondo se evidencia un problema de *aceptación de las personas* como son, de las diferencias, y del enriquecimiento que puede conllevar la diversidad y pluralidad culturales y humanas.

La indeseabilidad social puede estar relacionada con la peligrosidad (percepción de riesgos) o la intolerancia; o simplemente con la incomodidad o insatisfacción estéticas, materiales o éticas. Generalmente, las actuaciones sociales organizadas que derivan de las imágenes de peligrosidad constituyen políticas de control social, mientras que de las segundas derivan políticas de promoción del bienestar social. En ambos casos la situación resultante se acostumbra a calificar de *problema social*.

Los peligros o riesgos pueden referirse a la propia identidad (sobre todo si se considera ésta de forma absolutista: *nuestros* atributos son los mejores, los únicos, los verdaderos), a la integridad (miedo a la agresión, a la violencia, a sufrir accidentes), o al sufrimiento o privación (miedo al contagio de enfermedades; a la pérdida de cosas queridas; a la renuncia de logros o aspiraciones importantes).

La definición colectiva de indeseabilidad social acostumbra a considerarse relacionada con creencias compartidas, estereotipos o prejuicios relativos al grupo portador de algún estigma (Crocker y Lutsky, 1986). Obviamente, existen otros tipos de imágenes de indeseabilidad social que aquí no abordaremos, que movilizan dinámicas sociales sin referirse a personas devaluadas, y que acostumbran a apoyarse en aspiraciones colectivas; por ejemplo, cuando se reivindica la mejora de unos transportes públicos o de una programación televisiva pública que se consideran inaceptables.

Otro aspecto planteado por distintos autores es que el estigma conlleva lo que se ha denominado un *efecto de halo negativo*, es decir, que todas las personas que se relacionan con *indeseables* acaban también siendo estigmatizadas (Gibbons, 1986). Metha y Farina (1988) han analizado el fenómeno bajo el término de *estigma asociativo*. La cuestión tiene particular importancia para los profesionales. Muchas profesiones que trabajan con personas o grupos socialmente devaluados resultan a su vez devaluadas. Si la autopercepción profesional acaba siendo también devaluada, ello corre el riesgo de devenir en un efecto de refuerzo de los procesos de marginación social, además de conllevar un pesimismo profesional que finaliza en el *quemarse* (*burning out*).

8.6. LOS PROCESOS DE DIFERENCIACIÓN CATEGORIAL

En el nivel de las relaciones interpersonales simples las dinámicas de diferenciación empiezan con la aplicación de adjetivos descalificantes (Gibbons, 1986). La descalificación es a continuación justificada por la categorización negativa de determinados atributos de los que la persona es portadora (Martin, 1986). A menudo ello conlleva la autodescalificación del propio sujeto que se vivencia *realmente* como diferente e inferior.

Existen evidencias de que el proceso puede seguir otro orden del descrito hasta aquí: primero se dividen a las personas en grupos, después se etiqueta al grupo, y finalmente de la etiqueta se desprende la negatividad (Tajfel, 1969). En cualquier caso, estigma y estigmatización son una consecuencia de algún proceso de comparación social (Coleman, 1986).

A un nivel social, puede que se vaya asumiendo la idea de que existen grupos o conjuntos de sujetos con determinadas características indeseables. Dichos grupos son categorizados, se les asigna alguna etiqueta, y son sometidos a procesos de diferenciación categorial: se enfatizan las similitudes intragrupales y las diferencias intergrupales (Tajfel, 1978a, b). En otras palabras, se niega que *nosotros*, los de nuestro grupo, podamos ser desiguales en relación con la positividad de un atributo determinado (todos somos *igualmente* honrados, heterosexuales, normales, etc.), y que *ellos*, los del otro grupo, puedan ser desiguales en cuanto a la negatividad atribuida (todos son *igualmente* falsos, pervertidos, patológicos, peligrosos, etc.), y finalmente se exacerban las diferencias entre los grupos. Los grupos o categorías representados con cargas de valor negativas pasan a ser destinatarios de las actuaciones sociales organizadas, sean preventivas, paliativas o de control social.

Diversos autores han puesto especial atención en el hecho de que las referidas actuaciones sociales son de control cuando las representaciones de las personas o grupos estigmatizados incluyen la creencia de que ellos son *responsables de su situación*. Si un estigma conlleva dicha creencia, generará más frecuentemente actitudes de rechazo activo (reacciones sociales de exclusión); si no la conlleva las actitudes serán ambivalentes: de compasión (ante la desgracia), pero también de rechazo, aunque pasivo.

Recuérdese que, históricamente, se ha repetido el hecho de que muchos calificativos utilizados para grupos estigmatizados se han convertido sucesivamente en insultos. En castellano, por ejemplo, muchas denominaciones habituales en épocas anteriores para referirse a los disminuidos psíquicos se han convertido hoy en día en ofensivos: idiota, imbécil, subnormal, etc.

8.7. La práctica de la exclusión social

Los últimos años hemos visto cómo el concepto de exclusión social ha polarizado muchos debates y ha alcanzado un enorme interés en Europa, al irse consensuando como un concepto aglutinador de explicaciones sobre la desventaja persistente de las personas en un contexto de cambio social global (Duffy, 1995). Este consenso emerge entre gran diversidad de otros conceptos al uso, que no sólo presentan perspectivas distintas entre sí, sino que poseen connotaciones distintas según el área lingüística a la que pertenecen (véanse apartados 3.2 y 8.10).

La exclusión social no se nos presenta como un problema social nuevo, sino como una forma nueva de describir las dificultades encontradas a la hora de intentar desarrollar solidaridades (Castillo, 1994). Su uso emerge con fuerza en el seno de los debates sobre la pobreza en Europa que tienen lugar en distintos grupos de expertos de la Comisión de las Comunidades Europeas y es rápidamente asumido por otros grupos dentro del Consejo de Europa.

Es descrita como un proceso dependiente del rápido ritmo de cambios industriales y tecnológicos de nuestras sociedades, de la evolución de las estructuras familiares y las nuevas formas de migración, del declive de las antiguas formas de solidaridad y del ascenso del individualismo. En consecuencia, las desigualdades no se dan sólo entre la cumbre y la base de la escala social, sino también entre los que tienen un claro lugar en la sociedad y los que son excluidos. Es un fenómeno que afecta no sólo a los que tienen bajos ingresos, sino también, y de forma diferencial, a grupos sociales enteros, particularmente en términos de emplazamiento espacial, riesgo a la discriminación y segregación y de debilitamiento de las formas tradicionales de relación social (Commission of the European Communities, 1993).

En los sucesivos programas de la Unión Europea para combatir la pobreza, y particularmente a partir del establecimiento de un Observatorio Europeo sobre la Pobreza (véase Robbins, 1994), se han ido debatiendo problemas de medición del fenómeno que han abocado a la reconsideración de su propia conceptualización. Los indicadores inicialmente utilizados se referían estrictamente a los ingresos; posteriormente se fueron asumiendo otros indicadores de deprivación material. La persistencia de la pobreza o deprivación material está relacionada con la falta de cobertura de problemas básicos, con problemas de vivienda, con la falta de comodidades, con la sobrecarga de deudas, con la falta de bienes inventariables. Así se ha ido construyendo un concepto de *deprivación múltiple* con base material (Duffy, 1995).

Pero estos indicadores se ha evidenciado que no aportan información relevante sobre otros aspectos de la situación social de muchas personas que a menudo se observa que van asociados a la exclusión social, o que tienen consecuencias parecidas. Por ejemplo, sobre la debilidad de sus vínculos sociales, sobre su falta de participación en la vida cultural, política y social, así como su acceso a ella. Así, se ha ido afianzando la postura que apunta hacia la existencia de mecanismos subyacentes, no exclusivamente económicos o materiales, que generan iniquidad. Se constata que la desigualdad de recursos, de acceso a los servicios de justicia, de acceso al consumo de determinados bienes, apuntan hacia aspectos básicos de la desigualdad social en general como un factor de riesgo a la exclusión social. Todo ello sugiere la proximidad entre la exclusión social y la falta de respeto a los derechos humanos y a la dignidad humana, y a la existencia de barreras para el adecuado ejercicio de algunos de dichos derechos (Duffy, 1995). Ciertamente, la evolución de estos debates sugiere muchos puntos en común con la de los debates, por ejemplo, acerca del concepto de *marginación social* (Germani, 1980; Casas, 1996b).

Distintos autores sitúan las dimensiones no-materiales de la exclusión social en conceptualizaciones diferentes. Desde perspectivas psicosociales, para algunos autores, a la exclusión social contribuye en primer lugar la práctica del etiquetaje, es decir, del señalamiento de quiénes son los *distintos* que hay que tener en cuenta (que se deben vigilar). Para otros, parte de la falta de cohesión social o de solidaridad; para otros, los aspectos psicosociales más relevantes hay que encontrarlos en la situación de inseguridad o indefensión de los excluidos, y en las consecuencias sociales de tales circunstancias; otros, en fin, enfatizan las dinámicas de segregación, discriminación o estigmatización.

Como ya ocurrió en los años sesenta y setenta, principalmente en los EE.UU., alrededor de los debates sobre el concepto *calidad de vida* y en el seno del famoso *movimiento de los indicadores sociales*, la utilización de mediciones exclusivamente *materiales* o *directamente objetivas* entra en crisis (Casas, 1989; 1996). Se asume que buena parte de los aspectos incluidos en las dimensiones *no-materiales* son netamente psicosociales, aunque no parece que muchos se atrevan a decirlo abiertamente (otros aspectos son obviamente políticos, culturales, sociológicos, etc.), y los problemas de medición se convierten en el ojo del huracán.

En cualquier caso, los debates son vividos por parte de los defensores de *metodologías duras*, como una pérdida de posiciones, y se inicia el ataque contra las *metodologías blandas* disponibles para medir las dimensiones no-materiales de dichos fenómenos; es decir, se hace obvio que se precisan nuevos indicadores, de carácter psicosocial, pero la inversión económica que requiere su obtención a menudo queda oscurecida por interesados ataques a la realidad histórica y metodológica de las ciencias humanas y sociales, frenando la instrumentación de medios adecuados para su obtención.

A modo ilustrativo intentaremos agrupar en dos esquemas (en forma de planos de proyección de un análisis de correspondencias) los distintos conceptos utilizados para describir lo que podríamos considerar aspectos parciales del fenómeno al que parece referirse la noción de *exclusión social*, destacando en la columna central algunos conceptos de fuertes implicaciones psicosociales. En el esquema 2 enfatizaremos los conceptos que aluden a situaciones personales o grupales, y en el esquema 3 los que aluden a dinámicas sociales en un sentido amplio (incluyendo las psicosociales).

Vemos en el esquema 2 una primera columna de conceptos que se han utilizado más frecuentemente para denotar situaciones de base material, medibles con indicadores denominados *objetivos* (aunque, sin duda, tanto la pobreza como el bienestar social han sido estudiados por múltiples autores en sus componentes psicológicos y psicosociales). En la segunda hemos situado conceptos que más frecuentemente se usan para denotar aspectos no materiales de las situaciones personales (aunque, sin duda, la inseguridad puede tener aspectos materiales, claramente objetivos). Finalmente, en la

Esquema 2. La exclusión social situada en un universo de conceptos referidos a situaciones personales/grupales positivas o negativas.

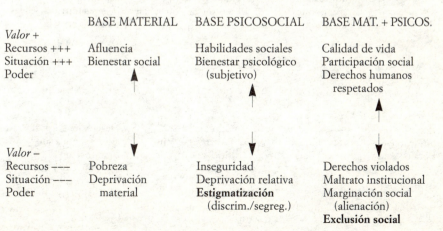

tercera tenemos conceptos que tienen importantes elaboraciones teóricas de carácter integrador de lo material y lo psicosocial. Las filas nos dan cuenta de cargas positivas y negativas: de este modo, la calidad de vida nos aparece como un concepto de usos antónimos al de exclusión social.

En el esquema 3 hemos incorporado un punto central, en el que hemos situado algunas fuerzas que pueden ejercer influencias tanto positivas como negativas. En la columna tercera observamos que las aspiraciones y expectativas de la sociedad o de grupos sociales pueden constituir oportunidades de mejora social, y por tanto de promoción social, pero también pueden generar nuevos riesgos y situaciones de vulnerabilidad, nuevas necesidades de prevención. En definitiva, la estigmatización como dinámica social nos aparece en posiciones antónimas a la cohesión social y la solida-

Esquema 3. La exclusión social situada en un universo de conceptos referidos a dinámicas (psico)sociales positivas o negativas.

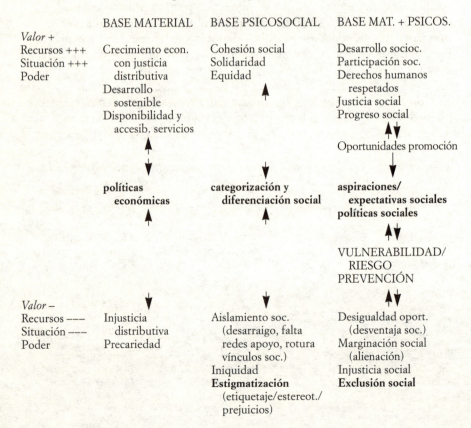

ridad, mientras que la exclusión social como dinámica se sitúa en extremos opuestos a la justicia social, el respeto de los derechos humanos, la participación social y el desarrollo sociocultural.

Finalmente, por tratarse de un aspecto psicosocial de especial relevancia, queremos señalar que la Comisión de las Comunidades Europeas (1991b) ha empezado a promover estudios sobre la evaluación que hacen los ciudadanos acerca del grado de protección social, en sus países respectivos, de los distintos colectivos que padecen exclusión social. Atendiendo a la media europea son considerados los menos protegidos, en orden decreciente: los pobres, los ancianos, los enfermos o discapacitados, los que han padecido una enfermedad o accidente profesional, y los parados. Concretamente en los países del sur: España, Portugal, Italia y Grecia, es donde existe la mayor proporción de insatisfacción.

8.8. Los componentes de las interacciones estigmatizadoras

Muchos estudiosos de las interacciones estigmatizantes les atribuyen tres dimensiones o componentes, idénticos a los tradicionalmente considerados en el estudio de las actitudes: cognitivos, afectivos y comportamentales. Para la mayoría de psicólogos sociales la estigmatización es un fenómeno próximo o intrincado con las actitudes, estereotipos y prejuicios (Crocker y Lutsky, 1986).

Para Coleman (1986) el componente afectivo primario lo constituye el miedo, el cognitivo la estereotipia, y el comportamental el control social. El componente de miedo se justifica para esta autora por el hecho de que un comportamiento habitual para con las personas estigmatizadas es aislarlas; aislando a las personas creemos también aislar los problemas, cuando, en realidad, el único problema puede ser el miedo a la diferencia o a lo desconocido.

Otros afectos que han sido señalados en relación con el estigma son el disgusto, la evitación, la pena, la vergüenza y el rechazo.

Algunos autores han mantenido la teoría de la ambivalencia: los afectos de disgusto o rechazo son menos importantes que la confusión acerca de la naturaleza de los propios afectos (Gibbons, 1986).

Se ha señalado repetidamente que los procesos cognitivos implicados en la estigmatización tienen que ver con la necesidad de todo ser humano de simplificar y ordenar la gran cantidad de estímulos informativos que le llegan del mundo: la categorización de personas y cosas permite tal simplificación. Incluso se ha comprobado que cuando un perceptor comprueba que su sistema de construcciones cognitivas no se adecua a las experiencias que está teniendo, se produce ansiedad. En este contexto, los estereotipos guían al perceptor, dirigiendo su atención a las informaciones relevantes para la estereotipia. En general, los perceptores tienden a atribuir los comportamientos consistentes con un estereotipo a características subyacentes de la persona observada, mientras que si el comportamiento es inconsistente con la expectativa, se considera causado por factores situacionales o temporales (Crocker y Lutsky, 1986).

Para algunos autores el componente cognitivo es el fundamental, considerando que el estigma es una creencia estereotipada, asociada a un atributo o a una marca física.

En contraste, desde la perspectiva del aprendizaje social, todos los estigmas son producto de un aprendizaje, y éste mantiene una relación con el desarrollo de creencias, actitudes y valores. A su vez, las creencias pueden derivar de dos fuentes: la experiencia directa y alguna autoridad externa que proporcione un modelado (Martin, 1986).

La experiencia no es sólo un aspecto importante que se debe tener en cuenta en las interacciones de no-estigmatizados con estigmatizados. Se ha señalado que cuando un estigmatizado empieza a contactar con otros como él, cambia su percepción de su propio estigma, así como sus interacciones con otros. El asociarse con otros estigmatizados tiene generalmente un efecto positivo de reforzamiento de la propia autoestima. Además, históricamente, los movimientos sociales de grupos de personas estigmatizadas han tenido un papel muy relevante en el cambio social de actitudes mayoritariamente estigmatizantes (Becker y Arnold, 1986).

Finalmente, apuntaremos que desde la perspectiva conceptual del control social se predicen reacciones sociales ante el estigma, lo cual conlleva restricciones o finalización de las relaciones sociales (Stafford y Scott, 1986).

La exclusión social que deriva del estigma puede ser activa o pasiva. En el primer caso se realizan acciones más o menos contundentes para separar a los estigmatizados del resto de los miembros del grupo o categoría dominante. En el segundo simplemente no se facilita su participación social, por lo que quedan situados en posiciones de desigualdad de oportunidades.

8.9. El producto de las dinámicas estigmatizantes

Las personas involucradas en dinámicas en las que son las destinatarias del estigma (del etiquetaje social estigmatizante) reaccionan de distintas formas, entre las que cabe destacar 3 tipos distintos:

a) interiorizan el estigma y asumen de forma pasiva que pertenecen a un grupo diferenciado y/o diferente, comportándose de forma coherente con los atributos etiquetados. Ello tiene consecuencias intrapsíquicas importantes (reducción de la autoestima, inseguridad, fatalismo, miedo, etc.), además de psicosociales (conformismo, renuncia a la participación social, a determinados derechos, etc.);

b) se rebelan contra las dinámicas estigmatizantes, sin proponerse ningún cambio sobre sus atributos estigmatizados. Tal oposición puede darse de distintas formas, más o menos integrables por el sistema imperante, y puede adquirir la forma de movimiento social (moderado o radical);

c) intentan cambiar sus atributos estigmatizados para resultar aceptables en su entorno social. Esta salida también comporta riesgos personales y psicosociales (pérdida de identidad, por ejemplo).

El conformismo de este último tipo de respuesta es generalmente el preferido por cualquier entorno social. La rebelión activa o la interiorización del estigma son respuestas que generalmente refuerzan al estigmatizador en su convicción de que los destinatarios del estigma son realmente diferentes y desacreditables, aunque es innegable históricamente que algunos movimientos sociales han ido consiguiendo lentas, pero profundas transformaciones sociales para con grupos estigmatizados.

Otra postura que se puede adoptar en relación con el estigma, desde luego anclada en criterios valorativos, es considerar sus dinámicas como indicativas de inmadurez personal o social de quien o quienes lo practican. Esta posición parte del reconocimiento de que la capacidad estigmatizante es natural en el ser humano, y aparece universalmente en su proceso de desarrollo (Coleman, 1986). El problema surge siempre por parte del estigmatizador (persona, grupo o sociedad), que puede ser visto como una persona (aún) incapaz de elaborar una diferencia, es decir, de aceptarla, de descubrir su riqueza, sus aspectos positivos, de ver la realidad desde la perspectiva de la historia personal y sociocultural del otro, desde el reconocimiento de la diversidad y pluralidad humanas. En esta línea, pero desde un punto de vista social, la dinámica estigmatizante también puede ser vista como la incapacidad de una colectividad de dar respuestas sociales positivas a la diversidad y pluralidad humanas, y de reconocer los derechos humanos básicos, empezando por la práctica del respeto a la dignidad de los otros.

8.10. Aspectos histórico-culturales de la indeseabilidad social

Hasta el momento, apenas se ha prestado atención al hecho de que los conceptos utilizados para definir la *diferencia social juzgada como negativa* hayan acuñado términos diversos tanto según los momentos del tiempo histórico, como en contextos culturales y lingüísticos distintos. No obstante, se observa que, en función de la cultura y el contexto histórico, las conceptualizaciones pueden polarizarse alrededor de términos que van cambiando (véase apartado 3.2 y 8.7). Se dan entonces varias circunstancias que merecen atención:

a) que las dinámicas intraculturales pueden construir imágenes y representaciones sociales matizadamente distintas de un mismo fenómeno en diferentes momentos de su propio devenir histórico (utilizando un mismo término o sustituyéndolo por otro propio o importado), desarrollando *presiones* sociales desiguales en orden a provocar intervenciones sociales organizadas en función de cada definición concreta;

b) que los desarrollos científicos dentro de dicho contexto histórico-cultural también se polarizan en torno a términos y conceptualizaciones matizadamente distintos que en otros contextos;

c) que las intervenciones sociales organizadas para afrontar y cambiar las realidades sociales consideradas no deseables, pueden tener características matizadamente distintas no sólo en función de cada ideología política dominante, sino también de los contenidos semánticos y conceptuales de las definiciones al uso, de las representaciones sociales más compartidas, de las *presiones* sociales generadas según las imágenes de indeseabilidad social construidas, así como de los desarrollos científico-técnicos dados en aquel contexto histórico-cultural concreto.

La gran agilidad en el intercambio de información de que disponemos los científicos de la segunda mitad del siglo XX puede generar la ilusión de que las formulaciones teórico-conceptuales sobre fenómenos sociales son ampliamente conocidas y compartidas. No debemos olvidar que tal agilidad, y el posible *consenso* que pueda derivarse, se restringe sobre todo al mundo de habla inglesa, y particularmente a los países industrializados. Es evidente que los resultados de las investigaciones científicas no circulan con la misma facilidad en los países en vías de desarrollo, y aún con mayor lentitud se aplican sus consecuencias prácticas, por obvias que éstas sean. Aunque sea menos evidente, también es fácil descubrir que muchas conceptualizaciones hechas en idiomas minoritarios nunca llegan a traducirse al inglés, mientras que el caso contrario sí se da, *forzándose* las ideas de que se dispone de conocimiento científico fundamentado acerca de ciertos fenómenos (sobre todo, acerca de algunos *problemas sociales*) sólo en determinadas direcciones.

Para ilustrar esta última idea en relación con culturas e idiomas no tan minoritarios, y sin entrar en detalles, es obvio que los desarrollos científicos en relación con el concepto de *desviación social* nunca han tenido un parangón de equivalencia en las lenguas latinas (véase aparatado 3.2); el término resulta particularmente *duro* y hostil, por ejemplo, en castellano y catalán; dichas connotaciones semánticas han hecho que su uso se limite fundamentalmente a esferas académicas, pero que prácticamente no haya alcanzado ni tan siquiera un uso amplio en la actividad profesional de intervención social. En cambio, en estas lenguas se ha desarrollado un amplio abanico de conceptualizaciones con respecto al término *marginación*, o de su equivalente latinoamericano *marginalidad* (Germani, 1980; Casas, 1996b), culturalmente considerado más claro, aunque científicamente haya sido acusado de impreciso (Alvira y Cantreras, 1986).

Así, el término *estigma* ha tenido un escaso desarrollo conceptual en el área cultural hispana. Lo cual no significa que, históricamente hablando, no encontremos una abundante práctica de la estigmatización (tal como es entendida en las conceptualizaciones anglófonas) en las políticas sociales de distintas épocas. Práctica que resulta referida por los estudiosos a través de otros conceptos, que son los que quedan reflejados en la literatura científica hispana.

8.11. A MODO DE CONCLUSIONES: ESTIGMATIZACIÓN DE DISTINTOS SERVICIOS SOCIALES PARA LA INFANCIA EN TRES REGIONES EUROPEAS

A lo largo de 1995 se llevó a cabo una investigación coordinada en tres regiones europeas, y con el apoyo de la Comisión de las Comunidades Europeas, sobre las percepciones de estigmatización por el hecho de utilizar distintos tipos de servicios, que pudieran tener tanto los profesionales como los usuarios de servicios sociales para la infancia. La regiones fueron Cataluña (España), País de Gales (Reino Unido) y Holanda (para más detalle véase Colton, Casas y otros, 1996). Dicha investigación ha mostrado cómo el concepto *estigma*, adaptado a la actual realidad de los sistemas de protección social a la infancia, sigue siendo productivo, y capaz incluso de sugerir nuevas hipótesis de trabajo que cuestionan planteamientos actualmente aceptados sobre el funcionamiento de los modernos servicios sociales.

El estudio se realizó mediante una entrevista personal a una muestra de profesionales, y a tres familias usuarias de cada profesional, seleccionadas al azar, administrando un cuestionario estandarizado. El cuestionario sondeaba la opinión de los entrevistados sobre la adecuación de utilizar distintos tipos de servicios, la imagen de sí mismo como usuario de servicios, las atribuciones de actitudes a los demás hacia uno mismo por el hecho de ser usuario, la evaluación del logro de los servicios, y, en el caso de los usuarios, también su satisfacción con el servicio recibido y con el trato del profesional.

Los servicios sociales destinados a familias por razón de tener alguna niña o niño que se tuvieron en cuenta fueron ocho:

- de información y asesoramiento;
- de ayuda material o económica;
- relacionados con la salud;
- de atención diurna;
- de terapia o mediación;
- de ayuda a domicilio;
- de acogimiento familiar;
- de atención residencial.

Los resultados generales del estudio muestran, por una parte, respuestas claramente diferenciadas según la región de los encuestados, y también según sean profesionales o usuarios, lo cual muestra que el contexto socio-cultural influye de forma clara en las percepciones de los sujetos; y por otra, algunas tendencias comunes en los tres sistemas distintos de protección social.

En la muestra catalana, tanto los profesionales, como sobre todo los usuarios, muestran percepciones comparativamente más positivas con todos los tipos de servicios recibidos, que en las otras dos regiones. Se interpretó que ello era debido, al menos en buena parte, al menor lapso de tiempo desde que en España se dispone de servicios sociales y al hecho de que han sido creados en un contexto histórico de necesidades sociales menos cubiertas y de expectativas sociales más altas, por lo que los nuevos servicios han sido bien acogidos por los ciudadanos en general.

Hay dos tipos de servicios claramente diferenciados, por el hecho de que generan percepciones significativamente más negativas que los demás, por parte de todos los grupos de entrevistados: el acogimiento familiar y la atención residencial. La diferencia de negatividad percibida entre ambos servicios es mucho menor que la esperada. En teoría, el acogimiento familiar es concebido como un servicio más normalizador que la atención residencial, por lo que se preveían percepciones claramente más positivas hacia el mismo que hacia la atención residencial; sin embargo, en la muestra holandesa se observó incluso una mayor negatividad de los usuarios hacia el acogimiento familiar. Todo ello nos induce a creer que el denominador común de las situaciones que subyacen a ambos servicios, es decir, la separación física de un niño o niña de su medio familiar, actúa como variable muy potente en la generación de percepciones de estigmatización.

Estos datos plantean algunos retos a los programas de intervención social, y a las políticas sociales en general. Sería conveniente pensar en nuevas estrategias y diseñar nuevos servicios para prevenir y evitar la separación de niños y niñas de su núcleo familiar. Si la separación es inevitable, las estrategias y acciones deben garantizar más decididamente que los servicios sean lo menos diferenciadores posible, tanto para los niños y niñas, como para sus respectivas familias. Y, a nivel más general, es necesario desarrollar estrategias para evitar la difusión, entre los ciudadanos, de percepciones y actitudes estigmatizantes hacia los usuarios de servicios sociales para la infancia.

Otro tipo de respuestas comunes a los datos obtenidos en las tres regiones se refieren al hecho de que los profesionales tienen, por término medio, percepciones más estigmatizantes de los servicios que los usuarios. Ello apunta hacia la existencia de un riesgo de transmisión inconsciente de percepciones de estigma, tanto a los propios usuarios como a la sociedad en general, reforzando así la espiral de la exclusión social. Ante tal situación, se aconseja mayor consideración hacia estos hechos desde los propios programas de formación de los profesionales en activo y de los futuros.

Finalmente, otro resultado que merece ser destacado es el hecho de que la satisfacción con los servicios por parte de los usuarios, y también su nivel de implicación en los mismos, en las tres regiones estudiadas, se muestran relacionados con las percepciones de estigmatización. Los resultados sugieren que los usuarios están más satisfechos y participan más en los servicios cuando se sienten activamente implicados en la toma de las decisiones que les afectan. Una sensación común a los usuarios de las tres regiones es que se sentirían más satisfechos si los profesionales estuvieran menos condicionados por premuras de tiempo.

CAPÍTULO IX

ASPIRACIONES COMPARTIDAS ACERCA DE LA INFANCIA: LOS DERECHOS DE LOS NIÑOS Y LAS NIÑAS

9.1. El nuevo contexto psicosocial de la infancia

En el capítulo 2 hemos visto cómo el contexto sociodemográfico que afecta a los niños y las niñas está cambiando en muchos países, e incluso a nivel internacional. En éste vamos a seguir recopilando, más específicamente, elementos que ilustran cómo también está cambiando el (macro)contexto psicosocial en el que viven inmersos, algunos de los cuales ya hemos ido citando en los apartados anteriores, empezando por el 3.5.

Es difícil dar resumidamente una visión coherente de estos cambios, porque los datos disponibles pueden parecer aún un conjunto deshilvanado de referencias. Pero tenemos cada vez más evidencias sobre la profundidad de las transformaciones que empiezan a sufrir, no sólo las imágenes y representaciones sociales que los adultos tenemos de las niñas y los niños, sino también el universo de interrelaciones, interacciones e interinfluencias sociales que les afectan, así como de sus críticas consecuencias.

Aunque dispongamos aún de pocos indicadores psicosociales de los macro-contextos de vida de la población infantil, algunos de los existentes ilustran posibles correlatos con ciertos cambios demográficos; por ejemplo, los datos obtenidos de encuestas nos dan una idea sobre algunos factores psicosociales relacionados con la caída de la tasa de natalidad. Así, por ejemplo, como anticipábamos en el apartado 2.3, el *Eurobarómetro* de otoño de 1989 (Commission of the European Communities, 1990b) nos mostraba la opinión sobre el número ideal de hijos que tienen las parejas de los países de la U.E., coincidiendo los países con grandes bajadas demográficas con aquellos cuyos habitantes consideran el número ideal de hijas e hijos más bajo (Casas, 1992b) (cuadro 13).

La familia, reducto de la intimidad tanto para las relaciones de pareja como para las relaciones intergeneracionales, desde hace unas pocas décadas, viene cambiando profundamente sus estilos mayoritarios de relación con niños y niñas. A ello han contribuido, sin duda, los nuevos conocimientos sobre el desarrollo infantil, traducidos a consejos y al uso de nuevos métodos educativos que han ido sensibilizando a los padres y a los adultos en general. No obstante, también han contribuido grandemente

Cuadro 13. Número ideal de hijos en la familia.

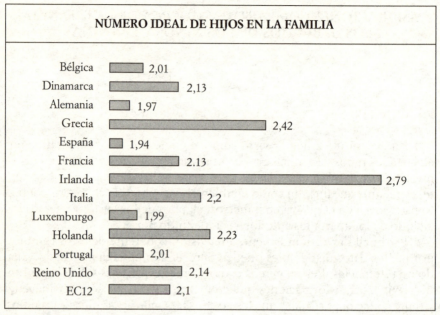

Fuente: *Eurobarometer, october 1990*.

otros muchos factores: el clima de proceso democratizador generalizado; los planteamientos de igualdad de la mujer y de reparto de roles de crianza, con los correspondientes cambios de roles sociales y profesionales; el mayor nivel cultural medio de los padres; etc.

A medida que las relaciones entre los miembros de la familia se han ido democratizando, el niño y la niña han ido adquiriendo nuevos protagonismos. Por término medio, se les escucha más, se tiene más en cuenta su opinión previamente a la toma de decisiones familiares, se les reserva y respeta más un espacio propio de intimidad, etc. Por otra parte, el castigo físico ha ido desapareciendo en la mayoría de las familias como medida educativa o como medida de exigencia de responsabilidad por actos supuestamente intencionales; si bien las técnicas de manipulación psicológica e incluso de amenaza posiblemente se han sofisticado más. Un buen número de niñas y niños cuentan con cifras suficientemente notables de dinero de bolsillo como para convertirse en consumidores con criterios relativamente autónomos, configurando así su entorno propio y sus hábitos de conducta cotidiana a partir de los elementos de que ellas o ellos mismos se dotan.

Por otra parte, otro conjunto de cambios sutiles pero trascendentales está constituido por las nuevas tecnologías presentes en el seno de la familia, algunas de las cuales han modificado ya, y apuntan hacia seguir modificando profundamente, las relaciones interpersonales, sobre todo la informática y las tecnologías vinculadas a los medios audiovisuales y de comunicación (Casas, 1993c).

La facilidad de las jóvenes generaciones para el manejo de las nuevas tecnologías, a menudo en contraste con las resistencias de muchos adultos a profundizar en ellas (¿quién programa el vídeo en casa?, ¿quién utiliza más el ordenador?), crea incluso conflictos nuevos entre niños o niñas y adultos, y se dan situaciones en que se invierte la tradicional forma de entender la socialización, como hemos ya señalado en el apartado 3.1. Posiblemente se esté llegando a un singular punto crítico: cada vez son más los padres que se percatan que, ante determinadas tecnologías, niñas y niños desarrollan habilidades mejores y más rápidamente que los adultos, y que están dispuestos a aprender *con* ellas y ellos y *de* ellos y ellas. De hecho, ha entrado en crisis el tradicional concepto de socialización unidireccional y generacional, para tener que aceptar una *socialización interrelacional e intergeneracional*, es decir, que la infancia también *socializa* a los adultos. Algo inadmisible desde posiciones adultocéntricas tradicionales.

La infancia cada vez puede ser representada menos como *los aún-no*, sujetos pasivos y desconocedores del mundo, a pesar de que dicha idea sustente el núcleo figurativo de las imágenes adultas habituales en nuestras sociedades (Qvortrup, 1987; Verhellen, 1992; Casas, 1994c; 1994e). Es por ello que tiene sentido que algunos autores hablen de *crisis* de las representaciones adultas tradicionales, como hemos dejado constancia en el apartado 1.6. Unas nuevas y más elevadas aspiraciones en relación con el futuro de nuestra población infantil son cada vez más compartidas. Muchas de estas aspiraciones se van a ver polarizadas, no sin polémicas, alrededor de la Convención.

La disciplina que los padres exigen a los hijos paulatinamente se ha ido humanizando, desterrándose poco a poco cualquier forma de maltrato como medio de coacción. La familia moderna tiende a consultar las decisiones importantes con sus hijos e hijas, y ha pasado de ser una familia autoritaria a tender a constituirse como una familia *negociadora* y participativa (Council of Europe, 1994a).

En un estudio a partir de una muestra de 1200 hogares españoles (Factam, 1991), que utilizó como referentes los tres modelos tradicionales de relación educativa padres-hijos, aparece la siguiente distribución de porcentajes:

- modelos autoritarios 20%
- modelos *laissez-faire* 7%
- modelos inductivos de apoyo 41%
- modelos mixtos 32%

De estas cifras se desprende que, presumiblemente mejorando el pasado reciente, ya casi en la mitad de las familias españolas existe una relación relativamente democrática con los hijos. Ello sin omitir que el porcentaje de familias netamente autoritarias es aún alto.

Paralelamente, las nuevas formas de organización familiar que han aparecido en los últimos años y que crecen de forma notoria en todos los países industrializados (familias monoparentales, familias reconstituidas,

Cuadro 14. Edad percibida como apropiada para la toma de ciertas decisiones.

	Niñas	*Niños*
Elegir la ropa	10,83	11,14
Elegir sus vacaciones	14,52	14,51
Elegir sus estudios	14,95	14,96
Administrar sus gastos	13,18	13,15
Fumar tabaco	12,37	12,44
Beber alcohol	12,72	12,71

Fuente: encuesta *Infancia y Adolescencia*. C.I.S., 1989.
Nota: las cifras expresan las edades en puntuación media.

Cuadro 15. Edad a partir de la cual se considera que se debe tener en cuenta la opinión de un hijo o hija en la toma de decisiones familiares importantes, como cambiar de domicilio, elegir el lugar de veraneo, etc.

A partir de los 10 años	11
A partir de los 12 años	8
A partir de los 14 años	14
A partir de los 16 años	16
A partir de los 18 años	19
Nunca	2
Siempre	20
No sabe	7
No contesta	3

N = 2500
Fuente: Juste, Ramírez y Barbadillo, 1991.
Nota: cifras expresadas en porcentajes.

padres divorciados o separados que se reparten la atención de los hijos, etc.)(véanse apartados 2.2 y 2.3), han hecho que los niños y niñas tengan que aprender a desenvolverse en nuevas situaciones que, a menudo, implican el depender menos de una única relación emocional estable con dos progenitores, buscando compensaciones a la menor intensidad o regularidad de tal vínculo.

Ello, en la práctica, significa que los niños y niñas tienen mayores espacios de autonomía y libertad, a veces obligados por las circunstancias que les rodean, con las correspondientes responsabilidades que ello les ha obligado a asumir. No es infrecuente que los adultos sobrevaloremos esas nuevas libertades (porque nosotros no las tuvimos) y tendamos a desvalorizar las nuevas responsabilidades.

Ahora bien, las expectativas de los padres en relación con las capacidades de sus hijos e hijas han demostrado ser importantes variables intervinientes en todo el proceso, incluido el de adquisición paulatina de responsabilización (véase apartado 3.4). Cuanto más temprana es la edad en la que para un niño o niña tiene un progenitor la expectativa de que domine una determinada habilidad, más presión educativa se ejerce para que la adquiera, confiriéndole una alta valoración positiva (Palacios y Oliva, 1991; Casas, 1992).

Algunas de estas observaciones, constatadas en el seno de las relaciones familiares, son, presumiblemente, extrapolables a niveles sociales amplios. Si las expectativas del conjunto de la población adulta son altas en relación con la adquisición de determinadas capacidades, competencias o habilidades por parte de nuestros niños y niñas, posiblemente se desarrollan (macro)presiones sociales tendentes a la consecución de tales objetivos.

¿Queremos unos niños y niñas más responsables, más autónomos para afrontar los cambios sociales futuros, con criterios morales más desarrollados? ¿O queremos unos niños y niñas mejor controlados, más a la imagen y semejanza de los adultos de hoy, con unos criterios morales prefijados?

Las respuestas a tales preguntas no son, en absoluto, ni fáciles ni banales. Como tampoco son cuestiones muy objetivables: están cargadas de opciones de valor. Por añadidura, cualquier análisis simple de las mismas puede estar sesgado por nuestras representaciones colectivas sobre qué es la infancia.

Por si esto fuera poco, se va haciendo también evidente que, en nuestras sociedades tecnológicamente avanzadas niñas y niños son capaces de crear *culturas propias*. Y no nos referimos sólo a las culturas consumistas incentivadas por la actividad publicitaria hacia la infancia. Niñas y niños llegan a ser capaces de organizarse *diferenciadamente de la sociedad adulta* para satisfacer determinadas aspiraciones (véase un curioso ejemplo en Munné y Codina, 1992).

El reconocimiento de tamaño protagonismo infantil parece crear inseguridad en muchos adultos, cuya primera reacción es de exigencia de *organización y control* sobre la población infantil. Reacción que, por lo demás, ha sido constante en la historia de la humanidad: la mayoría de generaciones se han quejado del *mal camino* emprendido por los más jóvenes.

Hoy, sin embargo, es comprensible que la perplejidad de muchos adultos sea superior a la de cualquier momento anterior. En una sociedad que cambia a un ritmo cada vez más acelerado, muchos de los conocimientos y habilidades se prevén de muy corta utilidad; el futuro está lleno de inciertos tecnológicos y sociales. Hoy, más que nunca, las cuestiones sobre cómo educar a niñas y niños y para qué, recobran nueva trascendencia, porque: ¿qué comportamientos y orientaciones preparan mejor a las personas para un futuro no conocido? El futuro social en el que vivirá nuestra actual población infantil será, sin duda, muy distinto del que hay como vemos, en muchas cosas. Aceptar tal realidad nos obliga a reconocer la urgente necesidad de *formar a las personas para que sean capaces de afrontar y tomar decisiones responsables sobre cuestiones nuevas y en situaciones nuevas* (Council of Europe, 1994a; Casas 1994h; 1994n).

Al iniciar el siglo XXI, más que nunca en la historia, nuestras sociedades necesitan formar personas *responsables*, sabiendo que la responsabilidad deberá ejercerse incluso ante situaciones inéditas. Éste es el contexto psicosocial amplio en el que nos movemos. Y es en él donde se nos plantean las cuestiones de derechos y deberes de los *menores*, y, por tanto, sus responsabilidades legales.

9.2. El reconocimiento del niño y la niña como actores sociales

Debemos admitir que no es muy frecuente que los descubrimientos y avances de las ciencias sociales y humanas tengan repercusiones tan inmediatas y contundentes en los debates y la opinión públicos como ocurre (y parece que cada vez más) con las ciencias biológicas y físicas, o incluso con las nuevas tecnologías. Sin embargo, si comparamos los avances a lo largo del siglo XX, y especialmente en su segunda mitad, con los conocimientos anteriores, no cabe duda que han sido espectaculares.

En las últimas décadas se han dado grandes pasos en el conocimiento y comprensión de las necesidades humanas y sociales de desarrollo. Ciertamente, por ejemplo, se ha adquirido una progresiva comprensión de las capacidades de aprendizaje de niños y niñas en sus distintas edades, y de las formas de potenciar sus competencias y habilidades en general, y las sociales en particular. Paulatinamente se ha ido asumiendo la trascendencia de la necesidad natural de todo niño o niña para descubrir, explorar, actuar, responsabilizarse, ser autónomos.

El distinto impacto social de los avances en las ciencias humanas y sociales tiene muy diversas raíces. Entre las mismas, el abismo de inversión económica en investigación es, presumiblemente, la más crucial. Con todo, hay otras dos realidades que tienen un peso importante en este hecho y que cabe destacar: por una parte, la dispersión de los trabajos en multitud de escuelas y paradigmas teóricos, demasiado a menudo alejados e inaccesibles para el ciudadano de calle, lleva a que, cuando la polémicas trascienden, se conviertan en debates abstractos e interminables; por la otra, y paradójicamente, los descubrimientos de dichas ciencias cuestionan a veces directamente nuestras vidas, nuestras relaciones, nuestra cotidianidad, lo cual no está exento de moralejas incómodas, que muchas veces se quieren acallar rápidamente, simplificando maniqueamente las cosas y evitando los debates sobre la complejidad de nuestro mundo social.

Cuando aparece en el mercado un producto que posee claras ventajas sobre otro anterior, la producción y venta del primero acostumbra a incrementarse rápidamente. Pero, cuando se descubre que comportamientos distintos podrían mejorar mucho nuestras interrelaciones humanas o la calidad de nuestra vida cotidiana, también sabemos que de la aceptación teórica a la puesta en práctica hay un largo trecho. Las resistencias al cambio que desplegamos los humanos en relación con los hábitos adquiridos, opiniones estereotipadas, sistemas de creencias, etc., son bien distintas, al menos en nuestra sociedad occidental, a las bajas resistencias ante el uso y abuso de nuevos productos comerciales (curiosamente, también capaces de cambiar nuestras vidas en formas radicales).

En contraste con las representaciones sociales imperantes en nuestro entorno cultural, múltiples descubrimientos y avances de un amplio abanico de disciplinas científicas a lo largo del siglo XX, han ido demostrando cómo la niña y el niño son seres intensamente interactuantes con su entorno (natural y social), con importantes capacidades de influencia y cambio sobre lo que le rodea, incluidos los adultos que viven con ella o él. La infancia ya no puede ser entendida como un grupo de población compuesta por seres socialmente pasivos o de peso social insignificante, que se moldean exclusivamente según las influencias externas, *a diferencia de los adultos* (Casas, 1992b).

Incluso entre los niños más pequeños el aprendizaje y la solución de problemas tiene que ver más con la experimentación activa que con la observación pasiva. Y no sólo resuelven problemas por propia iniciativa, sino que también buscan nuevos desafíos. Con la edad, niñas y niños van modificando los procedimientos utilizados para encontrar soluciones a los problemas, especialmente las estrategias para corregir sus errores. No sólo van encontrando espontáneamente mejores métodos de solucionar sus problemas, sino que se esfuerzan en mejorarlos incluso cuando han tenido éxito (Deloache y Brown, 1987).

En el ámbito académico, el reducto más recalcitrante en contra del reconocimiento del niño como actor social lo han representado aquellos metodólogos anclados en la crítica sistemática acerca de la falta de fiabilidad de las informaciones proporcionadas por niños y niñas, especialmente por los más pequeños.

Científicos de reconocido prestigio han abordado recientemente la cuestión de manera frontal, como ya hemos apuntado en el apartado 1.4, y han evidenciado que tal posición lo único que hace es demostrar la incapacidad de los investigadores por acercarse a la realidad infantil. Como nos dicen Garbarino, Stott y otros (1989), los adultos en general y determinados profesionales en particular, precisan informaciones *de los propios niños y niñas* sobre aspectos relacionados con sus experiencias, comportamiento y sentimientos. Dichas informaciones pueden no coincidir con las *percepciones o atribuciones que tienen los adultos* que viven o se relacionan con ellos y ellas. Por dicha razón es un reto crucial el ir avanzando en el conocimiento riguroso de las *fuerzas y debilidades, posibilidades y limitaciones, de los niños como fuentes de información* (Garbarino, Stott y otros 1989). Sus informaciones pueden ser, sin duda, cruciales, en casos de disputas por separación de los padres, de presuntos abusos sexuales, o si han sido testigos de un crimen, por ejemplo (véase capítulo 10). Para obtener y utilizar adecuadamente sus informaciones es necesaria una actitud abierta hacia la niña o el niño como comunicador y disponer de buenos y fundamentados conocimientos sobre desarrollo infantil.

Puede resultar bastante sorprendente, para cualquier observador neutral, el hecho que los estudios científicos sobre las capacidades y competencias infantiles sean tan recientes, a pesar de estar reconocida su importancia y siendo tan remota en el tiempo la preocupación por estos temas. Ciertamente, las ciencias humanas y sociales han contribuido bastante, durante décadas, a muchos prejuicios sobre las informaciones infantiles, aduciendo *razones metodológicas*; por ejemplo: las respuestas de los niños de menos de 14 años a cuestionarios (e incluso, en muchos casos, a entrevistas estructuradas) han sido muchas veces tildadas de *muy poco fiables* (magnificando, por contraste, la fiabilidad de las respuestas adultas), y a sus investigadores se les ha recriminado el ser poco científicos; el resultado fue que muchos estudiosos dejaron de investigar en este campo, al percibir que estaban comprometiendo su estatus. Hubo que esperar a que algunos autores cuya cientificidad ya estaba fuera de toda duda se atrevieran a entrar a fondo de nuevo en estas temáticas.

Estamos apuntando, desde luego, a que una actitud científica radicalmente positivista (metaparadigmática, en el sentido de Munné, 1986) ha dificultado el avance de los estudios en relación con las informaciones que nos pueden proporcionar los niños y niñas. Pero debemos ir aún más lejos, porque cabe considerar que esta actitud nacía de un amplio fenómeno psicosocial más profundo, que nos lleva más allá de implicar solamente a los científicos; en última instancia, debemos plantearnos también por qué algo que a muchos nos parece tan evidente como la simple afirmación *los niños y niñas son sujetos de derechos*, no ha sido refrendado a nivel internacional de forma en principio efectiva hasta un año tan reciente como 1989.

9.3. La Convención y la nueva infancia: el niño y la niña como sujeto de derechos

El reconocimiento de que niños y niñas tienen algún tipo de derecho, y la idea de que la sociedad debe protegerles más allá de la voluntad de quien tiene la *patria potestad*, ha pasado por distintas fases históricas. En cada fase se ha dado algún pequeño paso, y cada paso ha costado gran cantidad de esfuerzos en contra de creencias y prácticas mayoritariamente implantadas en las sociedades occidentales. Si el lento avance en el reconocimiento de derechos infantiles lo analizamos bajo la consideración de que todo empezó como una simple aspiración de una minoría que, poco a poco, se ha convertido cada vez en más colectiva, podemos ver que los antecedentes de los mismos no están tanto en una reflexión sobre el niño o niña como persona, sino sobre alguna situación que socialmente resulta molesta, es decir, plantea un *problema social*.

En una primera fase se percibió como problema *social* la falta de alguien que cuidara de algunas niñas y niños: los abandonados; alguien debía ejercer la función paterna, por razones pragmáticas, no porque hubiera derecho alguno. Las antiguas civilizaciones europeas, al menos la griega y la romana, no vieron adecuado que los niños o niñas vagabundearan por la calle sin que nadie se ocupara de ellos, cuando por orfandad u otra causa no había ninguna familia que se hiciera cargo. De dicho pragmatismo nacieron los primeros asilos infantiles de los que la historia tiene constancia, como el del Monte Eldo, en Roma, donde se les entrenaba como guerreros, para engrosar las filas de la legión. Tras un oscuro período, se sabe que el año 787 el arcipreste Datheus crea un asilo infantil en la ciudad de Milán, y que tal ejemplo fue seguido por muchas ciudades europeas.

El primer *derecho* que entró en discusión fue el derecho a la vida, a partir de los valores defendidos por el cristianismo. Hemos visto en el apartado 6.1 que se reconoció por primera vez en el año 319, aunque la práctica del infanticidio persistió durante siglos.

Una forma de prevenir el infanticidio, y a la vez el abandono en la calle, la ofreció el papa Inocencio III en 1198, al encargar que los hospicios de las instituciones religiosas tuvieran un *torno*, lo que permitía una forma de abandono totalmente anónima en un lugar donde había las mínimas garantías de que el niño o niña iban a ser cuidados. Es posible que las razones para crear el torno fueran el primer antecedente de las modernas ideas sobre el *derecho a la protección*. Con el torno, la preocupación social se amplía simbólicamente. Las familias que no pueden o no quieren hacerse cargo de sus hijos o hijas pasan a disponer de una forma *menos violenta* de deshacerse de ellos. El torno perdura hasta principios del siglo XX, pero la práctica de *colocar* a los niños en instituciones, temporal o definitivamente, no cambia hasta la aparición de los modernos sistemas de servicios sociales.

La idea de derechos de la infancia tiene otra tímida construcción social como reacción ante la evidencia de la inhumana explotación infantil en las fábricas, durante la revolución industrial. Posteriormente, en las postrimerías del siglo pasado, se da otro paso como consecuencia de la toma de conciencia ante los malos tratos físicos, como ya hemos comentado en el apartado 6.2.

En el siglo XX empieza a fraguarse la idea de que los niños *también* tienen algún otro derecho. Se trata de un largo y lento proceso que empieza con la Declaración de Ginebra de 1929. Su análisis desvela, aunque a primera vista pueda parecernos escandaloso, cómo parece que el imaginario colectivo se resiste a creer que *también* forman parte de la *categoría de seres humanos*. Este imaginario se hace transparente en el ámbito internacional. Aun existiendo *Tratados Internacionales sobre los Derechos Humanos*, en dicho ámbito han persistido, y todavía persisten serias dudas acerca de que puedan incluirse en ellos a los niños y niñas.

Finalmente, en 1989, las Naciones Unidas aprueban la primera Convención Internacional sobre sus derechos. Con ella se acepta la idea de que el niño y la niña tiene derechos *como todos los seres humanos*; paradójicamente ha sido necesaria una Convención *separada* de las relativas a todos los seres humanos, para que se asuma que *están incluidos* entre los portadores de derechos. En el fondo, parece estar aún muy enraizada la idea de que *en la práctica* no son todos los niños y niñas los que merecen actuaciones sociales protectoras o promotoras, sino sólo unos pocos: los abandonados, explotados, maltratados, malnutridos o enfermos.

Mientras que el niño o niña ha sido considerado sólo como *objeto (pasivo) de protección*, no parece que hayan habido grandes problemas por aceptar (aunque sea teóricamente y pasivamente) algunos de sus derechos: sólo hay que intervenir si *es evidente que pasa algo negativo*. Como la infancia, socialmente hablando, como responsabilidad pública y colectiva, no resulta un tema de atención prioritaria, siempre es difícil considerar *evidente* que pase algo.

Como ya hemos apuntado, a partir de que la Convención sobre los Derechos del Niño incluyó una serie de artículos sobre *libertades*, y una serie de planteamientos que obligan a la *promoción de los derechos*, a que los gobiernos sean *proactivos* en su implantación, se empezó a traslucir otro trasfondo de la cuestión. Algunas encuestas empezaron a mostrar que los adultos en general no se muestran tan de acuerdo con tales derechos (G.E.S., 1991).

En épocas recientes la idea de actuaciones sociales planificadas para toda la infancia (es decir, *políticas de infancia*) se han ido asumiendo cada vez más en dos ámbitos: la escuela y la salud. Sin embargo, como ya se ha señalado en muchas ocasiones, la escolarización no es un derecho en beneficio de la infancia *per se*, sino que es también una obligación y una inversión social de futuro (Qvortrup, 1990).

Desde la perspectiva jurídica, la Convención implica el pleno reconocimiento del niño como *sujeto de derechos*, como *igualmente persona con derechos*. De resultas se plantea algo muy incómodo para las imperantes representaciones sociales adultas sobre la infancia, y que se pasó por alto en todas las convenciones sobre derechos humanos: el reconocimiento de la *no discriminación del ser humano por razón de edad*, o por razón de pertenencia a la *categoría social llamada infancia*.

Con la aprobación por parte de las Naciones Unidas de la Convención sobre los Derechos del Niño, se alcanza un reconocimiento formal mucho más amplio: se acepta a todo niño o niña como *sujeto de derechos* y en el texto de dicho acuerdo internacional se incluyen, de hecho, planteamientos que encajan en cada una de las tres fases históricas que hemos apuntado en el apartado 1.2. En el argot internacional de los organismos a favor de los derechos de la infancia se habla de que la Convención instaura el principio de las *tres «p»: protección, provisión y promoción*.

La Convención sobre los Derechos del Niño de las Naciones Unidas había sido ya ratificada por 187 países el 30 de junio de 1996, y es, hasta el momento, el documento internacional más ratificado de la historia de la humanidad.

Aun siendo la aprobación de la Convención realmente un hito histórico, no significa que las representaciones sociales sobre la infancia y sus derechos vayan a cambiar de forma inmediata. Tampoco lo van a hacer las ideas acerca de las actuaciones sociales necesarias en relación con la población infantil, particularmente las vinculadas a dar prioridad a la tercera fase. Probablemente aún falta *tiempo histórico* para dicha aceptación. Estamos en la fase que evidentemente más necesita de proactividad para pasar del consenso teórico a los desarrollos prácticos.

Esquema 4. Momentos históricos que significan grandes avances en el reconocimiento de los derechos de niños y niñas.

Antiguas Grecia y Roma	Primeros asilos para niños y niñas abandonados.
319	Edicto del emperador Constantino contra el infanticidio.
1198	Inocencio III implanta el torno: prevención del infanticidio y del abandono en la calle.
1830/1840	Legislación británica que regulaba las condiciones de trabajo de los menores de 10 años.
1871	Gran impacto internacional del *caso Mary Ellen*, tras dictar sentencia un tribunal de Nueva York contra el padre, al que se le aplicó la *Ley contra la crueldad con los animales*. Primera sociedad para la prevención de la crueldad con los niños.
1924	Declaración de Ginebra sobre los Derechos del Niño.
1959	Declaración de los Derechos del Niño de las N.U.
1989	Convención sobre los Derechos del Niño de las N.U. (en vigor a partir del 2 de noviembre de 1990).
1990	Cumbre mundial de jefes de Estado y de Gobierno, en Nueva York, con la firma de: * Declaración mundial sobre la supervivencia, la protección y el desarrollo del niño. * Plan de acción para la aplicación de la Declaración.

Aunque resulte repetitivo, no podemos dejar de señalar una vez más la trascendencia histórica de la Convención. Como algunos autores han apuntado, sus repercusiones a nivel internacional sobre la concepción de la infancia abren, sin duda, un nuevo período histórico para la infancia. Llegar a ella ha supuesto una larga secuencia de pasos, separados por larguísimos intervalos, como se ilustra en el esquema 4. Podemos hablar ya de una *nueva era para la infancia* o incluso de una *nueva infancia*.

Que niños y niñas adquieran pleno estatus social como *sujetos de derechos*, implica un profundo cambio de perspectiva: no sólo tienen derecho a ser protegidos, a ser atendidos de sus problemas y ante sus carencias, sino que también tienen *derechos civiles y políticos*, claramente vinculados a las libertades básicas, y, en su promoción, a la calidad de vida. Consideramos que los artículos más destacables son los que van del 12 al 16, que, resumidamente, dicen:

Art. 12. El niño tiene *derecho a expresar su opinión libremente* en todos los asuntos que le afectan. También debe ser escuchado en todo procedimiento judicial o administrativo que le afecte. Su opinión será tenida debidamente en cuenta en función de su edad y madurez.

Art. 13. El niño tiene *derecho a la libertad de expresión*. Ello incluye la libertad de buscar, recibir y difundir informaciones e ideas de todo tipo. Con las únicas limitaciones que establece la ley.

Art. 14. El niño tiene *derecho a la libertad de pensamiento, de conciencia y de religión*. Con la guía de los padres y las limitaciones establecidas por la ley.

Art. 15. El niño tiene *derecho a la libertad de asociación y a la libertad de celebrar reuniones pacíficas*. Con las únicas limitaciones que establezca la ley como necesarias en una sociedad democrática.

Art. 16. El niño tiene *derecho a no ser objeto de injerencias ilegales en su vida privada*, con su familia, su domicilio o su correspondencia, ni de ataques ilegales a su honra y a su reputación.

(*Nota*: la versión castellana oficial del texto de la Convención ha sido criticada por hablar de Derechos del *Niño*, utilizando un lenguaje sexista. A pesar de que estemos de acuerdo en que sería mejor haberlo hecho, no cabe duda que el espíritu explícito en la exposición de motivos de la Convención es igualitario entre géneros y se refiere en *neutro* a una *persona-sujeto de derechos*).

En el artículo 12 aparece como condicionante para tener en cuenta la opinión del niño o niña, su *madurez*, concepto que vuelve a referirse a su *capacidad de responsabilizarse* de sus actos, en este caso en relación con el ejercicio de un derecho (véase capítulo 10).

Ciertamente no podemos ignorar que la asunción social de la nueva visión de la infancia que exige el nuevo período histórico nacido con la Convención, no es mera repetición o divulgación de un redactado. Es imprescindible que también los contenidos de la Convención lleguen a todos los ciudadanos (incluidos los propios niños y niñas) en formas que les sean asequibles y fácilmente interiorizables, más allá de la literalidad normativa, ya que sólo así se puede hacer realidad su intención profunda.

En el fondo estamos apuntando hacia *un cambio de los sistemas de relaciones entre adultos y niños, a todos los niveles sociales*, tanto a nivel macrosocial como de la vida intrafamiliar. La tendencia, obviamente, se orienta hacia un mayor reconocimiento del niño y la niña como persona y como ciudadano o ciudadana, hacia la superación de antiguos esquemas de dominación, autoritarismo, machismo y paternalismo, y hacia un mayor reconocimiento y participación social de la infancia como grupo de población. Los adultos debemos *aprender a escuchar mejor y a prestar más atención a los niños y niñas*, a abrir nuevas vías de diálogo en todos los espacios que la vida cotidiana posibilite. La infancia debe hacerse más próxima y más presente en la sociedad adulta, para evitar que persista el que sintamos a niñas y niños como ajenos a nuestro mundo social del presente, e incluso a ese futuro colectivo que empieza hoy mismo, no mañana.

9.4. Cambios en los sistemas de protección a la infancia y en las políticas de infancia en los países europeos

También en este caso, aunque con ritmos distintos, venimos observando en los países europeos una serie de cambios profundos en los sistemas de protección a la infancia a lo largo de las últimas décadas.

Dos de las coordenadas cruciales que definen estos cambios son la *desjudicialización* y la *normalización*. Por una parte, en todos los sistemas de protección a la infancia cada vez ha ido teniendo más peso la tarea del sistema de servicios sociales. La protección de la infancia empieza con tareas de prevención, detección precoz y apoyo para la solución de los problemas emergentes en el núcleo familiar que pueden incidir sobre el niño o la niña. La intervención judicial queda reservada a los casos que, por su gravedad, exigen una decisión impuesta y avalada por la autoridad de un juez.

Por otra parte, el principio de normalización ha obligado a introducir cambios importantes tanto en el abanico de servicios disponibles, como en la configuración y organización interna de los servicios destinados a atender niños y niñas (véase capítulo 4).

Una característica importante de los sistemas de servicios para la infancia en los países de la U.E. es que en las últimas décadas casi todos han promovido decididamente el acogimiento familiar como alternativa a las residencias. En 5 de ellos, más de la mitad de los niños y niñas bajo protección están en acogimiento familiar (véase capítulo 5).

Más allá de dichos cambios en los sistemas de protección a la infancia, en las dos últimas décadas se ha observado una creciente preocupación por dar coherencia al conjunto de actuaciones políticas que, a distintos niveles de la Administración pública, tienen como objetivo mejorar el bienestar social de la infancia. A menudo se pone como modelo de esta preocupación a Noruega, país que ya hace más de diez años creó la figura del *Defensor de la Infancia*, conocida internacionalmente como *Ombudsman* (Flekkoy, 1990), que depende directamente del Parlamento; y también se creó el Ministerio de la Infancia y la Familia.

Esta preocupación por tener visión de globalidad y por mantener una actuación de conjunto coherente fue también asumida por el Consejo de Europa, cuyo Comité de Ministros promovió el Proyecto sobre políticas de infancia, como hemos visto en el apartado 2.6, con el objetivo de recoger informaciones y elaborar propuestas en relación con las actividades de dicho organismo y de cada uno de sus Estados miembros (Casas, 1992b; Verhellen, 1992; Council of Europe, 1994a; 1996).

El año 1993, proclamado por las N.U. Año Internacional de las Relaciones Intergeneracionales, ayudó mucho a introducir en el debate público toda una serie de elementos nuevos en relación con las políticas sociales y culturales que deben tener en las familias un referente importante.

Finalmente, a lo largo de 1994, año proclamado por el mismo organismo Año Internacional de la Familia, hemos visto aparecer una serie de estudios sobre la situación global de la familia en muchos países y regiones europeas, así como una diversidad de propuestas para desarrollar planes integrales para la familia, algunas de las cuales ya están dando sus frutos.

Estos cambios, aún incipientes en las políticas sociales de distintas Administraciones públicas, abren importantes caminos hacia el futuro, pero aún deben consolidarse y hallar su articulación conjunta. Las políticas de infancia y las de familia no son ajenas, sino que tienen una amplia intersección; y dicha intersección es no sólo más amplia, sino también más profunda cuanto más corta es la edad de los hijos.

9.5. La monitorización de los derechos de la infancia

La Convención, a pesar de ser un texto muy extenso, conceptualmente hablando no entra en muchos detalles útiles para un uso operacional con indicadores que sirvan para evaluar su cumplimiento. Se trata de un documento relativamente genérico. Tal generalismo fue necesario para alcanzar un consenso cuasi universal entre diferentes culturas, religiones, legislaciones y posiciones políticas. Pero, naturalmente, ello conlleva un importante volumen de ambigüedades o indeterminaciones, que ha llevado a que se afirme que nació en un *vacuum cultural*.

Cuando leemos los diferentes informes presentados por los Estados partes, en teoría dos años después de la ratificación y a continuación cada cinco años, se hace evidente que dichos informes contienen una gran cantidad de datos de gran interés. Pero los datos aportados son tan dispares que desarrollar estudios comparativos con ellos deviene una tarea prácticamente imposible, o, al menos, no claramente fiable. La pregunta que espontáneamente viene a la mente es: ¿sería posible, para los futuros informes, que al menos una parte de los datos fueran comparables entre países? En tal caso dispondríamos de una poderosa fuente de información para mejorar nuestros conocimientos sobre la infancia y sobre sus derechos desde una perspectiva universal.

Pero la *tentación de homogeneizar* un sistema de indicadores universalmente válido topa enseguida con la obviedad de que cada artículo de la Convención, en la práctica, tiene gran cantidad de distintas posibles interpretaciones, según su contexto cultural, histórico y conceptual.

El propio concepto *infancia*, como ya hemos visto, no es entendido universalmente de la misma forma. Pero tampoco lo son conceptos tan básicos como *derecho, abuso, protección*, etc. La influencia de cada macrocontexto es tan enorme, que cambia drásticamente la comprensión de la realidad. La propia investigación científica sobre el desarrollo infantil se ha fundamentado en una parte más que considerable sobre la cultura (o culturas) *occidental*. Sabemos aún muy poco sobre la influencia de tales macrocontextos, incluidas las representaciones sociales adultas sobre la infancia existentes en cada cultura, sobre la vida de niños y niñas. Estamos aún en los inicios de la investigación en este terreno, y queda mucho camino por recorrer.

El papel de las universidades y de los centros de investigación en la implantación del contenido de la Convención es un tema aún poco tratado en la mayoría de países. Pero ambos, y también las ONGs, pueden contribuir de forma sustancial tanto a su desarrollo práctico, como a su monitorización (Miljeteig, 1994; Casas, 1996f).

Miljeteig (1994) destaca la importancia de las siguientes contribuciones científicas aún pendientes:

1. Mejorar los indicadores existentes, que puedan servir de línea base.
2. Desarrollar métodos y metodologías apropiadas para recoger datos sobre la infancia en general.
3. Desarrollar metodologías para comprender mejor la situación de niñas y niños en circunstancias de especial dificultad, así como sus necesidades.
4. Desarrollar medios para compartir las informaciones que se deriven de la construcción de métodos informativos e integrados sobre la infancia a nivel universal.

El artículo 44 de la Convención prevé que además de los Estados parte, también UNICEF y otros cuerpos y agencias de la ONU pueden ser invitados a presentar informes. En la práctica, el Comité sobre los Derechos del Niño, órgano oficial previsto en la propia Convención para realizar su seguimiento, ha pedido también la colaboración de las ONGs internacionales y nacionales. A pesar de todo, la mayoría de los informes disponibles (salvo en unos pocos países, como Reino Unido y Noruega) existe un único informe, realizado por el Gobierno de aquel país, y que, por tanto, como ha dicho Verhellen (1994), corre el riesgo inherente de *ser juez y parte*.

Hay un creciente consenso acerca de que, para que la Convención devenga una realidad para *todos*, hará falta mucha más investigación rigurosa sobre las situaciones en que vive la infancia en los distintos países del planeta, y en especial, mucha más investigación valorativa, que nos permita analizar sistemáticamente las políticas y programas de intervención orientados a la mejora de dichas situaciones.

Habrá que profundizar también en la relación entre investigación y acción política (Casas, 1994g; 1995a). No siempre es fácil transformar el conocimiento en acción, o la información en políticas. Entre otras cosas, requiere un diálogo productivo entre los que producen información y los que la utilizan, entre los diferentes agentes sociales implicados, en definitiva. Y, entre ellos, deberemos contar, como agentes relevantes, con los medios de comunicación social, de quienes hace falta obtener la cooperación para caminar en la dirección de nuestras aspiraciones positivas sobre la infancia.

Como dijo Qvortrup (1994): «*Sólo una presión moral y política puede ayudar a aliviar la situación de la infancia*», y conseguir el cumplimiento de la Convención. Para ejercerla es imprescindible el apoyo amplio de la opinión pública y de los profesionales de la información (Casas, 1994g).

9.6. CONCLUSIONES

Las aspiraciones de mejorar la situación de la infancia en todos los lugares del planeta, o en algún país o territorio en particular, a veces van mucho más allá del contenido de la Convención, al menos para algunos grupos minoritarios (Qvortrup, 1994; Casas, 1994g). Sin embargo, se aprecia un acuerdo muy amplio acerca de que la Convención es un buen aglutinante de un amplísimo espectro de aspiraciones compartidas por los profesionales de la infancia, las ONGs, los investigadores y muchos ciudadanos de todos los países del mundo. Por tanto, es un excelente punto de partida para aunar esfuerzos. En la práctica, dichos esfuerzos se están polarizando cada vez más hacia la *monitorización* de la Convención, es decir, en la búsqueda de instrumentos, de indicadores fiables y sistemáticos, que permitan un control de su cumplimiento.

Partiendo de estas ideas, podríamos concluir los retos de futuro en los siguientes cinco puntos (Casas, 1994g):

1. Son necesarias mejoras en todo el mundo en nuestra capacidad para monitorizar el cumplimiento (y los avances en el mismo) de los derechos especificados en la Convención, en y con los Estados parte. Los informes de cada Estado parte deben ser considerados una fuente de información valiosa, pero no la única.
2. Debemos interpretar el contenido de la Convención tan intensamente como sea posible, en la dirección del *superior interés de la niña o el niño*, y pedir coherencia en ello a los Estados parte.
3. Hay que trabajar en sistemas de monitorización internacionales, que incluyan aspectos tradicionalmente invisibles de la realidad infantil, por falta de datos estadísticos regulares. En este aspecto, hace falta el apoyo de las ONGs y de las universidades y centros de investigación. Nuestras representaciones sociales acerca de la infancia imponen límites incluso a las actividades científicas, y deben ser afrontados.
4. Debemos investigar para poder cambiar las actitudes y representaciones sociales sobre la infancia, ya que, por estar profundamente enraizadas, dificultan la construcción de un nuevo clima social favorable a la infancia y a la mejora de su calidad de vida. Para este propósito hay que cooperar extensamente con los medios de comunicación social, cuya contribución a la monitorización de la Convención podría ser muy importante.
5. Todas estas actividades pueden ser desplegadas al mismo tiempo, buscando el apoyo de las personas e instituciones interesadas en cada una de ellas.

CAPÍTULO X

DESARROLLO MORAL, RESPONSABILIDAD Y SISTEMA LEGAL

10.1. EL DESARROLLO MORAL

A pesar del enorme interés y resonancia que tuvo el temprano trabajo de Piaget (1932) sobre el desarrollo del criterio moral en el niño, no ha sido éste un terreno en que dispongamos de investigación tan abundante como en otros (como el desarrollo de la inteligencia, por ejemplo), posiblemente por lo escurridizo que resulta el tema desde un punto de vista científico.

No obstante, hoy contamos ya con un cuerpo sólido de investigaciones que, si bien aún nos deja muchas incógnitas por resolver, posibilita plenamente un amplio debate, inimaginable hace tan sólo tres décadas.

El marco teórico que sin duda ha resultado más productivo es el propuesto por Kohlberg (1958; 1964; 1976; 1978; 1980), que ha descrito el desarrollo moral en una secuencia de tres niveles (preconvencional, convencional y autónomo), cada uno de los cuales comprende, a su vez, dos estadios. Cada estadio implica una coordinación de la reciprocidad a un nivel superior que el anterior. Dichas coordinaciones permiten ir descubriendo progresivamente formas más justas de resolver los conflictos morales.

Los trabajos de este investigador han obtenido un sólido respaldo empírico en relación con los cinco primeros estadios, tanto a través de investigaciones longitudinales (Colby, Kohlberg, y otros, 1978) como transculturales (Snarey, 1985). En el esquema 2 se puede apreciar la secuencia que suponen los cinco estadios.

Este aval teórico hizo que el propio Kohlberg y otros autores experimentaran modalidades de intervención que permitieran elevar o acelerar el nivel de desarrollo moral de determinadas personas. Uno de sus alumnos realizó su tesis doctoral y ha mantenido una notable línea de investigación sobre las *intervenciones educativas basadas en el conflicto y la discusión, como métodos de educación moral* (Blatt y Kohlberg, 1975). Su modelo de intervención ha sido aplicado e investigado en instituciones para menores infractores (instituciones de reforma) por otro discípulo, Hickey (1972).

Diversos trabajos han confirmado que un buen número de menores infractores presentan estadios de desarrollo moral inferiores a otros mucha-

Esquema 5. Etapas del desarrollo moral, según Kohlberg (1977).

PERÍODO PRECONVENCIONAL (o PREMORAL)	ETAPA 1.ª	*Moralidad Herónoma* (hasta 7-8 años)	– La justicia está en función del poder y el estatus. – El valor de las personas se basa en sus cualidades físicas. – La ley y el bien consisten en que el débil debe obedecer al fuerte.
	ETAPA 2.ª	*Moralidad de intercambio*	– La acción correcta es la que satisface las propias necesidades (hedonismo). – Ante los intereses de los demás se entra en conflicto con los propios: la justicia consiste en tratar los intereses de cada cual de forma estrictamente igual (relativismo).
PERÍODO CONVENCIONAL (o de CONFORMIDAD a las LEYES)	ETAPA 3.ª	*Moralidad de la normativa interpersonal*	– Las normas deben ser compartidas, estableciendo relaciones de confianza mutua que trascienden los intereses y situaciones particulares. – La ley se asocia con la opinión colectiva. Se obedece porque se espera el respeto de los otros. – Se anteponen las expectativas y sentimientos generales a los propios.
	ETAPA 4.ª	*Moralidad del sistema social*	– Todo sistema social debe dotarse de un conjunto consistente de códigos y procedimientos que se aplique imparcialmente a todos sus miembros. – Los deberes son correlativos a derechos.
PERÍODO POSCONVENCIONAL (o de AUTONOMÍA MORAL)	ETAPA 5.ª	*Moralidad de los derechos humanos y del bienestar social*	– Hay valores y derechos universalizables, más allá de un sistema social concreto. – La ley no se debe orientar al mantenimiento del sistema social, sino a la creación de una sociedad ideal, definiendo sus criterios. – Hay una jerarquía de prioridades entre los derechos, que orienta decisiones morales en situaciones de conflicto.

chos o muchachas de su misma edad. Sin embargo, se apreció que acostumbra a haber una alta correlación entre desarrollo cognitivo y desarrollo moral, mientras que la madurez cognitivo-moral no siempre está altamente asociada con el comportamiento social (Jurkovick y Prentice, 1977).

Por una parte, para llegar a discutir sobre cuestiones hipotéticas y abstractas que suelen ir parejas a los problemas morales desde el estadio tercero, al nivel necesario para que surjan conflictos, hace falta haber alcanzado el nivel del pensamiento formal (Díaz Aguado, 1991). Los estudios llegan a la conclusión de que el desarrollo lógico es una condición necesaria, pero no suficiente, del desarrollo del razonamiento moral. Para llegar al razonamiento posconvencional es necesario un pleno dominio del pensamiento operatorio-formal. Por otra parte, la posibilidad de ejercitar un comportamiento madurativamente viable depende de que el contexto social en que el sujeto vive así lo posibilite o potencie.

A decir del propio Kohlberg (1972), el método de la discusión moral es muy positivo, aunque debe ser un componente dentro de un modelo de intervención mucho más amplio: *«La condición fundamental para el desarrollo moral, para el desarrollo del sentido de la justicia, no es la participación en grupos de discusión moral, sino la inserción en una comunidad justa».*

Para que la discusión moral favorezca la construcción de nuevas estructuras, deben existir como mínimo 3 condiciones (Kohlberg, 1976):

- que implique la exposición a un estadio superior de razonamiento;
- que se planteen problemas y contradicciones, creando insatisfacción con las estructuras construidas;
- que se produzca un clima de intercambio y diálogo, partiendo de la diversidad entre los que discuten.

Es fácilmente presumible, conociendo las historias personales de muchos menores infractores, que en sus ambientes familiares y sociales no se han dado estas condiciones de discusión moral, y, a menudo, tampoco las de ser una comunidad justa. Parece, pues, lógico esperar que entre las poblaciones de menores infractores encontremos niveles inferiores de desarrollo moral a igual edad: Es la inevitable consecuencia de haber tenido menos oportunidades de estimular tal desarrollo que la media de la población.

Ello plantea crudamente importantes retos para diseñar *tratamientos* o decidir *medidas*, eficaces, cuando de dichos menores se trata. Retos que llaman a una mayor colaboración entre juristas, legisladores, psicólogos y pedagogos, como mínimo.

En cualquiera de los casos, estamos hablando de la posibilidad de haber vivido determinadas experiencias, no de edades concretas. Hemos apuntado que existe una condición previa, relativa al desarrollo intelectual, para que sea posible alcanzar un determinado estadio del desarrollo moral. Sabemos que las propias capacidades de desarrollo intelectual mantienen sólo una relación aproximada u orientativa con la edad, y que existen importantes diferencias personales que no son calificables ni mucho menos de patológicas (además, obviamente, de existir también diferencias originadas por patologías graves, aunque ello sea poco frecuente). No podemos, pues, eludir la consideración de que si la capacidad de responsabilidad de un niño depende de su desarrollo moral (y todo parece indicar que sí), la edad (que es el factor más considerado en los sistemas legales) no es más que un indicador muy relativo, poco potente, poco discriminante y, en definitiva, poco fiable. Se hace inexcusable evaluarla siempre junto con otros indicadores que aparecen como igual o más relevantes a la cuestión.

Al presentar este supuesto de estrecha relación entre responsabilidad y desarrollo moral no queremos dejar en el olvido muchas otras contribuciones de las ciencias humanas y sociales que han hecho y siguen haciendo importantes aportaciones al conocimiento de la realidad que afecta a los menores infractores, sino todo lo contrario. En nuestra opinión, las líneas de trabajo que estamos apuntando en relación con los investigadores del desarrollo moral posibilitan una gran integración de los elementos personales más psicológicos del niño o la niña, con elementos de su entorno social (familiar y societal), incluyendo los aspectos evolutivos, experienciales e histórico-familiares, ya que todos ellos se evidencian como interactuantes.

Precisamente entendemos que se puede hacer una importante tarea integradora considerando los logros ya obtenidos por otras líneas de investigación, que en principio parecen compatibles, como es el caso de los desarrollos de la teoría de la equidad y los estudios sobre adquisición de conductas prosociales.

10.2. Derechos y responsabilidades

La construcción de una sociedad cada vez más democrática y participativa exige la práctica de tales principios desde la infancia. Dicha práctica no debe ser restrictiva de determinados espacios institucionales (aunque sea evidentemente positivo que se profundice en ella, por ejemplo, en la escuela), sino que debe ir impregnando toda la vida social. Así, el niño o la niña es deseable que interiorice formas concretas de solidaridad, empatía, colaboración y ayuda con aquellos que tienen mayores dificultades para ejercer su derecho a una igualdad de oportunidades.

La interiorización de formas de responsabilidad social resulta inseparable de la construcción de una representación de la vida social en la que cada cual *puede y debe* aportar para mejorar su propia sociedad. En un momento histórico, en el que muchos jóvenes parecen dejarse llevar por los sentimientos de impotencia y desencanto, es crucial que niñas, niños y jóvenes dispongan de espacios sociales en donde puedan sentirse protagonistas de ciertos aspectos de la construcción de su futuro colectivo.

Para ello es necesario superar la raíz etimológica de la palabra *infancia (= los que no tienen palabra)* para ofrecerle canales auténticos de expresión y práctica responsable en la medida de sus capacidades, aceptando los adultos que se dé cabida a una paulatina mayor escucha de la voz de los niños y niñas, desde su propia perspectiva, en el contexto de cada realidad territorial concreta. Por ejemplo, niñas y niños podrían ser más escuchados a la hora de configurar el diseño urbanístico de los espacios públicos de juego en su barrio; ya que, en ocasiones, estos lugares ofrecen grandes cualidades estéticas son poco prácticos para jugar, pongamos por caso, a fútbol o con la bicicleta de forma segura y sin molestar a los transeúntes; ciertamente, ello no sería muy complicado.

En las legislaciones europeas, particularmente las promulgadas después de la Convención, se van observando mejoras que, presumiblemente, pueden contribuir en alguna medida en la dirección del necesario cambio de actitudes. Un paso importante, por ejemplo, está en la participación de los alumnos en los consejos escolares, y en la creación de Juntas de Delegados, que se regulan, por ejemplo, en España a partir de la LOGSE (Ley de Ordenación General del Sistema Educativo). Como dice el artículo 10 del Real Decreto 1543/1988: «*Los alumnos tienen derecho a participar en el funcionamiento y en la vida de los Centros, en la actividad escolar y en la gestión de los mismos, en los términos previstos en la Ley Orgánica 8/1985*». Además, el artículo 12 confirma que «*Los alumnos tienen derecho a asociarse, creando asociaciones, federaciones y confederaciones, las cuales podrán recibir ayudas, todo ello en los términos previstos en la legislación vigente. Igualmente tienen derecho a constituir cooperativas educacionales en los términos previstos en la Ley General de Cooperativas*».

También podemos apuntar aquí las modificaciones introducidas en el Código Civil español por la Ley 21/87, en el sentido que todo menor debe ser oído por el juez antes de ser adoptado o acogido, si tuviere *suficiente juicio*, y, en todo caso, debe consentir si es mayor de 12 años.

Se pueden consultar las edades en que distintos niños y niñas adquieren derechos en cada Estado miembro del Consejo de Europa en un documento publicado recientemente (Council of Europe, 1994b). Como ejemplo, un resumen de las edades que actualmente contempla el ordenamiento jurídico español aparece en el esquema 6.

Esquema 6. Edades en que el ordenamiento jurídico español reconoce ciertos derechos.

Antes de los 12 años:
- Ser oído/a en relación con las medidas judiciales sobre su cuidado y educación, si tiene capacidad de entender.
- Inimputable.

12 años:
- Consentir para ser adoptado/a o ser atendido/a en una familia de acogida.

13 años:
- Testar (salvo el ológrafo).
- Testificar.
- Solicitar la nacionalidad (asistido/a por su representante legal).
- Contraer matrimonio (con dispensa de edad).

16 años:
- Emanciparse (si hay concesión paterna o judicial).
- Trabajar y disponer de su salario.
- Conducir ciclomotores.
- Comprar tabaco y bebidas alcohólicas de baja graduación.
- Entrar en bares, clubes nocturnos y discotecas.

17 años:
- Ingresar en el ejército.

18 años, o bien 16 si está emancipado/a:
- Elegir residencia.
- Pedir asilo o estatuto de refugiado.
- Cambiar de nombre.
- Comparecer en juicio.
- Decidir sobre operaciones quirúrgicas.

18 años:
- Votar.
- Tener carné de conducir.
- Usar máquinas recreativas con premio.
- Entrar en casinos o bingos.
- Tomar dinero a préstamo.
- Gravar o enajenar bienes inmuebles o establecimientos mercantiles.

10.3. La noción jurídica de *menor* y la inimputabilidad

En derecho, *menor* es la persona inimputable por razón de la edad. En la historia de la justicia de menores parece que han habido múltiples intentos de encontrar un equivalente personal o psicológico al concepto de imputabilidad, es decir, a la existencia de plena responsabilidad penal. En los

Códigos Penales españoles de 1822 y 1848 no podía haber responsabilidad en ningún caso antes de los 7 y 9 años, respectivamente, y el sustrato justificativo era el *discernimiento*. Su falta podía eximir de la misma hasta los 17 y los 15 años, también respectivamente.

Intuitivamente, los legisladores, ya muy tempranamente, pensaban que esa capacidad que otorga responsabilidad no siempre se adquiere a la misma edad, ni es válida en cualquier situación o circunstancia. Ello llevó a la práctica normativa de dejar de forma imprecisa amplios intérvalos en los que la capacidad de un menor para responsabilizarse debía ser *estimada* de alguna manera por el juez.

Dejando de lado la falta de rigor científico que supone que tal estimación no sea realizada por un profesional de la psicología del desarrollo humano, este planteamiento, en el fondo, también entra en conflicto con el propio derecho. Todo Código Penal persigue una tipificación precisa de la gravedad de cada delito, para aplicar penas justas y precisas; y ello partiendo de una clasificación dicotómica: responsable o no responsable, aunque sea con matices (agravantes o atenuantes). En el caso de los menores la ley propone una asignación del menor a uno de los dos grupos por parte del juez, y no considera en rigor lo que demuestran las investigaciones científicas: que la capacidad de responsabilización, como ya hemos anticipado en el apartado 4.6, es un proceso, no una situación dicotómica. Proceso que, según algunos autores, como acabamos de ver en el apartado 10.1, es tipificable en varias etapas.

El concepto de *discernimiento* siempre fue difícil de definir, especialmente a partir de que se diferenciara claramente de la inteligencia o de la *capacidad de raciocinio*. Algunos autores y legisladores han preferido conceptos como *madurez psíquica, capacidad de juicio, madurez* o *madurez mental*, mientras que, como dice Rodríguez Devesa (1991), un sector de los expertos se inclina por estimar que se refiere a la *capacidad moral*.

Los desarrollos legislativos en el campo penal han sido, sin duda, muy a menudo influidos por la sensibilidad y la opinión ciudadanas. Sólo recientemente se han iniciado colaboraciones interdisciplinares para acercar posiciones entre lo jurídico y lo psicológico.

Una de tales actividades emerge con la psicología jurídica, que se ha planteado tradicionalmente, entre otras muchas cuestiones, el estudio de las situaciones de dificultad y conflicto social que afecta a niños y niñas como un campo de actividad importante. De hecho, una parte mayoritaria de sus esfuerzos se polarizó durante mucho tiempo hacia algunas situaciones de conflicto social (fundamentalmente delincuencia infantil y juvenil) y también, paulatinamente, en relación con menores maltratados o de entornos familiares y sociales muy deficitarios o marginales, susceptibles, por tanto, de protección jurídica.

Hoy asistimos a una progresiva ampliación de los retos que asume y debe asumir. Por una parte, las intervenciones judiciales se han generalizado a todas las capas sociales a medida que, en nuestra sociedad, ha ido aumentando el número de parejas separadas o divorciadas. La niña y el niño, paulatinamente, han sido reconocidos como sujetos de derechos, que deben ser escuchados y tenidos en cuenta en todo tipo de procedimientos civiles y penales que les afecten.

La articulación de la noción jurídica de imputabilidad y las psicológicas de desarrollo moral, competencia y responsabilidad, pasa a ser un eje crítico de trabajo interdisciplinar a corto plazo en el ámbito de la infancia.

El aumento de libertad, autonomía y derechos requiere un equilibrado paralelismo con el aumento de responsabilidades. Al igual que la libertad no se concede, sino que se conquista o se asume, la responsabilidad no se puede presuponer que se adquiere por decreto, sino que se construye. *No se puede empezar exigiendo responsabilidad, sino facilitando las condiciones para que la responsabilidad se aprenda y se exprese.*

Se han apuntado varias ideas, basadas en experiencias exitosas, para que niños y niñas tengan posibilidades de ejercitar y construir su responsabilidad: teniendo posibilidades reales de participación activa en el máximo número de espacios posibles de la vida social, asumiendo responsabilidades sociales reales en la medida de sus competencias, pudiendo dialogar y debatir sobre criterios morales y de valor, pudiendo participar en comunidades justas, etc.

Como han señalado otros autores, al mismo tiempo que se han producido importantes cambios en las relaciones entre padres e hijos, o entre educadores y niños, en muchos países también han habido modificaciones en el campo de la justicia penal de los menores, en la línea de reducir las diferencias entre ésta y la de los adultos (Jünger-Tas, 1989). El nuevo modelo se ha venido denominando *modelo justicia*, y reúne las siguientes características:

• la división entre justicia penal de adultos y de menores deja de ser una línea tan claramente marcada, para quedar más difuminada;

• refuerza la posición legal del menor;

• pone un acento más fuerte en su responsabilidad social, sobre la base de que ha de dar cuenta de sus actos y de las consecuencias que los actos delictivos tienen sobre otras personas;

• expresa más preocupación por las víctimas de los actos delictivos y menos por la personalidad y necesidades del menor;

• afirma la necesidad de reparar y resarcir a la sociedad o a las víctimas individuales de los perjuicios o heridas sufridas;

- debilita la concepción de protección, de asignación a cargo y de tratamiento, en la medida que fortalece la concepción de responsabilidad propia.

Hay que entender que este modelo de justicia de menores tiene su pleno sentido en el contexto señalado, como principio básico, en el punto 1.4 de las Reglas de Beijing (Resolución 40/33 de la Asamblea General de las Naciones Unidas, del 29 de noviembre de 1985), según el cual la justicia de menores *deberá administrarse en el marco general de justicia social para todos los menores*, y en el espíritu de la Recomendación (87) 20 del Comité de Ministros del Consejo de Europa de evitar la judicialización (arts. 2 y 3), eliminar progresivamente el recurso a la reclusión, y multiplicar las medidas de sustitución (art. 14).

Los nuevos procedimientos de justicia de menores aprobados en bastantes países europeos a lo largo de los últimos 10 años, en coherencia con los principios asumidos al ratificar la Convención, posibilitan mucho más que las legislaciones anteriores, tanto el respeto de los derechos, al haberse introducido posibilidades de desjudicializar y satisfactorias garantías procesales, como la potenciación de una responsabilización por parte del menor en la diversidad de medidas aplicables, especialmente en aquellas que se deben adoptar con el consentimiento del menor. Las dudas, como siempre en estos casos, aparecen al imaginar las distintas posibilidades y modalidades de aplicación práctica de aquello que está escrito.

10.4. Objetivos de los procesos legales en justicia de menores

Un tema que a menudo se obvia es el de los *objetivos de la intervención judicial* cuando hay menores implicados. Ya en otro lugar (Casas, 1993e) hemos abierto interrogantes sobre si existe la suficiente claridad y consenso, en la práctica, sobre el significado de los objetivos de las medidas judiciales en caso de probada falta o delito. Las distintas definiciones utilizadas a veces distan mucho de ser simples matices diferenciales, al menos desde la psicología educativa.

En cualquier caso, y utilizando un mínimo diseño de evaluación de programas, lo más grave es que las medidas aprobadas, con presumible frecuencia, son evidentemente incapaces, de entrada, de alcanzar los *objetivos generales* manifestados en los sistemas legislativos; entre otras cosas porque dichos objetivos sólo estarían al alcance de amplios programas interinstitucionales e interdisciplinares de intervención social, que no pueden ser impuestos por decisión judicial, sino que han de contar con la colaboración voluntaria de los interesados y de las personas de su entorno social próximo.

Algunas de las dudas más concretas nos aparecen cuando intentamos trasladar la lógica del proceso judicial, a un esquema del proceso de intervención psicosocial, desarrollado con premisas de rigor científico, como se intenta en la figura 2. Hay dos momentos cruciales de todo proceso de intervención que nos queda velado en el discurso jurídico: el de formulación de hipótesis y el de evaluación de resultados.

Todo programa de intervención, una vez concretizado en una evaluación de la situación, adecuadamente contextualizada, exige la formulación de hipótesis sobre las maneras (probables, nunca seguras) de alcanzar determinados objetivos, porque tanto las evaluaciones como las tomas de decisiones de los seres humanos están sometidas a inevitables márgenes de error. La evaluación de los resultados observados posteriormente es lo que posibilita tanto paliar los errores, como *aprender* para minimizarlos y para adoptar medidas correctivas en todo el sistema (tanto en el caso concreto, como en los procesos generales). La falta de flexibilidad de muchos procedimientos judiciales les convierte en mecanismos carentes de la adaptabilidad necesaria para adecuar con relativa rapidez la teoría a la práctica.

Además, el establecimiento de hipótesis de intervención correctas requiere una gran claridad en la formulación de los objetivos. Dudamos que los objetivos estén tan claros como parece a primera vista: el objetivo legal de *educar*, traducido a términos psicológicos, puede tener que ver con *elevar el nivel de responsabilidad de la persona*, con *modificar su conducta*, o con *sancionar educativamente*. Los paradigmas teóricos para proponer intervenciones en relación con cada uno de estos propósitos pueden ser distintos, por lo que los procedimientos técnicos de intervención también lo serán. Aquí se observa un gran trabajo de colaboración pendiente entre psicólogos y juristas.

Dos de los debates que permanecen abiertos en la actualidad y que nos parecen relevantes por sus repercusiones psicosociales a niveles bien distintos, se pueden resumir en dos preguntas:

a) ¿es justa, en orden a la responsabilización de nuestros niños y niñas, la actual distribución por edades que hace el ordenamiento jurídico de cada país en función de los derechos reconocidos y las responsabilidades atribuidas?;

b) ¿el informe de los expertos, que se recoge en diversas legislaciones como previo a la decisión judicial (aunque generalmente no es vinculante), habida cuenta de la relevancia de las variables que específicamente concurren en cada caso, serán adecuados y adecuadamente tenidos en cuenta?

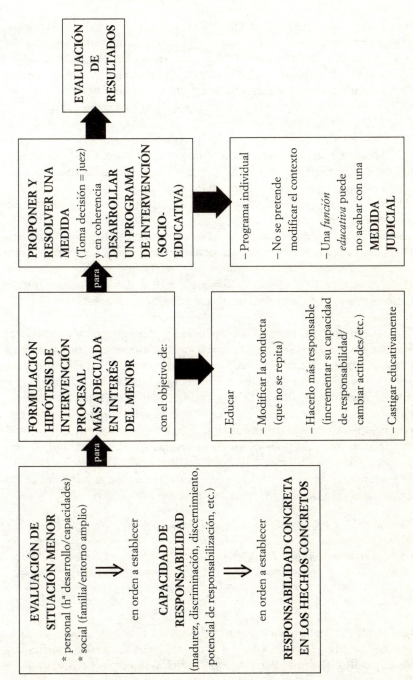

Figura 2. Proceso de intervención psicosocial en un contexto judicial.

Un caso paradigmático y excepcional lo constituye el actual sistema judicial de menores escocés, aprobado con la Ley de Trabajo Social Escocesa de 1968. Como resultado de dicha ley se creó el famoso sistema de las Audiencias Infantiles (*Children's Hearings*), siguiendo las recomendaciones del Comité Kilbrandon. Este sistema se refiere a *cualquier procedimiento legal en que intervengan menores* y se asienta en tres principios básicos (Asquith y Hill, comps., 1994):

1. *El principio de separación de la prueba y la medida*, dado que su instrumentación requiere habilidades distintas. Las Audiencias Infantiles actúan sólo cuando todas las partes están de acuerdo, o cuando, no estándolo, el *sheriff* presenta las evidencias, como resultado de su propio proceso de actuación independiente.
2. El *principio de bienestar del niño o niña* como orientador fundamental de cualquier decisión y medida adoptada; principio que se consolida con la conocida expresión de tener siempre en cuenta el *superior interés del niño*.
3. El *principio de participación del niño y de la familia*, considerando esta última el contexto más próximo para atender al menor.

En las Audiencias Infantiles escocesas participan también un representante de los servicios sociales y otros profesionales implicados si los hay, procurando mantener una dinámica muy poco formal, para facilitar la cooperación de todas las partes. Ello conlleva el facilitar la reunión de la máxima información relevante para adoptar medidas, y la posterior implicación de todas las partes que se hallan en contacto con el niño o niña, cooperando para la consecución de objetivos comunes.

Veintisiete años después de su creación, las Audiencias Infantiles escocesas se siguen considerando un método muy eficaz. De hecho, la única reserva hecha por el Reino Unido cuando firmó la Convención sobre los Derechos del Niño de las N.U. reza lo siguiente:

> «... No está permitida la presencia de representantes legales en los procedimientos seguidos por Audiencias Infantiles. Las Audiencias Infantiles han demostrado durante años ser una forma efectiva de afrontar los problemas de los niños y niñas de manera menos formal y con menor confrontación. Por lo cual, el Reino Unido, respecto al artículo 37.d (de la Convención) se reserva el derecho de continuar con el actual sistema de audiencias infantiles».

De todas maneras, siendo realistas, es ciertamente difícil que el sistema escocés pueda ser extrapolado a otros sistemas judiciales, particularmente a aquellos que provienen de una tradición del derecho romano.

10.5. Niños y niñas en contextos judiciales: ¿qué sabemos?

Que los niños y niñas pueden ser una valiosa fuente de información para la justicia, como afirmación genérica, parece que está fuera de toda duda. Dicha afirmación va más allá del tipo de procesos en que estén implicados, porque no parece haber situaciones legales *a priori* en las que la información, cualquiera que fuera su fuente, si es relevante, no deba ser tenida en cuenta. Desde la perspectiva de la niña o niño, en procedimientos legales cabe diferenciar como mínimo 4 situaciones:

- El niño o niña víctima.
- El niño o niña testigo de delitos.
- El niño o niña parte en un conflicto.
- El niño o niña presunto infractor.

Existe poca investigación, e incluso poca desagregación estadística, sobre la implicación infantil en estas cuatro distintas situaciones, con excepción de la cuarta. Algunos autores están reclamando su urgencia porque, los pocos datos recogidos en algunos países nos muestran que las impresiones de las que a menudo nos valemos pueden no ser exactas. Debido a estereotipos bien enraizados, cuando relacionamos menores y justicia, tendemos a sobreestimar los casos de niños y niñas pequeños como víctimas, y los casos de adolescentes como infractores, en detrimento de las otras situaciones.

Es cierto, como novedad, que cada vez sabemos más acerca del número de niñas y niños implicados en los procesos de separación o divorcio de sus progenitores. Pero ello no es ni mucho menos suficiente, sino que más bien evidencia que sólo disponemos de datos *nuevos* acerca de situaciones que afectan a niños y niñas cuando hay un gran interés por parte de los medios de comunicación social y de la opinión pública en general. Si nos situamos en la perspectiva del niño, y desde su superior interés, como nos encomienda la Convención, resulta a todas luces necesario incrementar nuestro nivel de *conocimientos sistemáticos sobre la realidad infantil en el entorno judicial*. Y, aunque ello es mucho más difícil, también es necesaria la obtención de indicadores de aquellas situaciones que, siendo próximas o parecidas a las que entran en procedimientos legales, no son detectadas o no pueden ser perseguidas por falta de pruebas.

Este tipo de estimaciones o aproximaciones mediante indicadores son laboriosas y costosas. No obstante, se han empezado a realizar, por ejemplo, en relación con las infracciones cometidas por adolescentes, mediante encuestas autoinformadas. También se han iniciado investigaciones en relación con los abusos sexuales a menores, mediante encuestas retrospectivas a adultos jóvenes. De nuevo tenemos un interés polarizado en sólo dos cuestiones, las que captan una mayor atención de los medios de comunicación social. En contraste, y sólo por referir algunos datos distintos, en el interesante trabajo de Spencer y Flin (1990), se aportan cifras de un estudio realizado en Escocia con niños y niñas entre 11 y 15 años, en el que se muestra que, en los 9 meses anteriores a la encuesta, un 33% habían sido testigos presenciales de algún accidente automovilístico, que un 24% habían estado implicados en alguna ruptura familiar y que un 64% habían presenciado alguna vez alguna pelea en la que alguien resultó dañado.

Estamos ante un elemento más que encaja en la denominada invisibilidad estadística de la infancia, que se extiende a otros datos científicos, en un mundo donde las cifras son enormemente importantes, sobre todo si consiguen un espacio en portadas de periódicos. Creemos que aún es más importante el hecho de que de la misma deriva una *invisibilidad social* (quizá sería más preciso hablar de una *neblina social*) de la infancia como conjunto de población. Ello es particularmente grave en un período histórico en que la infancia en su globalidad está perdiendo peso estadístico (menor tasa de natalidad ante una creciente población mayor de 65 años. Véase capítulo 2), hecho que ya viene traduciéndose en una espectacular reducción del gasto público para este grupo de población, por requerirse mayores presupuestos para otros grupos.

10.6. COMPETENCIAS DE NIÑOS Y NIÑAS, Y OBJECIONES A LOS TESTIMONIOS INFANTILES

Volvamos a la persona individual de la niña o niño como fuente de información. El problema que se han planteado los juristas desde tiempos remotos, posiblemente mucho antes que otros profesionales relacionados con la infancia, no es estrictamente el del interés de la información infantil, sino el de su *capacidad* para expresarla adecuadamente.

Aunque el tema ha sido abordado en muchos otros ámbitos (Schneider, 1993; Jaffé, 1996), cabe destacar que, con el florecimiento de la psicología jurídica, se ha ido construyendo un sólido *corpus* de investigaciones específico en relación con la cuestión de la *competencia infantil a la hora de testificar*.

Como ya hemos apuntado, la objeción más importante y *científicamente* avalada que tradicionalmente se ha esgrimido en contra de aceptar testimonios infantiles es la que se resume afirmando su falta de fiabilidad. Spencer y Flin (1990) desglosan más detalladamente los argumentos utilizados y los debaten uno por uno. Vamos a sintetizar sus planteamientos, que parten, a su vez, de retomar un trabajo anterior de Heydon. Las objeciones principales a los testimonios infantiles pueden ser consideradas de 6 categorías:

a) la memoria de los niños y niñas no es fiable;
b) los niños y niñas son egocéntricos;
c) los niños y niñas son altamente sugestionables;
d) los niños y niñas tienen dificultades para distinguir entre realidad y fantasía;
e) los niños y niñas hacen alegaciones falsas, particularmente acerca de supuestas agresiones sexuales;
f) los niños y niñas no comprenden el deber de decir la verdad ante un tribunal.

Antes de entrar en mayor detalle sería interesante imaginar hasta qué punto podemos asegurar, para cada uno de los apartados de este esquema, una respuesta significativamente más fiable si sustituyéramos *niñas o niños* por *adultos* (Jaffé, 1996).

En síntesis, y siempre dejando claro que cualquier generalización podría resultar indebida, Spencer y Flin (1990) nos dicen:

A. La fiabilidad de los testimonios infantiles en relación con su memoria depende de cómo se le formulan las preguntas, incluso en edades muy tempranas. La supuesta falta de fiabilidad de su memoria en algunos casos no es razón suficiente para acoger sistemáticamente sus testimonios con cautela, y mucho menos para rechazarlos de forma generalizada.

B. El egocentrismo infantil se ha asociado a *debilidad mental* y/o a *debilidad cognitiva*. No obstante, los estudios realizados demuestran que el egocentrismo es algo *natural* en todos los seres humanos, fueren niños o adultos. Todos los humanos somos egocéntricos en determinadas situaciones y desprendidos en otras. La conclusión es que el verdadero peligro lo constituye el egocentrismo del adulto incapaz de apreciar adecuadamente la perspectiva infantil en una entrevista.

C. La investigación psicológica ha demostrado que niñas y niños, como también los adultos, pueden ser ciertamente sugestionados, pero que los riesgos de la sugestión pueden ser minimizados utilizando técnicas de interrogación sensibles, practicadas por entrevistadores expertos.

D. Hay muy poca investigación de laboratorio desarrollada sobre las condiciones en que los niños y niñas de distintas edades distinguen la realidad de la fantasía. Sin embargo, la más relevante que existe sugiere que las niñas y niños, en general, no tienden a confundir lo que han imaginado o hecho con lo que han percibido. La única diferencia radica en que los niños son inferiores a los adultos discriminando acciones realizadas por ellos mismos, de las acciones que han imaginado que ellos realizaban. Sin embargo, las acciones imaginarias aducidas por niños no parecen guardar mucha relación con hechos típicamente delictivos.

E. El tema de las alegaciones falsas de los niños y las niñas es muy complejo. Que las puede haber, no ofrece dudas. Pero no está claro por qué o en qué casos, y, por otra parte, no existe evidencia de que sean en grado superior a los adultos. Ciertamente, un niño o niña inmerso en el proceso de divorcio de sus progenitores puede ser seriamente manipulado por uno de ellos, para que ofrezca un testimonio falso; también es cierto, sin embargo, que es relativamente más fácil descubrir una mentira infantil que una adulta. Con todo, muchos relatos infantiles, más que incoherentes entre sí, se ha apuntado que en realidad evidencian la imprecisión derivada del cansancio de algunos niños o niñas para relatar exactamente una misma versión cuando son interrogados por los hechos en repetidas ocasiones.

F. Los estadios del desarrollo moral infantil son actualmente mucho mejor comprendidos que hace tres décadas, porque desde entonces se han venido desarrollando importantes investigaciones al respecto (véanse los trabajos de Kohlberg, 1964; 1976; 1978; 1980; y de Colby y otros, 1978). Entre los tres y los cuatro años la inmensa mayoría de los niños y niñas ya tienen una idea clara sobre lo que es verdadero y lo que es falso. Si se les explica, en general, las niñas y los niños son capaces de comprender las implicaciones de mentir ante un tribunal. Algunos autores muestran su sorpresa por que algunos tribunales, antes de aceptar testimonios infantiles, exijan que se pasen pruebas para evaluar su competencia y honestidad, cuando dichas pruebas no se pasan a los adultos, aun sabiendo que muchos no son honestos ante los tribunales.

10.7. Facilitación de los testimonios infantiles

Más allá de la mayor o menor adecuación de cada una de las objeciones citadas para los testimonios infantiles, existe la evidencia de que determinadas actuaciones complementarias en el proceso testimonial pueden mejorar mucho la competencia infantil. Citemos sólo tres cuestiones que participan de amplios debates en la actualidad: el apoyo de expertos, la utilización de vídeos, y el testimonio por medio de representantes legales.

El apoyo de expertos para ayudar activamente a la niña o niño en procesos legales está cada vez más reconocido en las legislaciones de muchos países, aunque la práctica realmente desarrollada no siempre parece ser congruente con las intenciones de los textos legales escritos. Muchos expertos del sistema sólo asumen la función de ser *evaluadores neutrales* que informan al juez de la realidad del niño o niña, o de su familia.

Garbarino, Stott y otros (1989) defienden la necesidad de una figura distinta del evaluador, que posea funciones claramente diferenciadas, a la que denominan *tutor*, y que también diferencian del abogado defensor o de un posible terapeuta. El tutor, para dichos autores, es quien *asume la responsabilidad del bienestar general del niño o niña y de protegerle cuando interactúa con otros en el sistema legal*. Estos autores no ven inconveniente en que el tutor sea uno de los progenitores si está capacitado para ejercer tal función en el medio legal y si, obviamente, no es parte implicada en el proceso.

En este sentido también son muchas las obras que refieren en el apartado *apoyo de expertos* la necesidad de que todos los juristas y profesionales que participan en procesos infantiles tenga una formación especializada adecuada, es decir, sean también ellos expertos, con habilidades para situarse en la perspectiva infantil.

La legislación de algunos países (por ejemplo, de Canadá y Dinamarca) permite, en la actualidad, que los testimonios infantiles sean gravados en vídeo, en presencia del juez o de otros testigo por él autorizado, previo a la vista, con lo cual se puede obviar la presencia del niño o niña en la sala. Sin embargo, la utilización de vídeos ha sido objeto de encendidos debates en países como EE.UU., enfrentando a los defensores de sus ventajas contra sus detractores por los riesgos e inconvenientes que puede comportar, al ofrecer sólo versiones parciales o posiblemente distorsionadas de la realidad.

Para superar este debate algunos autores han propuesto utilizar sistemas de televisión en circuito cerrado, que permiten volver a preguntar al niño o niña, sin que tenga que permanecer en la sala en presencia, por ejemplo, de su agresor, si ello podría resultarle excesivamente estresante. Otra propuesta, del denominado Comité Pigot, en Inglaterra, va en la línea de utilizar no un vídeo de una sola declaración, sino una serie de ellos, que permiten comparar la evolución de las declaraciones infantiles (Spencer y Fin, 1990).

Finalmente, hay que dejar constancia de que la propia Convención sobre los Derechos del Niño de las N.U. ha puesto decididamente en la cancha el principio de que todo niño o niña implicado en procesos judiciales como presunto responsable de infracciones debe tener la garantía de un representante legal, es decir, de un abogado defensor, que pueda hablar en su nombre. Evidentemente, la existencia de un representante legal, al igual que en los procesos con adultos, puede contribuir no sólo a que se den las máximas garantías en favor del menor, sino también a que su propio testimonio en relación con los hechos que se le imputan sea más eficiente para con sus intereses. Cabe preguntarse acerca de las razones profundas de que dicha figura no haya existido tradicionalmente en la mayoría de los países de este planeta, a diferencia de los procedimientos legales contra adultos.

Dentro de cualquier sistema legal, nos dicen Garbarino, Stott, y otros (1989): «Lo *crucial es replantear la capacidad del propio sistema para responder apropiadamente a las necesidades de niños y niñas con diferentes aptitudes y competencias*», y en distintas situaciones y circunstancias personales.

Una pregunta fundamental que cabe formularse en estos casos es: ¿Puede perjudicar a un niño o niña, en su desarrollo, la participación como testigo en la sala de un tribunal? La respuesta de dichos autores al respecto es que *depende de*:

- la edad,
- el grado de desarrollo,
- la presencia de psicopatologías,
- el estado emocional,
- la calidad de la ayuda de los adultos,
- las peticiones de la sala del tribunal,
- la oportunidad de las preguntas,
- el nivel de preparación y motivación del juez,
- el entendimiento de la niña o niño sobre los procesos.

En definitiva, y como ya habíamos anticipado, *todo depende*. Según la literatura actual, la confrontación ante adultos inculpados o implicados parece ser una de las situaciones que más secuelas traumáticas pueden dejar en niñas o niños que comparecen ante un tribunal. Pero también las preguntas agresivas de un abogado acusador.

Planteado desde el otro extremo, cabe decir que no sólo es importante que un niño o niña no salga traumatizado de su experiencia en un proceso judicial: es crucial que la participación en un proceso legal reafirme la sensación de valía personal del niño o niña, mostrándole que se le toma en serio y que la justicia está a su servicio, como ciudadano que es. Esta validación debería ser un objetivo de todos los profesionales y responsables de administrar justicia (Garbarino, Stott y otros, 1989).

Investigaciones ya consideradas *clásicas* apuntaron la importancia crucial de vincular el medio en el que se lleva la intervención judicial, con el que la persona pasa la mayor parte de su tiempo, para conseguir una efectividad de la intervención y el mantenimiento de unos efectos a largo plazo (Whittaker, Garbarino, y otros, 1983).

Por otra parte, cosas tan sencillas como llevar al niño o niña con anterioridad a la sala donde se ha de celebrar la vista, es muy útil para tranquilizarle. Cabría añadir que sería útil que todo niño o niña hubiera visitado salas de justicia como parte de su educación cívica, para normalizar la visión de la justicia.

Las reacciones emocionales de los niños y niñas ante acontecimientos estresantes o violentos son, con frecuencia, una mezcla de muchas emociones. Los niños o niñas testigos de muertes violentas sufren *shocks* que resultan difíciles de sobrellevar. En todas estas situaciones, si la niña o niño ha de testificar, es clave que cuente con la presencia de un adulto querido, ya que esto le da seguridad. Richman (1993), por ejemplo, ante la muerte de una persona próxima, recomienda:

• ayudar al niño a que exprese sus sentimientos a alguien que los entienda y acepte;
• hablar con él acerca de la persona que ha fallecido.

En los casos de separación de seres queridos, los sentimientos pueden ser igualmente confusos, y agravados por la dificultad de aceptar una situación que le resulta incomprensible, sobre todo si el niño o niña no tienen la certeza de si la persona está viva o no.

Para facilitar el testimonio infantil también será necesario superar ciertas incongruencias existentes en los sistemas legales. Algunos informes presentados al Comité de las N.U. para el seguimiento de la Convención, por países que la han ratificado, han empezado a presentar la escala de edades reconocidas para ejercer diferentes derechos en las legislaciones nacionales. Compararlas entre sí nos permite visualizar rápidamente muchas incongruencias de los sistemas adultos para con sus menores, desde la perspectiva infantil.

No dejan de ser curiosas las habilidades reconocidas a distintas edades por cada sistema jurídico (Consejo de Europa, 1996). Además, muchos sistemas han mantenido, o aún mantienen, serias incongruencias internas entre las edades en que se exigen determinadas responsabilidades y las que otorgan derechos relacionados, como en el caso de tener establecida la mayoría de edad penal antes que la civil. Menos veces apuntado, pero de características similares, es el hecho de que la minoría de edad penal sea anterior a la edad para testificar.

10.8. Conclusiones

La evaluación de la capacidad de responsabilidad (llámese maduración, desarrollo psicológico, desarrollo moral, etc.) de un niño o niña es, pues, una cuestión compleja, por lo que nos resultan pertinentes dos dudas. La primera es en relación con los recursos de que disponen los propios profesionales, habida cuenta de los instrumentos objetivos de evaluación hoy por hoy utilizables, para valorar en su justo equilibrio tanto la situación del menor, como la medida más adecuada para su desarrollo personal futuro; profesionales de la intervención e investigadores tienen aquí un amplio reto. La segunda se refiere a la repercusión real que tendrá de hecho el informe técnico para la toma de decisiones judiciales; si los técnicos hacen un esfuerzo de coherencia y rigor en su trabajo, y ello resulta en una poca consideración por parte de los jueces, el resultado puede derivar en la pérdida de credibilidad de todo el sistema.

Estas cuestiones apuntan hacia una muy seria necesidad, tanto de ofrecer y mantener una formación permanente para todos los profesionales implicados en el proceso, incluida la especialización de los jueces como jueces de menores, como de desarrollar una investigación específica en dos direcciones: una básica, para profundizar en el conocimiento de las capacidades positivas de los niños y niñas, insistiendo en el proceso de desarrollo moral; otra aplicada, que permita seguir y evaluar rigurosamente los resultados de las intervenciones efectivamente adoptadas para cada caso, de manera que, con el tiempo, se disponga de un *feedback* que permita analizar críticamente el funcionamiento del sistema a la luz de los beneficios reales alcanzados por los menores infractores.

Estar dispuestos a cambiar tan pronto como sea necesario, reconociendo los posibles errores, sería una buena manera de mostrarnos ante los menores como adultos coherentes con una sociedad aceleradamente cambiante, a la búsqueda de sistemas cada vez más justos.

No quisiéramos concluir estas reflexiones sin subrayar dos ideas en las que insisten repetidamente distintos profesionales:

A. La infancia necesita atención (y protección) especial cuando se enfrenta al poder de los adultos (o se tiene que desenvolver en *sus* espacios de poder), ya se trate de estar ante los que han perpetrado abusos, ante padres litigantes, ante abogados, ante el juez, o ante cualquier otro adulto con quien no tiene establecida una relación emocional. Cada vez son más los países en que los tribunales permiten, o incluso incitan, la presencia de familiares adultos que apoyen a la niña o niño. Y, en cualquier circunstancia, la competencia infantil para testimoniar debe ser minuciosamente evaluada por profesionales competentes, caso por caso.

B. Precisamente por los riesgos traumáticos que pueden comportar estas situaciones, pero no por ello desestimando la riqueza de las informaciones infantiles, hay que crear cada vez más procesos informales, y alternativas desjudicializadas, como, por ejemplo, los servicios de mediación (que incluso, cada vez más, en algunos países, se utilizan por mandato judicial).

Concluyendo con palabras de Garbarino, Stott y otros (1989): «*Son la competencia y la orientación de los adultos las que marcan la diferencia* de competencias de los niños y niñas en los procesos judiciales». En el aún largo proceso necesario para profundizar acerca de cómo afecta el sistema legal el bienestar y la competencia de los niños y niñas, los repetidos autores destacan tres cuestiones:

a) debemos generar normas y procedimientos que inciten al diálogo y a la cooperación con los niños y niñas;

b) las salas de los tribunales deben adecuarse desde la perspectiva infantil, tanto en la presentación de los hechos, como en la orientación práctica. Ello requiere consultar a especialistas en desarrollo infantil, entre otros, e incluye tener en cuenta el mobiliario, el lenguaje que se utilice, el horario, el acceso a presencias tranquilizadoras, y todo lo que se sepa que da seguridad al niño y, por tanto, aumenta su competencia;

c) los adultos deben mantener las distancias entre sus distintos *roles* (abogado, psicólogo, evaluador, investigador y juez) para no confundir las funciones. La demostración de éstas en un todo cooperativo, guiado por el objetivo de preservar a la niña o niño, es la que ilustra el proceso más conveniente que se debe seguir.

Garbarino, Stott, y otros (1989) concluyen su libro afirmando que, una vez conseguidos estos tres objetivos, podemos empezar a pensar que los niños están protegidos y que serán competentes en el medio jurídico.

CAPÍTULO XI

CALIDAD DE VIDA Y PARTICIPACIÓN SOCIAL DE LA INFANCIA: ENTRE LAS NUEVAS CULTURAS Y LOS MEDIOS DE COMUNICACIÓN SOCIAL

11.1. Del *bien vivir* individual a la calidad de vida colectiva

La idea de *calidad de vida* se asocia a un gran abanico de nociones cargadas de connotaciones positivas para cada persona que piensa en ella: vivir bien, estar bien, tener buen nivel de vida, tener bienestar, estar satisfecho, ser feliz..., e incluso hay quien lo asocia con una vida más o menos lujosa, confortable, adinerada, etc. (Casas, 1989b; 1996b).

Estas nociones del *bien vivir* se han considerado durante muchos decenios como cosas totalmente ajenas al mundo de la ciencia. El mundo de los deseos y de las emociones, al que parecía pertenecer, se consideraba algo *subjetivo*, algo no aprehensible con los métodos científicos tradicionales, por no ser *objetivable*. Es bien conocido el difícil camino que han tenido que seguir muchas ramas del saber psicológico para adquirir estatus de reconocimiento.

Aunque la literatura científica sobre las dimensiones psicosociales de la calidad de vida aún resulta estar raramente traducida al castellano, salvo en algunos ámbitos especializados (por ejemplo, satisfacción con el trabajo, satisfacción ambiental), lo cierto es que hoy en día existe toda una notable tradición científica, que avala la utilización del concepto. Hay que recordar, no obstante, que el concepto de *calidad de vida* utilizado en la literatura científica multidisciplinar no es ni mucho menos tan amplio, ambiguo y variopinto como resulta ser el uso coloquial de este término, o incluso su uso en el lenguaje político, en el administrativo y en los medios de comunicación social.

Si la idea de *bien vivir* se queda en una vivencia interna y no comunicada, estaremos de acuerdo en que no es objeto de interés desde las ciencias sociales. Sin embargo, las personas acostumbramos a comparar nuestra propia realidad, nuestras propias situaciones, con las de los demás. La idea de *estar bien*, entonces, significa *estar por encima de un determinado punto, evaluable, por debajo del cual se está mal*, o, complicándolo un poco más, significa disponer de unas mediciones escalares que permiten determinar quiénes están en niveles *mejores* y *peores*.

La calidad de vida no se centra sólo en la idea de comparar la calidad de la situación de unas personas con otras, aunque es innegable que el afán de medición comparativa ha contribuido notablemente al desarrollo teórico y metodológico en este campo. Existe una conciencia ampliamente compartida de que las comparaciones son siempre relativas al contexto en que se realizan. Una situación personal relativamente pobre podría ser considerada de *calidad* en un entorno sumergido en la miseria.

La calidad se refiere también, y quizá sobre todo, a la relación entre una realidad y unos propósitos (llámense objetivos, situaciones ideales, o niveles óptimos deseables). Cuando estos propósitos son compartidos colectivamente, tenemos una especie de referencia estandarizada común a un conjunto de personas, y podemos hablar de calidad de vida *social*. Uno de los exponentes de un estándar casi universal de calidad de vida son los derechos humanos.

El concepto científico de calidad de vida toma fuerza con la consolidación de los llamados *valores postmateriales* (Inglehart, 1977). Es por ello que, a diferencia de otros conceptos utilizados en relación con *ir las cosas socialmente bien*, es el único que integra plenamente los aspectos psicológicos de la vida personal y colectiva, incluidas evaluaciones de la misma.

Como se definió en un trabajo de CIMA (1979): «La calidad de vida es *el grado en que las condiciones de una sociedad permiten a sus miembros realizarse de acuerdo con los valores ideológicos establecidos, proporcionándoles una experiencia subjetiva satisfactoria de su existencia*».

La noción de calidad de vida se propone dar entidad a la experiencia que las personas tienen de sus propias formas y condiciones de vida, dando tanto o más valor a esa experiencia que a las condiciones materiales u objetivables definidas como adecuadas por cualesquiera expertos. Por poner un ejemplo, puede haber unos indicadores objetivos plenamente aceptados por los profesionales sobre el buen funcionamiento de determinado centro hospitalario o centro de servicios sociales. Sin embargo, si una mayoría de usuarios entrevistados a la salida de estos servicios expresaran que se han sentido muy mal atendidos, desde la perspectiva de la contribución a su calidad de vida convendríamos en que es un servicio inadecuado.

A lo largo de la historia, los seres humanos, reflexionando desde una perspectiva que hoy denominaríamos macrosocial, hemos ido realizando a veces tímidas, a veces firmes incursiones en el terreno situado más allá de lo socialmente conocido y aceptado (es decir, más allá de la seguridad de lo controlado cognitivamente) en cada momento histórico y contexto socio cultural. Personas o grupos de personas, con creciente *frecuencia histórica*, se han atrevido a desear *otras* situaciones, enfrentándose incluso con inmovilismo a ultranza, en aras de una (siempre *supuesta*) mejora social más o menos realista o utópica. Cuando estos deseos o fantasías de *cambios sociales a mejor* se han ido compartiendo por colectivos más amplios han ido configurando lo que vamos a denominar *aspiraciones sociales*. Las aspiraciones sociales pueden no estar traducidas a expresiones públicas, sino constituir tan sólo una especie de *sentir* o anhelo compartido, y a veces llega a configurar una notoria *opinión pública*.

Las *aspiraciones humanas colectivas* se han visto a menudo, y cada vez se ven más, contrastadas con las fuerzas de cambio social que van apareciendo con las innovaciones tecnológicas. Todo ello ha hecho que se replantee y aumente continuamente el interés por conceptualizar la idea de *cambio social positivo*, de *ir las cosas a mejor*, refiriéndose a países, sociedades o regiones más o menos amplias. Así, han ido apareciendo conceptos tales como *crecimiento, progreso*, o *desarrollo*, con diversidad de variantes.

Durante el siglo XX aparece una novedad: a pesar de que siempre ha existido alguien que se ha esforzado en *medir*, de una manera más o menos orientativa, los fenómenos de cambio social a gran escala, empieza a preocupar cada vez más la disponibilidad para tal fin de medidas convencionales, precisas y útiles. En otras palabras, empieza a hacerse socialmente explícita la necesidad de *disponer de los recientemente denominados indicadores sociales*. E incluso empiezan a aparecer conceptos para denominar algunas medidas tentativas (para más detalle véase Casas, 1989b; 1996b).

En la esfera de los investigadores de los fenómenos sociales, a lo largo de los sesenta, el concepto de calidad de vida se vinculó a una noción que incorpora medidas psicosociales de la realidad, medidas que inicialmente se denominaron *subjetivas: percepciones y evaluaciones* relacionadas con las condiciones de vida de las personas, y que pueden incluir aspectos tan delicados de medir como son los sentimientos de felicidad, satisfacción, etc. Esta conceptualización se inició en los EE.UU., y pasó rápidamente a las esferas académicas de la mayoría de países industrializados. Muchos autores coinciden en considerar los trabajos de Ogburn como antecesores de dicha conceptualización, al iniciar sus debates sobre la cultura material y no material en relación con el cambio social (1922, 1942), e incorporar mediciones de la cultura *no material* en los informes sobre tendencias sociales en EE.UU. en que participó (1933, 1943).

En aquella década concurrían en EE.UU. multitud de factores que sacudieron la conciencia del *cómo van las cosas*. Se cuestiona seriamente si el bienestar social (en inglés *welfare*, es decir, *marchar bien*) produce realmente bienestar personal (*well-being = estar bien*). Se redescubre la pobreza (Harrington, 1962), y se evidencia la degradación tanto del medio ambiente, como de las condiciones humanas de vida, a causa del denominado *malestar de la abundancia* (CIMA, 1979). Al decir de Inglehart (1977), la nueva toma de conciencia significa la pérdida de la exclusividad por parte del valor *seguridad económica*, y moviliza la aparición de una nueva escala de *valores postmateriales*, entre los que podemos destacar tres: participación, autorrealización y protección ambiental.

Por otra parte, Gurin, Veroff y Feld (1960) desarrollaron en aquel entonces un estudio epidemiológico sobre salud mental que tuvo importantes repercusiones: al explorar el estrés psicológico, introdujeron una única pregunta sobre la felicidad autoatribuida. Sus resultados dieron pie a los famosos trabajos de Bradburn y Caplovitz (1965) iniciados en 1961, y que consolidaron la denominada *aproximación felicidad* al estudio de la calidad de vida. Estos trabajos desembocaron en la construcción de una de las más conocidas escalas para el estudio del bienestar psicológico, la ABS (*Affect Balance Scale*. Bradburn, 1969).

La segunda orientación que catapultó el estudio de la calidad de vida en esta época fue la denominada *aproximación satisfacción* que tiene su base en los trabajos de Cantril (1965). Este autor mantuvo que las personas comparan la percepción de su situación presente con la vida a la que aspiran. La diferencia entre estas percepciones y estas aspiraciones es lo que da lugar a una medida de satisfacción-disatisfacción, que puede ser asumida como indicador de bienestar psicológico. Este autor propuso medir dicha diferencia con su también harto conocida escala SASS (*Self-Anchoring Striving Scale*).

A partir de estos orígenes, tan inconfundiblemente psicológicos y psicosociales, el estudio de la calidad de vida tiene ya una larga historia en nuestra disciplina científica, en la que no podemos extendernos aquí. Es obligado mencionar cuanto menos los trabajos de Campbell y Converse (1970), Levi y Andersson (1975), Campbell (1976), Campbell, Converse y Rodgers (1976) y Andrews y Withey (1976), como contribuciones muy notables en un primer período (Casas, 1989b).

Interesa insistir particularmente en la idea de que lo que nació con estos trabajos fue una inseparable vinculación entre el moderno concepto de calidad de vida utilizado en las ciencias sociales y la *experiencia personal vivida* por los ciudadanos. En este sentido, dicho concepto se refiere y debe referirse a las percepciones, aspiraciones, necesidades, satisfacciones, y representaciones sociales que los miembros de todo conjunto social experimentan en relación con su entorno y la dinámica social en que se hallan inmersos, incluyendo los servicios que se les ofrecen y las intervenciones sociales de las que son destinatarios y que emanan de las políticas sociales.

Quisiéramos llamar la atención ante una serie de aspectos positivos (sin negar que también comportan dificultades) que, a nuestro criterio, tiene el hecho de incorporar más decididamente el discurso de la calidad de vida en el ámbito de la intervención psicosocial:

• Permite la incorporación de una perspectiva claramente positiva en un ámbito lleno de conceptos con cargas semánticas negativas (problemas sociales, marginación, inadaptación, pobreza, malos tratos, etc.), lo cual repercute sin duda en la configuración de la cultura profesional de aquellos que trabajan en la intervención social.

• Clarifica las posibles y necesarias aportaciones que en el terreno aplicado puede desarrollar el profesional de la psicología, al tratarse de un concepto con inexcusables componentes psicosociales.

• Hace posible que los profesionales no se queden atrapados en la transmisión involuntaria de una visión únicamente pesimista del mundo, lo cual organiza defensas de los ciudadanos ante los propios profesionales.

• Permite articular fácilmente lo individual y lo social, ya que establece conexiones inexcusables entre el bienestar psicológico individual y los procesos psicosociales.

• Se sitúa en el terreno de la promoción y la prevención en su sentido más amplio, siendo perfectamente asumible desde perspectivas comunitarias y desde dinámicas interdisciplinares.

Con todo, hay que estar atentos a la fácil manipulación del término *calidad* cuando desde el márquetin se le reduce a un mundo de imágenes o a una dinámica de consumo comercial.

Los estudios tanto sobre bienestar social, como sobre calidad de vida que se vienen desarrollando en los últimos años se plantean a muy distintos niveles dentro de un *continuum* entre lo *macro(psico)social* y lo *micro(psico)social*. Quizás una peculiaridad que se debe destacar es que los análisis a niveles más microsociales son los que han dado cabida al concepto *bienestar psicológico*, que, de hecho, tiende un puente con los niveles estrictamente personales o individuales. Este componente queda *diluido* en los estudios macrosociales, en los que generalmente no se considera.

El denominador común que hallamos en los estudios sobre calidad de vida casi queda resumido a la aceptación de una simplificada fórmula básica: la calidad de vida es función tanto de factores o elementos del entorno físico, como de elementos del psicológico que configuran y delimitan la vida de las personas. Como lo expresa Villota (1981):

$$QL = f (Ef, Eps)$$

Cabría matizar que, sobre todo, es función de la *interacción entre ambos conjuntos de factores*.

Para Glatzer y Mohr (1987), por ejemplo, las categorías de la calidad de vida pueden ser analizadas, en un nivel muy elemental, como el resultado de cruzar los valores duales de estos dos conjuntos, resultando de ello cuatro posibilidades: bienestar, disonancia, adaptación (es decir, conformismo) o deprivación (Casas, 1989b).

En el nivel macrosocial las diferencias entre los estudiosos se mantienen entorno a la determinación de los *ámbitos* (para algunos *dominios*) que se consideran relevantes para el estudio del bienestar, o de la calidad de vida. Existe un cuerpo central de grandes conjuntos de factores en los que acostumbra a haber un acuerdo mayoritario; las diferencias en el estudio de estos factores a veces son más metodológicas que categoriales. A medida que se amplía el número de componentes, fuera de este núcleo central, tanto bienestar social como calidad de vida empiezan a aparecer como *conjuntos borrosos* (Casas, 1991b; 1996b).

Debido a que muchos estudiosos del bienestar social tradicionalmente han puesto mucho (o todo) el énfasis sobre las dimensiones más materiales o directamente observables que lo componen, en las dos últimas décadas hemos observado cómo distintos autores han buscado el contrapunto a tales tendencias destacando radicalmente los componentes psicosociales de la calidad de vida. Ello está más acusado, por regla general, cuanto más microsocial es el estudio.

Así, Andrews y Withey (1976) defendieron que los indicadores de evaluación de aspectos de la propia vida y los de condiciones externas o ambientales, deberían formar series paralelas, ya que la estructura de las percepciones sobre el bienestar psicológico debe conocerse lo más directamente posible y no por inferencias externas.

Campbell (1976) defendió que los indicadores de condiciones materiales de vida deben ser considerados como *subsidiarios*, ya que son descriptivos de las condiciones que se supone que influyen en nuestras vidas, pero no miden directamente nuestra experiencia. En Campbell, Converse y Rodgers (1976) se insiste en que las mediciones de las condiciones *objetivas* de vida son asumidas con demasiada facilidad como sustitutos de la experiencia personal de vida, cuando en realidad esto es incorrecto: no sabemos cómo muchas de estas medidas pueden representar los estados psicológicos subyacentes; por ejemplo, no sabemos exactamente qué relación mantiene el sentimiento de inseguridad ciudadana con el número de delitos que constan en las estadísticas policiales.

Lawton (1983) quiso enfatizar la perspectiva psicológica de la calidad de vida, empleando su particular concepto de *buena vida*, que subsume todo aquello que en la vida se puede definir como metas personales y sociales legítimas. El concepto de calidad de vida, o de *buena vida,* quedarían así muy próximos a la noción de *realización personal.*

Tres de los cuatro componentes principales de la *buena vida* son para Lawton de contenido fundamentalmente psicológico:

- *La competencia conductual.* Capacidad de funcionar en las áreas de salud y salud funcional, sensación/percepción, cognición, uso del tiempo y comportamiento social).
- *El bienestar psicológico.* Afecto negativo, felicidad, afecto positivo, y congruencia entre objetivos deseados y alcanzados.
- *La calidad de vida percibida.* Satisfacción consigo mismo, con la familia, amigos, actividades, trabajo, ingresos, vecindario, vivienda, etc.
- *El entorno objetivo.* Físico, personal, de pequeño grupo, suprapersonal, social.

11.2. Retos para el estudio de la calidad de vida infantil

Desde que las implicaciones psicosociales del concepto *calidad de vida* fueron puestas de relieve por Blanco (1985), los desarrollos teóricos y el número de investigaciones sobre la misma no han dejado de incrementarse. Frente a otros conceptos próximos, o incluso a veces utilizados como sinónimos, como es el de *bienestar social*, debe recordarse que *calidad de vida* integra necesariamente mediciones psicológicas y psicosociales de percepción y evaluación de las propias experiencias de los sujetos (Casas, 1989).

En esta plena acepción, el concepto *calidad de vida* tiene una trascendente significación política, ya que implica *participación de los ciudadanos en la evaluación de lo que les afecta.* Muchas veces se ha dicho que la construcción de una sociedad cada vez más democrática y participativa exige la práctica de tales principios desde la infancia. Ya hemos argumentado en el apartado 10.2 a favor de que dicha práctica no debería ser restrictiva de determinados espacios (escolares o familiares, por ejemplo), sino que debería ir impregnando toda la vida social. Además, es difícil desarrollar un sentido de solidaridad sin una práctica concreta de comportamientos prosociales, y sin el conocimiento directo de las situaciones en que se hallan aquéllos con mayores dificultades para ejercer su derecho a la igualdad de oportunidades.

Las aspiraciones ciudadanas a veces corren el grave riesgo de quedar ocultas por carecer de cauces de expresión y debate apropiados. Las ideologías totalitarias y los personalismos fomentan la tentación de suplantar las aspiraciones de los ciudadanos por la interpretación que una minoría hace de ellas. Ello no ha impedido que en las sociedades democráticas el *principio de participación* se defienda constantemente y busque incansablemente nuevos cauces. Los medios de comunicación social ofrecen grandes posibilidades, aunque el riesgo de manipulación de la opinión desde ellos es un tema constante polémico. Desde las esferas académicas y profesionales las últimas décadas se han buscado nuevas formas de estudio y expresión de las aspiraciones colectivas de los diferentes grupos sociales, dando lugar a los ya referidos *enfoques comunitarios* (psicología comunitaria, salud comunitaria, trabajo social comunitario, pedagogía social, etc.).

La participación permite hacer explícita la confrontación que conllevan la mayoría de necesidades socialmente reconocidas (es decir, legitimadas): esa tensión dialéctica que se da entre el sentimiento individual o grupal de necesidad (de los propios afectados o de los profesionales que la asumen) y la aceptación *mayoritaria* de la existencia de necesidad social que requiere intervención (para más detalle véase Casas, 1996b), que, en definitiva, es la que provoca que se destinen recursos públicos para su atención.

Cuando se pretende aplicar el concepto *calidad de vida* a la investigación de la población infantil en general, o a necesidades o problemáticas que afectan a grupos específicos de niños y niñas, aparecen problemas teóricos y metodológicos aún no superados. ¿Cómo medir las percepciones de necesidades sociales de los niños? ¿Y sus sentimientos de felicidad o satisfacción en relación con algún ámbito de la vida? ¿Y su grado de participación social? ¿Qué valor tienen sus aspiraciones sociales?

Está claro que todas estas respuestas dependen de la edad del niño o niña. Pero parece ampliamente asumido, sin que se observe mucho debate al respecto, que, como mínimo hasta la adolescencia, las necesidades y aspiraciones de los niños sólo pueden ser expresadas a través de mediadores adultos: los padres o responsables de cada niño. La ciencia, con sus razones metodológicas, ha reforzado una postura socialmente adultocéntrica, igual que, en otros campos de investigación, ha reforzado posturas machistas. De modo que, en vez de medir una percepción o evaluación hecha sobre la propia experiencia, lo que se está evaluando es otro fenómeno también muy psicosocial: una atribución.

En general, las percepciones y evaluaciones de felicidad o satisfacción ante determinadas experiencias, en los estudios que se refieren a la población infantil e incluso en las investigaciones sobre necesidades, casi exclusivamente proporcionan datos sobre *atribuciones que los adultos hacen acerca de los niños y niñas*, ya que los cuestionarios utilizados están generalmente diseñados para ser contestados por los padres de los mismos. En otras, palabras, son estudios que, en cierta manera, traicionan el espíritu básico del propio concepto de *calidad de vida*.

¿Estamos, entonces, ante una mera carencia de instrumentos metodológicos adecuados, o resulta que la noción de *calidad de vida* no es aplicable *tal cual* a la población infantil y sólo podemos hablar de *bienestar social de la población infantil*?

El trabajo del investigador se torna cada vez más complejo: a las dificultades propias del estudio de las aspiraciones sociales de una población respecto a la infancia, se añade ahora el problema de incorporar en este estudio las aspiraciones sustantivas de los propios niños y niñas, en relación con su propio futuro. Sin embargo, el reto es claro: si decidimos que existe algo llamado *calidad de vida de la población infantil*, sólo a partir de su mejor conocimiento se podrá intervenir más eficazmente para lograr su potenciación.

Desde luego, cada vez contamos con más y más notorias investigaciones que están ofreciendo diferentes metodologías, y unos primeros datos sobre percepciones y evaluaciones de los propios niños y niñas sobre sus vidas y el mundo que les rodea. Dejemos constancia, por ejemplo, de los trabajos de Huebner (1991) sobre satisfacción vital en la infancia y la adolescencia; los de diversos autores que investigan las percepciones infantiles sobre sus propios derechos (Ochaita y otros, 1994); las investigaciones sobre percepciones y evaluaciones de su vida familiar (Van Gils, 1995); las que exploran las percepciones de su entorno urbano (Casas, 1996g); etc.

Insistiendo en las observaciones realizadas en el apartado 9.2, y, especialmente en lo que nos recalcan Garbarino, Stott, y otros (1989), debemos partir del hecho empírico de que los adultos en general y determinados profesionales en particular, precisan *información de los propios niños y niñas* sobre aspectos relacionados con sus experiencias, comportamiento y sentimientos. Ello ocurre en clase, en contextos clínicos, en la evaluación de programas, en las relaciones cotidianas, en los juzgados, y, en definitiva, en gran parte de los escenarios de la vida social. Es necesario desarrollar y profundizar en una actitud abierta hacia el niño o niña como comunicador y hacer lo propio con nuestros conocimientos científicos sobre desarrollo infantil.

11.3. Culturas acerca de la infancia, culturas infantiles y medios de comunicación social

Hemos visto cómo en algunos estudios historiográficos se expone la tesis de que el interés social por la infancia se desarrolla con especial intensidad en algunos momentos críticos de la historia, y no debido a alguna preocupación acerca de los niños y niñas en sí mismos, sino por buscar soluciones a problemas sociales que afectan y alarman a la población adulta en general, es decir, por ejercer un control social más efectivo, especialmente sobre la delincuencia. El mismo título de la obra de Platt (1969), analizando críticamente la creación de los tribunales de menores, es bien ilustrativo al respecto: *Los salvadores del niño o la invención de la delincuencia*. Todo lo cual coincide con las afirmaciones de Jaspars y Hewstone (1984) sobre correlatos entre creencias compartidas, atribuciones y representaciones sociales en un contexto histórico y cultural dados.

A lo largo de la historia, hipotéticamente, la imagen social de la infancia parece haberse construido muy asentada sobre la base de las interacciones intracategoriales entre adultos, elaborando discursos y creencias sobre los niños y las niñas en general, y sobre algunas edades en particular. A medida que los adultos (colectiva y mayoritariamente, es decir, como grupo social) hemos ido tomando conciencia de la niña y el niño como ser humano activo y pensante, y sobre todo como *sujeto de derechos* (fenómeno cuya consolidación queda pendiente para el siglo XXI), la infancia, como grupo de población, también ha tomado mayor *cuerpo consciente*. La práctica de tener más en cuenta, e incluso de desarrollar mayor interacción cotidiana entre adultos en general (hay quien, como Caldwell, 1982, añadiría *sobre todo varones*) e infancia, también en sentido amplio, está enriqueciendo y matizando, sin duda, el proceso global de diferenciación categorial. En otras palabras, las nuevas relaciones interpersonales adulto-niño o niña, que se dan en la vida cotidiana, especialmente en el seno familiar, han empezado a incidir sobre las representaciones sociales que los adultos hemos construido a lo largo de siglos acerca de las relaciones categoriales adultos-infancia, como grupos sociales diferenciados.

Las ciencias humanas y sociales han sido, y siguen siendo, piezas clave para el avance en la comprensión de la realidad infantil y para conseguir el cambio de actitudes y representaciones sobre la infancia. Con todo, algunos autores nos recuerdan, por ejemplo, que «*Las preguntas científicas sobre los bebés surgen siempre en circunstancias concretas y por motivos concretos. Por esta razón, las 'respuestas' científicas deben sintonizarse con las circunstancias y los motivos*» (Bradley, 1989). Este autor, tras plantear que la investigación científica sobre los bebés debe considerarse en el contexto de un proceso de construcción social (no sólo científica), finaliza sus reflexiones de forma abiertamente crítica: «*Concluyo que es más cierto, porque es 'mejor', para los científicos occidentales de hoy colocar la ansiedad infantil y el problema de la atención infantil en el centro de las preocupaciones científicas sobre la primera infancia, que concentrarse en los 'avances' cognoscitivos del bebé y desestimar la situación de las mujeres*».

Desde la perspectiva de las representaciones sociales, recordando palabras de Moscovici y Hewstone (1984): «*El antiguo sentido común sigue la vía oral, la de las conversaciones y los rumores. Es un pensamiento mediante palabras. El nuevo sentido común, situado a un lado de esa vía, se difunde a través de la imprenta y la película. Se convierte, de forma más completa, en *un pensamiento a través de imágenes».* En nuestras modernas sociedades, *tecnológicamente avanzadas,* los medios de comunicación social han pasado a constituir elementos con fuerte influencia para perfilar la imagen social de muchos fenómenos psicosociales, y la construcción del concepto social *infancia* no está, en consecuencia, libre de su enorme influencia, sino todo lo contrario.

La investigación científica de la posible influencia de los medios ha pasado como mínimo por tres etapas (Roda, 1989; Rodríguez y García, 1992):

1. *Búsqueda de correspondencias.* A nivel sociológico ello ha significado el estudio de datos de encuestas para evaluar la influencia de campañas de cualquier tipo. En psicología experimental, basándose en el paradigma E-R, se han estudiado sobre todo las conductas en función de los tipos y tiempos de exposición (por ejemplo, de niñas o niños a la televisión o a determinados programas).

2. *Estudio de los procesos y contenidos.* Con esta etapa se ha empezado a considerar a los receptores como sujetos activos, capaces de seleccionar datos y de modificar sus propias conductas en función de variables personales y del contexto, y no sólo en función de las características del mensaje. Mientras que a nivel sociológico un concepto paradigmático ha sido el de *clima de opinión* y muchos estudios se han orientado a indagar la creación de distintos *climas,* a nivel psicosocial esta etapa supone el interés por el ambiente en que se da la comunicación y su incidencia en el proceso de cambio de actitudes.

3. *El análisis de la cultura de masas.* Etapa en la que se da creciente importancia al estudio de los contextos de valor sobre los que se elevan las descripciones de la realidad social, partiendo de que las actitudes de los emisores afectan globalmente los patrones de acuerdo con los cuales se codifica la realidad secundaria que constituye el discurso de los medios. Con esta etapa, la noción de *reacción* va siendo sustituida por la de *cultivo* (Gerbner; véase Roda, 1989), que enfatiza el sentido adaptativo de las respuestas humanas a las significaciones asociadas a la comunicación de masas.

La influencia de los medios, especialmente la de la televisión, sobre niñas y niños ha sido objeto de múltiples estudios, sobre todo encuadrables en la primera y segunda etapa. Entrar en la tercera etapa nos obliga a hacer una serie de reflexiones previas sobre cuál es realmente la cultura de masas ya existente en nuestra sociedad sobre la infancia, y cuál es la cultura sobre la infancia que transmiten los medios de comunicación social.

Se nos plantea un problema básico (el clásico del huevo y la gallina) cuando nos preguntamos: ¿la imagen social que ofrecen nuestros medios de comunicación social sobre la infancia es fiel reflejo de las representaciones sociales mayoritarias que se dan en nuestro entorno sociocultural? O bien: ¿los medios de comunicación social están transmitiendo una imagen, creada autónoma y artificialmente, sobre nuestros niños y niñas, que está influenciando fuertemente nuestras representaciones sociales sobre los mismos?

Otra cuestión básica que nos debemos plantear es: ¿además de una cultura –adulta– sobre la infancia, existe una cultura de la infancia, una cultura infantil? (véase Barthelmes, 1991). ¿Son los niños y niñas sujetos activos que tienen capacidad para seleccionar informaciones y establecer criterios ante los mensajes de los medios, distintos de los adultos? Y en el supuesto de aceptar una respuesta afirmativa: ¿cómo se interrelacionan las culturas infantiles y adultas? ¿Inciden los medios de comunicación social de la misma manera sobre unas y otras?

De hecho, el estilo de relación de los niños y niñas de nuestros días con las nuevas tecnologías es visiblemente distinto del que mantiene la generación de sus propios padres, lo cual preconiza un cambio cultural para la próxima generación de adultos en este contexto. También son a todas luces distintos muchos de sus hábitos de consumo cultural (véase Munné y Codina, 1992). Algunos autores han empezado a defender que ha nacido una nueva cultura que ha tecnificado el modo infantil de relación con el mundo (León, 1992). Según los mismos, el papel cultural que desempeña la televisión es clave en este sentido, aunque no puede analizarse sin integrar como contexto la perspectiva de la economía política en relación con la televisión, sin la cual sólo podemos tener una comprensión parcial de las audiencias infantiles (León, 1992).

Estudios desarrollados en el contexto de la organización muestran la edad como inversamente relacionada con el uso de ordenadores y de comunicaciones mediadas por ordenador (Kerr y Hiltz, 1982; citados por Prieto y Zornoza, 1990). Aunque no disponemos de datos sistemáticos, parece que esto es al menos en parte extrapolable a la vida doméstica: muchos niños y niñas aprenden a manipular mejor y más rápidamente que un gran número de adultos los vídeos, y, ¿cómo no?, los videojuegos, para los que pueden observarse habilidades sorprendentes a edades muy tempranas.

En la interacción cotidiana entre niños y adultos, el uso de videojuegos adquiere, en algunos casos, el carácter de conflicto intergeneracional, que hace recordar otros conflictos anteriores entre adolescentes y adultos (como, por ejemplo, la aparición de la música *beatle*): los adultos, construyéndose una imagen estereotipada, muestran su desagrado u oposición manifestando generalizaciones indebidas y evitando interactuar con niños o niñas en relación con los mismos. La ignorancia adulta, percibida por los niños como *evidente error*, abre puertas a la incomunicación sobre el tema, reforzando la identidad diferencial de cada grupo.

11.4. INFORMACIONES, IMÁGENES Y CONSTRUCCIÓN DEL MUNDO

Quienes investigan la influencia de los medios sobre la infancia han centrado frecuentemente sus esfuerzos en la televisión, lo cual incluye el cine a través de la televisión. A pesar de la rebeldía de algunos destacados autores ante esta evidencia (Hengst, 1990), sólo en mucha menor medida se han desarrollado estudios sobre la literatura infantil (De Azaola, 1989; Cervera, 1991) y otros medios, como puede ser la prensa (Rodríguez, 1989), aunque el interés por la publicidad infantil ha aumentado mucho en los últimos años (cuando ya hace muchos que concentra esfuerzos muy importantes de los publicistas) (Benavides, 1991a; 1991b; Delgado, 1991; Pérez Chica, 1991; Romero, 1991), así como, muy recientemente, el interés por los videojuegos (Munné y Codina, 1992).

Pero volvamos a nuestras preguntas cruciales: ¿qué imágenes transmiten los medios de comunicación social acerca de los niños y niñas? ¿Mantienen estas imágenes relación con las representaciones sociales mayoritarias en nuestro entorno cultural?

Hemos visto en el apartado 1.6 cómo, sobre la base de la sobreestimación de las incapacidades (*aún-nos*) de los miembros del grupo-niños-niñas (ocultando obvias dificultades atribuibles a los propios adultos para una adecuada comunicación adulto-niño o niña), en determinados contextos sociales, los adultos han tendido durante décadas a *sobreproteger* a los niños de determinadas informaciones (sobre la sexualidad y sobre la muerte, especialmente en el medio urbano, por citar sólo dos ejemplos). Ello ha llevado a que la propia Convención incluyera expresamente en su apartado 13 el derecho de todo niño y niña a la información, como hemos visto en el apartado 9.3. Veamos, además, la redacción de otro artículo:

> art. 17. *Los Estados partes reconocen la importante función que desempeñan los medios de comunicación social y velarán por que el niño tenga acceso a información y materiales procedentes de diversas fuentes nacionales e internacionales, en especial la información y el material que tengan por finalidad promover su bienestar social, espiritual y moral, y su salud física y mental. Con tal objeto, los Estados partes: a) alentarán a los medios de comunicación de masas a difundir información y materiales de interés social y cultural para el niño...*

Si bien no parece que debamos ya preocuparnos por la cantidad de información accesible a niñas y niños, cada vez parecen más dignos de especial atención los sesgos sobre la realidad con los que se inunda al público infantil.

Refiriéndose a los programas infantiles, Velarde (1992) afirma que «*La producción televisiva multinacional elude actos con los que sólo pudiesen identificarse los miembros de un país, de una clase social, o de un colectivo*». Una buena parte de los programas televisivos y de los argumentos de las películas que se ven en cine, vídeo y televisión apuestan por mensajes *universales*, que puedan ser comprendidos desde cualquier cultura. Con ello se persigue un objetivo de alcanzar un mercado mundial con alta rentabilidad comercial. Pero, también con ello, se vende una cultura supérflua y fácil, simplificadora de la realidad.

Cada grupo de edad percibe a través de los medios de comunicación social una serie de *modelos* ideales y universales de comportamientos deseables para el grupo-niños en general, y para cada subgrupo de pertenencia en el que el sujeto se puede también incluir (según su sexo, edad, estatus, etc.). En un interesante estudio con niños mexicanos, Velarde (1992) nos muestra cuáles son los rasgos arquetípicos de los héroes y antihéroes de los niños y niñas que aparecen en los medios de comunicación social, llegando a la sorprendente conclusión de que muchos atributos son comunes a héroes y antihéroes: su nacionalidad es predominantemente norteamericana, casi todos son varones o machos, no poseen poderes sobrenaturales (a diferencia de los héroes de épocas anteriores, en cuentos de hadas), sino que utilizan la tecnología para lograr sus deseos, etc. Además, los antihéroes acostumbran a ser de naturaleza humana, a diferencia de los héroes. Por lo demás, esta investigadora encuentra que las niñas y niños de estatus social bajo aparecen mucho más integrados con los valores mostrados como universales por los medios, que los de estatus social alto.

Algunas investigaciones con audiencias infantiles españoles han sido desarrolladas por Younis (1988; 1992). En su primer estudio, en que analiza a fondo las percepciones de los niños y niñas en relación con *los Pitufos*, nos muestra cómo todas las respuestas infantiles expresan un orden conciso y cerrado del mundo: hay que elegir entre seguridad o inseguridad; hay que defenderse de un medio hostil y la pertenencia a la comunidad ofrece una panacea contra la inseguridad. Este mito de la seguridad se muestra mucho más aceptado por las niñas que por los niños.

En otro de sus estudios (Younis, 1992) este autor explora, a partir de una muestra de niños y niñas de 10 años, las representaciones que se construyen acerca de la guerra, aprovechando las noticias sobre la Guerra del Golfo, en su momento. Los datos obtenidos muestran cómo niñas y niños *completan* las selectivas imágenes retransmitidas sobre dicha Guerra con otras imágenes y relatos, ficticios o no, pero provenientes de los medios y que no fueron transmitidos en relación con dicha Guerra (pistolas, cadáveres, sangre, maldad, crueldad...). Complementariamente, su representación mayoritaria se resumió en la categorización de que los norteamericanos eran del bando de los *buenos* y de los *nuestros*, mientras que los árabes y otros países del sur no eran de los *nuestros* (!).

Y por citar un último ejemplo, en relación con los tópicos sexistas ofrecidos por la televisión, destaquemos el análisis de Murphy (1987) mostrando cómo la imagen universal que se ofrece en los medios a la niña adolescente es que su principal objetivo en la vida debe ser *el encuentro con chicos con final feliz*, complementariamente a la importancia de escapar del trabajo y de la monotonía mundana.

Los *mensajes que aparecen sobre niños y niñas* en los medios, en espacios destinados a adultos (por lo que cabe suponerlos de interés adulto), son fundamentalmente de dos tipos:

a) informaciones sobre problemas graves que afectan a sujetos infantiles;

b) en contextos publicitarios, simbolizaciones sobre las excelencias de la niñez.

En el estudio sobre la aparición de noticias relacionadas con la infancia en la prensa española, a lo largo de 5 años, desarrollado por Rodríguez (1989), se demuestra cómo el 77% de todas ellas se refieren al niño o niña como víctima, especialmente como víctima de actos violentos, de accidentes, de agresiones sexuales y de malos tratos.

Sólo en un 19% de las informaciones el niño o niña puede ser considerado el protagonista de la noticia. En un 4% de los casos el niño o niña es considerado un consumidor pasivo y un 8% de las informaciones se refieren a estudios o trabajos relativos a la infancia.

Este mismo autor concluye que *resulta obvio que el mundo de los niños no interesa a los periodistas más allá de la anécdota puntual... La triste realidad es que el 76% de las noticias publicadas provienen de fuente policial y/o judicial, es decir, no se deben tanto a un interés informativo específico por parte del periodista, como a la recepción casual de comunicados procedentes de oficinas de prensa o informantes oficioso/oficiales de los estamentos mencionados.*

No es de extrañar, en consecuencia, que las representaciones sociales sobre problemas infantiles acuciantes, como pueden ser el maltrato y el abandono, se basen en creencias poco acordes con la realidad, acompañadas de grandes lagunas de información (De Paúl y San Juan, 1992).

En contraste paradójico con esta imagen pública de la infancia, está la que dan los mensajes publicitarios: el niño interesa en cuanto objeto simbólico cargado de connotaciones positivas: felicidad, inocencia, suavidad, alegría, porvenir favorable, etc.

Muchos anuncios en los que aparecen niños o niñas están diseñados particularmente para mostrar su felicidad cuando poseen un determinado producto, que se supone les puede comprar un adulto, y en este sentido «*el discurso publicitario es un discurso adulto, que organiza el conocimiento del niño y utiliza a éste en sus mensajes*» (Benavides, 1991a). Felicidad y posesión de algo son dos de los elementos argumentales más explotados.

Estos planteamientos deben proporcionar grandes beneficios a los anunciantes, a juzgar por el impresionante crecimiento de la inversión publicitaria en los últimos años. Por ejemplo, en España, se destinaron 132.000 millones de pesetas en 1981; 315.000 en 1985; y 1.055.000 en 1990. En el último año referido, los gastos de publicidad en televisión ascendieron a 244.000 millones, de los cuales 4.160 correspondieron a juguetes y 50.522 a alimentación, gran parte de cuyos anuncios van dirigidos al público infantil (Delgado, 1991).

Los medios nos transmiten, pues, una imagen social esquizofrénica de la infancia: en el deseo (la publicidad) es la expresión de todas las bondades relacionadas con la felicidad, mientras que en la realidad (noticias) representa mayoritariamente un grupo social victimizado.

Hemos tratado de ilustrar cómo los medios de comunicación social están estrechamente vinculados en la configuración de nuevos aspectos que se integran en lo que podemos denominar el macro-contexto psicosocial en que viven nuestros niños y niñas en la actualidad. Aunque ojalá hayamos podido aportar algunas ideas novedosas para la reflexión de tales hechos, el fenómeno no tiene nada de nuevo: hace ya muchos años que profesionales y estudiosos de la infancia vienen observando la influencia de los medios sobre la infancia y, sobre todo, se vienen quejando de sus efectos negativos. Lo que resulta sumamente sorprendente es que rara vez esté mencionado por escrito en artículos que hablen sobre problemas sociales de la infancia, al igual que rara vez se tenga en cuenta la incidencia de los medios de comunicación social en ningún programa de intervención (hecho extrapolable a otros campos de intervención, además de la infancia, como ya hemos apuntado en otra parte)(Casas, 1992a).

La omnipresencia de la influencia de los medios parece ser considerada en nuestro campo profesional como *lógicamente* un ámbito aparte. Funcionamos como galaxias separadas. Los profesionales de la información (particularmente los interesados por la infancia) poco saben de los de la intervención social, y viceversa.

Muchos problemas sociales en la actualidad sólo adquieren legitimidad en función de su presentación en los medios de comunicación social. Las imágenes proporcionadas en los mismos, especialmente en la televisión, pueden ayudar o dificultar seriamente el desarrollo de programas de actuación social. Ya se ha dicho muchas veces que lo que no aparece en televisión, hoy en día, *casi no existe*. Los profesionales de la información se han convertido en innegables agentes de las políticas sociales: sus acciones constituyen realmente variables intervinientes en relación con dichos programas, muy a menudo involuntariamente.

El contraste (y, a menudo, la incongruencia) entre las imágenes y representaciones que sobre la infancia, sus problemas y su calidad de vida existen entre la población, y las que circulan a través de los medios de comunicación social, merece una atención mucho más pormenorizada, tanto si hablamos de políticas de infancia globales o integradas, como si nos referimos a políticas específicas de protección ante malos tratos o ante situaciones de marginación social.

Y, desde luego, las imágenes que los propios niños y niñas construyen a través de los medios de comunicación social sobre sí mismo y sobre su entorno social (incluidos los problemas que les afectan), deben ser tenidas en cuenta en todo proceso de intervención sobre aquellos problemas en cuya solución sea recomendable la participación de los propios niños o niñas, por constituir parte interesada.

11.5. La comunicación adultos-niños y niñas: participación y responsabilización

El cambio de actitudes adultas hacia la población infantil refleja, en el fondo, un verdadero *problema de comunicación* entre grupos o categorías sociales. Durante demasiado tiempo se ha considerado que los niños y niñas *aún-no tenían muchas cosas interesantes o serias que decir* y ahora cuesta bastante, para un buen número de adultos, aceptar lo contrario.

Es bien conocida la denominada *crisis de la adolescencia*, coincidiendo con una etapa de la vida en que la persona busca y quiere consolidar su identidad única y diferencial. Esta voluntad de fortalecer el sí mismo lleva a que el adolescente tenga conflictos con su entorno adulto. Tradicionalmente se ha hecho una lectura de que el adolescente *se vuelve difícil*. Pues bien, distintos investigadores norteamericanos han mostrado que *los miembros del jurado pueden evaluar a los adolescentes basándose en una desconfianza culturalmente sancionadora* (Garbarino, Stott y otros, 1989), debido a que existe en nuestra sociedad un estereotipo mayoritario, que estos autores definen como una *especie de sospecha hacia ellos*.

Las capacidades que muchos niños y niñas desarrollan a una edad cada vez más temprana particularmente ante las nuevas tecnologías, ha iniciado ya una *crisis de comunicación* entre adultos y niños, mucho antes de la que caracteriza el período de la adolescencia.

La comunicación entre adultos y niños ha ido mereciendo una creciente atención en todas aquellas situaciones en que niños y niñas pueden estar en situación de fuerte estrés o conflicto. Incluso algunas ONGs de reconocido prestigio internacional han empezado a divulgar pequeños manuales prácticos (Richman, Pereira, y otros, 1990; Richman, 1993), al comprobar que lo que parece *evidente* como formas de relación con los niños y niñas, no es tan evidentemente practicado por muchos adultos, que tampoco saben cómo mejorar sus habilidades.

La siguiente lista de sugerencias nos aparece en el pequeño, pero interesante manual de Richman (1993):

• Los bloqueos en la comunicación adulto-niño pueden ser ocasionados por las respuestas pobres de los adultos hacia el niño o niña. Por ejemplo, al no saber crear un clima de confianza, no saber motivarlo, o bloquear los esfuerzos del propio niño o niña para comunicarse.

• Una de las mejores formas de mejorar las habilidades comunicativas es tener colegas que le observen a uno mientras se comunica con niños y niñas, y nos sugieran cómo mejorar.

• El apoyo de colegas nos ayuda a manejar nuestros sentimientos de angustia (sensación de no saber hacerlo bien).

• El deseo del niño o niña para comunicarse puede quedar oculto por otros sentimientos, como por ejemplo, recelo, tristeza, culpabilidad o enfado.

• Si un niño o niña parece no estar diciendo la verdad, hay que tratar de averiguar por qué puede ser así; hay que aceptar que ésta es una manera de expresar determinados sentimientos.

• Todos podemos facilitar el desbloqueo de una comunicación facilitando otros medios de expresión (incluso no verbales) y siendo pacientes.

La participación de la infancia en nuestras sociedades debe ser considerada como un proceso dentro del marco general de la comunicación interpersonal e intergrupal adultos-niños y niñas, en el que habrá que tener en cuenta espacios, perspectivas y niveles de participación.

En las relaciones interpersonales adultos-niños hemos sugerido la reflexión sobre los siguientes *niveles funcionales* de participación (Casas, 1994h):

• *Estar informado.* Todos necesitamos información para ser capaces *realmente* de participar en algo. El niño y la niña necesitan información en un lenguaje que sean capaces de comprender, de acuerdo con cada proceso unipersonal.

• *Ser escuchado*. Para considerar la participación como valor positivo, el niño o niña debe sentir que merece la pena expresar sus propias opiniones y deseos. También se necesitan capacidades para el diálogo y la negociación. Una actitud adulta de escucha es básica para animar la participación activa.

• *Ser consultado*. La participación no sólo se ejercita a petición expresa del niño o niña. Su opinión debe ser solicitada de manera proactiva, regular y abierta.

• *Decisiones dialogadas*. Las opiniones pueden sólo *ser tenidas en cuenta*; pero, un paso más adelante en la dirección de la participación significa analizar y discutir por qué las posiciones que se toman en cuenta son o no aceptadas.

• *Negociar consensos*. La toma de decisiones puede mostrarse como algo no sólo dependiente de los adultos. Muy frecuentemente se han de tomar decisiones que afectan a los distintos miembros de un colectivo (familia, clase), pero resulta imposible satisfacer a todos; en tal caso todos o algunos deben disminuir sus aspiraciones.

• *Compartir decisiones*. En la vida social se dan responsabilidades que son colectivas y su asunción debe ser explícita y acordada.

• *Aceptar y respetar las decisiones tomadas por el niño o niña*. Tomar decisiones implica asumir riesgos y errores, y de ello también se aprende. A quien toma decisiones no se le puede proteger de equivocarse más que en circunstancias excepcionales, sino que debe aceptarse su autonomía, progresivamente, en diferentes aspectos de su vida.

11.6. LA PARTICIPACIÓN SOCIAL DE LA INFANCIA

En buena parte de nuestra sociedad europea existen la preocupación y la conciencia crecientes de que nuestros niños y niñas, el conjunto de nuestra población infantil, requieren que les prestemos una mayor atención en el futuro inmediato, a todos los niveles sociales.

El ritmo de los cambios sociales en que estamos inmersos se acelera en progresión continua. Cada vez se nos hace más evidente que, tanto las nuevas tecnologías, como los nuevos fenómenos sociales y culturales, nos conducen hacia una sociedad futura claramente distinta de la de hoy, pero que no sabemos exactamente cómo será, ni siquiera a corto plazo (véase apartado 9.1). A ello hay que añadir los cambios de las estructuras familiares, y de las relaciones interpersonales dentro y fuera de la familia (Casas, 1994h; 1994n) (véanse capítulos 2 y 3).

Un sinfín de situaciones novedosas conllevan una gran cantidad de problemas éticos nuevos y de responsabilidades sociales, que ya estamos observando en la actualidad (uso de la ingeniería genética, prolongación artificial de la vida, juegos de realidad virtual, redes de comunicación interactiva, piratería informática, etc.).

Como ya hemos insinuado, un gran reto que surge ante nuestro futuro colectivo inmediato está relacionado con la pregunta: ¿cómo podemos socializar a nuestros niños y niñas para que puedan vivir *responsablemente* en un mundo, muchas de cuyas coordenadas nos son totalmente desconocidas? ¿Se puede educar a ser responsable ante lo desconocido? Debemos formar para vivir en y con el cambio social, sin saber muy bien qué comportamientos y orientaciones son más adecuados ante el mismo.

Muchos de los valores humanos es muy difícil aprenderlos a partir de reflexiones teóricas. Tal es el caso de la democracia, el sentido de la justicia, la libertad, etc., que se aprenden, fundamentalmente, practicando. Como ya anticipábamos en el aparatado 10.2, lo propio se puede decir de la responsabilidad. Nuestra sociedad ha tendido más y más a configurar una especie de mundo aparte para nuestra población infantil. Pero las ciencias humanas y sociales han demostrado que el desarrollo de todo ser humano y su socialización no pueden ser dicotomizados en dos categorías (*ya-sí versus aún-no*; mayor-menor de edad; imputable-inimputable). Todos los humanos vivimos *procesos* de continuos cambios personales y de nuestro entorno próximo, sometidos a una amplia gama de variaciones.

La participación social de los niños y niñas es un nuevo principio que corresponde a unos derechos que es necesario ejercer para poder desarrollar paulatinamente la capacidad de responsabilización en nuestra vida social. No se refiere a que estén meramente presentes, a una especie de representación teatral bajo supervisión adulta. Es algo mucho más serio y profundo, que implica un reto de creatividad para que haya actividad participativa *real* y consciente, con asunción de responsabilidades de acuerdo con la capacidad y madurez de cada persona.

Cuando hablamos de *participación social*, en el contexto europeo, no nos referimos a la idea formal de *tener voz y voto*, sino a unas dinámicas sociales mucho más amplias y cotidianas, que asuman en profundidad el principio de *tener más en cuenta a los niños y las niñas en todos los momentos, espacios y niveles sistémicos de la vida social.*

Hemos ya dicho que los artículos 12 al 16 de la Convención aluden inequívocamente a componentes psicológicos y psicosociales de la calidad de vida infantil. ¿Qué podremos aportar los psicólogos de la intervención social para el desarrollo de estos derechos?

¿Qué hacer para que niñas y niños puedan ejercer sus derechos? ¿Cómo actuar ante los muchos adultos que, sin duda, o no creen que estos derechos del sujeto infantil sean legítimos, o no están en absoluto dispuestos a *otorgárselos* a los *suyos*?

La emergencia de nuevos derechos y de nuevas potencialidades nos llega acompañada de serias y profundas nuevas responsabilidades. De hecho, una lectura atenta de la Convención, particularmente de los repetidos artículos 12 al 16, nos sugiere que hace falta desarrollar *nuevas formas de presencia del niño y la niña en nuestra sociedad*, nuevas formas de estar con ellos, de escucharles, de tenerles en cuenta, y de considerarles explícitamente como sujetos de derechos; y también nuevas formas que les posibiliten asumir responsabilidades individuales y sociales paulatinamente, en función de sus capacidades y competencias.

Posiblemente éste es uno de los retos más profundos que nos plantea la Convención. Aquellos que tienen responsabilidades directas con niños y niñas, o sobre políticas de infancia, intuyen su importancia y también atisban las grandes dudas e incertidumbres que ello comporta. Sobre todo por la falta de *tradición histórica* en dar un protagonismo social a nuestra población infantil.

Para abordar esta cuestión, debemos reflexionar sobre los diversos aspectos prácticos que conlleva:

1. ¿Qué niños y niñas tienen capacidad para participar en determinados aspectos de la vida social? ¿A partir de qué edad? ¿Cómo se evalúa la madurez o responsabilidad de un niño o niña?

2. ¿En qué lugares o espacios sociales pueden las niñas y los niños participar?

3. ¿Con qué intensidad pueden participar? (recibir información, elaborar información, tomar decisiones, ejecutar decisiones, controlar decisiones, etc.)

4. ¿Qué grado de formalidad han de adoptar los derechos a participar y los deberes que ello conlleva, en el ordenamiento jurídico de un país? ¿Qué instituciones los deben avalar?

La participación de la infancia en la sociedad no debe ser, obviamente, una especie de juego bajo la mirada de los adultos, sino que debe ser asumido como un reto serio y trascendente. La mera *presencia* del niño o niña en la sociedad, el hecho de que aparentemente se cuente con él o ella, no significa necesariamente que participe en realidad.

El lenguaje que utilizan los niños y niñas para expresar sus derechos y aspiraciones no es, a menudo, el mismo que el de los adultos. Hace falta una toma de conciencia de los adultos, y particularmente de los profesionales en contacto habitual con niñas y niños, para saber dar el justo valor a los contenidos de las expresiones infantiles, incluso cuando sus formas no puedan ser consideradas las adecuadas desde una óptica adulta.

Para avanzar en un proyecto concreto, traducible a realidades, de participación de las niñas y los niños en la sociedad, en el seno del grupo de trabajo específico sobre participación social de la infancia, del Proyecto de políticas de infancia del Consejo de Europa (Council of Europe, 1994), propusimos las siguientes etapas:

1. Inventariar las informaciones bibliográficas y documentales sobre participación infantil de que disponemos en distintos países.
2. Identificar experiencias positivas que ya se han desarrollado o están en curso (Parlamentos Infantiles, Consistorios Municipales Infantiles, toma de decisiones en proyectos ciudadanos, etc.), diferenciando las que tienen carácter eventual, las que son regulares, y las que están instituidas por normativas vigentes (como, por ejemplo, los Consejos Escolares en España).
3. Organizar jornadas de intercambio de experiencias, para compartir las existentes en distintos puntos de la geografía europea.
4. Publicar un informe analizando críticamente las experiencias existentes.
5. Crear un grupo de trabajo para proponer recomendaciones a los países sobre medidas que deben adoptar para incrementar la participación de los niños y niñas en la sociedad.

Una propuesta de Recomendación fue presentada en la Conferencia Europea de Leipzig (Council of Europe, 1996a). La asunción de nuevos niveles de participación por parte de los niños y niñas debe plantearse como un proceso. En dicho proceso hay que considerar distintos espacios de participación, que pueden incluir distintos temas:

a) participación en la familia: democratización de la vida familiar y formas de tomar determinadas decisiones que afectan a los niños y niñas;
b) participación en la escuela;
c) participación en la vida municipal y urbana: por ejemplo, en el diseño de los espacios para uso infantil, y en los servicios culturales y de esparcimiento que les van destinados;
d) participación en procedimientos civiles y judiciales.

La implicación de los medios de comunicación social en este proceso es crucial. La participación debe basarse en el respeto a los demás. Niñas y niños deben observar este respeto hacia ellos en los propios adultos, incluyendo aquellos que se mueven en los *mass media*. En consecuencia, hay que facilitar propuestas y estrategias concretas a los profesionales de la información y entablar un diálogo positivo con los responsables institucionales de dichos medios, particularmente de la televisión.

11.7. Conclusiones

Según Rolff (1989), los perfiles del proceso de socialización infantil de hoy en día pueden describirse teóricamente como la pérdida de la actividad de independencia, el ascenso del consumismo, la mediatización de la experiencia y la emergencia de una cultura basada en la imagen.

Los niños y las niñas se han convertido en consumidores de imágenes, y ello ha formado parte del estilo de vida de los mismos desde los años sesenta, hasta el punto de que algunos autores hablan de *iconomanía* (Rolff, 1989). La cultura verbal ha sido desplazada por la icónica. Los niños y las niñas extienden sus informaciones y conocimientos a través de la televisión, pero perdiendo experiencia directa. Los medios, especialmente los audiovisuales, han inventado y siguen inventando nuevos bienes culturales de modo sintético. En conjunto, ejercen un dominio sutil sobre la infancia, que es un moderno dominio cultural (Rolff, 1989), y que introduce incluso hábitos (alimenticios, por ejemplo) poco adecuado para el sano desarrollo (Schlanger, 1989).

Niñas y niños son tan adictos a la televisión como la organización familiar se lo permite, y tan o tan poco críticos como su formación les deje (Álvarez, 1989).

Una consecuencia positiva de esta realidad es que los niños y niñas de hoy saben mucho más sobre el mundo adulto que cualquier generación anterior (Sander, 1990). Los conocimientos sobre el mundo que tienen niñas y niños por una parte, y los adultos por otra, se han ido homogeneizando. Aunque, como hemos ya apuntado, muchos adultos han optado por no interactuar con los más jóvenes en relación con las nuevas tecnologías, lo cierto es que, mayoritariamente, las relaciones de los adultos con los niños se han vuelto mucho más tolerantes y dialogantes. La cultura infantil busca sus formas propias de expresión a edades cada vez más tempranas (Sander, 1990). Si ello se da en el contexto de un grupo familiar y en un entorno general de adultos dialogantes, e interesados por la perspectiva del niño, posiblemente estaremos abriendo las puertas a una generación que habrá llegado a una comprensión crítica de nuestro mundo mucho más tempranamente. Posiblemente, esta capacidad crítica es el único antídoto a la inmersión homogénea hacia la que la comercialización universal de los medios parece estar llevando a la audiencia infantil.

Porque, ciertamente, los heterogéneos datos que hemos podido recopilar de estudios científicos, parecen apuntar hacia la conclusión de que la imagen de la infancia que en general ofrecen los medios de comunicación social no se corresponde en buena parte con las imágenes representadas sobre niños y niñas por la mayoría de los adultos de nuestro entorno cultural. ¿Cuál de ambas será la imagen que integrarán las representaciones sociales sobre la infancia en nuestro próximo futuro? ¿Qué profesionales pueden influir para que el cambio intente ir en alguna dirección más que en otra? Ciertamente, hemos visto que el tema implica importantes y profundas dinámicas psicosociales. Pero también es cierto que a menudo los profesionales de la intervención psicosocial se sienten enormemente faltos de habilidades y de poder cuando deben abordar tales macroprocesos.

Una clara conclusión apunta hacia que se hace cada vez más imprescindible crear un clima de colaboración entre profesionales de la información y profesionales de la intervención psicosocial, para poder profundizar en las nuevas representaciones sociales, las nuevas culturas, que se están construyendo a través de la imagen, especialmente en relación con los niños y niñas y sus problemas. Y ello nos implica tanto si nuestro interés o nuestra práctica profesional está orientada a cualquier problema social particular, como si lo está en el nivel de promoción de la calidad de vida de la población infantil en su conjunto.

Al mismo tiempo, no se puede desestimar que los mundos que los niños y niñas aprenden en las pantallas, a menudo corresponden a otros entornos socioculturales y a otros sistemas jurídicos, pudiendo llegar a creer que en nuestra propia sociedad también las cosas funcionan así. Ello hay que tenerlo particularmente en cuenta en los procesos judiciales: muchos niños y niñas *conocen bien* lo que han visto en la televisión, más a menudo ilustrativo de una realidad norteamericana que de su propio país, sin haber podido contrastarlo con su propio entorno jurídico, del que no tienen ningún conocimiento *práctico*.

Insistamos una vez más: el aprendizaje de la participación social (al igual que el aprendizaje de las formas democráticas de vida) es algo que no puede realizarse mediante *teoría*, con discursos o clases magistrales, sino a partir de la práctica. Hay que imaginar y facilitar *nuevos* temas y espacios de participación infantil *real*, en función de las capacidades y madurez de cada niño o niña. Para ello no hay que desconsiderar las sorprendentes habilidades que los niños desarrollan ante las nuevas tecnologías, que les permiten asumir a temprana edad *nuevas* responsabilidades.

No se trata de que nuestros *menores* empiecen a practicar la democracia al cumplir los 18 años, perteneciendo antes a *otro mundo aparte*. Se trata de que la vayan practicando, al nivel de sus capacidades y de su competencia, desde la más temprana edad. Se trata de que niños y niñas se sientan más tenidos en cuenta (en definitiva, más partícipes), en todas las esferas de su vida, a saber: vida familiar, escuela, vida urbana, espacios administrativos y judiciales, etc.

No se puede seguir planteando que se sumerjan en la responsabilidad *de repente*, en el preciso momento de cumplir una determinada edad, sino que se debe aceptar (como hace años que nos viene evidenciando la psicología) que la vida infantil tiene un constante proceso de desarrollo y socialización, en que capacidades y habilidades afloran progresivamente, de forma desigual y en momentos distintos del devenir cronológico de cada persona.

CAPÍTULO XII

INTERVENCIÓN PSICOSOCIAL, PROFESIONALES DE LA PSICOLOGÍA Y PROTECCIÓN A LA INFANCIA

12.1. Secuencia funcional en los procesos de intervención social

Aunque parezca obvio, es necesario recordar que toda intervención social consiste en la introducción *intencional* de una serie de factores nuevos en una realidad social, con el fin de conseguir una realidad diferente, considerada *mejor* (Casas, 1996b). Es decir, las políticas sociales hacia la infancia precisan saber *cómo intervenir para mejorar la situación de la población infantil.*

Es muy frecuente en servicios sociales, pero aún más en el ámbito de la infancia, el dar por sentado que el resultado de una intervención social será la consecución de *algo mejor*, sin molestarse en definir la nueva situación esperada, y objetivarla. Además, se da también frecuentemente por sentado que lo realmente conseguido y lo esperado mantienen una relación inequívoca, cuando en realidad la nueva situación esperada, que se desprende de los objetivos, es un logro *hipotético*, probabilístico, susceptible de distintos tipos de posibles errores. No definir *concretamente* las nuevas situaciones que se espera lograr con cada intervención constituye un defecto metodológico importante.

Pero el verdadero trasfondo de la cuestión no es sólo metodológico. Al eludir la explicitación de las *nuevas situaciones deseadas* estamos obviando un debate sobre los valores, ideologías y teorías, encerrados en los objetivos marcados en cada programa interventivo. Quizá tal debate teórico-ideológico puede ser considerado poco pragmático, o incluso demasiado conflictivo. Pero su omisión no nos salva de que múltiples y anónimos valores, frecuentemente protegidos con argumentos de *limitaciones presupuestarias,* contribuyan de hecho a la construcción del futuro de nuestros niños y niñas en formas sobre las que no hemos tomado conciencia colectiva.

Es así como nos estamos encontrando con municipios administrados por partidos políticos iguales que desarrollan políticas de infancia radicalmente contrapuestas; o como descubrimos contradictorias interpretaciones a la hora de aplicar algunos textos legales básicos, incluso entre los propios jueces. En última instancia, ni objetivos, ni resultados reales hacia donde nos están llevando los programas y actuaciones sociales sobre la infancia, en puntos geográficos bien distintos, no se pueden considerar ingenuamente *asépticos* o *neutrales*, como tampoco se deben analizar bajo el signo fatalista de la impotencia, del *no se puede hacer nada más*. Objetivos y desarrollos programáticos deben ser contrastados y valorados en sus distintas concreciones, nunca del todo anticipables desde unos objetivos teóricamente definidos desde algún criterio externo.

Dentro de este contexto social cargado de valores, y una vez delimitados los objetivos de *cambio a mejor*, cualquier actuación social programada sigue una secuencia jerárquica en el desarrollo de funciones implicadas, cuyo análisis podemos realizar desde una perspectiva cibernética y como un proceso de toma de decisiones. Una de las formas sencillas y claras de plantear esta secuencia funcional es en cinco fases:

1. Recogida de información.
2. Elaboración de la información.
3. Toma de decisiones.
4. Ejecución de la actuación decidida.
5. Seguimiento y evaluación de la actuación (control funcional).

El control funcional de lo ejecutado proporciona nuevas informaciones que permiten reelaborar el programa de actuación. Toda esta secuencia nos ofrece así un bucle funcional que se retroalimenta a sí mismo, dentro de una realidad dinámica que también produce nueva información. Si el sistema es suficientemente flexible, puede ir ajustando sus funciones a medida que se tiene mejor conocimiento de la realidad sobre la que se actúa. Según la retroalimentación evaluativa de los resultados sea frecuente o no, el sistema sufrirá cambios más frecuentes, pero también aumentará la probabilidad de ser eficaz. La *investigación-acción lewiniana* constituye un ejemplo de proceso que aspira a ser muy flexible para mejorar el logro de sus objetivos.

Veamos brevemente cada uno de estos momentos o niveles de la secuencia funcional. El acceso a la información sobre la situación personal, familiar y social de un niño o niña lo tienen en primer lugar los profesionales o equipos que están en contacto con cada problemática sociofamiliar, pero también, lógicamente, cualquier otra persona que se relaciona directa o indirectamente con él o ella.

A. *Recogida de información*

Cuando se obtiene información es necesario seleccionar la que es fiable y la que puede no serlo. Sin embargo, ante la duda, un principio de profesionalidad exige no desestimar cualquier información: toda puede ser relevante, a no ser que se demuestre lo contrario. Si la fuente de información es otro u otros profesionales, un planteamiento interdisciplinar nos exige partir de una actitud de confianza en relación con las bases de otras disciplinas científicas y el rigor de otros profesionales. Lo dicho se contrapone a una inercia de la desconfianza, a veces excesivamente frecuente en relaciones que devienen luchas gremialistas por espacios de poder; y respalda el principio de eficiencia, que implica la no duplicidad de esfuerzos y del superior interés del niño, que tiene derecho a la no prolongación de las situaciones que le puedan afectar negativamente, lo cual podría llegar a constituir un maltrato institucional (véase apartado 6.3).

La recogida de información tampoco puede ser una lucha por la prevalencia de determinados paradigmas científicos sobre otros dentro de una misma disciplina. No se trata de buscar *la verdad* del caso, sino de formular hipótesis de trabajo productivas, y de poner en marcha procesos que cambien las dinámicas que inciden negativamente en el niño o niña.

Recoger *toda* la información relacionada con un caso puede ser una tarea realmente compleja, pero, por definición (se trata de una situación social) es además inacabable. Hay que ser conscientes de que las situaciones sociales las manejamos, en nuestras conceptualizaciones, a partir del uso de indicadores (más o menos fiables), es decir, de aproximaciones a la realidad.

La información pertinente a cada caso se puede recopilar, teóricamente, de varias maneras: toda en un solo lugar (*centralizada*, lo cual comporta, obviamente, acumulación de poder), en lugares diversos, o en red (la información de todos es accesible a cada profesional implicado, permitiendo la retroalimentación a varias bandas). Por otra parte, puede ser documental (acostumbra a dar mucho más trabajo, pero permite matizar mejor los análisis particulares) o presencial (permite contrastar más ágilmente la pluralidad de perspectivas, pero a menudo genera muchos problemas prácticos: coincidencia de horarios o agendas, desplazamientos, etc., lo cual conlleva la inversión de más recursos).

Las actuales tecnologías informáticas posibilitan nuevas formas de centralización funcional de la información a la vez que actividades en red.

En interés de la toma de decisiones desde la perspectiva del niño o niña parece que en principio resulta más eficiente un alto nivel de información *centralizada* y accesible restringidamente para los profesionales implicados. Pero no cabe duda que ello comporta múltiples riesgos: de confidencialidad, de acumulación tecnocrática de poder e incluso prácticos, si no todos los profesionales tienen igual acceso a la red, o no reciben la adecuada retroalimentación.

Por ello, en diferentes lugares se ha adoptado la fórmula de disponer de un único equipo (frecuentemente interprofesional) en cada sector territorial prefigurado, especializado en temas de infancia y responsable de recabar la mayor información posible. Dicho equipo es el que debe salvar las lagunas de información relevantes, realizando las evaluaciones complementarias que hagan falta; y resolver las contradicciones que pudieren surgir entre las diversas fuentes de información disponibles.

En los sistemas de protección de muchos países existen centros de acogida y evaluación. En varios países europeos se han venido estudiando recientemente las disfunciones que generan estos centros por su tendencia a convertirse en sistemas paralelos, en vez de complementarios, en la recogida de información, y a prolongar la estancia de los acogidos. Como ya decíamos en el apartado 4.3, en Holanda y el Reino Unido se ha empezado a optar por el cierre de muchos de ellos; los argumentos principales esgrimidos son (Colton y Hellinckx, 1993):

• Son entornos de vida artificial, no normalizados. Una evaluación en entorno *natural* sólo se puede hacer en un entorno familiar o muy semejante.

• No se pueden separar en el tiempo la observación del niño o niña (y por tanto, la evaluación de la situación) y su tratamiento.

• Precisamente por ello, en la práctica, los centros de observación empiezan tratamientos y después se resisten a interrumpirlos, por lo que las estancias se prolongan, favoreciendo la institucionalización.

Los servicios y actuaciones que tienen lugar dentro del sistema de protección a la infancia son sólo uno de los conjuntos de actuaciones sociales orientadas hacia el niño o niña. Hay otros sistemas de bienestar que también van dirigidos hacia la infancia. Pero cada persona infantil es una y única; los sistemas de bienestar, en contraste, están diferenciados por necesidades organizativas de las administraciones públicas (enseñanza, sanidad, justicia, cultura, etc.) y en cada sistema puede haber profesionales implicados en el ámbito de la infancia. Si la pluralidad de actuaciones no está coordinada, la integridad de la vida cotidiana infantil se fragmenta en trocitos.

La adecuada colaboración y coordinación entre equipos no se puede sustentar sólo en la buena voluntad de los profesionales y de los equipos. Deben existir unos principios y unos criterios orientadores y globalizadores para intervenir en el campo de la infancia de forma holística y persiguiendo unos objetivos comunes de calidad de vida para la población infantil. Ello requiere unos órganos coordinadores (interministeriales, interdepartamentales, interáreas, etc.) que cuentan con una visión de conjunto y puedan definir y articular políticas integrales. También hacen falta instancias superiores que velen por la coherencia de estas actuaciones globales, como es el caso de las denominadas *funciones de defensor del niño*, personalizadas e independientes, y que son ejercidas en el marco de diferentes configuraciones organizativas en varios países europeos (Noruega, Suecia, Bélgica, Finlandia, España, etc.).

B. Elaboración de la información

Elaborar la información significa seleccionarla y organizarla en orden a algún fin. En nuestro caso se trata de evaluar una situación y preparar la información más representativa para facilitar la toma de decisiones en instancias distintas.

Evaluar la situación de un niño o niña no se puede separar del hecho de evaluar la situación de la familia o de la red de relaciones que la apoya y/o sustituye. Una propuesta de intervención puede implicar decisiones que han de tomarse en instancias distintas (por ejemplo, en los servicios sociales y por un juez). Sea como fuere, la actuación y la evaluación final de la actuación siempre deberán considerar el conjunto articulado de las intervenciones desarrolladas.

La transformación de un cúmulo de informaciones pertinentes a una situación social en un conjunto sintético de indicadores relevantes para la toma de decisiones lo venimos denominando *síntesis evaluativa*.

Una síntesis evaluativa permite plantear hipótesis de trabajo explícitas y unos objetivos relacionados (contemplando una temporalización orientativa de la intervención propuesta y unos indicadores de evaluación de resultados). La síntesis evaluativa, conjuntamente con un análisis de la viabilidad de los recursos necesarios para mejorar la situación, puede concluir con propuestas concretas de programas de intervención para paliar los problemas o necesidades que afectan al niño o niña.

C. La toma de decisiones

Las decisiones que se deben adoptar ante una problemática sociofamiliar que afecta a un niño o niña, como ya hemos apuntado, puede implicar a distintas instancias. Algunas pueden incluso ser externas al sistema de protección social, con las que se busca alcanzar objetivos comunes. Otras a menudo serán un juez, la administración pública competente, un fiscal, o un servicio social de atención primaria que debe coordinar una serie de actuaciones de apoyo a una familia.

La preparación profesional y las implicaciones institucionales según cuál de estas instancias deba tomar decisiones pueden ser, obviamente, distintas. De ahí la importancia de un planteamiento interdisciplinario, que pueda conjugar distintas ópticas, y también sea capaz de utilizar un lenguaje y unos indicadores comprensibles para todos los implicados. Ello no debe ser óbice para que cada profesional, sobre la base de su disciplina científica, profundice lo necesario en su perspectiva concreta; lo importante es que la interdisciplinariedad obliga a no acabar ahí, sino a continuar en un esfuerzo de síntesis evaluativa. Incluso la recepción de asesoramiento técnico puntual desde otras disciplinas puede ser muy importante en ocasiones (dependiendo, por ejemplo, de la complejidad jurídica de un caso, de la excepcionalidad de las problemáticas detectadas, etc.) y debe estar prevista.

La toma de decisiones no es tanto un momento crítico por el tópico de acertar o equivocarse (si se mira como un proceso, más que como un acto puntual, queda más claro), sino porque a menudo es el momento donde se rompe el bucle funcional. Tan negativo puede ser tomar una decisión con información irrelevante o errónea, como que la toma de decisiones esté desconectada de la posterior ejecución de lo acordado, o que esto último no sea coherente con la información acumulada. Estos malos funcionamientos del sistema siempre acaban repercutiendo en perjuicio del niño o niña.

Es crucial que, entre la propuesta de programa de intervención, las decisiones sobre el mismo y su desarrollo práctico haya una conexión y una coherencia, un hilo conductor. Precisamente un equipo interdisciplinario comprometido en el programa de intervención que él mismo ha propuesto puede ser una garantía de tal coherencia. En cualquier caso, el buen establecimiento de *circuitos* para articular funciones y derivar casos y de *canales de comunicación* entre todos los implicados (incluidos los evaluadores, de los que hablaremos más adelante) aparecen como aspectos trascendentales (críticos) del sistema.

D. *Ejecución de la actuación decidida*

Generalmente un programa de intervención en una situación de dificultad o crisis familiar implica una articulación con otros subprogramas. Posiblemente, por ejemplo, no es suficiente con atender al niño o niña, sino que hay que modificar pautas de comportamiento o actitudes dentro de la familia, ofrecer apoyo escolar a un hermano, etc.

Uno de los grandes problemas identificados muy a menudo es que las propuestas de desarrollo de muchos programas de intervención ante problemas sociofamiliares, después resultan inviables en la práctica, o, como mínimo, inadecuadas. Ello se ha atribuido a la desconexión entre los equipos evaluadores (que generalmente son los que proponen dichos programas) y los que después ejecutan el programa. Es cierto también que a veces hay problemas prácticos importantes (la familia puede tener una cierta dispersión geográfica respecto a la residencia de sus miembros), pero los profesionales aluden más a menudo a la necesidad de especialización en técnicas que los equipos de evaluación no dominan (por ejemplo, para intervenir en contextos familiares).

El problema se concentra así en el nivel de implicación de los profesionales en cada fase del programa o de los subprogramas que se deben desarrollar paralelamente. Si cada uno va por su cuenta, aquí el bucle funcional también se romperá.

Una vez evaluado un caso, ¿el equipo evaluador ha de desentenderse del mismo y dejar las manos libres a los equipos interventores? Por lógica parece que no, pero ocurre a veces que la sobrecarga de trabajo, las urgencias, la falta de convicción o bien otros factores ejercen influencia de signo contrario. Incluso la inestabilidad laboral, la falta de motivación, si llegan a que los profesionales tengan sentimientos de frustración (es decir, se *quemen*) tiene consecuencias parecidas para el funcionamiento del sistema: la coherencia de la secuencia funcional se rompe.

Si el equipo evaluador se desentiende, puede haber diversas consecuencias: una, que los resultados no sean evaluados adecuadamente, con los mismos parámetros con que se establecieron hipótesis (incluso en el supuesto de que estén formuladas por escrito); otra, que desde la práctica se rehagan las evaluaciones (no simplemente actualizándolas), duplicando esfuerzos y, a menudo, incrementando las molestias a los evaluados.

Una asunción adecuada de la secuencia funcional implica que quien ha evaluado y quien ejecuta la actuación decidida, si no coinciden, deben estar implicados en todo el proceso y retroalimentarse recíprocamente; en otras palabras: en el caso de ser profesionales o equipos distintos, los evaluadores deben dar apoyo técnico a los interventores para clarificar bien los objetivos de trabajo y éstos a aquéllos para confirmar o modificar las hipótesis que sustentan los objetivos.

E. Seguimiento y evaluación de la actuación

El control funcional de lo realizado es un momento destacable en el proceso de aprendizaje de un sistema que se retroalimenta: es cuando se aprende mejor cómo funcionan las cosas, y cuáles son los errores cometidos (de formulación de hipótesis, de manejo de técnicas, de estimación de la relevancia de determinados factores, etc.). Precisamente la ruptura de la secuencia funcional en momentos anteriores hace que esta fase retroalimente mal la información; pero los errores pueden estar localizados en esta etapa misma, en la forma de realizar la evaluación final. Un problema que se puede presentar es que, siendo los resultados positivos, los efectos no sean duraderos.

La comprobación de la permanencia de los efectos conseguidos por un programa de intervención la acostumbramos a incluir en la etapa que denominamos *seguimiento* posterior a la intervención. A veces se habla del seguimiento como la *deuda pendiente* de muchos sistemas de protección (véase apartado 7.2), particularmente porque cuando los profesionales van sobrecargados de trabajo, la expectativa *cerrar el expediente* y tener un caso menos puede ser altamente deseable. Si no se hace un seguimiento posterior a la intervención los profesionales pierden una parte importante de información sobre la eficacia de su trabajo en general, y de las técnicas utilizadas en aquel programa concreto en particular.

Hay que distinguir entre la evaluación y el seguimiento mientras aún se desarrolla el programa (evaluación continuada o permanente; seguimiento de efectos parciales), y los que se realizan al concluir el programa. Los primeros dan más dinamismo al sistema y posibilitan rectificar sobre la marcha.

Este momento de la secuencia funcional implica nuevamente tanto a evaluadores como a interventores. Ni un caso, ni un programa, deberían darse nunca por cerrados mientras no se hayan realizado valoraciones finales de todo el proceso global, una vez transcurrido algún tiempo desde la finalización. El retorno a casa, o cualquier otra actuación que representa aparentemente el final de un programa, debe ser visto no como un acto, sino como un proceso dentro del proceso más amplio de afrontamiento de los problemas o dificultades de un entorno sociofamiliar. De hecho, el retorno a casa puede comportar tantas dificultades y estrés como una separación (Bullock, Little y Millham, 1993), por lo que requiere un acompañamiento intenso y un seguimiento posterior de cerca.

Concluyendo, podemos destacar que los casos que entran en un sistema de protección a la infancia casi siempre requieren la implicación de un abanico de diferentes servicios y profesionales. La complejidad de las informaciones que hace falta manejar en tales situaciones hace muy aconsejable que exista alguna instancia que garantice la coherencia global de toda la secuencia de funciones que se despliega. En casos de separación del niño o niña de su entorno familiar, además, es imprescindible que se revise periódicamente la situación (y, en consecuencia, las decisiones adoptadas), y tal función es muy conveniente que la realice siempre el mismo equipo.

La conveniencia de que exista un equipo único de referencia en el proceso de intervención social con cada caso, no debe confundirse con la idea de que dicho equipo *lo hace todo*: el equipo debe supervisar y coordinar el conjunto del proceso, con visión de globalidad. Incluso sus responsabilidades pueden ser distintas en cada momento del proceso; su función debe implicar tanto una autoridad sobre el proceso, como una garantía de retroalimentación analítica de toda la información que vaya emergiendo.

Dicha tarea requiere tiempo, preparación adecuada y buen trabajo interdisciplinario en equipo. Puede requerir apoyo técnico externo en momentos puntuales. Y precisa de espacios reservados para la formación permanente.

12.2. LA BÚSQUEDA DE MAYOR ARTICULACIÓN ENTRE INVESTIGACIÓN Y ACCIÓN

Parece que los antagonismos y la falta de colaboración entre investigadores básicos y profesionales de la intervención social ha sido un hecho que se ha repetido en multitud de lugares y de momentos de la historia. Y estas confrontaciones han ido a veces parejas con las frecuentes *crisis* de las ciencias humanas y sociales. Todos conocemos las acusaciones de falta de rigor teórico hechas a muchas prácticas profesionales, y también las de falta de relevancia social hechas a los trabajos de muchos teóricos.

Algunos epistemólogos, como es el caso de Bunge (1980), ya nos han apuntado que tanto ciencia básica como tecnología pueden aportar conocimiento. En palabras del propio Bunge, la investigación científica y la investigación tecnológica:

> «... además de ser metodológicamente parecidas, en ambos casos están orientadas hacia metas, sólo que sus metas son diferentes. La finalidad de la investigación científica es la verdad por la verdad misma; la meta de la investigación tecnológica es la verdad útil a alguien».

La investigación valorativa, que tanto auge empezó a tener en la década de los setenta (sobre todo después del trabajo de Struening y Guttentag, comps., 1975), supone un punto crucial de encuentro entre ambos intereses. Como ya decía Suchman (1967), la investigación valorativa es la aplicación de técnicas de investigación social al estudio de programas de servicios humanos a gran escala.

La gran crisis del denominado *movimiento de los indicadores sociales* es representativa de cómo la articulación entre necesidades de investigación básica y necesidades de información para la toma de decisiones políticas mantienen siempre un dialéctica de crisis. Plessas y Fein (1972) hablaron de la *disputa fundamental sobre los indicadores sociales*, refiriéndose a lo difícil que es conciliar las urgencias políticas por identificar y definir metas sociales para la acción inmediata, a corto plazo la mayor parte de las veces, con el rigor y la validez científicas de los análisis e investigaciones necesarios para que dicha identificación y la subsiguiente definición de metas sean adecuadas.

En el fondo nos percatamos de que el problema más trascendental es de tiempos, es decir, que los ritmos necesarios para hacer cada una de las dos tareas en la forma que cada cual la considera *óptima*, son diametralmente discordantes.

Del 19 al 23 de junio de 1991 se desarrolló en Madrid un seminario europeo sobre «*Investigación aplicada y políticas sociales para la infancia en Europa en la década de los noventa*», con la participación de representantes de 20 países (M.A.S., 1992). Las aportaciones mostraron una considerable insatisfacción general por la vinculación entre investigación y programas de acción social. Una minoría de países, como por ejemplo Suecia, presentaron dicha relación como amplia y duradera; bastantes países consideraron que la relación era parcial, generalmente centrada en algunos ámbitos temáticos, como fue el caso expuesto por los representantes del Reino Unido; y la mitad de los países consideró que prácticamente no hay ninguna vinculación estable.

En algunos países se consideraba que había mucha investigación de calidad, pero sin ninguna repercusión en las políticas sociales (por ejemplo, Polonia); de otros se señaló que los programas de intervención social rara vez iban precedidos de investigación (Grecia); mientras que en otros se destacaba la falta de tradición evaluadora de los mismos (Austria).

El panorama, pues, no podía ser más variopinto. Una representante de Finlandia aportó la creciente sensación de que en su país se piensa que se investiga demasiado, en relación con los resultados que se consiguen. Otro representante de Francia observaba que los resultados de las investigaciones sobre problemas sociales de la infancia rara vez son objeto de intercambio, de contrastación pública, y con ello surge la creencia general de que la investigación es algo *inútil*, que incluso desaprovecha los descubrimientos hechos con el trabajo de campo (M.A.S., 1992).

Las insatisfacciones parecen no ser exclusivas de los investigadores hacia los políticos, sino también a la inversa. ¿Existen formas de satisfacerse recíprocamente?

Rosenczveig (1991) comenta que a menudo existe una falta de escucha recíproca, una falta de comprensión de las respectivas necesidades. Los políticos deberían comprender que los ritmos y la autonomía que requiere la investigación hacen necesario que disponga de una importante independencia de la política. Pero también hay que comprender que los políticos no pueden tomar sus decisiones basándose únicamente en los resultados de investigaciones, ya que la evolución social es observada bajo el prisma de otros valores no científicos.

Con la excepción de los Países Escandinavos, Holanda y el Reino Unido, el estudio de los problemas sociales de la infancia parece que, en la mayoría de países europeos, mantiene un doble denominador común: un bajo presupuesto disponible y un bajo estatus del investigador que se dedica a este ámbito. Ello está en coherencia con el poco y lento impacto popular que, como hemos visto en el apartado 9.2, tienen los logros científicos en este ámbito, incluso siendo importantes.

Si seguimos con el ejemplo de España (aunque quizás en este caso sea un ejemplo un poco atípico), nos encontramos que, hace unos 15 años, tuvimos algunos investigadores pioneros que demostraron que muchos de los problemas sociofamiliares de niñas y niños en nuestras instituciones eran parecidos a los evidenciados en las investigaciones realizadas en otros países. La solución a tales problemas exigía una particular atención presupuestaria: investigación básica, investigación evaluativa y transformaciones estructurales en el sistema de protección a la infancia.

Algunos cambios muy importantes en los sistemas regionales o locales fueron emprendidos sin ningún tipo de investigación previa, que permitiera evaluar el punto de partida. A menudo lo que se ha investigado han sido sólo las consecuencias de las políticas sociales en función de objetivos programáticos muy fijos, sin plantear la búsqueda de posibles alternativas mejores en interés del niño o niña.

La perpetuación de presupuestos insignificantes, y las controversias originadas por los desarrollos de programas de actuación social precipitados, originó que los pocos investigadores pioneros, que se habían mantenido compaginando su actividad con otros campos de investigación, fueran abandonando el de los problemas sociales de la infancia.

La contradicción era muy profunda, tanto a nivel sociopolítico, como a nivel personal. El contexto sociopolítico partió manifiestamente de la idea de avanzar en el Estado del bienestar, es decir, de conseguir el desarrollo de unas redes de servicios sociales y de prestaciones sociales eficientes, que implanten mayor igualdad de oportunidades, mayor justicia social, mayor solidaridad, y, en consecuencia, permitan superar situaciones de marginación, pobreza y exclusión social. Sin embargo, la prioridad política, al traducirse a presupuestos, pocas veces pareció estar orientada hacia los niños y niñas.

A nivel personal, los investigadores se encontraron con que, a pesar de su alta motivación por el ámbito, las posibilidades reales de trabajar con rigor eran bajas, y ello conducía a innumerables críticas dentro del mundo académico, no siempre comprometido en actividades aplicadas. Es decir, el sólo hecho de trabajar en problemas sociales de la infancia parecía comportar una bajo estatus como investigador, y ello ha sido un factor añadido para que también entre los mismos se haya dado mucho *burning out* (*quemazón*).

Cuando la investigación social de los problemas de la infancia se ha querido desarrollar en forma comparativa, es decir, contrastando determinadas realidades en territorios distintos, nos hemos encontrado, a menudo, con problemas de carácter metodológico importantes.

No faltan casos en que somos los propios investigadores quienes no hemos coordinado la configuración de nuestros protocolos de recogida de datos, disponiendo así de informaciones regionales que, en rigor, no son comparables entre sí (véase apartado 7.5).

Pero existen otros problemas, a menudo menos evidentes, que dificultan enormemente los estudios amplios de carácter comparativo, tanto a nivel internacional, como, a menudo, dentro del mismo país.

Los datos estadísticos sobre la infancia con frecuencia están dispersos, y se han recogido desde otras perspectivas: la familia, la escuela, las actividades de las madres, etc. Las inercias con que se han recogido los datos a partir de los institutos estadísticos nacionales o regionales de cada país acostumbran a ser difíciles de modificar. Los autores que han hecho análisis más detenidos de esta situación han hablado de que los propios datos disponibles adolecen de una especie de *culto al adultismo* (Edgar, 1986), que hace que no podamos disponer de visiones coherentes de la infancia de un territorio, desde la perspectiva de las actividades o el bienestar de los propios niños (Qvortrup, 1990) (véase apartado 2.1).

Este estado de cosas, añadido a los muy distintos sistemas legales de protección a la infancia vigentes en nuestros países, obliga, a la vez, a ser modestos y precavidos en nuestros análisis, y a ser arriesgados si queremos llegar a establecer un ámbito científico con consistencia suficiente ante los responsables de políticas sociales.

La coherencia entre investigación y desarrollo de programas de intervención viene facilitada por la existencia de espacios de articulación entre ambos. Algunos países europeos disponen de uno o varios centros dedicados a la investigación de la realidad de la infancia y de los resultados de las políticas sociales que se les aplican. En algunos países, existen centros gubernamentales (Noruega, España) que colaboran con las universidades; en otros existen centros gubernamentales y no gubernamentales (Reino Unido, Francia); y en otros existen varios centros que no se dedican sólo a la infancia, sino a una pluralidad de temas conexos (Alemania, Holanda). Finalmente, en algunos países estos centros son eminentemente universitarios (Suecia, Dinamarca). Qvortrup publicó en 1992 una guía de los centros más importantes de los países de la Unión Europea implicados en investigaciones relativas a familia, juventud e infancia.

Un buen número de estos centros están también implicados en formación a los profesionales de la intervención social, y la mayoría editan algún tipo de publicaciones especializadas. Da la sensación que este tipo de centros tiene una importante función de bisagra para poner en contacto a buena parte de los actores sociales a que nos venimos refiriendo, ofreciéndoles un apoyo informativo y formativo amplio.

Para que la evaluación de programas sea realmente un instrumento de aprendizaje para los profesionales de la intervención social hace falta que participen y se sientan partícipes del proceso investigador. En el modelo de investigación-acción tenemos un ejemplo de un posible tipo de proceso investigador que se ocupa de los problemas prácticos cotidianos que viven los profesionales, aunando la práctica que se investiga con el proceso de investigación de dicha práctica.

Cuando investigador y profesional de la intervención no mantienen una relación que presuponga diferencia de estatus, se posibilita la transformación de criterios y de actitudes ante el abordaje de la realidad, a partir de la participación en la recogida de datos y del análisis de los resultados que se desprenden del proceso investigador. Es decir, ya este propio proceso tiene un potencial formativo.

La investigación-acción puede ayudar a la clarificación de criterios que permitan avalar y facilitar los procesos sucesivos de toma de decisiones que todo proceso interventivo requiere continuamente, cosa especialmente delicada en el caso del trabajo socioeducativo con niños, en el que muchas de las decisiones propuestas o adoptadas pueden tener importantes repercusiones para su proceso de socialización.

Si entendemos como formación aquellos espacios que se reservan para la transmisión de conocimientos, y, como hemos ya apuntado, tanto la investigación como la acción reflexiva generan conocimientos, la formación permanente debe configurarse como un lugar privilegiado de intercambio y contrastación de saberes producidos en ambas.

El propio profesional de la intervención resulta ser un investigador siempre particularmente bien situado (aunque pueda precisar, en ocasiones, del apoyo de alguien experto en determinadas metodologías), para observar la realidad y recoger datos relevantes de la misma a partir de su experiencia cotidiana.

Ello nos lleva a la evidencia de que los profesionales mismos, especialmente aquellos que ejercen sus funciones en campos de intervención similares, aunque sea en contextos distintos, han de tener un peso importante como formadores los unos de los otros, dotándose de espacios de reflexión y debate colectivos. Ello no quita, obviamente, que esta formación debe estar organizada, y facilitada desde instancias institucionales que la hagan viable de forma que no haga entrar a los profesionales en conflicto con sus responsabilidades cotidianas; como tampoco quita que pueda y deba estar guiada por otros profesionales externos, no implicados en dichas responsabilidades, que puedan aportar métodos precisos para enriquecer la comunicación y alcanzar los objetivos que se acuerden, así como para analizar la realidad desde otras posiciones que permitan más contraste a los implicados.

Tanto la investigación aplicada a un campo determinado de los problemas sociales (como es el caso de la infancia), como la formación de los profesionales de la intervención que actúan en ese campo, son aspectos que, en rigor, no pueden considerarse diferenciados del proceso de acción social, si se pretende que éste tenga un mínimo de aval científico.

Las nuevas tecnologías generan cada vez mayores incertidumbres sociales. Urge tener instrumentos rigurosos para aprender rápidamente del trabajo práctico en situaciones nuevas e incluso únicas; urge profundizar en métodos y técnicas de investigación-acción, de investigación valorativa y de construcción de indicadores sociales y psicosociales. Lo cual equivale a decir que necesitamos instrumentos de conocimiento de la propia realidad más ágiles y flexibles, ante las situaciones complejas y cambiantes.

A duras penas los grandes ayuntamientos pueden permitirse la inversión que requiere este tipo de trabajo. Hace falta aunar esfuerzos de distintas administraciones y organismos, incluidas las universidades y centros investigadores, pero no como contrapuestos, o de *otro nivel* que los ayuntamientos, sino, precisamente, con la conciencia de que sólo podemos avanzar seriamente si la investigación se desarrolla y contrasta en grupos humanos relativamente homogéneos y pequeños, es decir, en barrios, distritos y/o municipios.

12.3. Los agentes sociales en los procesos de intervención social

Los cambios más importantes que han acaecido en España en los últimos diez años en relación con la atención residencial y el acogimiento familiar para niños y niñas, en buena parte de los casos, han tenido una secuencia de este tipo:

1. Aparece un interés creciente entre algunos profesionales por mejorar algún aspecto de la atención a los niños y niñas. Crece un consenso entre los profesionales sobre la necesidad de cambio.
2. Un conjunto minoritario de políticos se interesa por la temática. Se toman las primeras decisiones políticas de invertir recursos en la cuestión en algún territorio delimitado.
3. Se establece o incrementa una colaboración entre investigadores y profesionales de la intervención.
4. Algunos medios de comunicación se interesan por la temática y ofrecen informes o debates.
5. Aparecen movimientos de opinión que apoyan algunas propuestas o que reaccionan contra las mismas.
6. Emergen procesos de cambio social. Se incrementan las tomas de decisión políticas relativas a la cuestión. Aparecen nuevos presupuestos para investigación.

En otras palabras, podemos decir que, al menos en el caso español, los procesos de cambio en el campo de la atención a los niños con graves problemáticas sociofamiliares están relacionados con la creciente interacción entre cinco grupos principales de actores sociales: investigadores, políticos, profesionales de la intervención social, profesionales de la información y ciudadanos en general, estos últimos como configuradores de una opinión pública fuertemente influida por los *mass media* (Casas, 1995a; 1996b; 1996f).

La necesidad de mayor conocimiento sobre la realidad, es decir, el apoyo a la investigación, debe nacer precisamente de esta interacción, que encuentra su sentido último en el desarrollo de actuaciones sociales más útiles a toda la sociedad, como se ilustra en la figura 3.

El futuro de la investigación sobre aspectos de la política social está relacionado con la atención e interacción que prestemos a los cinco referidos conjuntos de actores sociales, tanto a niveles nacionales como internacionales. En nuestra opinión, los investigadores hemos tendido a olvidar la importancia de alguno de ellos, sobre todo de los ciudadanos, como configuradores de una opinión pública.

Cada conjunto de estos actores obedece a lógicas distintas, y de ahí las dificultades de articulación entre ellos. La lógica que moviliza a los técnicos es la de solución de problemas prácticos, generalmente con un alto respeto a las singularidades de las personas; sin embargo, también obedecen a una lógica estrictamente laboral y de intereses profesionales. La lógica del político es de encuadre general, de conjunto: establecimiento de mínimos, de prioridades, de referentes legales y normativos; es una lógica de planifi-

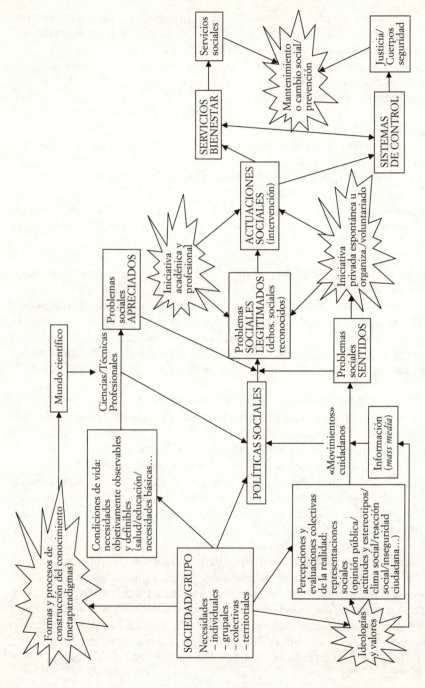

Figura 3. Dinámicas que generan actuaciones sociales a partir de cinco grandes conjuntos de agentes.

cación de grandes procesos; pero también es una lógica que mira a la reelección política. La lógica del investigador científico es la de los procedimientos rigurosos, la exactitud, la minuciosidad, la comprobación, el aprender de la observación; pero también es la lógica del prestigio científico. La lógica de los profesionales de la información tiene que ver con la captación de la atención, la novedad, la espectacularidad de la noticia; aunque también es la lógica comercial de la audiencia, del tiraje, del número de productos vendidos. La lógica del ciudadano es la de la inmediatez del sentir, la de lo cotidiano, la de la participación, la de reclamar atención, de que la opinión y los intereses colectivos sean tenidos en cuenta.

No hemos hecho más que apuntar algunos ejemplos muy simplificados de estas distintas lógicas o procesos de funcionamiento, avalados por las necesidades internas de cada conjunto de actores sociales. Los seres humanos todavía no hemos inventado muchos instrumentos que nos permitan armonizar estas cinco lógicas basadas en diferentes intereses y valores. Aunque sea una afirmación poco científica, hay que decir que el instrumento más útil parece ser *la escucha y el diálogo*. Sólo intentando comprender la perspectiva de los otros actores, evitando posturas de superioridad o avasallamiento y eludiendo crear chivos expiatorios, se puede establecer consensos que permitan avanzar en una acción social constructora de una mayor satisfacción y un mayor bienestar para todos los implicados. Pero sin duda, los profesionales de las relaciones humanas debemos afrontar estos retos personal e institucionalmente como compañeros inseparables de nuestro trabajo.

Ante los desencuentros e insatisfactorias relaciones entre políticos sociales, investigadores y profesionales de la intervención, la investigación evaluativa (es decir, la evaluación de programas) se nos va manifestando cada vez más como un posible lugar de encuentro, de concurrencia de intereses.

Por una parte, al político responsable le interesa poder evaluar los resultados reales conseguidos con los programas que ha decidido desarrollar. A ello hay que añadir que, si existe un diseño previamente planificado para la evaluación de programas (única manera de hacerlo de forma metodológicamente correcta), el político puede ofrecer transparencia en sus propósitos y rendir cuentas honestamente a los ciudadanos, tanto de los logros como de los posibles desajustes. Dicha información, en algunos países, al menos para buena parte de los programas sociales, ya se considera de obligada y sistemática comunicación pública, de manera que los ciudadanos se puedan sentir más partícipes de las inversiones realizadas con presupuesto público.

Pero por otra parte, el profesional responsable también debe tener un alto interés en que los resultados de los programas en que interviene sean adecuadamente evaluados. Todos los objetivos de un programa de intervención (incluidos aquéllos más *técnicos*) se fundamentan en hipótesis, y todas las hipótesis son probabilísticas. Es decir, siempre suponemos que determinadas acciones interventivas servirán para alcanzar determinados objetivos, pero nunca podemos tener la certeza de ello. En el campo de la intervención sobre problemas psicosociales o sociofamiliares las variables intervinientes son muchas y complejas, y además nunca resultan plenamente controlables. Ello hace que se trabaje con dosis de incertidumbre y márgenes de error muy importantes. La evaluación de programas, correctamente diseñada, constituye para los profesionales un instrumento de aprendizaje, un medio de aprender de los propios errores (prácticamente ineludibles), para perfeccionar los programas sucesivos.

Además, en campos con escasa tradición investigadora, e incluso en campos de intervención social relativamente novedosos, la mejor fuente de información siempre son los propios profesionales que desarrollan la práctica cotidiana. Es el intento cotidiano de dar respuesta a problemas acuciantes lo que, a menudo, y ante la ausencia de desarrollos teóricos directamente aplicables al problema, permite instrumentar soluciones intuitivas o provisionales que posteriormente podrán ser elaboradas teóricamente y perfeccionadas en un proceso de ensayo y error.

La formación permanente de los profesionales de campos novedosos o minoritarios debe hacerse precisamente dentro de este proceso de construcción de conocimiento basándose en la puesta a prueba de una *tecnología* pragmática, es decir, de la propia experiencia de la acción, por una parte, y del contraste de tal experiencia con los conocimientos teóricos y aplicados disponibles en campos afines, por otra. Por tales razones, la formación debe ser particularmente interactiva, a partir de formadores dúctiles dispuestos a interactuar dialécticamente con profesionales reflexivos, abiertos a la crítica constructiva de su propia praxis.

12.4. Los profesionales de la intervención psicosocial en los sistemas de protección

La historia de los psicólogos y de sus funciones dentro de los sistemas de protección a la infancia hay que contextualizarla dentro de las dinámicas generales que han llevado al establecimiento de sistemas de protección social en los países europeos a lo largo del siglo XX.

En España, muy a principios del presente siglo, y recién estrenados los tribunales tutelares de menores, ya encontramos psicólogos que, con poco o ningún apoyo ni reconocimiento formal, trabajaban en la evaluación y atención de los niños y niñas que llegaban a dichos tribunales, sea por razones protectoras o reformadoras. Es el caso de Lluís María Folch y Torres, que inició su trabajo en 1914 y creó el Laboratorio de Psicología Infantil de Wad-Ras.

Grosso modo podemos decir que los psicólogos sólo tuvieron un reconocimiento marginal en el sistema español de protección a la infancia (que, en cualquier caso, se limitaba al ejercicio de una función estrictamente clínica) hasta que, muy al final de los años setenta, y con la llegada de los nuevos consistorios locales elegidos democráticamente, aparecen los primeros indicios de cambio (Casas, 1990).

La actividad clínica del psicólogo en los sistemas de protección a la infancia (dentro del mismo sistema o articuladas en él desde el sistema de salud), quizá por obedecer al estereotipo más habitual de lo que es la práctica profesional de la psicología, no parece que se haya puesto nunca en duda; a lo sumo, ha resultado matizada o adaptada a distintas circunstancias. Por contra, disponemos de abundante evidencia acerca de que los grandes constrastes se han producido por la progresiva asunción de un gran abanico de funciones (psico)sociales por parte de los psicólogos que trabajan profesionalmente en o para los sistemas de bienestar social o de protección a la infancia. Es en estos últimos aspectos, pues, donde vamos a focalizar algunas reflexiones, dado que siguen siendo un campo abonado para el debate.

Una característica de la paulatina expansión de las actividades de los profesionales de la psicología en los sistemas de protección social, a la que debemos prestar atención, es que con frecuencia la práctica ha precedido a la teoría. Es decir, es en el esfuerzo de aportar soluciones efectivas a problemas concretos que hay que afrontar desde los sistemas de protección social (a menudo bajo importante presión social para que la efectividad sea inmediata) donde hemos observado cómo los profesionales *forzaban* hipótesis de intervención para cambiar la realidad, abriéndose los debates teóricos en profundidad *a posteriori* (Casas y Beltri, 1989).

Teorías sobre las dinámicas de diversos problemas o necesidades sociales han nacido así de la mano de los debates sobre métodos y técnicas concretos para afrontar diversas situaciones que se pretendía cambiar. Ello dio lugar a que tomara cuerpo un ámbito de la psicología que venimos denominando *psicología de la intervención social* o *intervención psicosocial* (Rueda, 1984, 1986; Barriga, León y Martínez, 1987; Casas, 1989b; López y otros, 1990), aunque a veces se refiere restrictivamente al profesional de este ámbito como *psicólogo de los servicios sociales* (Quintanilla y Díaz, 1992).

Entre las muchas formas posibles de analizar las funciones del psicólogo en los sistemas de protección, y de adentrarnos en las especificidades del trabajo profesional en el de protección infantil, vamos a utilizar un esquema de creación propia, inspirado por la observación empírica de la práctica profesional. Dividiremos los contextos de actividad profesional en cinco: el trabajo en casos, el trabajo en instituciones (o servicios) de atención, el trabajo en el sistema de protección (en sentido amplio), el trabajo desde la perspectiva académica y el trabajo en el marco internacional. Estos contextos los cruzaremos con otros tantos grupos de funciones, creando así una tabla de doble entrada que oriente nuestra tarea descriptiva y analítica (esquema 7). Dicha presentación no pretende ser exhaustiva, sino meramente introductoria para facilitar la reflexión y la discusión.

Una de las características de los modernos sistemas de protección a la infancia es que todos los profesionales (y, por tanto, también el psicólogo) han ido asumiendo la necesidad inexcusable de trabajar de forma interdisciplinaria, como procedimiento que ayuda a comprender la realidad social en su dinámica complejidad de manera más rica y plural. Las funciones *puras*, como antaño se pensaba en la función terapéutica, preservada entre las cuatro paredes del recinto clínico de cualquier influencia externa, y focalizadas en un solo individuo, han ido siendo parcialmente sustituidas o ampliadas por otras mucho más difíciles de acotar o delimitar, generándose cada vez más espacios que no son exclusivos de una disciplina científica, hecho que es fuente de incomodidades e inseguridades teóricas y prácticas, y en los que el psicólogo debe ir encontrando su posible contribución específica. Por ejemplo, hemos insistido en otros lugares acerca de que las dinámicas interdisciplinares constituyen una singular característica añadida a las relaciones interpersonales, grupales e intergrupales, sobre las que los psicólogos tenemos el reto y la reponsabilidad de profundizar más específicamente (Casas, 1988; 1992; 1995a), aunque su análisis no dependa sólo de una perspectiva psicosocial.

Otra característica, en fin, que debemos apuntar, es la progresiva asunción de que ante muchos problemas y necesidades sociales es imprescindible desarrollar actuaciones preventivas y de detección precoz (López y otros, 1993). Con el desarrollo de programas preventivos se van a plantear nuevos problemas éticos a los profesionales de la intervención psicosocial, particularmente cuando se entre en conflicto con el postulado de la voluntariedad (Casas, 1996a).

A. *El psicólogo en el contexto casuístico*

Ante la emergencia de las situaciones singulares (individuales o familiares) que denominamos un *caso social*, en una secuencia funcional, la primera actividad que se precisa dentro del sistema de protección a la infan-

Esquema 7. Funciones y contextos del trabajo profesional del psicólogo en el ámbito de la protección infantil.

Función	Contexto del caso	Contexto de la institución	Contexto del sistema de protección
Evaluación situaciones	evaluación caso (necesidades/ recursos pers.)	evaluación recursos/ prioridades	evaluación territor./indicadores territ. de riesgo
Apoyo toma decisiones	articulación evaluaciones interdisc. (necesidades infantiles/ familiares/recursos dispon.)	articulación perspectivas polít./judic.	anál. alternat. intervención/ prevención
Desarrollo intervención	intervenciones terapéuticas y psicosociales	articulación activ. grupal/ interdisciplinares	planif./organ. progr. interv. (munic./ comarc./region.)
Investigación valorativa	eval. postinterv./ seguimiento	evaluación satisfacc. usuarios/prof.	evaluación eficacia/eficiencia sistema
Diseminación y formación	apoyo a otros profesionales/familias	apoyo equipos/otros actores sociales	formación otros profes./medios de comunicación

Función	Contexto de la institución académica	Contexto de marco internacional
Evaluación situaciones	investigaciones problemas sociales datos básicos/estadísticas	indicadores derechos de la infancia/progresos Convención
Apoyo toma decisiones	análisis indicadores de riesgo y de resiliencia	análisis contextos culturales infancia/derechos
Desarrollo intervenc.	investigaciones valorativas evaluac. métodos y técnicas de intervención	planific./organiz. prog. desarrollo comunitario/cooperac. internacional
Investigación valorativa	diseño de evaluaciones/evaluación impacto social	seguimiento Convención/evaluación comparada políticas infancia
Diseminación y formación	programas de formación/senzibilización social/formación formadores	disemin. *buenas prácticas*/formación a nivel internac./potenciac. redes formales

cia es la de clarificar la situación para conocer sus características en orden a la toma de decisiones interventivas o no.

El cambio histórico del paradigma de la especialización al de la normalización como formas de afrontar problemas y necesidades sociales (Casas, 1996c) nos ha obligado a trasladarnos del análisis *del problema* al análisis *de la persona en su contexto* (véase apartado 4.7). En otras palabras, no nos interesa ya sólo la *evaluación* de las características personales del niño o niña, sino también la *del contexto* familiar y de otros contextos donde se ha desarrollado su universo de experiencias. Además, en la evaluación *del problema*, primaba la perspectiva de *lo que va mal*, lo que es negativo. Los desarrollos de las últimas décadas en muchos ámbitos de la psicología se han interesado cada vez de forma más decidida por evaluar los recursos positivos existentes, en orden a su potenciación: habilidades sociales, redes de apoyo social, oferta de servicios de bienestar social en el entorno, etc.

Las situaciones sociales implican muchas variables que se deben considerar; la complejidad comporta la práctica imposibilidad de controlar todas las variables intervinientes. Hemos de ser conscientes de que cuando evaluamos *casos* sociales sólo nos aproximamos al conocimiento de la situación específica, entre márgenes de posible error nada despreciables (Casas, 1989b).

El psicólogo se ha ido incorporando a esta evaluación más amplia de formas diversas. Se ha hecho cada vez más evidente la necesidad de disponer de equipos interdisciplinares especializados. En la práctica, en los lugares donde existen, tales equipos integran siempre algún profesional de la psicología. En el caso de Cataluña, una vez estimado que un caso requiere intervención protectora (generalmente desde los servicios sociales de atención primaria, aunque puede ser desde otros servicios), la evaluación corresponde a unos equipos interdisciplinares especializados que pertenecen al sistema de protección infantil (los E.A.I.A. = Equipos de Atención a la Infancia y Adolescencia)(Generalitat de Catalunya, 1988; Casas, 1995b), en los que está incorporado el psicólogo. Además del informe particular desde cada perspectiva disciplinar, estos equipos deben realizar una síntesis evaluativa de carácter interdisciplinar.

Las propuestas concretas de intervención para la *toma de decisiones* ya no se pueden centrar sólo en las necesidades individuales del niño o niña, sino que requieren un análisis de las necesidades del sistema familiar y de sus posibilidades de cambio positivo, así como un análisis de la adecuación de los recursos humanos y sociales disponibles para dar respuesta adecuada a la situación. Las propuestas no pueden ser optimalistas (aunque a veces sea importante señalar qué sería óptimo para cada caso), sino que deben concretarse alrededor de las soluciones viables específicas (Casas, 1995a).

Aunque aquí hablaremos de la toma de decisiones refiriéndonos a las administrativas o judiciales, a las que el psicólogo o los equipos interdisciplinares dan apoyo mediante sus propuestas, funcionalmente puede decirse que las propias propuestas son, de hecho, actos de toma de decisión *técnica*, es decir, posiciones sobre la base de un análisis riguroso de la realidad con ayuda de la disciplina científica en que se sustenta cada profesional.

Cuando el psicólogo desarrolla su actividad en la fase funcional de *ejecución del programa* de intervención aprobado para un caso concreto, su espacio profesional en los sistemas actuales ya no se restringe al terapéutico individual. Por una parte, también se vienen desarrollando intervenciones de carácter grupal o sistémico: terapias familiares, mediación en conflictos, etc. Por otra, a menudo su intervención se focaliza en el apoyo a los que intervienen en *primera línea*: otros profesionales (educadores sociales, trabajadores familiares, trabajadores sociales, maestros, etc.), familias de acogida, etc.

Se han defendido en múltiples ocasiones las potenciales e importantes contribuciones del psicólogo social en la *evaluación de programas* de intervención (Barriga y otros, 1990; Medina, 1993; De Paúl, 1993; Fernández del Valle, 1995). En el trabajo casuístico, el denominado *seguimiento del caso* puede estar estrechamente vinculado a una evaluación continuada, o a una evaluación posterior a la intervención, comprobando la permanencia de los efectos deseados (Bullock y otros, 1993). La figura del evaluador externo rara vez se plantea en el nivel casuístico (aunque a veces esté parcialmente incluida en la figura del *supervisor*), por lo que el psicólogo que evalúa casos o (en el caso de ser distinto) desarrolla intervenciones casuísticas puede plantearse (y entendemos que debe) el ejercer funciones de evaluador interno, aunque ocurra a menudo que la institución en la que trabaja no se lo pida.

Cabe destacar que la evaluación de programas (incluidos los individualizados) de intervención no sólo debe considerarse en sus tradicionales funciones de valoración de la ejecución (o retrospectiva) y apoyo a la toma de decisiones (prospectiva), sino también en sus funciones de mejora del conocimiento científico acerca del funcionamiento de fenómenos psicosociales sobre los que se interviene, y de mejora de las técnicas de intervención social (Casas, 1996d).

Finalmente, dentro de esta secuencia funcional que estamos presentando, el psicólogo que trabaja en casos sociales ejerce otra *función, de carácter más formativo,* cuando procura que sus conocimientos reviertan en informaciones y actividades de apoyo a todas las partes implicadas en cada caso, es decir, los otros profesionales y las propias familias, utilizando un lenguaje apropiado.

B. El psicólogo en el contexto institucional de servicios de atención y protección a la infancia

Es bien conocido el principio gestáltico de que el todo es más que la suma de las partes. El trabajo de prestación de servicios de carácter social, sea desde una institución pública o privada, implica responsabilidades más allá de la atención prestada a una suma de casos diversos. Es bastante frecuente que el psicólogo que trabaja en servicios sociales se encuentre situado en dos niveles a la vez: el casuístico y el institucional. A lo largo de los años ochenta, en distintos lugares de la geografía española, fue creciendo el número de servicios en los que algún psicólogo asumía responsabilidades de análisis institucional, organización, planificación, gestión o dirección de servicios. Esta circunstancia permitió mostrar la utilidad de los conocimientos sobre grupos y organizaciones que habían adquirido aquellos que disponían de una formación de orientación más psicosocial, potenciando así, en la práctica, una vinculación del profesional de la psicología con funciones situadas en el contexto más institucional (dejando o no de asumir funciones en el contexto casuístico).

La secuencia funcional que podemos repasar para hacer más explícito el trabajo psicológico en este nivel contextual es la misma que en el nivel casuístico, aunque situada en una perspectiva de mayor globalidad. Así, la *evaluación de necesidades* se realiza en este nivel sobre el conjunto de usuarios (reales y/o potenciales) de aquel servicio, o de un territorio delimitado si el servicio o institución está territorialmente sectorizado, contrastándola con los recursos existentes en el servicio y en el contexto en que se sitúa. Como las necesidades acostumbran a ser superiores a los recursos, en esta situación el psicólogo se halla involucrado en el análisis de prioridades *técnicas* o normativas.

En el nivel de *apoyo a la toma de decisiones*, el psicólogo analiza y toma en consideración las interacciones entre el servicio o institución en que se trabaja y los agentes con poder de decisión, sean estos órganos administrativos o judiciales.

En el nivel funcional de *desarrollo de intervenciones* entramos plenamente en el terreno de las relaciones intergrupales e interinstitucionales (a menudo, a su vez, interdisciplinarias). En este nivel está el análisis de las coordinaciones necesarias entre servicios, de los canales de comunicación establecidos, de los circuitos de derivación de casos, etc.

En el nivel funcional de la *investigación valorativa*, el psicólogo que trabaja en el contexto institucional de la atención social puede participar en la evaluación de la eficacia y eficiencia general de los servicios prestados. No podemos, sin embargo, dejar de destacar que, en el seno de esta actividad, y en coherencia con la concepción psicosocial del concepto *calidad de vida* (Casas, 1991; 1996c), una función de marcado carácter psicosocial que corresponde al psicólogo es el estudio de los niveles de satisfacción de todos los agentes implicados, en particular de los usuarios y de los prestadores de servicios.

Finalmente, el psicólogo que ha acumulado experiencia rigurosa en el trabajo de casos sociales puede y debe ejercer otra *función de* carácter trascendental a nivel institucional: *hacer accesibles tales conocimientos* a otros profesionales y agentes sociales a quienes pueden ser útiles en sus relaciones con niños y niñas.

C. El psicólogo en el contexto del sistema de protección a la infancia

Algunos psicólogos ejercen funciones en servicios centrales de los sistemas de protección a la infancia. Analicemos ahora algunas de las funciones propias del profesional de la psicología (que pueden situarse a distintos niveles de responsabilidad) relacionadas con la globalidad del sistema.

Un sistema de protección a la infancia precisa de *evaluaciones globales sobre la situación y la distribución* de la población infantil y los problemas que le afectan en el territorio de su competencia. Si el sistema pretende desarrollar actividades preventivas y no sólo paliativos de los problemas cuando ya han emergido, la evaluación de situaciones debe incorporar el análisis territorial de situaciones de riesgo a partir de la recopilación desagregada de los indicadores de riesgo y de resiliencia apropiados (Casas, 1989a; 1994).

En el nivel funcional de *apoyo a la toma de decisiones*, el diseño de propuestas de programas alternativos, sean paliativos o preventivos, en función de los recursos disponibles, constituye una actividad en la que el psicólogo viene realizando contribuciones importantes. En este nivel cabe destacar un aspecto sobre el que ya hemos insistido anteriormente (Casas, 1996c): la importancia de trabajar la opinión pública y la sensibilidad ciudadana hacia los problemas de la infancia. Dado que la realización de campañas exige a menudo la reserva de recursos humanos y materiales muy importantes, en este caso será más importante que nunca que las propuestas vayan acompañadas de diseños evaluativos rigurosos.

En el nivel funcional de *desarrollo de actividades interventivas*, el psicólogo que trabaja en el contexto del sistema de protección está vinculado a la planificación, organización y gestión de distintos programas (sean a nivel municipal, comarcal, provincial o autonómico), por lo que es un profesional que debe anclar su trabajo muy a menudo en la psicología de las organizaciones, con las singularidades que conllevan las organizaciones públicas y sin ánimo de lucro.

La *investigación valorativa* en todo el sistema de protección infantil es una actividad que rara vez se da de manera sistemática y regular, pese a su trascendencia, y al gran interés técnico y político que tiene la comparación de dichas evaluaciones entre regiones o países. En algunos casos, el miedo de los responsables políticos a la crítica social que se puede desprender de una evaluación del sistema hace que la única evaluación posible sea la basada en el *complejo de éxito inexcusable* (Casas, 1996d), renunciando a aprender nada de los naturales errores humanos.

Diversas investigaciones han venido demostrando que tanto los problemas sociales que afectan a la población infantil, como el funcionamiento de nuestros sistemas de protección a la infancia siguen siendo fundamentalmente desconocidos para la gran mayoría de los ciudadanos (Casas, 1995d). Si la opinión pública no ejerce mayor presión hacia las instancias políticas para dar mayor entidad a la atención de las situaciones de desprotección infantil, es muy difícil que cambie la falta de prioridad tradicionalmente otorgada a las políticas de infancia. Y aquí es obvio que los medios de comunicación social tienen un crucial papel informador o desinformador. Desgraciadamente, cuando hablamos de interdisciplinariedad en el ámbito de la protección infantil difícilmente pensamos en incluir a los profesionales de la información, con los que hemos mantenido más relaciones de desavenencia que de cooperación en las últimas décadas, por razones variadas. Entendemos que en este punto crítico, el psicólogo, como profesional experto en las relaciones interpersonales, tiene retos muy singulares que podría asumir.

No debemos olvidar que el objetivo último de un sistema de protección a la infancia, y de las políticas de infancia en general, debe ser el aumento de la calidad de vida de la población infantil; ello es una tarea colectiva, en la que todos los recursos intelectuales y técnicos deben ponerse al servicio de un interés común. Una forma particular de contribuir sistemáticamente a la *diseminación del conocimiento acumulado* lo constituye la participación en actividades de formación, tanto la dirigida a los propios colegas en ejercicio, como a otros profesionales relacionados con la infancia.

D. El psicólogo en el contexto académico

En este apartado nos vamos a referir al psicólogo que trabaja para el sistema de protección infantil desde un lugar externo al sistema, en actividades de investigación o docencia. Aunque mayoritariamente ello se da en la universidad, no cabe duda que debemos mantener abierta la puerta a la posibilidad de que el contexto académico que aquí exponemos se dé también con características parecidas para el psicólogo que trabaja en centros de investigación públicos, o incluso en fundaciones u otros organismos privados, a pesar de que no se trate de una situación muy frecuente en algunos países europeos.

En el nivel funcional de la *evaluación de situaciones*, el psicólogo que trabaja en este contexto puede estar desarrollando estudios más teóricos o investigaciones básicas, orientadas hacia el análisis de distintos problemas sociales que afectan a la infancia. Cuando estos estudios tienen un espectro territorialmente amplio se deben manejar datos estadísticos, que no siempre son directamente accesibles debido a lo que algunos autores denominan la *invisibilidad estadística de la infancia* (Casas, 1995d) (pueden requerir reexplotaciones, desagregaciones, etc.)(véase apartado 2.1). Según en qué situaciones requieren, para su estudio, la confección de sistemas de indicadores sociales o psicosociales (Casas, 1989a; 1993a) y la obtención y elaboración de los datos pertinentes.

Desde el contexto académico el psicólogo puede *apoyar la toma de decisiones* sobre distribución de recursos y establecimiento de prioridades a través del análisis sectorizado de indicadores de riesgo y de resiliencia, aunque hay que subrayar que los indicadores específicamente psicosociales en este nivel acostumbran a ser todavía escasos (Cornejo y Martínez, 1992).

Desde el nivel funcional del *desarrollo de intervenciones*, este contexto posibilita al psicólogo analizar y comparar distintos métodos y técnicas de intervención utilizados en contextos distintos, así como distintas organizaciones del sistema y sus respectivos resultados.

En la *investigación valorativa*, desde el contexto académico se diseñan y articulan distintos procedimientos evaluativos, y también se puede investigar el impacto social que se observa tras la introducción de cambios en el sistema.

En el nivel funcional de la *diseminación y formación*, el psicólogo participa, por una parte, en el diseño y desarrollo de programas de formación para profesionales de la intervención social, y también de formación de formadores; y, por otra, de programas de sensibilización ciudadana.

E. El psicólogo en el contexto internacional de la protección a la infancia

El cumplimiento de la Convención ha planteado ya una serie de retos muy profundos a la comunidad científica internacional, que han sido analizados por distintos autores y por organismos transnacionales, destacando el propio Comité de seguimiento de la Convención (Casas, 1996b). Dichos retos se sitúan en todos los niveles de la secuencia funcional que estamos utilizando para analizar el trabajo de los profesionales de la psicología en este ámbito, y se les plantean, entre otros, a los psicólogos con responsabilidades en la mejora de las políticas de infancia de un país, y a aquéllos implicados en programas de cooperación internacional para el desarrollo (Moreno, 1993).

En primer lugar, el *análisis de la situación de la infancia y de sus derechos* en un país o territorio determinado exige la clarificación de cómo el estado de cada derecho puede observarse en la práctica y en distintos contextos sociales y culturales. La clarificación teórica exige, a continuación, la elaboración de sistemas de indicadores apropiados para su medición, y la puesta en marcha de procesos para la obtención de los datos pertinentes. Además, el análisis, a lo largo del tiempo, de los progresos en el cumplimiento de la Convención, plantea la necesidad de la obtención regular y sistemática de algunos indicadores.

En el nivel funcional de la *toma de decisiones*, el análisis de los distintos contextos culturales en los que se desarrollan los niños y niñas, así como de los *universales*, es decir, de las necesidades básicas y aspectos del proceso de desarrollo que pueden considerarse transculturalmente válidos, resultan de capital importancia para comprender cuándo los derechos de un niño o niña pueden estar resultando particularmente dañados incluso por prácticas culturales extendidas que pueden considerarse *normales*.

En el *desarrollo de programas* de cooperación internacional, en particular los de desarrollo comunitario sostenido, el papel del psicólogo ha sido ya claramente señalado y practicado (Moreno, 1993). Cabe aquí destacar también el papel que puede tener el psicólogo en situaciones de ayuda ante experiencias traumatizantes (zonas en conflicto armado, catástrofes naturales, accidentes, etc.).

En el nivel de la *investigación valorativa*, el seguimiento del cumplimiento de la Convención y la evaluación del logro de los objetivos alcanzados por los planes internacionales de acción son tareas en las que vienen colaborando algunos psicólogos. El hecho de que todos los Estados que han ratificado la Convención tengan que presentar dos años después un informe sobre los logros obtenidos, y a continuación cada cinco años, abre las puertas a un novedoso e impresionante potencial de análisis comparativos de las políticas de infancia a nivel internacional.

En este nivel internacional, la *diseminación de la información, y la formación* son los dos aspectos funcionales que quizás han tomado cuerpo más rápidamente. Por una parte en la cancha internacional se viene hablando insistentemente de fórmulas para diseminar rápidamente lo que pueden considerarse *buenas prácticas*, es decir, los programas de mejora de la situación de la infancia en un territorio, que habiendo sido rigurosamente evaluados, han demostrado mejorar determinadas situaciones adversas para niños y niñas. Por otra parte, aunque con claras relaciones con esta necesidad, se han venido potenciando las redes internacionales de investigadores, con carácter interdisciplinar, con importante presencia de psicólogos.

Finalmente, se han empezado a organizar cursillos de formación (tanto en Europa como en América Latina) de carácter internacional, con el propósito de enriquecer las investigaciones y las prácticas profesionales de cada país, con las de sus vecinos, dando un decidido impulso a los análisis comparativos y a los debates transnacionales. Una de las plataformas destacables en Europa la ha constituido el programa Erasmus sobre derechos de la infancia, coordinado por la Universidad de Gante, que, además de facilitar el intercambio de estudiantes, ha organizado diversos cursos intensivos europeos (Verhellen, 1992).

12.5. Conclusiones

Acabamos de ofrecer una muestra de lo que pueden ser, y en la práctica son (aunque sea con limitaciones, o con distinta expansión, según el caso), un amplísimo espectro de diferentes roles del psicólogo dentro de o en relación con los sistemas de protección a la infancia.

En cada uno de los espacios profesionales que aquí hemos descrito relacionando funciones y contextos de actividad profesional, el psicólogo concurre no sólo con otros profesionales, sino también con otros agentes sociales relacionados con la protección a la infancia. Ya hemos apuntado que cada grupo de agentes sociales tiene sus propios intereses, y sus propias *lógicas* para comprender la realidad y actuar sobre la misma (Casas, 1992; 1995c) (véase apartado 12.3), dando lugar a evidentes problemas de articulación entre ellos.

No deberíamos acabar estas reflexiones sin recordar a otros agentes sociales a menudo olvidados por su falta de poder como grupo o categoría social: los propios niños y niñas. Ya hemos dicho en el apartado 9.2 que los científicos también hemos sido cómplices de este olvido.

En las bases de datos internacionales cada vez podremos encontrar más investigaciones basadas en las propias percepciones de los niños y niñas sobre sus derechos en general o sobre algún derecho en particular.

No sólo el psicólogo que actúa en funciones investigadoras, sino también aquél que lo hace en cualquier otra de las funciones descritas en esta breve síntesis, puede contribuir de forma muy particular a la consolidación de esta nueva perspectiva para relacionarnos con la infancia: el paradigma de los derechos.

Ello implica analizar las situaciones y desarrollar prácticas interventivas que no sólo consideren al niño o niña en su contexto, sino que también consideren su propia perspectiva de la situación, reafirmando su condición de sujetos de derechos, que deben ser escuchados, consultados y considerados en todo aquello que les afecta, aun cuando el contexto social e institucional en el que vivimos y trabajamos no siempre lo facilite.

CAPÍTULO XIII

DE LOS SISTEMAS DE PROTECCIÓN A LAS POLÍTICAS INTEGRALES DE INFANCIA

13.1. Evoluciones recientes

A lo largo de la historia, las niñas y los niños separados de sus familias han sido muy a menudo destinatarios de actuaciones sociales, y, en definitiva, de políticas específicas de intervención. Durante el Medievo los poderes públicos casi siempre depositaron la responsabilidad de su atención en instituciones de carácter benéfico. En la mayoría de países europeos se observa, a lo largo de los siglos, un creciente interés por regular la atención de estos niños y niñas que (con grandes variaciones en las fechas históricas) empezó en poderes públicos locales, para pasar a los regionales y acabar en los centrales, a medida que la beneficencia fue manejando cifras monetarias cada vez más notorias. En este proceso, también se observa una creciente regulación clasificatoria de los acogidos, nada ajena a un afán de control moral de la población marginada, como ya han analizado muchos historiadores (Platt, 1969; Martínez Shaw, 1986): se separan los niños de los adultos, los niños de las niñas, los que tienen comportamientos conflictivos de los que no, los deficientes de los que no lo son, etc.

Un interés político bien diferenciado hacia la infancia aparece en los distintos países con la paulatina generalización de la escolarización obligatoria, que en algunos países empieza a finales del siglo pasado y en otros después de la Segunda Guerra Mundial. Otros intereses políticos paralelos aparecen con las legislaciones sobre el trabajo, para evitar la explotación laboral de los menores de edad, y con las nuevas legislaciones penales especiales para menores de edad (Thernborn, 1991).

Históricamente hablando, una gran novedad que emerge en buena parte de los países industrializados la segunda mitad del siglo XX (en algunos antes) es la toma de conciencia de *los niños y niñas como conjunto de población*. Ello conlleva el planteamiento de la necesidad de dar coherencia global a la diversidad de actuaciones sociales que tienen como destinatarios a todos o a subconjuntos de niños y niñas. Es decir, empiezan a aparecer verdaderas *políticas de infancia*, entendiendo como tales el conjunto de actuaciones avaladas desde instancias públicas que tienen como propósito el repercutir positivamente en las circunstancias de vida de la población infantil.

El nacimiento, en los Países Escandinavos, y la amplia aceptación del principio de *normalización* (Nirje, 1969; Bank-Mikkelsen, 1973) configuran un momento histórico crucial, el contrapunto a esta tendencia a la clasificación y separación de los niños y niñas en los espacios institucionales (véase apartado 4.2). Probablemente, la trascendencia de las aportaciones científicas derivadas de tal principio aún no ha sido valorada suficientemente.

Intentando generalizar podríamos decir que, aunque las políticas de infancia de los países europeos mantienen grandes diferencias entre sí, un denominador común es que en todos ellos existe un amplio *sistema de bienestar social* (en algunos países denominado restrictivamente *sistema de protección social*) que incluye como destinatarios al conjunto de la población infantil, y, vinculado al mismo (de formas distintas, según el país), se encuentra un *sistema de protección a la infancia* con una notable diversidad de servicios y prestaciones.

Todo ello nos lleva a que, cada vez más, y en rigor, debamos contextualizar cualquier análisis de las actuaciones sociales para con los niños y las niñas con problemas sociofamiliares, dentro del más amplio marco de las políticas globales de infancia, y de las políticas sociales en general.

Dentro de este sistema de protección, el principio de evitar en lo posible la separación del niño de su familia natural se ha ido imponiendo. Siempre hablando genéricamente, en la mayoría de nuestros países ya no se separa a una niña o un niño de su familia por el mero hecho de ser pobre o tener dificultades estrictamente materiales: en estos casos existen otros servicios y prestaciones de apoyo a la familia.

Entre los servicios destinados específicamente a los niños y niñas en situaciones de dificultad o conflicto social, la atención residencial y el acogimiento familiar deben ser destacados tanto por razones históricas y estructurales, como por considerarse generalmente el *último recurso*, el reservado a los casos más graves.

Debemos reconocer, si somos realistas, que, por lo común, las políticas de infancia siguen siendo políticas *débiles* o de segundo orden.

En España, en 1990, de cada 10.000 niños y niñas, 2,44 estaban en el sistema de protección; en Irlanda había 2,21 y en Portugal, 4,58; mientras que en Dinamarca había 10,53, en Alemania 9,36 y en Francia 9,61 (Colton y Hellickx, comps., 1993). Esto obviamente no significa que en los países más ricos haya más niños y niñas con necesidades de protección. Simplemente significa que los países más ricos dedican más recursos a dicho sistema, lo cual permite que haya más niños y niñas cuyas familias reciben apoyo.

Hablando en general, los sistemas de protección a la infancia que acogen porcentajes bajos de niños y niñas son sistemas colapsados, que sólo alcanzan a atender los casos más graves. Cuando un sistema no tiene suficientes recursos para promover muchos servicios para casos *menos graves* (estamos, por tanto, aún muy lejos de *prevenir*), se aprecia gran dificultad y lentitud en el proceso de normalización, así como en la dotación de nuevos servicios, como, por ejemplo, los que potencian la expansión del acogimiento familiar temporal con previsión de retorno. También conlleva la dificultad de incorporar al sistema muchos profesionales con cualificación superior. El despliegue de actividades preventivas, en un sistema colapsado, se hace muy complejo, y en general, salvo que estén reservados a nivel institucional espacios explícitamente organizados para ello, sus profesionales no cuentan con el tiempo apropiado para tal tipo de planificación, porque se ven cíclicamente desbordados por las urgencias de la casuística.

Todas estas afirmaciones, por genéricas, requieren naturalmente de diversas matizaciones: en la práctica, se observan procesos desiguales, según el lugar de prioridad que ocupa la infancia en cada sistema, según los recursos asignados y según los modelos organizativos adoptados. Con todo, autores con amplia visión europea afirman que los países o regiones en los que el sistema de protección a la infancia tiene decidida prioridad política siguen siendo una selecta minoría (Thernborn, 1992; Verhellen, 1992).

Hoy en día podemos afirmar que la red de servicios y centros para niños y niñas en situación de dificultad o conflicto social existentes en cada lugar reflejan la sensibilidad política hacia el bienestar y la protección de la infancia, tanto a nivel nacional, como regional o local (Casas, 1990). Muy a menudo dicha red es beneficiaria sólo de un porcentaje presupuestario comparativamente minoritario en relación con otros grupos de población.

La Convención marca un cambio histórico trascendental en la concepción de la infancia. Para muchos ciudadanos el niño sigue siendo un ser frágil, un ser que *está en proceso* y que *llegará a ser* adulto algún día, un ser objeto de protección y civilmente pasivo. Para la Convención, al más alto nivel internacional, a la niña y el niño ya no se les reconoce sólo sus *derechos a ser protegidos*, sino también el derecho a ser autónomos, a expresar su opinión y voluntad en aquello que les afecta, a participar en la vida social como protagonistas activos, como ciudadanos y ciudadanas en el más profundo sentido. Ya no podemos hablar sólo de políticas de protección de la infancia, sino que debemos hablar también de políticas sociales de promoción de la infancia y de su calidad de vida.

La Convención recoge lo que muchas investigaciones científicas ya habían demostrado: el niño es un actor social, que interactúa con su medio y lo modifica, desde la más temprana edad. La calidad de vida de un actor social sólo puede mejorarse *sensu strictu*, si se siente protagonista de los cambios que le afectan (Casas, 1991a), es decir, si participa (Hart, 1992).

Una consecuencia directa de la Convención fue la Cumbre mundial de jefes de Estado y de Gobierno en favor de la infancia, y el plan de acción que en la misma fue aprobado. En dicho plan de acción se reconoce explícitamente la necesidad de desarrollar más investigación sobre las situaciones reales en que viven las niñas y los niños, y de intercambiar sus resultados, a fin de promover actuaciones más efectivas de aumento del bienestar infantil.

La existencia de un plan de acción en favor de la infancia avalado por las Naciones Unidas es una expresión de la necesidad y voluntad de avanzar en el desarrollo de acciones globalizadas y articuladas.

13.2. Políticas de infancia a nivel municipal

En los últimos años, afortunadamente, se ha ido construyendo un consenso cada vez más amplio sobre la prioridad de desarrollar *políticas integrales* de infancia, en el marco de las políticas integrales de bienestar social. Son los servicios públicos quienes se han de acomodar a la realidad única de la vida del niño o niña, y no es éste o ésta quien debe ser amoldado a la compartimentación artificial que las administraciones hacen de la realidad en orden a la gestión. Las políticas integrales, además, persiguen, al menos potencialmente, una optimización de los recursos tanto materiales como humanos, al evitar duplicidades.

Una política integral siempre será algo organizativamente complejo, que exige tener en cuenta mucha información y muchos factores. Con todo, la menor complejidad imaginable siempre está en el nivel territorial más reducido, o sea, en el barrio, distrito o municipio. De ahí un argumento fundamental en favor de un decidido protagonismo municipal en el ámbito de la infancia, lo que en psicología equivale a decir que deben desarrollarse programas de actuación a nivel comunitario.

En cada territorio concreto acostumbra a haber concurrencia de competencias e incluso de prestación de servicios de distintos niveles de las administraciones públicas, junto con instituciones privadas. El desarrollo de políticas integrales exige un marco legal posibilitador y un pacto institucional facilitador, basado en una coordinación e incluso en la delegación de servicios en aras de la eficacia (Casas, 1994b). La planificación debe ser única y global y la gestión bien articulada o colegiada, y lo más descentralizada posible. Una planificación única no debe entenderse sobre una base centralista y jerárquica, sino sobre una coordinación, que posiblemente exija redefinir las relaciones entre las ONGs y los servicios sociales públicos. *Coordinarse*, en su acepción más positiva, exige renunciar a algo de la soberanía de cada cual. Porque no sólo deben *integrarse* objetivos y acciones, sino también los distintos discursos que llegan al territorio, y ello sólo es posible mediante la negociación y el consenso.

Finalmente, hay que observar que las dificultades técnicas de una coordinación real y constructiva no pueden hacer perder el punto de mira destacado en el apartado anterior: las políticas integrales tienen como objetivo la mejora de la calidad de vida de la población. Por ello, deben dejar espacio preponderante al análisis de las implicaciones para los ciudadanos de la *integralidad* conseguida: accesibilidad real de los recursos y servicios, transparencia percibida en su gestión, agilidad de los canales informativos, satisfacción en las relaciones interpersonales de ayuda, etc.

13.3. Los ciudadanos y la opinión pública

La sensibilidad hacia los problemas sociales de la infancia, la característica comunal de las aspiraciones, la participación, todas ellas empiezan con la *presencia y disponibilidad de información* amplia y adecuada entre los ciudadanos.

Al especificar qué puede ser información de interés ciudadano sobre la infancia deberíamos hablar de muchas cosas: de los *mass media*, de la publicidad que el ayuntamiento ofrece de sus servicios sociales, del conocimiento del marco legal en que se mueven los sistemas de atención a la infancia, del aprovechamiento que se da a las informaciones generales acumuladas por los profesionales, de las políticas sociales, etc.

Sin olvidar toda esta multitud de aspectos de la información, nos interesa aquí destacar tres grandes grupos de información:

1. Las informaciones que tienen todos los ciudadanos sobre la realidad de su población infantil. Contribuyen al mantenimiento o cambio de las representaciones sociales que se tiene de la infancia, y movilizan el sentimiento de futuro colectivo.
2. Las informaciones que tienen los padres sobre sus propios hijos e hijas. Condiciona los procesos básicos de socialización.
3. Las informaciones que los propios niños y niñas tienen a su disposición. Movilizan y orientan sus intereses.

Hemos visto cómo el nivel de conocimiento de qué son y para qué sirven los servicios sociales acostumbra a ser muy bajo entre la mayoría de los ciudadanos (apartado 5.5), y casi nulo entre la población más jóven, y, presumiblemente, también entre los propios niños y niñas.

Tanto la desinformación de las madres y padres con hijos o hijas pequeñas, como la de niños, niñas y jóvenes sobre derechos de la infancia y sobre servicios de bienestar accesibles, deberían ser objeto de tratamiento prioritario desde los ayuntamientos y gobiernos regionales, con el apoyo adecuado de las administraciones de niveles superiores. La buena información es aquella que puede ser *comprendida e integrada* por los destinatarios. Ello comporta no trabajar con impresos estandarizados, sino buscar nuevas fórmulas para canalizar la información sin banalizar nunca su importancia. Con información se construye conocimiento social y cultura, y se pueden cambiar procesos psicosociales inadecuados.

Quizás el mayor puntal para acelerar un mayor conocimiento social son los intercambios de experiencias. Esta consideración es válida tanto dentro de un municipio, como entre municipios, a cualquier nivel. Habría que mantener especial atención a facilitarlos.

Es la singularidad de la realidad social de cada municipio la que debe considerarse como factor primero y primordial para establecer el orden de solución de los problemas existentes en cada lugar y momento. Cada contexto social es único y distinto, y puede requerir soluciones particulares. En cualquier caso, dado que los recursos son siempre limitados, nunca pueden solucionarse todos los problemas a la vez, por lo que hay que abordarlos estableciendo prioridades. La gestión próxima al usuario es la que mejor puede dirimir entre prioridades en conflicto.

A pesar de lo dicho, existen aspectos de la población infantil que posiblemente pueden generalizarse como situaciones que requieren especial atención en la casi totalidad de los municipios, y que se pueden beneficiar de una planificación y promoción en niveles administrativos y políticos más amplios:

A. La primera infancia. La etapa que va del nacimiento a los 3 años es especialmente trascendente para la vida de cualquier niño o niña. Su alto grado de dependencia hace que los problemas de las personas que se hacen cargo de él o ella corran el riesgo de repercutir en la calidad de su atención. Es por ello que, desde los municipios, por razón de ser su contexto próximo y natural, debe prestarse cada vez una atención más decidida a garantizar todo el apoyo que puedan necesitar niñas y niños y sus cuidadores, potenciando a la vez un amplio abanico de posibilidades en cuanto a las formas de atención y cuidado. Pero las instancias superiores deben facilitar los recursos a los municipios para que tengan la capacidad de crear los *servicios de calidad* necesarios.

B. La prevención de los malos tratos y el abandono. La cooperación de todas las personas próximas a una niña o un niño, incluidos los profesionales, es la mejor forma de detectar estos graves problemas sociales que a menudo permanecen ocultos durante demasiado tiempo. Para ello hace falta que los ciudadanos estén adecuadamente informados y que puedan contar con la ayuda de profesionales preparados que actúen con cordialidad hacia posibles denunciantes, preservando su anonimato, y con agilidad y discreción para esclarecer los hechos.

C. La promoción de actividades de tiempo libre. La disponibilidad de actividades motivadoras para ocupar el tiempo libre es una de las grandes posibilidades de introducir elementos de mejora de la calidad de vida en la población infantil a nivel local. Posiblemente haga falta buscar nuevas fórmulas para la creación de cultura infantil. El uso de las modernas tecnologías de la información, sin duda, ofrece posibilidades aún muy poco explotadas. La promoción de distintas formas de asociacionismo debería estar vinculada a esta renovación. Finalmente, se hace también necesario cuidar más decididamente los espacios urbanos para que sean adecuados para los niños y las niñas, tanto los espacios abiertos, como todos aquellos que podríamos definir como *espacios culturales infantiles* (bibliotecas, exposiciones, museos, etc.).

13.4. Construyendo el futuro con la infancia

Algo ha empezado a cambiar a lo largo del siglo XX, y particularmente en las últimas décadas, en relación con el interés que tiene la infancia en nuestras sociedades. Quizá tenga que ver con lo que Inglehart (1990) ha denominado la emergencia de valores posmateriales en las sociedades industriales avanzadas. Los orígenes de los cambios debemos encontrarlos, sin duda, en las tradiciones que han propugnado un mayor respeto por los valores y la dignidad de la persona humana, lo cual, en el terreno internacional, se refleja en el *movimiento de los derechos humanos*.

La denominada *segunda generación de derechos humanos* (Verhellen, 1992a; Casas, 1996b) incorpora decididamente los derechos sociales, que implican una contextualización de la persona humana en una sociedad más justa, más igualitaria. Como concreción, en los países del norte y el occidente europeo se han ido consolidando unos sistemas de protección social. Los países situados geográficamente al sur de dicho continente se han ido incorporando a estos procesos más tardíamente.

Las ciencias humanas y sociales han hecho importantes contribuciones a estos cambios, sobre todo ayudándonos a comprender mejor las necesidades y capacidades del niño y la niña a lo largo de su proceso evolutivo.

En definitiva, paseando por cualquiera de nuestras ciudades, se hace evidente que el trato que reciben niños y niñas en la vida cotidiana por parte de sus padres, maestros y adultos, en general, ha mejorado sustancialmente en los últimos 30 o 40 años.

Sin embargo, la insatisfacción es a menudo una de las mejores cualidades humanas porque es el motor de muchos cambios *a mejor*. Sobre todo cuando es compartida, y se convierte en una aspiración social.

Ciertamente, aunque las mejoras del trato a la infancia puedan haber sido muchas, un gran número de científicos, profesionales y ciudadanos en general seguimos insatisfechos porque pensamos que aún han de cambiar muchas más cosas para aprovechar el potencial de nuestros niños y niñas como portadores de un futuro social mejor. Quizás el colectivo más insatisfecho sea el de los profesionales e investigadores de las situaciones de dificultad y marginación social que afectan a la población infantil, por su vivencia directa del sufrimiento de muchas personas. Pero también es cierto que muchos ciudadanos, por las informaciones que reciben a través de los medios de comunicación social, se sienten muy impactados por injusticias flagrantes a las que, inexplicablemente, no parece ponerse soluciones que sean eficazmente protectoras de los derechos de niños y niñas; pensemos, por ejemplo, en los que se encuentran en zonas donde hay conflictos armados; o en los niños y niñas de calle de Brasil y Colombia; o en los abusos y explotaciones sexuales y de todo tipo a que se somete a cifras impresionantes de niñas y niños del planeta.

De la emergencia de una *nueva conciencia social hacia la infancia* el máximo exponente es, sin duda, la Convención sobre los Derechos del Niño de las Naciones Unidas. Con el reconocimiento internacional que comporta de que todo niño o niña es sujeto de derechos, podemos hablar fundamentalmente de que ha empezado una nueva Era en la historia de la infancia; o, mejor dicho, de que ya es posible *construir* una nueva infancia.

Pese al trascendental significado simbólico de la Convención, ya hemos apuntado en varias ocasiones que no debemos olvidar nunca una constante histórica que caracteriza la defensa de los derechos de la infancia: *el alto consenso y la baja intensidad*.

Los derechos de niños y niñas es una cuestión siempre de fácil acuerdo teórico, pero de obvia falta de priorización práctica a casi todos los niveles (su logro ha necesitado muchos años de trabajo a pasos exasperantemente lentos). ¿Se puede cambiar dicha intensidad?

En nuestras sociedades actuales disponemos de un volumen enorme de informaciones, y ello incluye informaciones acerca de las situaciones que afectan a niños y niñas también en nuestro país. Sin embargo, debemos considerar cuáles son las características de las informaciones de que disponemos. Evidentemente, en las sociedades tecnológicamente avanzadas, los medios de comunicación social mediatizan y sesgan nuestro conocimiento del mundo. Hay realidades que conocemos muy bien (sobre todo las que incluyen *morbo*) y otras que ignoramos parcial o totalmente porque los medios (siempre presionados por la cada vez más omnipotente cifra de la *audiencia*) no las consideran *suficientemente interesantes*. Ello influye en el conocimiento y la visión del mundo que nos configuramos (y que se configuran niños y niñas, no lo olvidemos), y, consecuentemente, en nuestras actitudes hacia distintas problemáticas sociales.

Todo esto se suma a las actitudes sociales adultas preexistentes a las informaciones e imágenes distribuidas por los medios. Por un lado no debemos olvidar que muchos adultos se horrorizan ante los problemas lejanos (el hambre de los niños y niñas en el Tercer Mundo) e incluso dan ayudas, pero prefieren ignorar que existen problemas incluso parecidos en nuestras grandes ciudades, en nuestro Cuarto Mundo, y no están muy predispuestos a colaborar en este caso; la proximidad cuestiona demasiado y para muchos es preferible no implicarse tanto. Por otro lado, y relacionado con la falta de prioridad de todas las cuestiones relativas a la infancia, hemos insistido a lo largo de este libro acerca de la existencia de representaciones sociales profundamente arraigadas (y bastante inconscientes) en nuestra cultura occidental que categoriza a los niños y niñas como un grupo *distinto*, grupo que se viene refiriendo como el de *los aún-no*.

Los procesos que acaecen a partir de este macro-contexto psicosocial en que vive la infancia tiene sutiles pero enormes consecuencias en la vida cotidiana de niños y niñas, y también en el desarrollo de las políticas sociales de infancia.

En nuestros medios de comunicación social se habla actualmente bastante de malos tratos físicos y abusos sexuales a niñas y niños, y de las agresiones hacia inmigrantes y hacia miembros de minorías étnicas. No quisiéramos en absoluto desmerecer la importancia de tales temáticas, pero no podemos limitarnos sólo a dichos problemas sociales, sino que debemos ampliar el espectro de análisis. La imagen que nos viene fácilmente a la mente es sólo la que está presente en nuestros medios de comunicación social. Existen otras muchas situaciones de violencia hacia la infancia en Europa que nos resultan menos visibles o evidentes; algunas son incluso cuantitativamente mucho más numerosas. Muchas de ellas han empezado tan sólo muy recientemente a ser objeto de trabajo en distintas Comisiones del Consejo de Europa y de otros organismos internacionales.

Hay muchas formas de violencia que no se reflejan en agresiones claramente corporales. Hay muchas formas de violencia que son psicológicas (amenazas, manipulaciones emocionales para conseguir obediencia); hay otras formas que son simplemente por omisión (abandono, desprotección);

y hay formas muy sutiles y complejas, como los denominados malos tratos institucionales. Recordemos sólo algunos ejemplos:

- La pobreza en Europa es un fenómeno que refleja una constantemente creciente incidencia sobre la infancia, en particular sobre las hijas e hijos de familias monoparentales y de familias petenecientes a minorías. Se viene hablando de una paulatina *infantilización y feminización de la pobreza en Europa*.
- Los niños y niñas de calle, también existentes en muchas grandes ciudades europeas y que, a menudo, no son sólo fruto de la pobreza, sino de un sistema escolar desmotivador y excluyente.
- Los niños y niñas en instituciones residenciales por dificultades de atención por parte de su familia natural. Estas instituciones, por inercia histórica, y a veces faltadas de recursos y de formación (inicial y permanente) de su personal educativo, aún constituyen con demasiada frecuencia espacios generadores de diferenciación y marginación social, al proporcionar a sus acogidos experiencias totalmente distintas y chocantes con las de la mayoría de los niños y niñas del mismo entorno sociocultural. Esta problemática ha aparecido en los últimos años como altamente preocupante en algunos países del centro y este de Europa, pero persiste también en los países del oeste aunque haya pasado a una especie de olvido político y social. Muchos de estos niños y niñas podrían beneficiarse de acogimientos familiares temporales si hubiera una adecuada promoción y apoyo a este tipo de servicios, cosa que sólo se da en unos pocos países europeos.
- Los menores de edad, presuntamente infractores, que en muchas ocasiones no ven garantizados sus derechos en los procesos penales o en las instituciones a donde pueden ser enviados por un juez.

También existen situaciones de violencia física que no siempre son objeto de la atención adecuada. Por ejemplo, los castigos físicos como *disciplina educativa* sólo están prohibidos en 5 países europeos; en algunos países siguen estando permitidos y son practicados no sólo en muchas familias, sino también en la escuela.

La lista de situaciones negativas que afectan a la infancia en Europa puede ser muy larga. Poco a poco se ha ido evidenciando que, además, no se puede intentar clasificar los problemas y tratarlos uno por uno; muchos problemas afectan a las mismas familias, a los mismos grupos sociales; muchas acciones no tienen razón de ser si no son coordinadas entre todas las administraciones públicas y demás instancias implicadas, y asumen un carácter interdisciplinar.

La realidad demográfica ha ido apareciendo cada vez con más fuerza como otro elemento contextualizador que no se puede desconsiderar: con la caída de la tasa de natalidad, cada vez la infancia, en Europa, pierde a ritmo más acelerado su *peso estadístico*, con importantes consecuencias políticas. Todo ello ha llevado a la necesidad de tener una visión más global de la situación de la infancia y a plantear cada vez de forma más decidida la necesidad de políticas globales de infancia.

Sin embargo, para empezar a construir un nuevo futuro con la infancia, consideramos que lo fundamentalmente necesario, como hemos ido argumentando a lo largo de esta obra, es un cambio profundo en las interrelaciones que los adultos, tanto en los niveles personales (microsociales), como societales (macrosociales) mantenemos con niñas y niños.

Tenemos una responsabilidad colectiva de preparar a nuestros niños y niñas para los cambios sociales futuros. Ésta no es una tarea exclusiva de la escuela, ni tampoco de la familia. *Toda la sociedad debe ser educadora*. Tanto las autoridades públicas como la sociedad civil deben promover actuaciones que mejoren la participación social de la infancia, así como la participación social de las familias con sus hijas e hijos. Divulgar una buena información es fundamental para todo ello.

Debe investigarse las vías más apropiadas para alentar la participación responsable del niño o niña y deben evaluarse sistemáticamente los programas desarrollados para aprender de la experiencia. Trabajar para que los medios de comunicación social colaboren en este empeño es imprescindible para lograr objetivos de gran alcance.

Los profesionales que trabajan con niños y niñas o en servicios de apoyo a familias, deben poder acceder a una formación que permita mejorar las relaciones entre adultos y niños/as. Se deben utilizar medios audiovisuales para ilustrar cómo mejorar las capacidades de participación y ampliar las formas de negociación para superar conflictos.

De hecho, ya hay muchas familias y muchas organizaciones en Europa donde se han empezado a desarrollar *buenas prácticas* participativas con niños y niñas. Incluso de lo que ya sabemos podemos re-aprender aspectos muy valiosos (Casas, 1994n). Es muy importante que estas experiencias se divulguen e intercambien sus logros y sus errores, para que sean semillas para nuevas ideas, nuevos debates y nuevas formas de actuación que aceleren la construcción de esta nueva infancia a la que nos ha invitado la Convención.

Los cambios progresivamente acelerados que afronta y seguirá afrontando nuestra sociedad en un futuro inmediato tienen consecuencias tanto para la infancia con graves problemas sociofamiliares o psicosociales, como para el conjunto de nuestra población infantil. Por lo tanto, no pueden considerarse por separado, sino como integrantes de una misma dinámica social, y ante los cuales hace falta una política global.

La niña y el niño no pueden seguir siendo, en la óptica de la planificación social, pequeños elementos incluidos en las políticas pensadas y destinadas para otros. De la misma manera que el niño y la niña son algo más que hijos/as, alumnos/as, enfermo/as pediátricos/as o usuarios/as de ludotecas. La perspectiva infantil, desde el lugar del niño o niña en su integralidad, desde su superior interés, debe ser asumida paulatinamente desde todas las instancias sociales y desde cada ciudadano en particular, si queremos afrontar nuestro futuro colectivo de forma responsable y coherente.

¿Qué nuevas tecnologías van a cambiar nuestra cotidianidad y nuestras relaciones interpersonales los próximos años? No lo sabemos con certeza, pero vislumbramos que muchas cosas van a cambiar significativamente. ¿Qué nuevos dilemas éticos deberán abordar las nuevas generaciones? A partir del camino mostrado por la Convención, cada vez se hace más evidente que uno de los grandes *retos para el conjunto de la sociedad* está en promover la participación social de niñas y niños, precisamente dándoles un protagonismo equilibrado ante los cambios y retos de los que están siendo testigos e, incluso, protagonistas. Como ya ha defendido Kohlberg, el desarrollo moral se promueve participando en situaciones estimulantes para discutir cuál es la situación justa, y poder ejercitar dicha justicia (Casas, 1993e).

Sólo podemos conseguir que las jóvenes generaciones se *ejerciten* en la responsabilización si tienen la posibilidad de participar *realmente* en situaciones sociales en las que puedan opinar, y en las que resulte evidente que sus contribuciones son escuchadas y sirven para algo.

La participación social no es sólo un reto educativo o socializador, y un principio político. También, en las últimas décadas ha quedado decididamente vinculada al concepto de *calidad de vida* por la corriente de teóricos e investigadores de perspectiva más psicosocial.

La evaluación de la calidad de vida debe incluir medidas de las percepciones y evaluaciones de las personas sobre las situaciones que les afectan y las prestaciones o servicios que reciben. Sólo podemos hablar *sensu strictu* de calidad de vida de la población infantil si tenemos en cuenta las percepciones y evaluaciones de los propios niños y niñas, no limitándonos a las percepciones de los adultos sobre lo que les conviene. El contraste de unas y otras nos descubre, sin duda, nuevas dimensiones de la realidad social, particularmente de las necesidades sentidas y de las aspiraciones de las personas.

Una política social al compás de los tiempos debería ser aquella que ya no sólo se plantea intervenir sobre las necesidades de déficit, sino que también colabora en la satisfacción de necesidades por aspiración. Ésa sería una política promotora y preventiva, una política de calidad de vida, en que la perspectiva de las necesidades sentidas (Bradshaw, 1972; Casas, 1987; 1991b) adquiere su entidad.

Tal política puede compaginar el respeto a los individuos con el respeto a los grupos. Ya que los derechos de la mujer o del niño no son algo instituido en contra de la familia, sino que pueden y deben ser perfectamente articulados en el seno de la misma y de una política social de apoyo decidido a la unidad básica de convivencia. De hecho, éstos son, precisamente, los actuales planteamientos de las Naciones Unidas.

En esa dinámica se puede dar perfectamente el pleno reconocimiento de cada persona individual como sujeto de derechos por igual, superando representaciones sociales muy arraigadas que sitúan a nuestros niños y niñas como pertenecientes a *otra* categoría social y haciendo muy difícil su participación responsable.

Los profesionales de la intervención psicosocial que trabajan en el ámbito de la infancia deben asumir el doble reto de, por una parte intentar acelerar y profundizar en el conocimiento de los procesos que posibilitan a la niña y el niño hacer efectivos estos derechos, y, por otra, contribuir a la transformación de las actitudes de muchos adultos, padres o no, superando las resistencias para aceptar la legitimidad de tales derechos. Estos simples planteamientos configuran un verdadero programa colectivo de intervención social en favor de la calidad de vida infantil.

Esperemos que en los próximos años podamos ver cómo el número de colegas dedicados a estas tareas ha aumentado y que con ello el incremento de la calidad de vida infantil vaya dejando de ser una disquisición más o menos teórica (aunque basada en aspiraciones concretas) en jornadas y congresos, para convertirse en una realidad claramente visible.

BIBLIOGRAFÍA

Agelet, Calvo, Carretero, Casas, y otros (1980), «El treball de l'educador especialitzat a un barri perifèric de Barcelona: Equip d'Educadors del Col.lectiu Infantil Canyelles», *III Jornades sobre la prevenció i el tractament de la delinqüència juvenil a Catalunya*, Barcelona, 29 de noviembre de 1980.

Aguinaga, J., y Comas, D. (1988), «Estereotipos sociales ante la victimización, el delito y el delincuente juvenil», *Menores, 11-12*, septiembre-diciembre de 1988, págs. 17-40.

Aguinaga, J., y Comas, D. (1991), *Infancia y adolescencia: la mirada de los adultos*, Madrid, Centro de Publicaciones del Ministerio Asuntos Sociales.

Aguirre, A. (comp.) (1995), «La psicología cultural», *Anthropologica, 17*, págs. 47-69.

Ainlay, S.C.; Becker, G.; y Coleman, L.M. (comps.) (1986), *The dilemma of difference. A multidisciplinary view of stigma*, Nueva York, Plenum.

Ainlay, S.C., y Crosby, F. (1986), «Stigma and social marginality», en S.C. Ainlay, G. Becker y L.M. Coleman (comps.), *The dilemma of difference. A multidisciplinary view of stigma*, Nueva York, Plenum.

Ajuntament de Barcelona (1980), *Una nova alternativa de serveis per a la infància*, Barcelona, Àrea de Serveis Socials, Col·lecció «Serveis Socials», 2.

Ajuntament de Barcelona (1983), *Els Centres municipals d'infància*, Barcelona, Área de Servicios Sociales.

Alberdi, I. (comp.) (1992), «Familia», *Infancia y Sociedad, 16*, monográfico.

Aldamiz-Echevarría, C., y otros (1990), «Atención a la infancia desde el marco municipal», *Infancia y Sociedad, 4*, págs. 5-24.

Alonso, J.M., y Comellas, C. (1994), «Espais urbans i vida quotidiana de nens i joves», *Jornades sobre joventut i nova violència urbana*, Barcelona, 24-25 de octubre.

Alonso-Quecuty, M.L. (1991), «Mentira y testimonio: el peritaje forense de la credibilidad», *Anuario de Psicología Jurídica, 1991*, págs. 55-66.

Alston, Ph. (comp.) (1994), *The best interests of the child. Reconciling culture and human rights*, Oxford, Unicef-ICDC, Clarendon Press.

Alvarez, B. (1989), «La televisión ante la infancia», *I Congreso Internacional Infancia y Sociedad: Bienestar y Derechos sociales de la infancia, vol. 3*, págs. 7-18, Madrid, MAS.

Alvira, F., y Canteras, A. (1986), *Delincuencia y marginación juvenil*, Barcelona, Publicaciones de Juventud y Sociedad.

Alvira, F.; Lozano, C.; Montáñez, P.; y Villanueva, S. (1982), *La calidad de vida en España*, Madrid, CEOTMA, MOPU.

Ammerman, R.T. y Hersen, M. (comps.) (1990), *Children at risk: an evaluation of factors contributing to child abuse and neglect*, Nueva York, Plenum.
Amorós, P. (1987), *La adopción y el acogimiento familiar*, Madrid, Narcea.
Amorós, P. (1988), *Situación actual de los servicios de adopción y acogimiento familiar*, Madrid, Centro de Estudios del Menor, MAS, 1990.
Ander-Egg, E. (1963), *Metodología y práctica del desarrollo de la comunidad*, Buenos Aires, Humanitas.
Andrews, F.M.; y Withey, S.B. (1976), *Social Indicators of Well-being: Americans' Perceptions of Life Quality*, Nueva York, Plenum Press.
Arana, J., y Carrasco, J.L. (1980), *Niños desasistidos del ambiente familiar*, Madrid, Karpos.
Ariès, Ph. (1960), *L'enfant et la vie familiale sous l'ancien régime*, París, Librairie Plon (2.ª edición: París, Du Seuil, 1973). (Trad. cast.: *El niño y la vida familiar en el Antiguo Régimen*, Madrid, Taurus, 1987.)
Asensio, J.M.ª (1989), *L'agressivitat a l'escola*, Barcelona, CEAC.
Asquith, S., y Hill, M. (comps.) (1994), *Justice for children*, Dordrecht, Kluwer.
Assailly, J.P. (1992), *Les Jeunes et le risque*, París, Vigot.
A.V.A.I.M. (1994), *I Jornadas sobre infancia maltratada: el maltrato institucional*, Vitoria-Gasteiz, Diputación Foral de Álava.
Balaguer, I. (comp.) (1987), «Red europea de modelos de atención a la infancia», Barcelona, policopiado.
Balaguer, I. (comp.) (1989), *La atención a la primera infancia (0-6): bases para una política socio-educativa de igualdad de oportunidades*, Madrid, Centro de Estudios del Menor.
Baldwin, A. (1965), «A is happy – B is not», *Child Development, 36*, págs. 583-600.
Bandrés, Juan M. (1992), «Projet de Rapport sur une Charte européene des droits de l'enfant», Comission juridique et des droits des citoyens, CCE.
Bandrés, M.P.; Renau, M.D.; Jaraquemada, G.; y García, M.J. (1981), *La influencia del entorno educativo en el niño*, Madrid, Cincel.
Bank-Mikkelsen, N. E. (1973), «La normalización como objetivo en las actividades de la vida diaria», *Boletín de Estudios y Documentación del Inserso, 15*, 1979, págs. 31-39.
Barthelmes, J. (1990), «¿Por qué miras? Relación de los media y las familias», *Infancia y Sociedad, 3*, págs. 49-63.
Barthelmes, J. (1991), «Infancia y cultura», *Infancia y Sociedad, 7*, págs. 13-32.
Barriga, S.; Álvaro, M.; Casas, F.; y Rovelloso, E. (1990), «Intervención social y evaluación de programas: sociopolíticas», *Revista de Psicología Social, 5*, 2-3, págs. 285-290.
Barriga, S.; León, J.M., y Martínez, M.F. (1987), *Intervención psicosocial*, Barcelona, Hora.
Bastús, J.M.; Casas, F., y otros (1988), «Els inhalables: una drogadicció mal coneguda», en Diputació de Barcelona (comp.), *Drogodependències: experiències d'intervenció a Catalunya*, Barcelona, Diputació de Barcelona.
Becker, G., y Arnold, R. (1986), «Stigma as a social and cultural construct», en S.C. Ainlay, G. Becker y L.M. Coleman (comps.), *The dilemma of difference. A multidisciplinary view of stigma*, Nueva York, Plenum.

Belsky, J. (1980), «Child maltreatment: an ecological integration», *American Psychologist, 35*, págs. 320-335.
Belsky, J. (1993), «Etiology of child maltreatment: A developmental-ecological analysis», *Psychological Bulletin, 114*, págs. 413-434.
Benavides, J. (1991a), «La imagen del niño en la publicidad», *I Congreso Internacional sobre infancia, juventud y comunicación audiovisual ¿Qué Miras?*, Valencia.
Benavides, J. (1991b), «La publicidad y el universo del menor», *Infancia y Sociedad, 9*, págs. 23-32.
Benavides, J. (comp.) (1992), «Televisión y programas infantiles», *Infancia y Sociedad, 14*, monográfico.
Bergalli, R. (1980), «Origen de las teorías de la reacción social», *Papers: Revista de Sociologia, 13*, 1980, págs. 49-96.
Biosca, L., y Casas, F., (comps.) (1985), *Els centres diürns a les comarques barcelonines*, Barcelona, Diputació de Barcelona.
Björnberg, U. (1992), *Children and their families*, Report to the CDPS (Council of Europe) as consultant expert, Estrasburgo, CDPS III.8(92)2.
Black, M. (1994), *Monitoring the rights of children*, Florencia, Unicef-ICDC.
Blanco, A. (1985), «La calidad de vida: supuestos psicosociales» en F. Morales, A. Blanco, C. Huici y M. Fernández, *Psicología Social Aplicada*, Bilbao, Desclée De Brouwer.
Blanco, A., y Chacón, F. (1985), «La evaluación de la calidad de vida», en F. Morales, A. Blanco, C. Huici y M. Fernández, *Psicología Social Aplicada*, Bilbao, Desclée De Brouwer.
Blatt, M., y Kohlberg, L. (1975), «The effects of classroom moral discussion upon children's level of moral judgement», *Journal of Moral Education, 4*, 1975, págs. 129-161
Bleger, J. (1966), *Psicohigiene y psicología institucional*, Buenos Aires, Paidós.
Bloom, B.L. (1977) (2.ª ed. rev., 1984), *Community Mental Health*, Monterey, CA, Brooks/Cole.
Blumer, H. (1971), «Social problems as collective behavior», *Social Problems, 18*, págs. 298-306.
Boyden, J. (1990), «Childhood and the policy makers: A comparative perspective on the globalization of childhood», en James y Prout (comps.), *Constructing and reconstructing childhood*, Londres, The Falmer Press.
Bradburn, N.M. (1969), *The structure of psychological well-being*, Chicago, Aldine.
Bradburn, N.M., y Caplovitz, D. (1965), *Report on happiness: A pilot study of behavior related to mental health*, Chicago, Aldine.
Bradley, B.S. (1989), *Visions of infancy. A critical introduction to child psychology*, Basil Blackwell. (Trad. cast.: *Concepciones de la infancia*, Madrid, Alianza, 1992.)
Bradshaw, J. (1972), «The concept of social need», *New Society, 30*, págs. 640-643. (Trad. cast.: *Una tipología de la necessitat social*, Barcelona, Generalitat de Catalunya, Direcció General de Serveis Socials, 1983.)
Bronfenbrenner, U. (1977), «Toward an experimental ecology of human development», *American Psychologist, 32*, (7), julio de 1977, págs. 513-531.

Bronfenbrenner, U. (1979), *The Ecology of Human Development*, Cambridge, Harvard University Press. (Trad. cast.: *La ecología del desarrollo humano*, Barcelona, Paidós, 1987.)
Bruner, J., y Haste, H. (1987), *Making sense. The child's construction of the world*, Londres, Methuen. (Trad. cast.: *La elaboración de sentido*, Barcelona, Paidós, 1990.)
Bullock, R.; Little, M. y Millham, S. (1993), *Going Home. The return of children separated from their families*, Hants, Darmouth Publications.
Bunge, Mario (1975), «What is a quality of life indicator?», *Social Indicators Research, 2*, págs. 65-79.
Bunge, M. (1980), *Epistemología*, Barcelona, Ariel.
Burman, E. (1996), «Local, global or globalized? Child development and international child rights legislation», *Childhood, 3*, págs. 45-66.
Caldwell, J.C. (1982), *Theory of fertility*, Londres, Academic Press.
Caldwell, R.A.; Bogat, G.A.; y Davidson, W.S. (1988), «The assessment of child abuse potential and the prevention of child abuse and neglect: A policy analysis», *American Journal of Community Psychology, 16*, pág. 5.
Campbell, A. (1976), «Subjective measures of well-being», *American Psychologist, Febr.*, págs. 117-124.
Campbell, A., y Converse, P.E. (1970), *Monitoring the quality of life*, Ann Arbor, Survey Research Center.
Campbell, A.; Converse, P.E., y Rodgers, W.L. (1976), *The quality of American life: Perceptions, evaluations and satisfactions*, Nueva York, Russell Sage Foundation.
Campion, J. (1985), *The Child in Context*, Londres, Methuen & Co. Ltd., 1985. (Trad. cast.: *El niño en su contexto*, Barcelona, Paidós, 1987.)
Canovas, F. (comp.) (1991), «Cultura», *Infancia y Sociedad, 7*, número monográfico.
Cantón, J. (comp.) (1995), *Malos tratos a los niños, institucionalización y problemas de adaptación*, Jaén, Diputación Provincial de Jaén.
Cantril, H. (1965), *The pattern of human concerns*, Nueva Brunswick, N.J., Rutgers Univ. Press.
Caplan, G. (1964), *Principles of Preventive Psychiatry*, Nueva York, Basic Books. (Trad. cast.: *Principios de psiquiatría preventiva*, Barcelona, Paidós, 1985.)
Casas, F. (1981), «Política de infancia y adolescencia planteada a partir de la Dirección General de Servicios Sociales de la Generalitat de Cataluña. El nacimiento de las Comunidades Infantiles», *Cuadernos INAS, 5*, enero-marzo de 1982, págs. 61-65.
Casas, F. (1984), *Els internaments d'infants a Catalunya*, Barcelona, Obra Social de la Caixa de Barcelona, 1985.
Casas, F. (1987), «La marginación infantil y juvenil», *Revista de Psiquiatría y Psicología Humanista, 21*, 4, págs. 18-28.
Casas, F. (1988a), «Las instituciones residenciales para la atención de chicos y chicas en dificultades sociofamiliares: apuntes para una discusión», *Menores, 10*, julio-agosto, págs. 37-50.

Casas, F. (1988b), «Necessitats socials i recursos», en EUTS-ICESB (comps.), *Treball social: conceptes i eines bàsiques*, Barcelona, EUTS. (Edición castellana: *Trabajo social: conceptos y herramientas básicas*, 1989.)
Casas, F. (1988c), Intervención social en el maltrato y el abandono, en J. de Paúl: *Los malos tratos y el abandono infantil*, San Sebastián, Servicio de ediciones de la Universidad del País Vasco.
Casas, F. (comp.) (1989a), *Infància i risc: dades bàsiques*, Barcelona, ICASS –Institut Català d'Assistència i Serveis Socials, Generalitat de Catalunya.
Casas, F. (1989b), *Técnicas de investigación social: los indicadores sociales y psicosociales. Teoría y práctica*, Barcelona, PPU.
Casas, F. (1989c), «La investigación de las situaciones de riesgo social en la infancia», *I Congreso Internacional Infancia y Sociedad, vol. 3*, págs. 371-391, Madrid, MAS.
Casas, F. (1989d), «Situaciones de riesgo social en la infancia: la prevención de malos tratos y abandono», *INFAD, 2*, julio-diciembre, págs. 69-79.
Casas, F. (1990a), «Infancia y política social municipal», *Infancia y Sociedad, 4*, págs. 25-34.
Casas, F. (1990b), «La psicología social comunitaria en Cataluña», en G. Musitu; E. Berjano; y J.R. Bueno, *Psicología Comunitaria*, Valencia, Nau Llibres.
Casas, F. (1990c), «Informe sobre las necesidades de la infancia en cuatro municipios de la zona sur de la Comunidad de Madrid», Madrid, Consejería de Integración Social, Comunidad Autónoma de Madrid, policopiado.
Casas, F. (1991a), *Els indicadors psicosocials*, Barcelona, Euge.
Casas, F. (1991b), «El concepto de calidad de vida en la intervención social en el ámbito de la infancia», *III Jornadas de Psicología de la Intervención Social, vol. 2*, págs. 649-672, Madrid, noviembre de 1991, MAS, 1992.
Casas, F. (1992a), «Las representaciones sociales de las necesidades de niños y niñas, y su calidad de vida», *Anuario de Psicología, 53*, págs. 27-45.
Casas, F. (1992b), «La infancia española en el contexto europeo», *Infancia y Sociedad, 15*, págs. 5-36.
Casas, F. (1992c), «La infancia en la década de los noventa», *I Congreso de Psicología Profesional de la Región de Murcia*, Murcia, mayo de 1992.
Casas, F. (1992d), «La formació permanent i la investigació aplicada», *Congrés Europeu d'Atenció a la infància*, Barcelona, noviembre, Generalitat de Catalunya, Departament de Benestar Social.
Casas, F. (1992e), «Ámbitos de intervención ante el maltrato en la infancia», en Asociación Madrileña para la Prevención de los malos tratos a la infancia, (comp.), *I Jornadas sobre Infancia Maltratada*, Madrid, marzo, págs. 15-17.
Casas, F. (1993a), «Spain», en M. Colton y W. Hellinckx (comps.), *Child care in the EC*, Aldershot, Arena, págs. 195-211. (Trad. cast.: *La atención a la infancia en la Unión Europea*, Madrid, MAS, 1995.)
Casas, F. (1993b), «Changing paradigms in child residential care», *III European Scientific Congress on residential and foster care*, Lüneburg, octubre de 1993.
Casas, F. (1993c), «Medios de comunicación e imagen social de la infancia», *Intervención Psicosocial, 6*, págs. 55-65.

Casas, F. (1993d), «Indicadores psicosociales», en C. Navalón, y M.E. Medina (comps.), *Psicología y trabajo social*, Barcelona, PPU, págs. 393-403.
Casas, F. (1993e), «Imputabilidad y responsabilidad: los niños como actores desde la mirada de los adultos», *Anuario de Psicología Jurídica, 1993*, págs. 55-71.
Casas, F. (1993f), «Instituciones residenciales: ¿Hacia dónde?», *III Congreso Estatal sobre Infancia Maltratada*, Madrid, 15 de octubre de 1993.
Casas, F. (1994a), «Spain: Recent major changes in child protection system», en M. Gottesman (comp.), *Recent changes and new trends in extrafamilial child care: an international perspective*, Londres, Whiting and Birch – FICE, págs. 141-148.
Casas, F. (1994b), *Decentralization of services for children: the Spanish experience*, Florencia, ICDC-Unicef.
Casas, F. (1994c), «Social representations, children, media and children's rights», *XIII Biennial Meeting of ISSBD*, Amsterdam, 29 de junio.
Casas, F. (1994d), «The role and responsability of institutions in supporting the implementation and monitoring of the Convention on the rights of the child», *Séminaire pour l'Europe du Sud: L'Enfance: Les droits retrouvés*, Venecia.
Casas, F. (1994e), «Images and social representations of children's problems in the media», *XIII World Congress of Sociology*, Bielefeld, 19 de julio.
Casas, F. (1994f), «Foster care for children in Spain: Research and reality», *IFCO European Conference on Foster Children in a Changing World*, Berlín, 6 de septiembre, págs. 9-11.
Casas, F. (1994g), «Monitoring children's rights and monitoring childhood: Different tasks?», *European Conference on Monitoring Children's Rights*, Universidad de Gante, diciembre.
Casas, F. (1994h), «Children's participation in European society», *Conference on Evolution of the role of children in family life: participation and negotiation*, Council of Europe y Ministerio de Asuntos Sociales, Madrid, diciembre.
Casas, F. (1994i), «La infancia en la década de los noventa», en M.E. Medina y A. Romero (comps.), *La psicología como profesión*, Murcia, Colegio Oficial de Psicólogos.
Casas, F. (1994j), «Prevenció i qualitat de vida dels infants», *Forum. Revista d'Informació i Investigació Socials,* diciembre de 1994, págs. 40-47.
Casas, F. (1994k), «El acogimiento familiar en España: investigación y realidad», *Seminario EUSARF sobre Investigación en Acogimiento Familiar*, Madrid, MAS-DGPJM, mayo de 1994.
Casas, F. (1994l), «Medios de comunicación e imagen social de la infancia», *INFAN-CIA, 28*, noviembre-diciembre, págs. 27-30.
Casas, F. (1994m), «Psicosociologia, benestar i qualitat de vida», *Text i Context, 10*, junio, págs. 5-7.
Casas, F. (1994n), «Nouvelle enfance et nouvelles relacions entre les générations», *Conference Plénière 1994 des ONGs dotés du statut consultif d'aprés du Conseil de l'Europe*, Estrasburgo.
Casas, F. (1995a), «Social research and policy making», en M. Colton, y otros (comps.), *The art and science of child care*, Ashgate, Arena.

Casas, F. (1995b), «Social representations of childhood», *European Intensive course in Children's Rights. ERASMUS Programme*, Universidad de Salerno.

Casas, F. (1995c), «Cambios sociales y cambios representacionales de la infancia y la familia: sus repercusiones en las políticas sociales», en M.P. Gualda; J.F. Delgado; y A. Rodríguez (comps.), *Avances en política social*, Granada, Diputación Provincial, págs. 699-706.

Casas, F. (1995d), «Familia e infancia. Situación y políticas en el contexto español», en M. Freixa y C. Pastor (comps.), *Familia e intervención en las necesidades especiales*, Barcelona, AEDES.

Casas, F. (1995e), «Derechos y participación social de niños y niñas en la sociedad europea: ¿Qué futuro queremos?», *Seminario Europeo sobre Políticas de infancia en Europa*, Madrid.

Casas, F. (1995f), «Los niños y las niñas en procesos judiciales: ¿qué nos pueden decir, o cómo nos comunicamos con ellos?», *Aula Debate Salvador Pérez Ruiz, de Justicia y Prácticas Sociales,* Universidad de Verano Mas Palomas, Gran Canaria.

Casas, F. (1995g), «Infancia y medios de comunicación», *Cuadernos de Pedagogía, 239*, págs. 17-19.

Casas, F. (1995h), «El acogimiento familiar desde la perspectiva del apoyo a la familia en crisis», *V Jornadas de Acogimiento Familiar*, Generalitat Valenciana, Alicante.

Casas, F. (1995i), «Avaluació i presa de decisions sobre la separació d'un infant del seu contexte familiar: apunts per a un debat», *Jornades Internacionals de Serveis Socials*, Barcelona, Generalitat de Catalunya.

Casas, F. (1996a), «Changing paradigms in child residential care», en G. Pfeffer y D.K. Behera (comps.), *Contemporary society: Childhood in a complex order*, Nueva Delhi, Manak Publications.

Casas, F. (1996b), *Bienestar Social: una introducción psicosociológica*, Barcelona, PPU.

Casas, F. (1996c), «Funcions socials de l'avaluació», *Simposium sobre Evaluación de la intervención socioeducativa*, Universidad Ramón Llull, Barcelona.

Casas, F. (1996d), «El rol de los servicios sociales formales en la intervención comunitaria», en A. Sánchez y G. Musitu (comps.), *Intervención comunitaria: aspectos científicos, técnicos y valorativos*, Barcelona, EUB.

Casas, F. (1996e), «Cuestiones éticas en la intervención psicosocial», en A. Sánchez y G. Musitu (comps.), *Intervención comunitaria: aspectos científicos, técnicos y valorativos*, Barcelona, EUB.

Casas, F. (1996f), «Children's rights and children's quality of life: Conceptual and practical issues», *World Conference on Quality of Life*, Prince George, 22-25 de agosto.

Casas, F. (1996g), «Expectativas de los niños y niñas sobre la mejora de su barrio», *IV Congreso de Psicología Ambiental*, Barcelona, 12-15 de noviembre.

Casas, F., y Beltri, F. (1989), «Reflexiones sobre el psicólogo y los servicios sociales en Cataluña», *Papeles del Psicólogo, 41-42,* diciembre de 1989, págs. 60-64.

Casas, F. y Biosca, L. (1985), *Tornem a casa*, Barcelona, Diputació de Barcelona, Serveis Socials.

Casas, F. y Codina, N. (1996), «Infancia, adolescencia y ocio: una experiencia comunitaria afrontando la exclusión social», en prensa.
Casas, F., y Durán, S. (1995), «El acogimiento familiar como medida ante situaciones de malos tratos infantiles: informaciones y representaciones de la población catalana», *IV Congreso sobre Infancia Maltratada*, Sevilla.
Casas, F., y Durán, S. (1996), «Problemas sociales de la infancia y acogimiento familiar como forma de atenderlos: informaciones, representaciones y predisposiciones de la población catalana», *Bienestar y Protección Infantil, 2.*
Casas, F., Flotats, J.M., y Pi, R. (1984), «Una experiència pedagògica: la comunitat infantil de Gavà», Barcelona, Memoria de convalidación del título de educador especializado, inédita.
Casas, F. y Munné, F. (comp.), «Perspectivas psicosociales sobre la infancia», en *Annuario de Psicología*, 53, monográfico.
Casas, F., y Olmedilla, A. (1995), «Contextos y perspectivas psicosociales de la intervención social en el ámbito de la infancia y la familia», *IV Jornadas de Intervención Social*, Colegio Oficial de Psicólogos, Madrid.
Casas, F., y Saez, J. (1992), «Kindheit und Jugend in Spanien», *Diskurs, 2*, págs. 69-77.
Castel, Robert (1981), *La gestion des risques: De l'anti-psychiatrie a l'après-psychanalyse*, París, Les Éd. de Minuit. (Trad. cast.: *La gestión de los riesgos*, Barcelona, Anagrama, 1984.)
Castel, Robert (1983), «De la peligrosidad al riesgo», en Álvarez Uría y Varela (comp.), *Materiales de sociología crítica*, Madrid, Las Ediciones de la Piqueta, 1986.
Castillo, Y. de (1994), *Review of the French and Belgian literature on social exclusion: A Latin American perspective*, OIT.
Centre de Formació d'Educadors Especialitzats (1978), *Els col.lectius infantils: memòria curs 77-78*, Barcelona, Centre d'Educadors.
Cervera, J. (1991), «Nuevas tendencias en la literatura infantil», *Infancia y Sociedad, 7*, págs. 57-71.
Chacón, F.; Barrón, A.; y Lozano, M.P. (1988), «Evaluación de necesidades», en A. Martín, F. Chacón y M. Martínez (comps.), *Psicología comunitaria*, Madrid, Visor.
Cherney, I., y Perry, N.W. (1994), «Children's attitudes toward their rights: An international perspective», en F. Casas, *Psychosocial perspectives on childhood. Symposium in the 23rd International Congress of Applied Psychology*, Madrid.
Childwatch International (1995) (actualizado), *Indicators for children's rights. A project to identify and develop indicators for use in monitoring the implementation of the Convention on the Rights of the Child*, Oslo, Childwatch International (primera versión, 1993).
Chombart de Lauwe, M.J. (1971), *Un monde autre: l'enfance. De ses représentations à son mythe*, París, Payot, (2.ª ed., 1979).
Chombart de Lauwe, M.J. (1984), «Changes in the representation of the child in the course of social transmission», en R. Farr y S. Moscovici (comps.), *Social representations*, Cambridge, Cambridge University Press.

Chombart de Lauwe, M.J. (1989), «La représentation sociale dans le domain de l'enfance», en D. Jodelet (comp.), *Les représentations sociales*, París, PUF.
Cieza, J.A. (1987), «Mentalidad social y educación. La imagen de la infancia, la familia y la escuela a través de los textos literarios (1900-1930)», Universidad de Salamanca, Facultad de Filosofía y Ciencias de la Educación, tesis doctoral.
CIMA (Centro Investigaciones Medio Ambiente) (1979), *Encuesta sobre la calidad de vida en España*, Madrid, Dirección General de Medio Ambiente, MOPU.
Cirillo, S. (1986), *Famiglie in crisi e affido familiare*, NIS La Nuova Italia Científica. (Trad. cast.: *Familias en crisis y acogimiento familiar*, Madrid, MAS, 1993.)
Cirillo, S., y Di Blasio, P. (1989), *La famiglia maltrattante. Diagnosi e terapia*, Milán, Rafaello Cortina. (Trad. cast.: *Niños maltratados*, Barcelona, Paidós, 1989.)
CIS (Centro de Investigaciones Sociológicas) (1985), *Actitudes y opiniones de los españoles ante la natalidad*, Madrid, Serie Estudios y Encuestas.
CIS (1988), «Datos de opinión (natalidad)», *REIS, 44*, separata.
CIS (1989), «Informe infancia», Madrid, *Barómetro 1845*.
City of Göteborg (1994), «Alternative options provided for children in foster care. Different forms of placement in Sweden», Berlín, *European IFCO Conference*, 9-11 de septiembre.
Clemente, R.A., y otros (1991), *Desarrollo socioemocional. Perspectivas evolutivas y preventivas*, Valencia, Promolibro.
Cliffe, D., y Berridge, D. (1991), *Closing children's homes*, Londres, National Children's Bureau.
Colby, A., Kohlberg, L., Gibbs, J., Candee, D., Speicher-Dublin, B., y Power, C. (1978), *Assessing moral judgement stages: A manual*, Cambridge Mass., Moral Education Research Foundation.
Coleman, L.M. (1986), «Stigma: an enigma demystified», en S.C. Ainlay, G. Becker y L.M. Coleman (comps.), *The dilemma of difference. A multidisciplinary view of stigma*, Nueva York, Plenum.
Colton, M., y otros (1991), «Caring for troubled children in Flanders, The Netherlands, and the United Kingdom», *British Journal of Social Work, 21*, págs. 381-392.
Colton, M., Casas, F., y otros (1996), *Stigma and child welfare in three countries of the European Union. A report to the European Commission*, Swansea, Wales University.
Colton, M.J., y Hellinckx, W. (comps.) (1993), *Child care in the EC – Foster and residential care for children in the countries of the EC,* Aldershot, Arena.
Comisión de las Comunidades Europeas (1989), *Eurobarometer, March 1990. The perception of poverty in Europe*, Bruselas.
Comisión de las Comunidades Europeas (1990a), *Poverty in figures: Europe in the early 1980s*, Luxemburgo, Oficina Estadística (Eurosttat).
Comisión de las Comunidades Europeas (1990c), «Public opinion in the European Community», *Eurobaromètre, 34*, agosto de 1990, Bruselas.
Comisión de las Comunidades Europeas (1991a), *Familles et Politiques. Tendances et évolutions en 1989-1990*, Bruselas, Observatoire Européen sur les politiques familiales nationales.

Comisión de las Comunidades Europeas (1991b), *Final report on the second European Poverty Programme*, Bruselas.
Comisión de las Comunidades Europeas (1992), *Resolución A3-01792/92 sobre una Carta Europea de Derechos del Niño*.
Comisión de las Comunidades Europeas (1996), *Dictamen del Comité Económico y Social sobre el tema «La política cultural europea para la infancia»* (96/C 153/06), Diario Oficial de las Comunidades Europeas C153/27, de 28 de mayo de 1996.
Comité de Expertos de la OMS (1977), *Salud mental y desarrollo psicosocial del niño*, Ginebra, OMS, Serie Informes Técnicos, 613.
Commission of the European Communities (1990b), *Eurobarometer, 32*, especial: *The family and the desire for children*.
Commission of the European Communities (1993), *Green paper: European social policy. Opinions for the Union*, Bruselas, DG V. COM(93) 551 CEC.
Committee on the Rights of the Child (1992), informe de la segunda sesión, 28 de septiembre al 9 de octubre de 1992, CRC/C/10, Ginebra, Naciones Unidas.
Conference of European Ministers reponsible for family affairs (1993), *Final Communique of the XXIII session: Family policies, children's rights, parental responsabilities*, Estrasburgo, Consejo de Europa, CDPS. MMF-XXIII(93)5.
CONTEXTO (1991), *Análisis del tratamiento de los malos tratos a la infancia en la prensa española*, Madrid, Dirección General de Protección Jurídica del Menor, informe provisional.
Corbillon, M. (comp.) (1989), *Actes du Colloque International L'enfant placé, actualité de la recherche française et internationale*, París, CTNERHI.
Cornejo, J.M., y Martínez, J.J. (1992), «Análisis de datos e intervención social en la infancia», *Anuario de Psicología, 53*, págs. 47-59.
Cornia, G.A. (1990), *Pobreza y privaciones de la infancia en los países industrializados: tendencias recientes y alternativas de política*, Florencia, ICDC-Unicef, documento de trabajo Innocenti, 2.
Corraliza, J.A. (comp.) (1987), «Ciudad y calidad de vida», *Documentación social, 67*, abril-junio.
Cots, J. (1979), *La Declaració Universal dels Drets de l'Infant*, Barcelona, Ed. 62.
Council of Europe (1979), *Social change and juvenile delinquency*, Estrasburgo, European Committee on Crime Problems.
Council of Europe (1987), *Recommendation R(87)20 on social reactions to juvenile delinquency*, Estrasburgo, Committe of Ministers. (Hay traducción castellana en: *Menores, 10*, julio-agosto de 1988.)
Council of Europe – European Steering Committe for Intergovernmental Co-operation in the Youth Field (1990), *Participation as a means of integrating young people at risk into society*, Estrasburgo.
Council of Europe (1991), *Specific social problems associated with recent changes in family structures. Varieties of welfare provision and young children in difficulty*, Estrasburgo, CDPS, Ps-ED, Project III.4.
Council of Europe (1992a), *Recommendations of the Parlamentary Assembly in the field of childhood policies*, Estrasburgo, CDPS III.8 (92)8.

Council of Europe (1992b), *Texts drawn-up by the Council of Europe in the field of childhood policies: Resolutions, Recommendations of the Committee of Ministers*, Estrasburgo, CDPS III.8 (92) 10 rev.
Council of Europe (1994a), Proceedings of the *Conference on Evolution of the role of children in family life*, Madrid, 1-3 de diciembre de 1994, Estrasburgo, Consejo de Europa, Publishing.
Council of Europe (1994b), *Ages at which children are legally entitled to carry out a series of acts in Council of Europe Member Countries*, Estrasburgo, CDPS III.8 Obs(94)1 Rev.
Council of Europe (1996a), *Set of Documents for the Closing Conference of the Childhood Policies Project*, Leipzig, 29 de mayo-1 de junio, Estrasburgo, CDPS, Consejo de Europa, Publishing.
Council of Europe (1996b), *Conclusions of the Closing Conference of the Childhood Policies Project: Children's Rights and Childhood Policies in Europe: New approaches?*, Estrasburgo, CDPS, Consejo de Europa, Publishing.
Council of Europe (1996c), *Recommendation 1286 (1996) on a European Strategy for children*, Estrasburgo, Parlamentary Assembly.
Council of Europe (1996d), *The rights of the child. A European perspective*, Estrasburgo, Consejo de Europa, Publishing.
Covitz, J. (1986), *Emotional child abuse*, Boston, Sigo.
Crawford, A., y McAllister, J. (1982), «Children at risk: A repertory grid study of intermediate treatment groups members' images of self and others», *Journal of Adolescence, (5)*, págs. 347-354.
Critto, A.A. (1982), *El método científico en las ciencias sociales*, Buenos Aires, Paidós.
Crivillé, A. (1987a), *Parents maltraitants, enfants meurtris*, París, Les Editions ESF, 1987.
Crivillé, A. (1987b), «Els professionals enfront dels pares que maltracten els fills», *Jornada de Treball sobre l'Infant Maltractat*, Barcelona, mayo de 1987, Departament de Justícia de la Generalitat de Catalunya.
Crocker, J., y Lutsky, N. (1986), «Stigma and the dynamics of social cognition», en S.C. Ainlay, G. Becker y L.M. Coleman (comps.), *The dilemma of difference. A multidisciplinary view of stigma*, Nueva York, Plenum.
Curtis, P.A. (comp.) (1994), «A research agenda for child welfare», Special Issue. *Child Welfare, 5*, LXXIII, septiembre-octubre.
Curtis, S. (1981), «Review notes on factors relating to risk of admission to care among children in the community», Kent, PSSRU, policopiado.
Curtis, S., y Bebbington, A. (1980), «Predicting the need for intervention: An empirical approach to the needs indicator for children under the age of five», Kent, PSSRU, policopiado.
D'Alessio, M. (1990), «Social representations of childhood: an implicit theory of development», en G. Duveen y B. Lloyd (comps.), *Social representations and the development of knowledge*, Cambridge, Cambridge University Press.
Davis, T.W., y Morris, A. (1993), «A comparative quantification of stigma», *Social Work and Social Sciences Review, 1*, (2), págs. 109-122.

De Azaola, M. (1989), «La literatura ante la infancia», *I Congreso Internacional Infancia y Sociedad,* vol. 3, págs. 19-26, Madrid, MAS, 1991.
De Leo, G. (1981), *La giustizia del minori*, Turín, Giulio Einaudi. (Trad. cast.: *La justicia de menores*, Barcelona, Teide.)
De Mause, L. (comp.) (1974), *The history of childhood*, Nueva York, Psychohistory. (Trad. cast.: *Historia de la infancia*, Madrid, Alianza, 1982.)
De Paúl, J. (comp.) (1987), *Los malos tratos y el abandono infantil*, San Sebastián, Servicio Ed. Universidad País Vasco.
De Paúl, J. (comp.) (1988), *Maltrato y abandono infantil: identificación de factores de riesgo,* San Sebastián, Servicio Ed. Universidad País Vasco.
De Paúl, J. (1992), «Actitudes sociales hacia el mal trato y abandono de niños», *Anuario de Psicología, 53.*
De Paúl, J. (1996), *Manual de Protección Infantil*, Barcelona, Masson.
De Paúl, J., y San Juan, C. (1992), «La representación social de los malos tratos y el abandono infantiles», *Anuario de Psicología, 53*, págs. 149-157.
Defensor del Pueblo (1991), *Menores*, Madrid, Publicaciones del Defensor del Pueblo.
Del Río, P. (1993), «Some effects of media on representation: a line of research», *Symposium on Psychology of Media in Europe*, Bad Homburg, 15-17 de marzo.
Del Río, P., y Alvarez, A. (1993), «Sistema de actividades y tiempo libre del niño en España», Madrid, DGPJM-MAS, policopiado.
Delgado, E. (1991), «Características de la publicidad dirigida a los niños en España», *Infancia y Sociedad, 9*, págs. 41-52.
Deligny, F. (1970), *Les vagabons efficaces et autre récits*, París, François Maspero.
Díaz-Aguado, M.ª J. (1996), *El desarrollo socioemocional de los niños maltratados*, Madrid, MAS.
Dickenson, D., y Jones, D. (1996), «True wishes: The philosophy and developmental psychology of children's informed consent», *Philosophy, Psychiatry & Psychology, 2,* 4, diciembre de 1995.
Diputació de Barcelona (1982), *Informe i proposta de reestructuració de les Llars A.G. de Mundet*, Barcelona.
Diputación de Valencia (1986), *Una alternativa: centros para menores marginados*, Valencia, Institut d'Assistència i Serveis Socials.
Diputación Foral de Álava (1988), *Menores marginados en Álava*, Vitoria, Departamento de Bienestar Social.
Doise, W. (1976), *L'articulation psychosociologique et les relations entre groupes*, Bruselas, De Broeck.
Doise, W. (1980), *Expériences entre groupes*, París, Mouton.
Doise, W.; Deschamps, J.C.; y Mugny, G. (1980), *Psychologie sociale expérimentale*, París, PUF. (Trad. cast.: *Psicología social experimental*, Barcelona, Hispano Europea.)
Domingo, F. (1985), «Predicció i prevenció de l'abandonament i el maltractament a l'infant», *Butlletí de la Societat Catalana de Pediatria*, 45, págs. 209-215.
Duffy, K. (1995), *Social exclusion and human dignity in Europe: Background report*, Estrasburgo, Consejo de Europa, Publishing.

Dumazedier, J. (1962), *Vers une civilization du loisir?*, París, Du Seuil. (Trad. cast.: *Hacia una civilización del ocio*, Barcelona, Estela, 1968.)
Durkheim, E. (1893), *De la division du travail social*, París, Alcan. (Trad. cast.: *La división del trabajo social*, Madrid, Akal, 1982.)
Duveen, G., y Lloyd, B. (comp.), *Social representations and the development of knowledge*, Cambridge, Cambridge University Press.
Edgar, D. (1986), «New family policy issues», *Australian Institute of Family Studies Newsletter, 16*, agosto.
EDIS (1982), «Estudio sobre la situación y problemática de los niños de La Rioja», policopiado.
Egan, G. (1994), *The skilled helper*, Pacific Grove, CA, Brooks/Cole, 5.ª ed.
Egea, J. (1989), *La protecció de menors a Catalunya. Els diferents règims de protecció*, Barcelona, Departament de Justícia, Generalitat de Catalunya.
Ek, S. (comp.) (1994), *Monitoring mechanisms in Sweden. UN Convention on the rights of the child*, Estocolmo, Rädda Barnen.
Ennew, J. (1996a), *Indicators for children's rights – A resource file*, Oslo, Childwatch International.
Ennew, J. (1996b), «Shame and physical pain: cultural relativity, children, torture and punishment», *International Symposium on the protection of the child against torture, cruel, inhuman and degrading treatment and punishment*, University of London, 6-7 de junio.
Escartí, A., y Musitu, G. (1987), *El niño abandonado en la Comunidad Valenciana*, Valencia, Direcció General de Serveis Socials, Generalitat Valenciana.
Fabra, P. (1978, 8.ª ed.), *Diccionari General de la Llengua Catalana*, Barcelona, Revisada per J. Miracle, EDHASA.
Faris, R.E.I. (comp.) (1976), *Tratado de sociología*, Barcelona, Hispano Europea, 2 v.
Farran, D.C., y McKinney, J.D. (comps.) (1986), *Risk in intellectual and psychosocial development*, Orlando FLA, Academic-Press.
Feldman, M. Ph. (1977), *Criminal Behaviour: A psychological analysis*, Chichester, Wiley. (Trad. cast.: *Comportamiento criminal: un análisis psicológico*, México, FCE.)
Fernández del Valle, J. (1992), «Evaluación de programas residenciales de servicios sociales para la infancia. Situación actual y aportaciones de los enfoques ecopsicológicos», *Psicothema, 4*, 2, págs. 531-542.
Fernández del Valle, J. (1995), «Evaluación de programas en servicios sociales», en R. Fernández Ballesteros (comp.), *Evaluación de programas. Una guía práctica en ámbitos sociales, educativos y de salud*, Madrid, Síntesis.
Flekkoy, M.G. (1990), *Working for the rights of children*, Innocenti Essays, 1, Florencia, ICDC, Unicef.
FONAT (1994), *Estrategias, recursos y habilidades*, Madrid, Fundación Cultural Familia, Ocio y Naturaleza.
Freeman, M., y Veerman, P.E. (comps.) (1992), *The ideologies of children's rights*, Dordrecht, Martinus Nijhoff.
Freeman, M.D.A. (1996), «The moral status of children», *The International Journal of Children's Rights, 1996*.
French, C. (1984), «Competing Orientations in Child Abuse Management», *British Journal of Social Work, 14*, 1984, págs. 615-624.

Funes, J. (1982), *La nova delinqüència infantil i juvenil*, Barcelona, Edicions 62.
Furniss, T. (1984), «Organizing a therapeutic approach to intra-familial child sexual abuse», *Journal of Adolescence, 7*, 1984, págs. 309-317.
Gabinet, L. (1983), «Shared parenting: a new paradigm for the treatment of child abuse», *Child Abuse and Neglect, vol. 7*, págs. 403-411.
Gabinet, L. (1983), «Child abuse treatment failures reveal need for redefinition of the problem», *Child Abuse and Neglect,* vol. 7, págs. 395-402.
Garbarino, J. (1977a), «The human ecology of child maltreatment: a conceptual model for research», *Journal of Marriage and Family, 39*, págs. 721-736.
Garbarino, J. (1977b), «The price of privacy in the social dynamics of child abuse», *Child Welfare, vol. 56*, n.º 9.
Garbarino, J. (1980), «Defining emotional maltreatment: The missage is the meaning», *Journal of Psychiatric Treatment and Evaluation, 2*, págs. 105-110.
Garbarino, J. (1990), «Future directions», en R.T. Ammerman y M. Hersen, *Children at risk: an evaluation of factors contributing to child abuse and neglect*, Nueva York, Plenum.
Garbarino, J. (1991), «Conceptual issues in the search for social indicators of child well-being». (Trad. cast.: *Intervención Psicosocial, 2,* 1992, págs. 59-71.)
Garbarino, J., Crouter, A.C., y Shermna, D. (1977), «Screening neighbourhoods for intervention: A research model for child protective services», *Journal of Social Services Research, vol. 1*, n.º 2.
Garbarino, J.; Guttman, E.; y Seeley, J. (1986), *The psychologically battered child: Strategies for identification, assesment, and intervention*, San Francisco, Jossey-Bas.
Garbarino, J., y Kostelny, K. (1991), «Child maltreatment as a community problem», *Anuario de Psicología, 53.*
Garbarino, J., y Kostelny, K. (1992), *Neighborhood-based programs*, Chicago, Erikson Institute.
Garbarino, J., y Sherman, D. (1980), «High-risk neighborhoods and high-risk families: The human ecology of child maltreatment», *Child development, 51*, págs. 188-198.
Garbarino, J.; Stocking, S.H; y otros (1980), *Protecting children from abuse and neglect*, San Francisco, Josey-Bas.
Garbarino, J.; Stott, F.M.; y otros (1989), *What children can tell us*, Chicago, Jossey-Bass. (Trad. cast.: *Lo que nos pueden decir los niños. Extraer, evaluar e interpretar la información infantil*, Madrid, Centro de Publicaciones, MAS, 1993.)
Garbarino, J., y otros (1992), «Children in dangerous environments: child maltreatment in the context of community violence», en D. Cicchetti y S. Toth (comps.), *Child abuse, child development and social policy*, Nueva York, Ablex.
García Escribano, J.J. (1992), «La infancia en la Europa Comunitaria», *La Cristalera. Revista de Asuntos Sociales, 1*, julio de 1992, págs. 14-17.
García García, J., y Sancha, V.A. (1987), *Psicología penitenciaria (Áreas de intervención terapéutica)*, Madrid, UNED.

Garrido, V. (1987), «Teorías del desarrollo cognitivo-moral», en V. Sancha, M. Clemente y M. Miguel, *Delincuencia: teoría e investigación*.
García González, J. (1981), «El niño con problemas: papel de la familia», en M.P. Bandrés, M.D. Renau y otros, *La influencia del entorno educativo en el niño*, Madrid, Cincel.
Generalitat de Catalunya (1985), *Jornades d'Estudi i formulació de propostes d'actuació a Catalunya. Families acollidores*, Gerona, Col·lecció Arnau d'Escala, Generalitat de Catalunya y Diputació de Girona.
Generalitat de Catalunya (1988), *Què són els EAIA?*, Barcelona, ICASS.
Generalitat de Catalunya (1989), *Jornades sobre educació i control: el tractament institucional en el marc de la justícia de menors*, Barcelona, Centre d'Estudis i Formació, Departament de Justícia.
Generalitat de Catalunya (1992), «Projecte Educatiu marc», Barcelona, DGAI, policopiado.
Generalitat Valenciana (1981), *II Jornades sobre Menors Marginats*, València, Conselleria de Sanitat y Seguretat Social Direcció General de Serveis Socials.
Germani, G. (1980), *El concepto de marginalidad*, Buenos Aires, Nueva Visión.
GES (Gabinet d'Estudis Socials) (1991), «Representación social de la infancia y de los malos tratos sufridos por ésta», Madrid, Dirección General de Protección Jurídica del Menor, informe provisional, inédito.
Gibbons, F.X. (1986), «Stigma and interpersonal relations», en S.C. Ainlay, G. Becker y L.M. Coleman (comps.), *The dilemma of difference. A multidisciplinary view of stigma*, Nueva York, Plenum.
Giménez-Salinas, E., y Rifà, A. (1992), *Introducció al Dret Penitenciari. Teoria i Pràctica*, Barcelona, Generalitat Catalunya, CEJ y FE.
Glatzer, W. (1987), «Components of well-being», *Social Indicators Research, 19*, (1), págs. 25-38.
Glatzer, W. y Mohr, H.M. (1987), «Quality of life: Concepts and measurement», *Social Indicators Research,* 19, (1), págs. 15-24.
Gobierno de España (1993), «Informe sobre el desarrollo de los contenidos de la Convención sobre los Derechos del Niño de Naciones Unidas», Madrid, MAS, policopiado.
Gobierno de la Rioja (1986), *Informe para la Comisión de relaciones con el Defensor del Pueblo y los Derechos Humanos sobre los Centros de protección de menores de La Rioja*, Logroño, Gobierno de la Rioja.
Gobierno Vasco (1985), *Hogares funcionales familiares*, Vitoria, Departamento de Trabajo.
Gobierno Vasco (1987), *Adopción, acogimiento familiar*, Vitoria, Servicio Central de Publicaciones.
Gobierno Vasco (1987b), *Principios básicos de actuación en el ámbito de los servicios sociales para la infancia y la juventud*, Vitoria, Servicio Central de Publicaciones.
Gobierno Vasco (1989), *Primeras Jornadas sobre adopción y acogimiento familiar*, Vitoria, Servicio Central de Publicaciones.

Goffman, E. (1961), *Asylums*, Nueva York, Anchor. (Trad. cast.: *Internados*, Buenos Aires, Amorrortu, 1981.)
Goffman, E. (1963), *Stigma: notes on the management of spoiled identity*, Englewood Cliffs, N.J., Prentice Hall. (Trad. cast.: *Estigma*, Buenos Aires, Amorrortu, 1980.)
González González, E. (1981), *Bandas juveniles*, Barcelona, Herder.
González Zorrilla, C. (1985), «La justicia de menores en España», epílogo a De Leo, G., *La justicia de menores*, Barcelona, Teide.
Goodnow, J.J., y Collins, W.A. (1990), *Development according to parents. The nature, sources and consequences of parent's ideas*, Hove y Londres, LEA.
Gottesman, M. (comp.) (1991), *Residential child care. An international reader*, Londres, Whiting & Birch en asociación con FICE.
Gottesman, M. (comp.) (1994), *Recent changes and new trends in extrafamilial child care: An international perspective*, Londres, Whiting & Birch.
Gracia, E., y Musitu, G. (1993), *El maltrato infantil. Un análisis ecológico de los factores de riesgo*, Madrid, MAS.
Grandal, M.I. (1984), *Centros provinciales de menores en Galicia: cambio y evolución*, La Coruña, Diputación Provincial.
Granell de Aldaz, E. (1986), «Evaluation of high risk indices for preventive programs: A new challenge for behavioral assessment», *Evaluación Psicológica*, 2, (5), págs. 3-13.
Guanter, P.; Masó, J., y Parramón, E. (1990), *Les necessitats socials de la infància i l'adolescència a les comarques de Girona*, Gerona, ICASS, Generalitat de Catalunya y Diputació de Girona.
Gurin, G.; Veroff, J., y Feld, S. (1960), *Americans view of their mental health*, Nueva York, Basic Books.
Harari, R. (comp.) (1974), *Teoría y técnica psicológica de comunidades marginales*, Buenos Aires, Nueva Visión.
Hart, R. A. (1992), *Children's participation. From tokenism to citizenship*, Innocenti Essays, 4, Florencia, ICDC-Unicef.
Hart, S.N., y Zeidner, M. (1993), «Children's rights perspectives of youth and educators: early findings of a cross national project», *The international Journal of Children's Rights, 1*, págs. 165-188.
Hellinckx, W.; Broekaert, E.; Vanden Berge, A.; y Colton, M. (comps.), *Innovations in residential care*, Lovaina, ACCO.
Hengst, H. (1990), «La cultura infantil: entre los medios de comunicación y el deporte», *Infancia y Sociedad, 3*, págs. 65-79.
Hernández, D. (1993), *America's children*, Nueva York, Sage.
Hess, R.D., y otros (1980), «Maternal expectations for mastery of developmental tasks in Japan and the United States», *International Journal of Psychology, 15*, págs. 259-271.
Hess, R.D., y otros (1981), «Differents roles for mothers and teachers: Constranting styles of child care», en Kilmer, S. (comp.), *Advances in early education and day care, vol. 2*. Greenwich, Conn., Johnson.
Hickey, J. (1972), «The effects of guided moral discussions upon youthful offenders' level of moral judgement», Boston University, tesis doctoral, inédita.

Hicks, D. (comp.) (1988), *Educación para la paz*, Madrid, Morata-MEC, 1993.
Hodge, B., y Tripp, D. (1986), *Los niños y la televisión*, Barcelona, Planeta, Paideia, 1988.
Horowitz, F.D. (comp.) (1989), «Children and their development: Knowledge base, research agenda and social policy application», *American Psychologist*, 44, número especial, 2, febrero.
Huebner, E.S. (1991), «Initial development of the student's Life Satisfaction Scale», *School Psychology International*, 12, págs. 231-240.
Huebner, E.S. (1994a), «The relationship between self-concept and life satisfaction in children», *Social Indicators Research*, 35, págs. 39-52.
Huebner, E.S. (1994b), «Preliminary development and validation of a multidemensional life satisfaction scale for children», *Psychological Assessment*, 6, 2, págs. 149-158.
Ibáñez, T. (comp.) (1988), *Ideologías de la vida cotidiana*, Barcelona, Sendai.
Inglehart, R. (1977), *The silent revolution: changing values and political styles among Western publics*, Princeton, Princeton University Press.
Inglehart, R. (1990), *Culture shift. In advanced industrial society*, Princeton, Princeton University Press. (Trad. cast.: *El cambio cultural en las sociedades industriales avanzadas*, Madrid, Siglo XXI-CIS, 1991.)
Inglés, A. (1991), *Els maltractaments infantils a Catalunya*, Barcelona, DGAI, Generalitat de Catalunya.
Instituto de la Mujer (1991), *Expectativas femeninas sobre redes de cuidado de hijos*, Madrid, Estudios y Encuestas, noviembre de 1990.
Instituto Nacional de Estadística (INE) (1985), *Encuesta sobre Fecundidad*, Madrid, INE.
Instituto Nacional de Estadística (INE), *Anuario estadístico 1986*, Madrid, INE.
Instituto Nacional de Estadística (INE), *Movimiento natural de la población 1970-1990*, Madrid, INE.
Instituto Nacional de Publicidad (1983), «Publicidad infantil en televisión», *Publitecnia*, 61, enero-abril de 1983, págs. 5-16.
Iwaniec, D. (1995), *The emotionally abused and neglected child*, Chichester, Wiley.
Jaffé, P.D., y Wicky, H.R. (1996), «To ask "are children competent?" is to state "adults are not!"», *Annali dell'Istituto di Diritto e Procedura Penale*, 1, págs. 49-53.
Jaffe, P.G.; Wolfe, D.A.; y Wison, S.K. (1990), *Children of battered women*, Newbury Park, CA, Sage.
James, A., y Prout, A. (1990), *Constructing and reconstructing childhood: Contemporary issues in the sociological study of childhood*, Londres, The Falmer Press.
Jaspars, J., y Hewstone, M. (1984), «La teoría de la atribución», en S. Moscovici, *Psicología social II*, Barcelona, Paidós, 1986.
Jensen, A.M., y Saporiti, A. (1992), «Do children count? Childhood as a Social Phenomenon. A statistical Compendium», *Eurosocial*, 36/17, 1992.
Jiménez, J.; Oliva, A., y Saldaña, D. (1996), *Maltrato y protección a la infancia en España*, Madrid, MAS.
Jiménez Burillo, Fl., y otros (1984), *Intervención psicológica en violencia y marginación social*, Murcia, Límites.

Jordan, T.E. (1993), «Estimating the quality of life for children around the world: NICQL'92», *Social Indicators Research, 30*, págs. 17-38.

Jünger-Tas, J. (1989), «La justícia de menors: passat i futur», *Jornades sobre Educació i Control*, Barcelona, Departament Justícia, Centre d'Estudis i Formació.

Jurkovic, G., y Prentice, N.M. (1977), «Relations of moral and cognitive development to dimensions of juvenile delinquency», *Journal of Abnormal Psychology, 86*, 1977, págs. 414-420.

Juste, M.G.; Ramírez, A.; y Barbadillo, P. (1991), *Actitudes y opiniones de los españoles ante la infancia*, Madrid, CIS (Estudios y Encuestas, 26).

Kadushin, A., y Martín, J.A. (1988), *Child Welfare Services*, Nueva York, Macmillan.

Kahn, A.J., y Kamerman, S.B. (1977), *The social services in international perspective. The emergency of the sixth system*, Department of Health, Education and Welfare de los Estados Unidos. (Trad. cast.: *Los servicios sociales desde una perspectiva internacional*, Madrid, Siglo XXI, 1987.)

Katz, I. (1981), *Stigma: a social psychological analysis*, Nueva Jersey, Hillsdale.

Kempe, C.H.; Silverman, F.N.; Steele, B.F.; Droegemueller, W.; y Silver, H.K. (1962), «The battered child syndrome», *Journal of the American Medical Association, 181*, págs. 17-24.

Kempe, R.S., y Kempe, C.H. (1978), *Child abuse*, Londres, Open Books. (Trad. cast.: *Niños maltratados*, Madrid, Morata, 1979.)

Kodaira, S.I. (1991), «El papel de la televisión en la educación de los niños en edad preescolar en Japón: desarrollo de programas para preescolares», en A. López (comp.): *¿Qué miras? Textos*, Valencia, Generalitat Valenciana.

Kohlberg, L. (1958), «The development of modes of moral thinking and choice in the years 10 to 16», Universidad de Chicago, tesis doctoral, inédita.

Kohlberg, L. (1964), «Development of moral character and moral ideology», en M.L. Hoffmann (comp.), *Review of Child Development Research, vol. 1*, Nueva York, Russell Sage.

Kohlberg, L. (1976), «Moral stages and moralization: the cognitive developmental approach», en T. Likona, *Moral development and behavior*, Nueva York, Holt.

Kohlberg, L. (1978), «The cognitive-developmental approach to behavior disorders: a study of the development of moral reasoning in delinquents», en G. Serban (comp.), *Cognitive defects in the development of mental illness*, Nueva York, Brunner Mazel.

Kohlberg, L. (1980), «Exploring the moral atmosphere of institutions: a bridge between moral judgement and moral action», en *The meaning and measurement of moral development*, Clark University Press.

Kohlberg, L. (1992), *Essays on moral development*, San Francisco, Harper & Row. (Trad. cast.: *Psicología del desarrollo moral*, Bilbao, Desclée de Brower, 1992.)

Kremp, L., y Guilloteau, M.M. (1983), «Les enfants en danger, victimes de sévices ou de délaissement», *Sauvegarde de l'Enfance, n.º 5*, 1983.

Lautrey, J. (1985), *Clase social, medio familiar e inteligencia*, Madrid, Visor.

Lawton, M.P. (1983), «Environment and other determinants of well-being in older people», *The Gerontologist, vol. 23, n.º 4*, 1983, págs. 349-357.

Lee, G., y Loveridge, R. (1987), *The manufacture of disadvantage. Stigma and social closure*, Milton Keynes, Filadelfia, Open University Press.

León, J.L. (1992), «La televisión y los niños: el nacimiento de una nueva cultura», *Infancia y Sociedad, 14*, págs. 53-66.

Levi, L., y Andersson, L. (1975), *Psychosocial stress: Population, environment and quality of life*, Nueva York, Spectrum. (Trad. cast.: *La tensión psicosocial*, México, El Manual Moderno, 1980.)

Loney, M.; Boswell, D.; y Clarke, J. (comps.) (1983), *Social policy and social welfare*, Milton Keynes, Open University Press.

López, A. (comp.) (1991), *¿Qué miras? Textos*, Actas del primer Congreso Internacional sobre infancia, juventud y comunicación audiovisual, Valencia, Generalitat Valenciana.

López, A. (comp.) (1993), «Familia, infancia y nuevas pantallas», *Infancia y Sociedad, 20*, monográfico.

López, F. (1994), *Abusos sexuales a menores: lo que recuerdan los mayores*, Madrid, MAS.

López, J., y otros (1985), *Hogares funcionales: una alternativa al internamiento para la integración social de menores marginados*, Sevilla, Diputación Provincial.

López Cabello, P., y Bergaretxe, G. (comp.) (1987), *Menores institucionalizados en la Comunidad Autónoma del País Vasco*, Bilbao, Departamento Trabajo y Seguridad Social del Gobierno Vasco.

Lorenzo, R. (1992), *Italy: Too little time and space for childhood*, Florencia, ICDC-Unicef, Innocenti Studies.

Loring, M.T. (1994), *Emotional abuse*, Nueva York, Lexington.

Lurçart, L. (1995), «Els efectes violents de la televisió», Barcelona, Rosa Sensat.

Madge, N. (1994), *Children and residential care in Europe*, Londres, National Children's Bureau.

Magura, S., y Moses, B.S. (1986), *Outcome measures for child welfare services*, Washington, Child Welfare League of America, Inc.

Majó, F. (comp.) (1990), *Necesidades de la infancia en la Comunidad de Madrid* (4 vol.), Madrid, Consejería de Integración Social de la CA.

Manzanero, A.L., y Diges, M. (1993), «Evaluación subjetiva de la exactitud de las declaraciones de los testigos», *Anuario de Psicología Jurídica,* 1993, págs. 7-27.

Marcé, F. (1977), *El niño frente a la imagen fílmica con ruptura*, Barcelona, ICE de la Universidad de Barcelona.

MARGEN (1991), «Informe sobre los adolescentes acogidos en régimen de internado en centros dependientes de la Comunidad de Madrid», Madrid, Comunidad Autónoma, policopiado.

Marois, M.R., y Perreault, L. A. (1981), *L'Intervention Sociale auprès des Enfants Maltraités: Une Pratique à Repenser?*, Quebec, Comité de la Protection de la Jeunesse, Ministère de la Justice.

Marqués, J. (1986), *Acogimiento familiar y servicios sociales*, Valencia, Diputació de València.

Martin, L.G. (1986), «Stigma: a social learning perspective», en S.C. Ainlay, G. Becker y L.M. Coleman (comps.), *The dilemma of difference. A multidisciplinary view of stigma*, Nueva York, Plenum.

Martín Serrano, M. (1990), «La participación de los medios audiovisuales en la construcción de la visión del mundo de los niños», *Infancia y Sociedad, 3,* 1990, págs. 5-18.

Martin, G.M, y Messier, C. (1981), *L'Enfance Maltraitée... Ça existe aussi au Québec,* Quebec, Comité de la Protection de la Jeunesse, Ministère de la Justice.

Martínez Roig, A., y De Paúl, J. (1993), *Maltrato y abandono en la infancia,* Barcelona, Martínez Roca.

Martinez Shaw, C. (1986), «L'assistència pública a la Barcelona moderna», *L'Avenç,* marzo.

Meddin, B.J. (1985), «The assessment of risk in child abuse and neglect case investigations», *Child Abuse and Neglect, vol. 9,* 1985, págs. 57-62.

Mendel, G. (1972-1974), *Sociopsychoanalyse,* París, Payot.

Merrill, J.C., Lee, J., y Friedlander, E.J., *Modern mass-media,* Harper-Collins. (Trad. cast.: *Medios de comunicación social,* Salamanca, Fundación Germán Sánchez Ruipérez.)

Metha, S.L., y Farina, A. (1988), «Associative stigma: perceptions of collegue-aged children of stigmatised fathers», *Journal of Clinical and Social Psychology, 7,* 2-3, págs. 192-202.

Meyer, F. (1967), «El concepto de adaptación», en J. Piaget, Osterrieth y otros. (Trad. cast.: *Los procesos de adaptación,* Buenos Aires, Nueva Visión, 1977.)

Michalos, A.C. (1980), *North American Social Raport: A comparative Study of the Quality of Life in Canada and the USA from 1964 to 1974,* Dordrecht, D. Reidel Publishing Company.

Miljeteig, P. (1994), *The role of NGOs and institutes of higher learning in supporting the implementation and monitoring of the Convention on the Rights of the Child,* Oslo, Childwatch International.

Miljeteig, P. (1994), «How could research support the implementation and monitoring of the Convention on the Rights of the Child», *Seminar on children in a period of transition: Childhood research and policies in central and eastern Europe,* Viena, 25-27 de noviembre.

Miller, S.A. (1988), «Parents' beliefs about children cognitive development», *Child Development, 59,* págs. 259-285.

Millham, S. (1993), «The State as Parent – Historical Research», *III European Scientific Congress on residential and foster care,* Lüneburg, 1 de octubre.

Ministerio de Asuntos Sociales (1991a), *Población menor de 18 años en España y su entorno familiar,* Madrid, MAS, (La Infancia en Cifras, 1).

Ministerio de Asuntos Sociales (1991b), *Población menor de 18 años en España. Datos estadísticos generales 1991,* Madrid, MAS, (La Infancia en Cifras).

Ministerio de Asuntos Sociales (1991c), *Adopción y acogimiento familiar,* Ley 21/87, Guía de aplicación, Madrid, Centro de Publicaciones, MAS.

Ministerio de Asuntos Sociales (1992), *Anuario de estudios e investigaciones de infancia en España,* Madrid, Centro de Estudios del Menor, Dirección General de Protección Jurídica del Menor.

Ministerio de Asuntos Sociales (MAS) (comp.) (1993), *Seminario sobre Investiga-*

ción Aplicada y Políticas Sociales para la Infancia en Europa, en la década de los 90, Madrid, junio de 1991.

Ministerio de Asuntos Sociales (MAS) (comp.) (1994), «Informe sobre la situación de la familia en España», Madrid, policopiado.

Ministerio de Cultura (1985), *Encuesta de comportamiento cultural de los españoles*, Madrid, Ministerio de Cultura.

Ministerio del Interior (1991), *Violencia contra la mujer*, Madrid, Secretaría General Técnica MI y MAS.

Ministerio de Justicia (1987), «Adopción y acogimiento familiar», *Menores, 2* (monográfico), marzo-abril.

Miranda, M.J. (1985), *Factores de marginación social de niños y jóvenes*, Madrid, Instituto Regional de Estudios, Comunidad Autónoma.

Moix, M. (1980), *El bienestar social: ¿Mito o realidad?*, Madrid, Almena.

Monereo, C. (1985), «Un análisis crítico de los conceptos vinculados a la integración escolar, *Siglo Cero, 101*, septiembre-octubre.

Montané, M.J. (comp.) (1990), «Acogimiento Familiar», *Infancia y Sociedad, 6* (monográfico).

Montero, M., «La clase social: sus derivaciones psicosociales», en F. Salazar y otros, *Psicología social*, México, Trillas, (2.ª ed., 1979).

Montero, M., «La desviación social», en F. Salazar y otros, *Psicología social*, México, Trillas, 2.ª ed., 1979.

Moore, K.A. (comp.) (1995), «New Social Indicators of child well-being», *Eurosocial Report, 56*.

Moos, R.H. (1974), «Systems for the assessment and classification of human environments: an overview», en Moos y Insel (comps.), *Issues in social ecology*, Palo Alto, National Press Books.

Moos, R.H. (comp.) (1986), *Coping with life crises. An integrated approach*, Nueva York, Plenum.

Morales, J.F., Blanco, A., Huici, C. y Fernández, J.M. (1985), *Psicología social aplicada*, Introducción, Bilbao, Desclée de Brower.

Morales, M. (1984), *El niño y el medio ambiente: orientaciones y actividades para la primera infancia*, Barcelona, Oikos-Tau.

Morgan, S., y Righton, P. (comps.) (1989), *Child Care: Concerns and conflicts*, Londres, Hodder & Stoughton.

Morrow, V. (1995), «Invisible children? Toward a reconceptualization of childhood dependency and responsability», *Sociological Studies of Children, 7*, págs. 207-230.

Morrow, V., y Richards, M. (1996), «The ethics of social research with children: An overview», *Children & Society, 10*, págs. 90-105.

Moscovici, S. (1976), *La psychoanalise. Son image et son public*, París, PUF.

Moscovici, S. (1981), «On social representations», en J.P. Forgas (comp.), *Social cognition: Perspectives on everyday understanding*, págs. 181-209, Londres, Academic Press.

Moscovici, S. (1982), «The coming era of social representations», en J.P. Codol y J.P. Leyens (comps.), *Cognitive approaches to social behaviour*, La Haya, Nijhoff.

Moscovici, S. (comp.) (1984), *Psychologie sociale*, París, PUF.
Moscovici, S., y Hwestone, M. (1984), «De la ciencia al sentido común», en Moscovici (comp.), *Psychologie sociale*, París, PUF.
Moss, P. (1988), *Childcare and equality of opportunity*, Bruselas, Commission of the European Communities. (Trad. cast.: *Cuidado de los hijos e igualdad de oportunidades*, Madrid, Red Europea de Formas de Atención a la Infancia y Centro de Estudios del Menor, MAS, 1990.)
Moss, P. (comp.)(1992), «Espacios para la infancia», *Infancia y Sociedad, 18*, monográfico.
Mourman, M. (1986), «Problèmes actuels de maltraitance», *Sauvegarde de l'Enfance, n.º 1*, 1986.
Mugny, G., y Carugati, F. (1985), *L'intelligence au pluriel. Les représentations sociales de l'intelligence et son développement*, Cousset (Suiza), DelVal.
Mukherjee, R. (1989), *The quality of life*, Nueva Delhi, SAGE.
Munné, F. (1986), *La construcción de la psicología social como ciencia teórica*, Barcelona, Alamex.
Munné, F. (1989), *Entre el individuo y la sociedad*, Barcelona, PPU.
Munné, F. (1989), «Prejuicios, estereotipos y grupos sociales», en J. Mayor y J.L. Pinillos, *Creencias, actitudes y valores*, tratado de Psicología General, 7, Madrid, Alhambra.
Munné, F. (1995), *La interacción social. Teorías y ámbitos*, Barcelona, PPU.
Munné, F., y Codina, N. (1992), «Algunos aspectos del impacto tecnológico en el consumo infantil del ocio», *Anuario de Psicología, 53*, págs. 113-125.
Murphy, G. (1987), «Media influence on the socialization of teenage girls», en Curran y otros, *Impacts and influences*, págs. 202-217, Londres, Methuen.
Musitu, G., y Lila, M.S. (1993), «Estilos de socialización familiar y formas familiares», *Intervención Psicosocial, 6*.
Mussen, P.H.; Conger, J.J., y Kagan, J. (1969), *Child development and personality*, San Francisco, Harper & Row.
Naciones Unidas (1985), *Reglas mínimas de las Naciones Unidas para la administración de la justicia de menores*, (Reglas de Beijing), Nueva York, Departamento de Información Pública, UN, 1986.
Navarro, A.; Barroso, M.; Gracia, A.; y Martínez, M. (1992), *El psicólogo en los EAIA, Intervención Psicosocial, 1*, págs. 109-113.
Nirje, B. (1969), «The normalization principle and its human management implications», en R. Kugel y W. Wolfensberger (comps.), *Changing patterns in residential services for mentally retarded*, Washington, DC; US Government Printing Office.
OCDE (1982), *La liste OCDE des Indicateurs Sociaux*, París, OCDE. (Trad. cast.: *Indicadores Sociales: lista OCDE*, Madrid, Ministerio de Trabajo y Seguridad Social, 1985.)
Ogburn, W. (1922), *Social Change*, Nueva York, Dell. Publ. Co. (1964).
O'Hagan, K. (1993), *Emotional and psychological abuse of children*, Buckingham, Open University Press.
Ochaita, E.; Espinosa, M.A., y Grediaga, M.C. (1994), «¿Cómo entienden los niños el derecho a la igualdad?», *Infancia y Sociedad, 27/28*, págs. 61-76.

Ovejero, A. (1986), *Psicología social de la educación*, Barcelona, Herder, (2.ª ed., 1988).
Paez, D., y col. (comp.) (1987), *Pensamiento, individuo y sociedad. Cognición y representación social*, Madrid, Fundamentos.
Page, R. (1988), *Stigma*, Londres, RKP.
Palacios, J. (1988), *Las ideas de los padres sobre el desarrollo y educación de sus hijos*, Instituto de Desarrollo Regional, Universidad de Sevilla.
Palacios, J. y Oliva, A. (1991), *Ideas y actitudes de madres y educadores sobre la educación infantil*, Madrid, CIDE, MEC.
Palacios, J. (comp.) (1995), *Maltrato infantil*, monográfico, *Infancia y Aprendizaje, 71*.
Parad, H.J. (comp.) (1965), *Crisis intervention: Selected readings*, Nueva York, Family Service Association of America.
Pareja, M.C. (1984), *Investigación sobre las causas psicosociológicas del abandono infantil*, Granada, Diputación Provincial.
Pérez Chica, M.A. (1991), «Publicidad y programas infantiles», *Infancia y Sociedad, 9*, págs. 53-61.
Pérez Tornero, J.M. (1994), *El desafío educativo de la televisión*, Barcelona, Paidós.
Peus, G. (1985), *Rapport de Mme. Gabriele Peus sur les mauvais traitements inflingés aux enfants*, Estrasburgo, Parlamento Europeo, documento de la sesión del 9 de diciembre.
Piaget, Jean (1932), *The moral judgement of the child*, Nueva York, Keegan Paul Trench, Trubner.
Pichon-Riviere, E. (1971), *Del psicoanálisis a la psicología social*, Buenos Aires, Nueva Visión, 3 vol.
Platt, A. (1969; 2.ª ed. rev. 1977), *The child savers. The invention of delinquency*, Chicago, University of Chicago Press. (Trad. cast.: *Los salvadores del niño o la invención de la delincuencia*, México, Siglo XXI, 1982.)
Plessas, D.J., y Fein, R. (1972), «An evaluation of social indicators», *Journal of the American Institute of Planners, 38*, 1.
Pol, E., Esteve, J.M., García, J.M., y Llueca, J. (1992), «Centros de reforma de menores: la dimensión ambiental», *Intervención Psicosocial, 2*, págs. 47-57.
Porter, S., Yuille, J.C., y Bent, A. (1995), «A comparison of the eyewitness accounts of deaf and hearing children», *Child Abuse & Neglect, 1*, vol. 19, págs. 51-61.
Postman, N. (1982), *The disappearance of childhood*, Nueva York, Dell Publ.
Poulsgaard, K. (1992), «Denmark: The child citizenship project», *Children Australia, 17, 4*, págs. 22-23.
Prieto, F., y Zornoza, A.M. (1990), «Motivación y nuevas tecnologías», en Mayor, L., y Tortosa, F. (comps.), *Ámbitos de aplicación de la psicología motivacional*, Bilbao, Desclée de Brouwer.
Pringle, M.K. (1975), *The Needs of Children*, Londres, The Anchor Press.
Puig, J.M., y Trilla, J. (1987), *La pedagogía del ocio*, Barcelona, Laertes.
Purkhardt, S. (1993), *Transforming social representations. A social psychology of common sense and science*, Londres, Routledge.
Quintanilla, I., y Díaz, R. (1992), «El psicólogo de los servicios sociales. Práctica y perfil socio-profesional», *Intervención Psicosocial, 1*, 1, págs. 41-50.

Qvortrup, J. (1987), «Childhood as social phenomenon. Implications for future policies», *Eurosocial Newsletter,* 46, págs. 17-23.
Qvortrup, J. (1990), «Childhood as social phenomenon. An introduction to a series of national reports», *Eurosocial, 36.*
Qvortrup, J. (1992), *Family, youth, childhood. Inventory of Research Institutes in the EEC – 1992,* University Center of South Jutland, Dinamarca.
Qvortrup, J. (1996), «Monitoring childhood: Its social, economical and political features», en E. Verhellen (comp.), *Monitoring children's rights,* La Haya, Martinus Nijhoff.
Real Academia Española de la Lengua (1970), *Diccionario de la lengua española,* Madrid (19.ª ed.).
Recio, J.L. (1978), «Causas y condicionamientos sociales en·la inadaptación y la delincuencia juvenil», *Documentación Social, 33-34,* diciembre de 1978-marzo de 1979.
Recio, J.L. (1979), «Crisis de la familia y marginaciones familiares», en C. Sánchez Moro y A. Pérez Peñasco (comps.), *El menor marginado,* vol. 2, Madrid, Ministerio de Cultura, Dirección General de Desarrollo Comunitario.
Renau, D.; Baget, J.; Canet, L.; y Casas, F. (1986), «Informe del grup de treball sobre problemàtica del menor», en Comissió Tècnica de Seguretat Urbana, *De l'ordre públic a la seguretat ciutadana,* Ajuntament de Barcelona.
Richman, N. (1993), *Communicating with children. Helping children in distress,* Londres, Save the Children.
Richman, N., Pereira, D., y otros (1990), *Helping children in difficult circumstances. A teacher's Manual,* Londres, Save the Children, 1991.
Ripol-Millet, A. (1984), «El servei de famílies acollidores en famílies d'alt risc social», *Jornades sobre el tractament del menor disocial en el si del seu grup primari,* Lérida.
Ripol-Millet, A. (1986a), «Investigacions recents sobre l'acolliment familiar», *Jornades d'estudi del Departament de Justícia,* Generalitat de Catalunya.
Ripol-Millet, A. (1986b), «L'acolliment familiar», *Jornades sobre famílies educadores,* Conselleria de Treball Social i Seguretat Social, Generalitat Valenciana.
Ripol-Millet, A. (1987a), «Un modelo ecológico de acogimiento familiar», *Menores,* Ministerio de Asuntos Sociales, Madrid.
Ripol-Millet, A. (1987b), «El acogimiento familiar: perspectivas psico-sociales», *Col.legi Oficial de Psicòlegs,* Madrid.
Ripol-Millet, A. (1988a), «El acogimiento familiar con retorno a la familia», *Primeras Jornadas sobre Adopción y Acogimiento Familiar,* Asamblea Provincial de la Cruz Roja, Burgos.
Ripol-Millet, A. (1989b), «La reinserción del menor en la familia de origen», *Revista de Serveis Socials,* Generalitat Valenciana.
Ripol-Millet, A. (1989c), «El acogimiento familiar: suplencia y complementación», *I Congreso Internacional Infancia y Sociedad,* Madrid.
Ripol-Millet, A. (1992), «La captación de las familias acogedoras», *Congreso Europeo de Atención a la Infancia,* Barcelona.
Ripol-Millet, A. (1993), «L'acolliment familiar avui», *II Jornades sobre l'Acolliment Familiar,* Associació de Famílies Acollidores i Adoptives, Gerona.

Ripol-Millet, A. (1994a), «La separació i el divorci parental: una nova possible forma de maltractament dels infants», *III Jornada sobre Infància i Adolescència de Cabrera de Mar*, ACIM, Barcelona.

Ripol-Millet, A. (1994b), «Nuevas tendencias en el acogimiento familiar», *Jornadas Los servicios sociales en la atención a la familia*, INSERSO, Madrid.

Ripol-Millet, A. y Rubiol, G. (1989), *Acolliment Familiar*, Pòrtic, Barcelona. (Trad. cast.: *El Acogimiento Familiar*, Madrid, Ministerio de Asuntos Sociales, 1990.)

Robbins, D. (comp.) (1994), *Observatory on national policies to combat social exclusion. Third annual Report*, Bruselas, Commission of the European Communities, EEIG.

Roberts, M.C., y Brooks, P.H. (comps.) (1987), «Children's injuries: prevention and public policy», *Journal of Social Issues, 43*, 2, monográfico.

Roda, R. (1989), *Medios de comunicación de masas. Su influencia en la sociedad y en la cultura contemporáneas*, Madrid, Siglo XXI-CIS.

Rodríguez, J. (1989), «La infancia y la prensa», *I Congreso Internacional Infancia y Sociedad, vol. 3*, págs. 41-51, Madrid, MAS, 1991.

Rodríguez Cabrero, G. (1982), «Estado del bienestar y política social», *Boletín de Estudios y Documentación, monografía 13: La política social en España*.

Rodríguez, A., y García, J. (1992), «La televisión, los niños y los investigadores: materiales para una bibliografía orientada», *Infancia y Sociedad, 14*, págs. 101-114

Rodríguez Devesa, J.M. (rev. Serrano Gómez, A., 1991), *Derecho Penal español*, Madrid, Dykinson.

Rof Carballo, J. (1988), *Violencia y ternura*, Madrid, Espasa-Calpe, Austral.

Rogge, J.U. (1986), «Kultur, Midienkultur und Familien. Kritische Ansätze zur Kulturanalyse in der anglo-amerikanischen Forschung», *Medien und Erziehung, 30*, 1986, 2, págs. 97-109.

Rol, J. (1992), «Familias monoparentales en Europa», *Infancia y Sociedad, 16*, págs. 155-170.

Rolff, G.H. (1989), «Medios de comunicación social. Su influencia en la socialización de la infancia», *I Congreso Internacional Infancia y Sociedad*, vol. 3, págs. 7-39, Madrid, MAS, 1991.

Romero, A.I. (1991), «El niño como objeto y sujeto de la publicidad y el consumo», *Infancia y Sociedad, 9*, págs. 15-21.

Room, G. (comp.) (1991), *National Policies to combat exclusion*, First Annual Reeport of the European Community Observatory, Bruselas, Directorate General V. Employment, Social Affairs, Industrial Relations.

Rosenczveig, J.P. (1991), «Políticas en favor de la infancia en Francia: situación del país y perspectivas», contribución al *Seminario sobre Investigación Aplicada y Políticas Sociales para la Infancia en Europa, en la década de los 90*, Madrid, MAS, 1993.

Rosenthal D., y Bornholt, L. (1988), «Expectations about development in Greek and Anglo-Australian families», *Journal of Cross-Cultural Psychology, 19*, págs. 19-34.

Roussel, L. (1992), «La familia en Europa occidental: divergencias y convergencias», *Infancia y Sociedad, 16*, págs. 103-120.

Rowe, J.; Hundleby, M. y Garnett, L. (1989), *Child care now*, Londres, British Agencies for adoption and fostering.
Rubington, E., y Weinberg, M.S. (1995, 5.ª ed.), *The study of social problems. Seven perspectives*, Nueva York, Oxford University Press.
Rueda, J.M. (1984), «La formación del psicólogo en la intervención social», *Papeles del Colegio de Psicólogos, 16-17*, noviembre.
Rueda, J.M. (1986), «¿Qué hacen los psicólogos en los servicios sociales?», *Revista de Treball Social (RTS), 103*, septiembre.
Rutter, M. (1990), «Psychological resilience and protective mechanisms», en J. Rolf y otros (comps.), *Risk and protective factors in the development of psychopathology*, Nueva York, Cambridge University Press.
Sameroff, A.J., y Feil, L.E. (1985), «Parental concepts of development», en I.E. Sigel (comp.), *Parental belief systems. The psychological consequences for children*, Hillsdale, Erlbaum.
San Martín, H., Martín, A.C., y Carrasco, J.L. (1986), *Epidemiología: teoría, investigación, práctica*, Madrid, Díaz de Santos.
Sancha, V., Clemente, M., y Miguel, J.J. (1987), *Delincuencia. Teoría e investigación*, Madrid, Alpe.
Sánchez, A. (1991), *Psicología comunitaria*, Barcelona, PPU.
Sánchez Moro, C. (comp.) (1988), «Actitudes de agresividad y violencia física y psicológica de los padres en relación con los hijos», Madrid, EDIS-Comisión Interministerial de Juventud, policopiado. (Resumen en *Menores, 9*, 1988, págs. 26-46.)
Sánchez Moro, C., y Pérez Peñasco, A. (1979), *El menor marginado (I) (II)*, Madrid, Ministerio de Cultura y EDIS.
Sander, E. (1990), «Los medios de comunicación en la vida cotidiana de la familia. Relación generacional y cultura juvenil», *Infancia y Sociedad, 3*, págs. 19-29.
Santolaria, F. (1984), *Reeducació social: l'obra pedagògica de Josep Pedragosa*, Barcelona, Departament de Justícia, Generalitat de Catalunya.
Santos, A. (Dir.) (1988), *Las personas con minusvalías en España: necesidades y demandas*, Madrid, Instituto IDES, INSERSO.
Saporiti, A. (1996), «Statistics on childhood», *International Interdisciplinary Course on Children's Rights*, Gante, Children's Rights Center – University of Ghent.
Saporiti, A., y Sgritta, G.B. (1990), «Childhood as a social phenomenon. National Report Italy», *Eurosocial, 36/2*.
Schneider, B. (1993), *Children's social competence in context*, Oxford, Pergamon.
Schön, D.A. (1989), *La formación de profesionales reflexivos*, Barcelona, Paidós.
Schlanger, K. (1989), «Infancia, cultura y medios de comunicación», *I Congreso Internacional Infancia y Sociedad, vol. 3*, págs. 53-68, Madrid, MAS, 1991.
Seltzer, J.A., y Meyer, D. R. (1996), «Child support and children's well-being», *Focus, 17*, 3, págs. 31-36.
Sigelman, C.K., y Singleton, L.C. (1986), «Stigmatization in childhood: a survey of developmental trends and issues», en S.C. Ainlay, G. Becker y L.M. Coleman (comps.), *The dilemma of difference. A multidisciplinary view of stigma*, Nueva York, Plenum.

Silvestri, A., y Blanck, G. (1993), *Bajtín y Vigotski: la organización semiótica de la conciencia*, Barcelona, Anthropos.
Síndic de Greuges (1990), *Informe del Síndic de Greuges de Catalunya*, Barcelona, Síndic de Greuges.
Slaikeu, K.A. (1984), *Crisis Intervention*, Newton (Mass.), Allyn y Bacon. (Trad. cast.: *Intervención en crisis*, México, Manual Moderno, 1988.)
Social Work Headquarters (1982), «Facts about Child Abuse in Strathclyde», *Strathclyde Regional Council*, Research Paper 1.
Spacapan, S., y Oskamp, S. (comps.), *Helping and being helped*, Newbury Park, CA, Sage.
Spencer, J.R., y Flin, R.H. (1990), *The evidence of children. The law and the psychologist*, Londres, Blackstone.
Spitz, R.A. (1945), «Hospitalism», *The psychoanalytic study of the child, 1*, pág. 53.
Spitz, R.A., y Wolf, K.M. (1946), «Anaclitic depression», *The psychoanalytic study of the child, 2*, pág. 313.
Stafford, M.C., y Scott, R.R. (1986), «Stigma, deviance and social control: some conceptual issues», en S.C. Ainlay, G. Becker y L.M. Coleman (comps.), *The dilemma of difference. A multidisciplinary view of stigma*, Nueva York, Plenum.
Stith, S.M.; Williams, M.B.; y Rosen, K. (1990), *Violence hits home*, Nueva York, Springer. (Trad. cast.: *Psicosociología de la violencia en el hogar*, Bilbao, Desclée de Brower, 1992.)
Standing Conference of Local and Regional Authorities of Europe (1992), «Resolution 237 (1992) on the Charter on the Participation of Young People in Municipal and Regional Life», *27th Session*, Estrasburgo.
Struening, E.L., y Guttentag, M. (comps.) (1975), *Handbook of evaluation Research* (2 vol.), Beverly Hills, CA, Sage.
Suchman, E. (1967), *Evaluation research*, Nueva York, Russell Sage.
Tajfel, H. (1969), «Cognitive aspects of prejudice», *Journal of Social Issues, 25*, págs. 79-97.
Tajfel, H. (1978a), *The social psychology of minorities*, Londres, Minority Rights Group, Report n. 38.
Tajfel, H. (1978b), *Differentiation between social groups: Studies in the social psychology of intergroup relations*, Londres, Academic Press.
Tajfel, H. (1981), *Human groups and social categories*, Cambridge, Cambridge University Press. (Trad. cast.: *Grupos humanos y categorías sociales*, Barcelona, Herder, 1984.)
Thernbon, G. (1992), «What is the place of childhood in politics?», conferencia pronunciada en la *International Conference «Childhood as a social phenomenon»*, Billund, Dinamarca, 23-27 de septiembre de 1992.
Therborn, G. (1996), «Child Politics. Dimensions and perspectives», *Childhood, 3*, págs. 29-44.
Thomas, W.I., y Thomas, D.S. (1928), *The child in America*, Nueva York, Knopf.
Trigo, J. (1989), «Deprivación sociofamiliar e institucionalización de menores: hacia una intervención psicosocial», tesis doctoral, inédita, Universidad de Sevilla.

Turner, J.C. (1981), «The experimental social psychology of intergroup behaviour», en Turner, J.C., y Gides, H. (comps.), *Intergroup behaviour*, Oxford, Blackwell.
Turner, J.C. (1987), *Rediscovering the social group: A self-categorization theory*, Oxford, Basil Blackwell.
UN (1991), *Monthly Bolletin of Statistics. March 1991*, Nueva York.
Unesco-Childwatch International-Unicef (1995), *Children's Rights*, París, Unesco.
Unicef (1991), *Making a difference? A Unicef guide for monitoring and evaluation*, Nueva York, Unicef, 1991.
Unicef (1992), *Estado Mundial de la Infancia, 1992*, Nueva York, Barcelona (edición castellana), Unicef.
Unicef (1994), *State of the World's Children 1994*, Oxford, Oxford University Press.
Unicef (1995a), *El progreso de las naciones*, Barcelona, Unicef.
Unicef (1995b), *Estado mundial de la infancia 1995. Resumen*, Barcelona, Unicef.
Unicef (1996), *Resum. Estat Mundial de la infància*, Andorra, Unicef.
Valverde, J. (1988), *El proceso de inadaptación Social*, Madrid, Popular.
Van der Ploeg, J.D., y otros (comps.) (1992), *Vulnerable youth in residential care*. Lovaina, Garant, 2 vols.
Van Gils, J. (1995), *Les enfants et leur famille: Qu'en pensent-ils?,* Meise (Bélgica), Centre d'Etudes Kind en Samenleving.
Van Krieken, R. (1990), «The state and childhood: on the formation of child welfare systems 1890-1940», *XII World Congress of Sociology*, Madrid, 9-13 de julio.
Vander Zanden, J.W. (1977), *Social Psychology*, Nueva York, Random House, 3.ª ed., 1984. (Trad. cast.: *Manual de Psicología Social*, Buenos Aires, Paidós, 1986.)
Veerman, P.E. (1992), *The rights of the child in the changing image of childhood*. Dordrecht, Martinus Nijhoff.
Vega, A., y Casas, F. (1983), *Informe sobre servicios y centros de Cataluña dedicados a la atención de la infancia y la adolescencia con problemáticas socio-familiares*, Barcelona, Direcció General de Serveis Socials, Generalitat de Catalunya.
Velarde, O. (1992), «Los arquetipos de los MCM: Héroes y antihéroes de los niños», *REIS, 57*, págs. 167-178.
Verhellen, E. (1992a), «Los derechos del niño en Europa», en F. Casas (comp.), monográfico sobre «La infancia en Europa», *Infancia y Sociedad, 15*, págs. 37-60.
Verhellen, E. (1992b), «Children and participation rights», en P.L. Heiliö, E. Lauronen, y M. Bardy (comps.), *Politics of childhood and children at risk: provision-protection-participation*, International Experts Meeting, Kellokoski (Finlandia), 22-24 de agosto.
Verhellen, E. (1993), *Street children*, Documento SO-COORD I (94), informe, Estrasburgo, CDPS, Chilhood Policies Project.
Verhellen, E. (1994), *Convention on the rights of the child*, Lovaina, Garant.
Verhellen, E., y Spiesschaert, F. (1992), «Self-organisation of children. Some ele-

ments for a frame of reference», *European conference for foster care: Fostering in Europe, a state of affairs*, Gante, 25-27 de septiembre.
Verhellen, E., y Spiesschaert, F. (1994), *Children's rights: monitoring issues*, Gante, Mys & Breesch.
Vilches, L. (1991), «La investigación de las formas y técnicas televisivas en los programas infantiles», *Primer Congreso internacional sobre infancia, juventud y comunicación audiovisual*, págs. 333-356, Valencia, Generalitat Valenciana-MAS.
Villalba, C. (1993), «Redes sociales: un concepto con importantes implicaciones en la intervención comunitaria», *Intervención Psicosocial, 4*, págs. 69-85.
Vives, J.L. (1526), *De subventione pauperum sive de humanis necessitatibus*, Brujas. (Trad. cast.: *Tratado de socorro de los pobres*, Madrid, 1781.)
Von Feilitzen, C. (1979), «Funktionen der Mediem: Bericht über eine schwedische Studie», en H. Sturn, y J.R. Brown, *Wie Kinder mit dem Fernsehen umgehen. Nutzen und Wirkung eines Mediums*, Stuttgart, Klett-Cotta.
Von Feilitzen, C. (1990), «Tres tesis sobre los niños y los medios de comunicación», *Infancia y Sociedad, 3*, págs. 31-47.
Von Feilitzen, C. (1991), «Influencia de los medios de comunicación en los niños y jóvenes», *Primer Congreso Internacional sobre Infancia, Juventud y comunicación audiovisual*, págs. 217-234, Valencia, Generalitat Valenciana-MAS.
Wagner, A.; Catellá, J., y Martín, A. (1993), «Camuflaje adulto de formas represivas de educación infantil», *Revista de Psicología Social Aplicada, 3*, 1, págs. 51-71.
Werner, E.E. (1989), «Vulnerability and resiliency: a longitudinal perspective», en M. Brambring y otros (comps.), *Children at risk: assesment, longitudinal research, and intervention*, Berlín, De Gruyter.
Werner, E.E., y Smith, R.S. (1982), *Vulnerable but invincible: a longitudinal study of resilient children and youth*, Nueva York, McGraw-Hill.
Werner, E.E., y Smith, R.S. (1992), *Overcoming the odds. High risk children from birth to adulthood*, Ithaca, Cornell University.
Wertsch, J.V. (1985), *Vygotsky and the social formation of mind*, Cambridge, Harward University Press. (Trad. cast.: *Vygotsky y la formación social de la mente*, Barcelona, Paidós, 1.ª ed., 1.ª reimp., 1995.)
Whittaker, J.K.; Garbarino, J.; y otros (1983), *Social support networks. Informal helping in the human services*, Hawthorn, Nueva York, Aldine.
Whittaker, J.K., y Tracy, E.M. (1989), *Social treatment*, Nueva York, Aldine.
Winnicot, D.W. (1964), *The family and individual development*, Londres, Tavistock Publications.
Wintersberger, H. (1991), «Children's rights in the light of changing family patterns», *International Conference on Demographic and Family Problems*, Florencia, noviembre de 1990.
Wintersberger, H. (1992), *Children and society. Report to the CDPS (Consejo de Europa) as consultant expert*, Estrasburgo, CDPS III.8(92)3.
Woodhead, M. (1990), «Psychology and the cultural construction of children's necomps», en A. James, y A. Prout (1990), *Constructing and reconstructing child-*

hood: Contemporary issues in the sociological study of childhood, Londres, The Falmer Press.

Younis, J.A. (1988), *El niño: pasado, presente y futuro. Ensayo psicosociológico sobre infancia, educación y cultura*, Las Palmas Gran Canaria, Departamento de Filosofía y Ciencias Humanas del CET.

Younis, J.A. (1988), *El niño y la cultura audiovisual*, Santa Cruz de Tenerife, Centro de la Cultura Popular Canaria.

Younis, J.A. (1992a), «La televisión como dispositivo de mediación educativa en la socialización infantil», *Anuario de Psicología, 53*, págs. 127-136.

Younis, J.A. (1992b), «Las guerras en las mentes de los niños», *REIS, 57*, págs. 179-189.

Zabalza, A. (1989), «Estrategias de intervención socioeducativa ante los inadaptados sociales: una reflexión desde la práctica de trabajo en pisos», *Menores, 15*, mayo-junio 1989, págs. 17-39.

Zax, M., y Specter, G.A. (1974), *An introduction to community psychology*, Nueva York, Wiley.

Zill, N. (1995), «Back to the future: Improving child indicators by remembering their origins», *Focus, 16, 3*, págs. 17-24.

Zimerman, S.L. (1983), «Government and families as interacting systems», en Seidman (comp.), *Handbook of social intervention*, Beverly Hills, CA, Sage.

LISTA DE ESQUEMAS, FIGURAS Y CUADROS

Esquemas

1. Representaciones sociales de la infancia 33
2. La exclusión social situada en un universo de conceptos referidos a situaciones personales/grupales positivas o negativas 199
3. La exclusión social situada en un universo de conceptos referidos a dinámicas (psico)sociales positivas o negativas 200
4. Momentos históricos que significan grandes avances en el reconocimiento de los derechos de niños y niñas 220
5. Etapas del desarrollo moral, según Kohlberg (1977) 228
6. Edades en que el ordenamiento jurídico español reconoce ciertos derechos 232
7. Funciones y contextos del trabajo profesional del psicólogo en el ámbito de la protección infantil 295

Figuras

1. Proceso de normalización observado en el sistema de servicios sociales 102
2. Proceso de intervención psicosocial en un contexto judicial 237
3. Dinámicas que generan actuaciones sociales a partir de cinco grandes conjuntos de agentes 290

Cuadros

1. Distribución de los riesgos percibidos por los padres, según el sexo 35
2. Grado de preocupación en una escala de 1 a 10 por los comportamientos de un hijo varón o una hija adolescentes 36
3. ¿Qué haría usted si tuviera conocimiento de que un niño está siendo maltratado? 38

4. Número de hijos/as *versus* número de hermanos/as 44
   5. Niños y niñas entre 0 y 14 años por cada 100 adultos de más
      de 65 años 51
   6. Valores que se considera que se deben promover entre los niños y
      niñas, según el país 80
   7. Opinión de los españoles sobre atribución de las tareas relativas al
      cuidado de los hijos e hijas 83
   8. ¿Conoce usted instituciones o servicios...? 124
   9. Razones por las que existen pocas familias que se ofrecen para
      acoger niños o niñas 126
  10. Comportamiento que se tendría ante un problema grave que
      afecta a un niño o niña del vecindario 127
  11. Problemáticas infantiles según su atribución como de clara
      mayor magnitud que las demás 129
  12. Diferencias de predisposición para acoger a un niño o niña
      temporalmente, según la duración 131
  13. Número ideal de hijos en la familia 210
  14. Edad percibida como apropiada para la toma de ciertas
      decisiones 212
  15. Edad a partir de la cual se considera que se debe tener en cuenta
      la opinión de un hijo o hija 212